古罗马史

杨共乐 著

THE
HISTORY
OF
ANCIENT
ROME

人民出版社

目 录 CONTENTS

20 世纪 20 年代，有一位西方学者曾发表过这样一种观点，即："如何说明罗马帝国的兴起与如何说明罗马帝国的衰落，是历史上两个最为重要的问题"。① 这两大问题之所以重要，是因为罗马帝国的兴起和衰落改变了西方古代历史的发展方向，对后世影响巨大。就学术而言，罗马的兴起、强盛与衰亡正好构成了事物自然发展的一个整体，为学者留下了可以进行系统研究的完整案例，具有典型意义。至于能否称得上"最重要"，这还需学者进一步探析、考察。

其实，早在公元前 2 世纪，罗马著名历史学家波里比阿就对罗马的兴起作过研究；公元 5 世纪，另一位名叫佐西莫斯（Zosimus）的学者又对罗马衰亡的过程及其原因作过探索。他们是回答这两大难题的先行者。

在《历史》的前言里，波里比阿就提出："我敢肯定，没有一个人会冷漠和怠惰到如此程度，以致不想了解罗马人究竟是以何种手段、在何种政制下，用不到 53 年的时间，成功地将世界上几乎所有人类居住的地方置于自己的统治之下的？这在人类历史上是绝无仅有的事。又有谁能如此沉湎于其他事物的钻研，而对比此类知识更重要的事情无动于衷呢？"② 波里比阿这里所说的世界其实就是指地中海世界。在波里比阿看来，所有的人都会对罗马的崛起这一重大问题产生兴趣。

大约到公元 5 世纪后半叶，在东罗马帝国又出现了另一位学者，名叫佐西莫斯。佐西莫斯，非基督徒，是罗马传统宗教的坚决捍卫者。他撰写了一部《新历史》，又译《罗马新史》。《新历史》显然是对波里比阿《历史》的

---

① H.M.Gwatkin and J.P.Whitney, *The Cambridge Medieval History*, New York, The Macmillan Company, 1924, Vol.1, p.54.

② 波里比阿：《历史》，1，1。波里比阿把公元前 220 年作为罗马崛起的起点，而把公元前 167 年当作罗马正式崛起的标志。

波里比阿像　　　　　　　　　　　　　　　　　　波里比阿《历史》手抄本

波里比阿（Polybius，又译波利比乌斯，约前 200—前 118 年），麦加罗波利斯人，早年从军，曾任阿卡亚联盟骑兵统帅。在罗马与马其顿的第三次战争（前 172—前 168 年）之后，约有 1000 名阿卡亚人因被怀疑参与反对罗马的统治而被带往意大利，波里比阿就是这 1000 名人质中的一位。但很幸运的是，他到罗马后，就成为罗马未来摧毁迦太基的著名将领小西庇阿的老师。当时，小西庇阿 18 岁，与他哥哥相比，略显腼腆木讷。为培养小西庇阿的胆量，波里比阿鼓励他多去罗马广场与公民交流，广交朋友。入质罗马期间，波里比阿利用小西庇阿教师的身份，接触罗马上层权贵，思考马其顿及阿卡亚联盟反抗罗马失败的原因，打算撰写一部反映罗马如何崛起的著作。公元前 150 年，波里比阿与仅剩的 300 名人质一起获释回家，并最后完成《历史》40 卷的写作。公元前 118 年，波里比阿在一次打猎回家的路上，不幸坠马身亡，享年 82 岁。

呼应之作。波里比阿探寻的是罗马的兴起之路；而佐西莫斯想要回答的则是罗马帝国的衰落之道。一兴一衰都与罗马的命运紧密相关。佐西莫斯坦言："正如波里比阿告诉过我们，罗马人是如何在短暂的时间内缔造起一个广袤的帝国，而我则在于向世人展示他们是如何因自己的丑恶行径终让它在同样短暂的时间里毁灭殆尽的。"①公元 5 世纪的学者已经看到了罗马帝国的衰落，其眼光之敏锐和独到确实令人震惊。佐西莫斯把罗马帝国的灭亡归之为罗马当局对罗马传统宗教的放弃。他认为：事实已经证明，只要依照神谕的指示，适当地举行罗马传统的仪式，帝国就会安全，并可能对几乎整个已知的世界保持其最高统治权；如果忽略了这些仪式，帝国就会呈现衰退之势，并渐渐步入到野蛮状态。②佐西莫斯坦言：君士坦丁（Constantine）和李锡尼（Licinius）第三次出任执政官的那一年③，正好是罗马必须举行一百一十年传统祭祀庆典的时期。但是，它竟被忽略了。因此，国家衰落也是必然的了。④

就学术而言，佐西莫斯的观点不免有些偏颇，但他所提出的问题及其重要性还是非常值得关注的。

西罗马帝国灭亡以后，尤其是文艺复兴以来，人们不但没有忘却罗马，而且还对罗马的历史倍加重视。那么，为什么会出现这种现象呢？接着我们就来分析一下产生这种现象的主要原因，也就是学习罗马历史的价值和意义。

一、学习罗马历史的价值

我们为什么要学习罗马历史呢？理由固然很多，但下面几个方面尤其值得关注。

第一，罗马是古代西方的一个大国，是后世西方文明根之所在。要对近现代西方大国有所了解，必须先解剖处于西方文明源头的典型大国。因为"人体解剖对于猴体解剖是一把钥匙"，典型的个案里常常渗透着普遍的规则。从罗马帝国的形成、发展和衰落中，我们既能看到波斯帝国、亚历山大帝国等古代帝国的发展特点，更能彰往察来，探寻出西方现代大国发展的历史基础和相关趋势。

---

① 佐西莫斯：《新历史》，1，57。译文见［东罗马］佐西莫斯：《罗马新史》，谢品巍译，上海人民出版社 2013 年版，第 22 页。
② 佐西莫斯：《新历史》，2，7。
③ 即公元 313 年。
④ 佐西莫斯：《新历史》，2，7。

油画《从梵蒂冈眺望罗马》，威廉·透纳绘，现藏伦敦泰特美术馆

　　第二，罗马为后世提供了盟国治理的一种模式，既有成功的经验，也有失败的教训。无论是中国，还是西方，都重视国家的长治久安。在古代中国，大家关注的一般是"王朝兴衰"的规律，也就是王朝兴衰的周期律。在古代西方，人们关注的却常常是"国"与"国"之间的关系，所以盟约、条约等特别受人重视，同盟、国际组织与战争也常常成为历史学家研究的重点。在古代西方，各主盟国对同盟国所采取的政策相差甚远。如位于伯罗奔尼撒半岛的斯巴达。它是在征服美塞尼亚人的过程中发展起来的军事强国，曾于公元前 6 世纪建立伯罗奔尼撒同盟。斯巴达人对待同盟国的政策是不要求同盟国缴纳贡金，而只要求同盟国建立与斯巴达一样的寡头政制，以确保斯巴达的霸主地位。而位于阿提卡半岛的雅典人对提洛斯同盟[①]所采取的政策则是逐步剥夺同盟诸邦的海军，并向盟邦征收贡金。这种贡金政策的结果便是雅典人与同盟间连续不断的争斗。罗马对于同盟者尤其是意大利同盟者的治理模式，既不同于斯巴达人，也不同于雅典人。他们采取的政策是只征兵不征税。罗马人看重的是"人"，看重的是通过"人"去征服意大利以外

————————

① 　又称"提洛同盟"。

的世界，从而去创造或获取更多的利益。实践表明：罗马人这种看似不向意大利人取"利"的方法，实际得到的恰恰比斯巴达人和雅典人所取得的利益还要大得多。应该说，在处理"国"与"国"之间的关系方面，西方人有更丰富的历史经验。搞帝国扩张是罗马人的传统。

第三，千年的罗制今犹在。古代罗马是西方文明之源。要了解西方文明后面的发展，必须追本溯源，先了解早先的罗马。只有这样，才能看清西方文明发展的脉络与本质。从法律上说，无论是西方的大陆法系，还是英美法系都与罗马法有关，受到罗马法的深刻影响。就政体而言，罗马的共和政体对后世的影响更大。孟德斯鸠的三权分立学说，美国的政体设置都与罗马的共和制实践有很深的渊源关系。美国的建国者把罗马作为可行的模仿对象。约翰·亚当斯就是他们中的杰出代表。1787年，他发表了《为美利坚合众国政府宪法辩护》一文。在序言中，约翰·亚当斯公开向1800多年前的罗马政治家西塞罗致敬。"世界上任何时代都没有造就一个（比西塞罗）更伟大的政治家和哲学家，因此，他的权威毋庸置疑有很重的分量。他赞成三个分支机构的决定意见是建立在一个不变的理由之上的：法律，是唯一可能的

约翰·亚当斯像

规则、措施和公正的保障，于任何时代及任何形式之政府都能得到保护；共和国之名意味着人民的财产应当由立法机关来维护，并决定公正的法则"。[1] 按照亚当斯的宪法草案，美国的参议院就像罗马的元老院，负责条约的批准以及监督其他两大机构；美国的总统相当于罗马的执政官，掌握执政官的裁决权；美国的众议院则是罗马公民大会的升级版，负责法律的通过与宣战。公民们把自己的权力授予众议院议员，但保留了选举总统时的投票权。美国人建国的时候，选择的是走罗马共和之路，而不是走雅典人的民主之路。因为雅典的

---

[1] John Adams, *A Defence of the Constitutions of Government of the United States of America*, 1787, Preface, XIV. 约翰·亚当斯为美国的第二任总统。

路"走不宽"。雅典公民最多的时候也只有42000人左右，群体暴力是常有的事。而罗马所统辖的地域横跨欧、亚、非，所辖人口曾达5400多万。

众所周知，美国的政治中心是国会山上的国会大厦，它的建筑模式模仿的就是罗马的万神殿。国会山的顶端有一尊自由女神像。女神的手里拿着盾牌、宝剑和胜利的花环，头上还有一只鹰，一只朱庇特旁边的胜利之鹰。这尊自由女神像所体现的才是真正的美国精神。有人说，美国建国的历史很短。实际上，这句话是不够准确的。准确的表达应该是，美国建国的历史很短，但美国的文化传统相当悠久。这些传统来自何处？许多都来自罗马。当然，因为历史条件不同，美国在实践过程中也给自己的政体赋予了新的内容，三大权力间的监督与制衡功能也有了某些调整和完善。

第四，西方的人文大师都是古典研究的专家。无论是马基雅维利，还是孟德斯鸠；无论是维科，还是康德；无论是黑格尔，还是马克斯·韦伯、罗素，他们都是著名的古典学家，在西方古典学研究方面都有很深的造诣，而且为后人留下了许多真知灼见，非常值得大家关注。[①]

马克思和恩格斯在西方古典文明研究方面所花的功夫更是巨大。众所周知，马克思和恩格斯是人类伟大的思想家、革命家，同时也是杰出的古典学家。早在中学时代，马克思就写了一篇拉丁文习作，题目是"奥古斯都的元首政治应不应当算是罗马国家较幸福的时代？（拉丁语作文）"文章用比较的方法阐析奥古斯都时代的成就与特征，认为奥古斯都是应当受到很大尊敬的。[②] 在特里尔中学学生毕业证书上，马克思得到的拉丁文评语是："该生对在校所学古典作家作品较容易的地方，不经准备也能熟练而严谨地翻译和解释；如经过适当准备或者稍加帮助，即使对较难的地方，特别是那些不是在语言特点而是在内容和思想的一般联系方面难于理解的地方，也常常能够做到这一点。从实际方面看，他的作文显得思想丰富，对事物有较深刻的理解，不过经常过于冗长；在语言学方面看，作文说明该生做过许多练习，并力求运用地道的拉丁语，虽然还不免有些语法上的错误。他在口语方面，达到了相当令人满意的熟练程度。"希腊语的评语是："他的知识和他对在校所

---

① 见本书导言中的第四部分：名家文献中的"罗马"。
② 《马克思恩格斯全集》第1卷，人民出版社1995年版，第461—465页。

马克思与恩格斯

学古典作家作品的理解能力，差不多和拉丁文一样好。"① 恩格斯的中学高年级肄业证书中说明他在拉丁文方面，"能毫无困难地理解无论是散文作家或诗人的作品，特别是李维和西塞罗、味吉尔（即维吉尔——作者）和贺拉斯的著作，因而能毫不费力地理解整体的联系，清晰地掌握其思路，能熟练地把拉丁语课文译成德语"。在希腊语方面，他"已充分掌握词法和句法方面的知识，尤其是学会了熟练灵活地翻译比较容易的希腊散文，如荷马和欧里庇得斯的作品，而且能较好地理解和复述柏拉图的一篇对话中的思路。"② 由此可见，马克思和恩格斯的古典学基础是极为深厚的。

马克思和恩格斯虽然没有写过一部罗马史，但他们对罗马史的评述还是十分丰富的，主要散见于《神圣家族》《德意志意识形态》《共产党宣言》《〈政治经济学批判〉序言》《资本主义生产以前的各种形式》《西西里和西西里人》《资本论》《反杜林论》《路易·波拿巴的雾月十八日》《自然辩证法》《摩尔根〈古代社会〉一书摘要》《家庭、私有制和国家的起源》《布鲁诺·鲍威尔和早期基督教》《论早期基督教的历史》《历史学笔记》等一系列作品中。他们对古典历史的研究为马克思主义的形成和发展奠定了坚实的基础。

从现有的作品中，我们能够发现，马克思和恩格斯阅读了古典作家的大量作品，而且从这些古典作家的作品中择取了无数的材料；同时，他们又从同时代的尼布尔、蒙森、摩尔根等人的著作中批判地吸取了众多富有创造性

① 《马克思恩格斯全集》第 1 卷，人民出版社 1995 年版，第 932—933 页。
② 《马克思恩格斯全集》第 2 卷，人民出版社 2005 年版，第 547—548 页。

的思想。马克思和恩格斯科学地解释了罗马国家的起源以及罗马的社会性质和罗马发展过程中的重大问题。他们认为：罗马国家的起源是阶级矛盾不可调和的产物。塞维乌斯·图里乌改革则是罗马国家建立的标志。这次改革的结果是炸毁了以个人血缘关系为基础的古代罗马的社会制度，"代之而起的是一个新的、以地区划分和财产差别为基础的真正的国家制度。公共权力在这里体现在服兵役的公民身上，它不仅被用来反对奴隶，而且被用来反对不许服兵役和不许有武装的所谓无产者。"①罗马国家的性质，在恩格斯的笔下我们可以看得十分清晰。

在马克思和恩格斯看来，"古代世界的阶级斗争主要是以债权人和债务人之间的斗争的形式进行的；在罗马，这种斗争以负债平民的破产，沦为奴隶而告终"。②马克思认为："只要对罗马共和国的历史稍微有点了解，就会知道，地产的历史构成罗马共和国的秘史。"③他曾写信给恩格斯说："不久前我又仔细研究了奥古斯都时代以前的（古）罗马史。国内史可以明显地归结为小土地所有制同大土地所有制的斗争，当然这种斗争具有为奴隶制所决定的特殊形式。从罗马历史最初几页起就有着重要作用的债务关系，只不过是小土地所有制的自然的结果。"④马克思、恩格斯阶级立场鲜明，对罗马奴隶大起义的领袖斯巴达克给予很高的评价。同时，他们又对罗马的流氓无产者和近代雇佣工人作了明确的区别。这就是：罗马的无产者靠社会养活，是寄生阶层；而近代雇佣工人则养活社会，是先进生产力的代表。

马克思和恩格斯认为，奴隶制是古代罗马社会生产的广阔基础。奴隶制的发展与战争有关，更与生产、贸易和财富积聚有密切的关系。在奴隶制生产关系真正支配生产以前，独立的小农经济和小手工业者经济构成了占统治地位的经济基础。不过，"从共和制的末期起，罗马统治的目的已经放在残酷剥削被征服的各行省上了；帝制不但没有消除这种剥削，反而把它变成了常规。"⑤

---

① 《马克思恩格斯选集》第 4 卷，人民出版社 1995 年版，第 128 页。
② 《马克思恩格斯全集》第 23 卷，人民出版社 1972 年版，第 156 页。
③ 《马克思恩格斯全集》第 23 卷，人民出版社 1972 年版，第 99 页。
④ 《马克思恩格斯全集》第 28 卷，人民出版社 1973 年版，第 438 页。
⑤ 《马克思恩格斯选集》第 4 卷，人民出版社 1995 年版，第 149 页。

至于西罗马帝国毁灭的原因，恩格斯则从唯物史观出发，作了详细的阐述，指出：经济上的变革是罗马帝国灭亡的主要原因。此外，马克思和恩格斯还就基督教的起源、早期基督教的社会基础、罗马法，以及对罗马的商业、手工业①等重大问题作过深入的研究，影响深远。

马克思和恩格斯在罗马史研究上提出的精辟思想与观点，对于我们深入推进罗马历史的研究具有十分重要的指导意义。

总之，大家只要看一看马克思和恩格斯的著作，就会发现：他们参考、阅读的古典著作之巨以及思考、研究的问题之深，确实令人震撼、令人钦佩！

历史学的最大特点是能直接与一流的政治家、思想家进行交流，从一流的政治家和思想家那里学到优秀的思想，但要真正读懂一流的政治家和思想家的作品，还得提高自身的学术修养。尤其是要读懂西方的名著，更得了解西方古典的文化。可以十分肯定地说，没有西方古代历史文化的基础，要读懂康德、黑格尔的著作是极有难度的。

当然，学习罗马史对我们中国学者帮助更大。它可以为我们学习中国史提供一个重要的参照系，使我们能够更好地把握中国文化的核心理念和鲜明特色，真正做到"了解我自己""认识我自己"。众所周知，罗马帝国与秦汉同处于北温带。罗马帝国是依托地中海的文明，缺少像黄河流域那样的大平原。地中海曾经是"罗马人的海"。它把欧、亚、非三洲紧密相联，为罗马统治提供了交通上的方便。但地中海把巴尔干、亚平宁和伊比利亚三大半岛相分离，使其失去了多民族多次交融的机会与整体性深度融合的舞台。罗马的主体民族——以拉丁族为首的罗马公民人口增长极为有限。为罗马立国的众多拉丁大族到帝国时期几乎很少在政治上发挥作用。从浩如烟海的罗马资

---

① 马克思认为："在古代世界，商业的影响和商人资本的发展，总是以奴隶经济为其结果；不过由于出发点不同，有时也只是使家长制的、以生产直接生存资料为目的的奴隶制度，转化以以生产剩余价值为目的的奴隶制度"。"在古罗马，还在共和制的后期，商人资本已发展到古代世界前所未有的高度，而工业的发展却没有什么进步"。马克思：《资本论》第3卷，人民出版社2004年版，第370页。"占主要统治地位的商业资本，到处都代表着一种掠夺制度，它在古代和近代的商业民族中的发展，是和暴力掠夺、海盗行径、绑架奴隶、征服殖民地直接结合在一起的；在迦太基、罗马，后来在威尼斯人、葡萄牙人、荷兰人等等那里，情形都是这样。"马克思：《资本论》第3卷，人民出版社2004年版，第369—370页。

料中，我们大致可以判定，奥古斯都时期，以拉丁族为首的罗马公民与帝国居民之比为约 500 万比 5400 万。[①] 公元 47 年，克劳狄元首时期的罗马公民数为 598.4 万左右。而帝国居民，据吉本推算，有 1.2 亿人。[②] 中国以黄河流域大平原为舞台。作为中国的主体民族——汉族在这个舞台上经过几千年的生长繁衍，至汉代已成为多民族中的凝聚核心。据《汉书·地理志》记载：平帝元始二年（2 年），汉朝当时的户数是 12233062 户，口数是 59594978。另据《晋书·地理志》载：东汉桓帝永寿三年(157 年) 人口数为 56486856 人。根据袁延胜先生对东汉各地少数民族人口的估算，大约为 700 万人。[③] 主体民族的人数远远超过少数民族。[④] 以后，作为主体民族的汉族又靠着自然增长和吸收进入农业地区的非汉人，不断发展，像滚雪球那样越滚越大。[⑤] 中华文明的强大磁性以及向心力和凝聚力在黄河流域的农耕舞台上得到充分展示。这样的向心力和凝聚力在罗马是不具备的。中国周边任何一个游牧民族只要进入中原，踏入以黄河流域大平原为中心的大舞台，"落入精耕细作的农业社会里，迟早就会服服帖帖地、主动地融入汉族之中"。[⑥] 中国统一多民族国家离不开少数民族，也离不开主体民族汉族所发挥的先进性作用。一部中国史，就是一部各民族交往、交流、交融，汇聚成多元一体中华民族的历史。

历史是比较的学问。从与罗马帝国的比较中，我们更容易了解中华民族发展的独特特性。

再举一个例子，大家都知道天安门，但未必知道天安门广场建于何时？

---

① 公元 14 年，屋大维进行第三次罗马人口调查。调查的结果是：罗马的公民人数为 493 万 7 千人。见屋大维：《奥古斯都自传》，8；以一家四口计算，500 万罗马公民乘以四口之家，也就是 2000 万人。罗马公民及其家庭人数还是大大小于罗马帝国人口的总数。Julius Beloch, *Die Bevölkerung der Griechisch-Romischen Welt*, Leipzig.Verlag von Duncker und Humblot, 1886, p.507.

② 见塔西佗：《编年史》，11，25；参见吉本：《罗马帝国衰亡史》，第二章。

③ 袁延胜：《中国人口通史·东汉卷》，人民出版社 2007 年版，第 346—391 页。

④ 在汉朝，作为主体民族汉族的人数远远超过少数民族，而罗马则好相反，主体民族人数远远少于其他民族。

⑤ 费孝通：《中国文化的重建》，华东师范大学出版社 2014 年版，第 13 页；参见白寿彝总主编：《中国通史·导论》，上海人民出版社、江西教育出版社 2013 年版，第 67 页。

⑥ 费孝通：《中国文化的重建》，华东师范大学出版社 2014 年版，第 28 页。

要知道在明清时期，天安门前面是没有广场的。因为天安门前面原先是通向大明门（清时为大清门）的御道，两旁都是红墙。一般的民众是不能进去的。明清时期的政治中心是天安门后面的"太和殿"，体现的是"皇权至上"。在古代，"广场"是雅典人、罗马人的传统。公民大会在广场上进行，国家的重大事务都在广场上由公民投票决定。它体现的是"公民主权"。从两种建筑语言的比较中，我们就能够看到两种文化间的差异。天安门广场的出现是中华人民共和国成立以后的事，体现的是"人民至上"。从天安门这一建筑语言的变化中，我们都能感觉到，古代罗马离我们并不遥远。

二、罗马史研究的参照

为了便于读懂罗马史，在学习罗马史以前，我们在思想上必须设立一些可以比较的历史坐标。这些具体的、可以比较的历史坐标的设定，对于我们深入理解罗马的历史是非常有帮助的。

1. 小国如何崛起？以波斯帝国和亚历山大帝国为历史坐标

在罗马帝国兴起以前，西方已经出现了两个横跨欧、亚、非三洲的大帝国。一个是波斯帝国；一个是亚历山大帝国。它们的兴起都是从主体文明边缘的小国开始的。波斯兴起于两河流域东部的伊朗高原。它先于公元前550年灭掉它的宗主国米底，然后走上扩张之路。公元前546年，波斯灭掉吕底亚。公元前538年，波斯国王居鲁士征服新巴比伦王国，不久占领中亚。公元前525年，波斯灭埃及。大流士一世上台后，先占领黑海北岸的色雷斯一带并于公

元前 490 年入侵巴尔干半岛。公元前 490 年雅典人与波斯间的马拉松之战、公元前 480 年斯巴达联军与波斯人的温泉关之战，以及斯巴达、雅典联军与波斯人的萨拉米斯海战，这些战争虽然挡住了波斯向西扩张、灭亡巴尔干半岛众多城邦的势头，但没有改变波斯人成为世界上第一个横跨欧、亚、非三洲大帝国的事实。波斯开创了由边缘地区击败文明中心、建立庞大帝国的先例。

亚历山大帝国的建立是与波斯帝国的灭亡同步的。亚历山大是马其顿国王，依靠密集纵深、正面冲击力强大的马其顿方阵，从公元前 334 年东征波斯，经过伊苏大战、推罗攻城战、高加米拉之战、波斯波利斯之战等大小数百次的战斗，历经十余年，建成亚历山大帝国。但功成不久，亚历山大患病去世，帝国随即崩溃。真可谓"其兴也勃、其亡也忽"。亚历山大帝国也是由边缘山区兴起的大帝国，仅用一代人之功，成就伟业。

很显然，西方有创建帝国的众多实践。不过，那些帝国存在的时间都很短。了解这些帝国的兴起和灭亡，对于理解罗马帝国的形成与发展，意义重大。它们之间有共通之处，也有不同之点。从帝国的比较中，我们才能更清楚地明晰罗马国家的性质与本质。

2.制度如何设定？以古雅典和斯巴达等为历史坐标

从原始社会开始，人类依靠三种权力治理社会：军事首长、长老议事会和民众大会。进入阶级社会后，三大权力在各国中所起的作用就不同了。有的实行君主制，有的实行贵族制，有的实行有产者掌权的体制；从古雅典和斯巴达等城邦历史来看，君主制、贵族制和有产者掌权的体制都是不稳定的。它们分别会往僭主、寡头和暴民政治演化。亚里士多德曾经总结了158种政体模式，但主要的还是上面所说的六种。在亚里士多德看来，政体的分类循环、周而复始、持续不息构成了城邦政治的特点，所以始终不可能形成城邦的"长治久安"。波里比阿把分类循环变成了纵向替代的单向大循环。这就是由君主制——僭主制——贵族制——寡头制——有产者掌权制——暴民政治，那么如何终止这种大循环？波里比阿认为，他似乎找到了结束政治大循环的答案，即建立分权制衡式的罗马共和制。他认为，至汉尼拔战争时期，罗马的共和政制达到了"最优良""最完美"的状态。所以，要了解波里比阿所谓的"最优良""最完美"的共和政体，就需要对古代希腊人的其他政体作一参照与思考。当然，这种罗马的共和政体最后还是被奥古斯都的元首制替代了。而这些显然是波里比阿所无法预见到的。

设立一定的历史坐标，对于我们了解并看懂罗马，更透彻地研究罗马有极其重大的意义。这既是一种有效的研究方法，更是学习者提高研究认识的重要途径。

三、拉丁史著及其特点

自古以来，研究罗马史的学者很多。他们或记录史实，或著书立说，为后来者提供基本的罗马史知识和必要的研究路径。顺着这些知识和路径，后来者可以更好地了解罗马的发展线索、厘清罗马的发展道路。对于罗马史的学习者而言，认真阅读拉丁史学作品是最为基础性的工作。

西塞罗是罗马历史上的大学者。他在《论义务》一书中曾这样说过：

> 人和野兽之间的最大区别在于，动物只在感觉驱使的范围内活动，只能适应现存的环境和条件，很少想到过去和未来。人却具有理性，凭借理性认识事件的连续性，看出事件的原因，并且不会放过先前发生的事件和有如事件的前奏的事件，对类似的事件进行比较，把未来可能发生的事件与现在的事件联系、结合起来，能很容易地看出整个生活的进程，为维持生活准备必需的一切。[1]

---

[1] 西塞罗：《论义务》，1，4，12。译文见 [古罗马] 西塞罗：《论义务》，王焕生译，中国政法大学出版社1999年版，第15页。

人类具有对自己的行为进行总结、反思的能力，但人类要将这些能力转变成为史学还得具备众多主客观条件。历史表明，世界上不是所有的古代文明都是有史学的。古代的埃及有客观的历史、有文字、有文献，但就是没有史学，最多也就是有年代学而已。古代两河文明有客观的历史、有文字、有学校，而且教育还很发达，但同样是没有史学，留下的都是一些像苏美尔王表那样的作品。古代印度，有客观历史、有文字、有宗教、有宗教的典籍，但也没有史学。印度的作品大多缺少时间概念。在古代文明中真正有史学的也只有中国、波斯、雅典和罗马。古代中国当然是史学大国，也是史学强国。在中国古代的学问中，唯有史学最发达，有"史外无学"之说。古代波斯的小亚地区和雅典，大约在公元前 5 世纪就出现了希罗多德的"ιστορία"和修昔底德的"συγγραφω"两大史学叙事模式。罗马是后起的西方古代国家，文化水平曾比古希腊人低。罗马是在学习埃特鲁里亚人和古代希腊人文化的基础上发展起来的。最初的罗马也是没有史学的，只有一些大事纪。至第二次布匿战争时期，罗马开始出现了像皮克托这样传统的拉丁人用希腊文撰写的《罗马史》。公元前 2 世纪前叶，罗马才产生了自己的民族史学——《起源》。《起源》为加图用拉丁文所撰，在罗马史学发展史上具有划时代的意义。

到公元前 1 世纪的时候，罗马的史学开始走向成熟。对历史的认识也日趋深化。历史的重要性越来越为学者所认识。罗马大文豪西塞罗曾精辟地指出："历史是时代之见证，真理之光辉，记忆之赓续，生活之导师，往事之信使。"[①]西塞罗虽然没有留下史学作品，但他的演讲、书信以及大量的学术著作为后人研究罗马历史提供了极其重要的资料。

1. 萨鲁斯特

萨鲁斯特(前86—前34年)，一译撒路斯提乌斯，为西塞罗的同时代人，留有两部重要著作。一部是《喀提林阴谋》；另一部是《朱古达战争》。萨鲁斯特是共和国晚期罗马最有政治见识的历史学家之一。公元前 44 年以后，也就是他生命的最后 10 年，萨鲁斯特退出政坛，潜心学术，专心著述，希望以撰书的方法把罗马的部分历史留传人间，以弥补罗马人只重视武力而少

---

① Historia uero testis temporum, lux ueritatis,uita memoriae, magistra uitae, nuntia uetustatis.
见西塞罗：《论演说家》，2，9。

关注撰述史作之不足。

《喀提林阴谋》为当代史作品，讲的是罗马在野政客喀提林挑战共和国之事。此事发生在公元前 66 年到前 63 年，属于萨鲁斯特亲身经历之事。萨鲁斯特所学习和模仿的对象就是修昔底德的《伯罗奔尼撒战争史》。

《朱古达战争》讲的是北非努米底亚王国国王朱古达于公元前 111—前 105 年与罗马的战争。萨鲁斯特认为：这场战争是强大的罗马所经受的第一次挑战。

萨鲁斯特在这两部书中，宣传和弘扬的是传统道德的作用与价值。他认为："罗马这个自由国家一旦争得了自由，便在很短的时期中间内，变得令人难以置信地强大繁荣……一旦青年能够忍受战争的艰苦，他们便在军营中接受极为严格的军事训练，他们更加喜爱精良的武器和战马，而不是妓女和狂欢。因此，任何劳苦对他们这些人都不陌生……任何手持武器的敌人都不足畏惧；勇气是最重要的。……他们的目的在于取得无限的声名，但财富则只限于他们用诚实的手段所能取得的那些。"[1]萨鲁斯特撰写上述两部著作的立足点是批判罗马成功后的道德滑坡。他明确指出，"当罗马的对手迦太基已被彻底摧毁而罗马人在所有的海洋和陆地都通行无阻的时候，命运却开始变得残酷起来，把我们的全部事务搅得天翻地覆。那些能够泰然自若地忍受劳苦和危险、焦虑和灾难的人们却发现……闲暇与财富对他们来说却成了一种负担和一种不幸。因此，在他们身上，首先是对金钱，然后是对权力的渴望加强了。应当说，这些正是一切罪恶的根源。因为贪欲消灭了诚实、正直和所有其他的高贵品质，却使横傲、残忍取代了它们，它要人们蔑视诸神，使得一切事物都可以用金钱买到。野心使许多人变得虚伪，变得言不由衷、口是心非；使得人们待人接物只是摆出一副好看的外表，而不是怀有真心诚意。开头这些恶习蔓延得不快，它们间或还受到惩处，但是到了最后，当这种病像瘟疫那样流行的时候，这个国家就发生了变化，一个过去曾是极为公正诚实的政府竟变得残暴而又令人无法忍受了。"[2]萨鲁斯特显然是开了道德

---

① ［古罗马］撒路斯提乌斯：《喀提林阴谋　朱古达战争》，王以铸、崔妙因译，商务印书馆 1995 年版，第 98—99 页。

② ［古罗马］撒路斯提乌斯：《喀提林阴谋　朱古达战争》，王以铸、崔妙因译，商务印书馆 1995 年版，第 100—101 页。

史学的先河。他用道德的标准来评判事物，用道德的标准来衡量罗马的发展，撰写罗马的历史。后来的拉丁历史学家大多继承了这一传统。

2.凯撒

凯撒（前 102？—前 44 年）是罗马著名的政治家、军事家，曾任公元前 59 年的罗马执政官。卸任后，任山南高卢和伊利里亚行省总督。在此期间，凯撒征服了高卢地区。《高卢战记》前 7 卷为凯撒所写，主要写公元前 58 年到公元前 52 年凯撒在高卢的行动。第 8 卷为其部下伊尔久斯所续，主要讲公元前 52 年到公元前 51 年之

朱里乌斯·凯撒像（鲁本斯绘）

事。一般认为，凯撒写作的目的：一是出于政治需要，是写给他在罗马的政敌看的。二是宣传自己行为的正当性，宣传他自己为罗马共和国做出的贡献。三是为了使读者相信记事的真实性，凯撒在书中使用了第三人称的写作方式。伊尔久斯对凯撒的《高卢战记》赞扬有加。他说：

> 人们一致认为，即使别人极精心撰写出来的作品，都无一不在这部《战记》的优美文笔之下。这部《战记》的出版，虽说是要使史学家不致缺乏有关这些伟大事业的知识；但它所博得的众口一词的赞扬，反倒弄得史学家好像失去了一个机会，而不是得到了一个机会。不过，我们在这里给它的赞扬，要比别人给它的赞扬更多些，因为一般人只知道他怎样出色地、完善地写成了这些战记，但是我却知道他写作时是多么得心应手、一挥而就。凯撒不仅有最流畅和最雅致的文笔，而且还有最确切的技巧来表达自己的意图。①

---

① ［古罗马］凯撒：《高卢战记》，任炳湘译，商务印书馆 1979 年版，第 209 页。西塞罗在《布鲁图斯》（前 46 年发表）一书中提到凯撒的《高卢战记》。由此可以确定，《高卢战记》发表的时间不会迟于公元前 46 年。

凯撒还写过一部《内战记》。这部作品的性质与《高卢战记》相似，内容写的是凯撒派与庞培派之间的斗争，目的是推卸挑起内战的责任。《内战记》后面所附《凯撒战记》中的《亚历山大里亚战记》为伊尔久斯所续写。他说："我自己不曾有机会亲身参加亚历山大利亚和阿非利加战役。那些战役的一部分情况我是直接从凯撒本人的谈话中得知的；但是，我们在听新奇动人，使我们着迷的事情时，与听将要记述下来作为将来印证的事情时，注意方面总是有所不同的。虽然，尽管我事实上作了种种解释，希望不要把我跟凯撒相比，但我的这种想法，即居然敢认为有人会把我和凯撒相提并论，还是免不了要被指谪为狂妄的。"①

凯撒的两部作品文简意深，有政治宣传的成分，也有史学写实的因素。我们在阅读时，必须心里有数。

3. 李维

李维（前59—17年）是罗马历史上非常重要的拉丁史家。他的巨著《建城以来》（以下简称《罗马史》）是古代罗马史的经典。这部作品是他花了40年的时间精心打造出来的重大成果，全书共142卷。在书的开篇，李维就阐述了写作《罗马史》的理由：

李维像

我不知道，我详述了罗马民族自建城以来的事迹，是否算得上是做了一件有价值的事。即使知道，我也不敢妄说。因为我深知，这是一个众人皆知的陈旧话题。历史学界的新人总是相信或在史实上能提供更可靠的素材，或自信在写作风格上远胜行文粗糙的前辈。但就我而言，能亲自思考、追述地球上最杰出民族的业绩就已经很知足了。在如此众多的作家中，我之声名即使湮没无

---

① ［古罗马］凯撒：《高卢战记》，商务印书馆1979年版，第209页。罗马学者苏埃托尼乌斯认为，《亚历山大里亚战记》的作者不是伊尔久斯。见苏埃托尼乌斯：《圣朱里乌斯传》，56。

闻，我也为有那些能掩盖我声名之其他作家的声誉和成就感到欣慰。况且，我所从事的是一项须付出无穷之辛劳的工程，因为要追溯到 700 多年以前，还因为始于蕞尔之邦的罗马，如今竟已发展至如此伟大，以致使其自身皆处于难以承受的程度；同时我也毫不怀疑（罗马）的起源以及随后的进展很难引起多数读者的兴趣，因为这些读者急于接触现实的新东西，而在这些新东西中，从前业已形成的民众威力正在逐渐消失。与此相反，我却能从我的工作中得到额外的酬劳：避开我们这一时代司空见惯的弊病。毫无疑问，只要我潜心追忆古代的峥嵘岁月，我就能排除所有烦恼。这些烦恼即使不使史家偏离真相，也会使其心躁不安。①

李维非常明白，在罗马早期，由于史料记载十分有限。他只能依靠传说来撰写罗马历史。他告诉大家：

关于建城以前的传说以及关于创建罗马城的传说都充满了诗意的神话。它们不是建立在可靠的史料之上的。因此，我建议不必肯定它们，也不必反驳它们。通过神人共造可以使城市的创建更神圣，这是赐予古代的特权；而且，如果可以允许哪个民族能把自己的起源神圣化，并称他们的缔造者为神灵的话，那么有着如此军事声威的罗马人民理当首获这一殊荣。既然罗马人民宣称他们和他们的缔造者之父是无所不能的马尔斯，那么，所有民族皆应怀着认同罗马统治的同样心情顺从这一说法。

当然，无论怎样看待、评价这些传说或类似传说的事情，我个人都不会多加重视。②

在李维看来，大家关注罗马史的重点应放在罗马民族的群体发展上，放在了解罗马的优良传统上，放在罗马传统与道德的变化上，放在我们应该从罗马历史中学到经验上。他说：

我认为，大家皆应认真关注的是：以往曾有过什么样的生活、什么

---

① 李维：《罗马史》，序言。
② 李维：《罗马史》，序言。

样的世风，是什么样的人和什么样的方法支撑起和平和战争时期帝国的治权，并将其拓展扩大。另外，还应当关注，随着纪律的逐渐松弛，世风是如何始由缓慢下沉，再到急转直下，最后堕入彻底崩溃并一直延续至今的。我们既不能忍受自己的病痛，也不能忍受为消除病痛而采取的解救措施。是以研究往事就有特别的益处和特别的功效。因为从录于珍贵碑文的历史档案中可以看到各种范例。你可以从中为自己和自己的国家选择能够模仿的榜样，也可以从中察觉到源自始点的失误和结局的羞辱，并竭力戒除之。至于其他，或许是为我对所从事工作的爱所蒙蔽，或许是从来没有哪个国家具有比（罗马）更伟大、更神圣、更富有杰出的典范；从来没有哪个国家能像罗马那样如此长时间地将贪婪和奢侈杜绝于社会之外；也从来没有一个国家能对清贫和简朴的生活保持如此特别的敬意和如此长期的尊重。确实是，财愈寡，愈不贪。只是到了近代，财富带来了贪婪，无节制的享乐唤起了放纵和奢靡的欲望，而这些正毁坏和损害着所有的一切。[①]

罗马教育家昆体良十分赞美李维的著作。他说：

> 在叙事方面，他形象生动、引人入胜，同时又清晰明了。他内置的演说更是自然流畅。所有的演说无论对当时形势，还是对演说者本人皆非常贴切、恰到好处。其中的情感，尤其是那些触动人心的深情大义，我可以断定没有任何一个历史学家能像他那样表达得完美无瑕。[②]

李维的《罗马史》体大思深，线索清晰，基本上确定了后世罗马史的叙事模式，为罗马历史的撰书定下了基调。

4.塔西佗

在帝国时期，罗马的著名史学家有塔西佗（55—120年）。塔西佗和小普林尼是罗马大教育家昆体良的学生，曾任罗马的执政官，也担任过罗马行省的总督。他的主要作品有：《历史》《编年史》。

---

① 李维：《罗马史》，序言。
② 昆体良：《演说术原理》，10，1，101—102。

《历史》一书所述的内容起于公元 68 年罗马元首尼禄之死，止于公元 96 年图密善被杀，大部分内容已失，只保留了第 1—4 卷及第 5 卷的部分，属于明显的当代史。塔西佗是典型的共和派，但对于元首制的产生和发展又带有无奈。他承认，自己是在韦斯巴芗时期进入政坛的，在提图斯和图密善时期得到了很好的发展。不过，在从政理念上，他与图密善等有明显的不同。所以，他认为："我正要写的这段历史，是充满了灾难的历史，在这里面有恐怖的战争、激烈的内讧，这些内讧即使没有大动干戈也是恐怖的。有四个元首被杀；发生了

普布利乌斯·科尔涅利乌斯·塔西佗像

三次内战，更多的对外战争，常常是国内与国外的战争同时进行。在东方成功了，在西方却遇到不幸。"[1] 而这段历史主要发生在弗拉维王朝时期。我们所知道的"塔西佗陷阱"就出自塔西佗撰写的《历史》。塔西佗在评价加尔巴元首时这样说道："一旦元首被人们憎恨，他所做的善事还是恶行都同样引起人们的厌恶。"[2] 之后，中国学者将其引申为这样一条社会管理规则。这就是：当政府部门或某一组织失去公信力时，无论是说真话还是假话，做好事还是坏事，都会遭到民众和舆论的质疑。这充分说明建立公信力对政府管理具有极其重要的作用。

《编年史》一书主要记述公元 14 年奥古斯都去世至公元 68 年尼禄自杀期间的罗马历史，属于前朝史。塔西佗虽然对共和情有独钟，但还是对元首制帝国的出现无可奈何。因为反对它的力量已荡然无存："公然反抗的人或在战场上或在罗马公敌宣告名单的法律制裁下被消灭了；剩下来的贵族则觉得心甘情愿的奴颜婢膝才是升官发财的最便捷的道路；他们既然从革命中得到好处，也就宁愿在当前的新秩序之下苟且偷安，不去留恋那会带来危险的

① 塔西佗：《历史》，1，2。参见 [古罗马] 塔西佗：《历史》，商务印书馆 1981 年版，第 2 页。
② 塔西佗：《历史》，1，7。

旧制度了。新秩序在各行省也颇受欢迎。"①

《编年史》和《历史》合起来就是一部较为完整的公元1世纪的罗马帝国政治史，内容主要涉及首都罗马，涉及行省的事件也有，但不是重点。从严格意义上说，塔西佗的著作还没有突破公民政治的范畴，还是以罗马为中心来展示罗马的政治演变。柯林武德认为："作为一个历史文献的贡献者，塔西佗是一个巨人。"②

5.阿米阿努斯·马塞利努斯

阿米阿努斯·马塞利努斯（约330—400年）是罗马最后一位伟大的历史学家。他出身于叙利亚的一个贵族家庭。早年从军，退伍后，从事罗马史的研究。他熟知帝国之社会，通晓"蛮族"之生活，用拉丁文写就了一部著作，取名《业绩》（*Rerum Gestorum Libri*），俗称《罗马史》。《罗马史》始自公元96年图密善元首之死，止于公元378年的哈德良堡之战。从时间上看，这部著作似乎是塔西佗史著的续编。此书也是按修昔底德的规则撰写历史，是当代人写当代史。书中保存了大量帝国北部以及中亚少数民族方面的宝贵材料。

与中国传统的史著相比，罗马史著有下述特点：首先是在罗马的各种学问中，古代罗马历史学的地位相对低下。罗马没有专门从事史学研究的政府机构，也没有专业的历史学家。其次，罗马历史学有继承修昔底德撰写当代史的一面，但同时也有撰写通史和前朝史的实践成果。再次，古代罗马都是个人修史，对社会服务主要集中在宣传罗马早期社会的美德层面，集中在对传统道德破坏的指责和批判上。

中国传统史学是治国之学。在中国古代的所有学问中，历史学是最发达之学问。尊史重史一直是中国最重要的文化传统之一，也是中华文明连续不中断的主要原因。所谓"前车之覆，后车之鉴""前事不远，足以为鉴""垂鉴后世""以史为鉴""以古为镜，可以知兴替""惟致治莫先稽古"等都是中国历史学家和政治家们从长期的实践和思考中总结出来的智慧。治史的目的就是稽古致治、稽"兴衰成败之理""承前世之史，有鉴于治道"，其中司

---

① 塔西佗：《编年史》,1,2。参见［古罗马］塔西佗：《编年史》上册，商务印书馆1981年版，第2—3页。

② 柯林武德：《历史的观念》，中国社会科学出版社1986年版，第43页。

马光的《资治通鉴》就是最典型的例子。追求历史学的社会治理功能是史家的重要责任。刘知幾说"史之为用，其利甚博。乃生人之急务，为国家之要道。"龚自珍也认为："欲知大道，必先为史"。他还从历史中发现了一条非常重要的规则，即："灭人之国，必先去其史；隳人之枋，败人之纲纪，必先去其史；绝人之才，湮塞人之教，必先去其史。夷人之祖宗，必先去其史。"① 龚自珍把"去史"与"亡国"联在一起，告诉人们"去史"是"亡国"的先声，亡人之国，必先去其史，"史亡国必亡"的深刻道理。历史中常常包含着巨大的国家利益；历史是最深刻的国情。这些认识都是古代罗马人所不具有的。

四、罗马史研究领域的大师与杰作

罗马是西方古典时代的大国，是培养众多风流人物的国土。罗马也是地中海地区广大民众生活、活动的场所和舞台，为后世的学者留存了丰厚的文献和实物资料。自文艺复兴和启蒙运动以来，罗马历史成为西方学者关注的重点。有一大批学者在罗马史研究领域皓首穷经，辛勤探索，取得骄人成绩。后世的学者对罗马史的研究不但构建了一个个鲜活的"罗马"形象，而且也因为成就的辉煌赢得世人的敬重，产生了众多大师级的学者，写就了无数不朽的精品力作。吉本的《罗马帝国衰亡史》、尼布尔的《罗马史》以及蒙森的《罗马史》就是这些名作中的绝品，巨篇中的杰作。

1. 爱德华·吉本

英国历史学家吉本是罗马史研究领域的大师。吉本（1737—1794 年）早年曾就读于牛津大学，但没有毕业，是牛津大学的肄业生。吉本成名以后，对牛津大学没有留下什么好的印象。他说："牛津大学怡然自得地不承认我是它的弟子，我也乐于不承认它是我的母校。"他后来到瑞士洛桑念书。在洛桑

爱德华·吉本像

---

① 龚自珍：《龚定庵全集类编》卷五《古史钩沉论二》。

期间，他认识了一位姑娘并与之相恋，但因遭到自己父亲的反对，双方没有结婚。此后，吉本把一辈子的幸福都献给了自己心爱的罗马史研究，献给了罗马帝国衰亡史的写作。

1764 年 10 月 15 日，27 岁的吉本坐在罗马朱庇特神庙的遗迹上沉思。当时正好夕阳西下，他看到一群修道士赤着脚在修道院内唱晚祷曲，于是便有了要写一部罗马衰亡史的想法。

此后，吉本用了三千英镑买书，定时起居，定时写作，为写作牺牲了其他生活，花 20 余年时间，写就《罗马帝国衰亡史》。1787 年 6 月 27 日夜里十一点到十二点之间，他写完《罗马帝国衰亡史》的最后一行，放下持重的笔，在院中踱来踱去，眺望湖光山色（时在瑞士）。当时气候凉爽，万籁俱寂，一轮明月自水中映出，他掩饰不住心中的愉快。但是愁云随之而起，失去了伴侣，史学家的生命像是变得特别短暂与不确定。[①]

《罗马帝国衰亡史》以罗马帝国的衰亡为重点，以公元 2—16 世纪的欧洲史事为主线，时间跨度达 14 个世纪。它为西方的历史构建了一座桥梁，构建了连接古代与中世纪的桥梁。吉本希望他的作品既能在学术上过硬，又能得到大众的喜欢；既能放入学者的书斋里，又能放在妇女的梳妆台上。他的希望确实成了现实。第一卷《罗马帝国衰亡史》出版后，马上被抢购一空。学界对于此书的出版也是好评如潮。

1894 年，伦敦举行吉本逝世 100 周年纪念活动。牛津大学古代史教授亨利·佩勒姆邀请国际著名的罗马史研究大师蒙森出席这一重要的纪念活动。蒙森因故未能前往，但他给佩勒姆寄了一封简短的书信。信中说：

> 至于您想让我写的那篇文章，我当然很难推辞这一请求；但经过很长时间的考虑，我恐怕不得不谢绝这一请求。我承认作为一位无与伦比的历史学家，他（指吉本）的地位已经达到了别人无法企及的高度，不过在公开场合说起他，我理应以特定方式限制我对于他的著作的赞美。他教会了我们如何将东西方的传说结合在一起；而且，他在历史创作中注入了人性的基本原则和神学本质；在文明走向腐败、人性不断堕落，

---

① ［英］爱德华·吉本：《吉本自传》，戴子钦译，生活·读书·新知三联书店 2002 年版，第 168 页。

以及政府和教会越来越专制的那数百年历史中，他那"庄严的冷笑"的记述风格为其打上了坚固的烙印。但是，他的研究与他伟大的观点不能相提并论：他对于学术资料的研读，已经逾越了一个历史学家的本分。他是第一流的作家，但并不是一个非常勤奋的学者。这一点我必须说出来，不应当有任何回避；但您知道，这样的说法与这种节日气氛不符，而且也会减损我在别人心目中的风度。①

蒙森讲的显然是公道话。按客观历史学的标准，吉本自然是无法做到完美叙事的。毋庸置疑，吉本开启了近代以来长时段、大篇幅叙述罗马衰亡历史的先河，在罗马史的研究上具有划时代的价值。

2. 巴特霍尔德·格奥尔格·尼布尔

普鲁士历史学家尼布尔（1776—1831年）是一位政治家和罗马史研究大家，是学习罗马史的学者必须要了解的重要学者。但要了解尼布尔，必须先了解1806年普鲁士和法国之间的耶拿之战。

1806年8月，被伏尔泰称之为既不"神圣"、又不"罗马"、更非"帝国"的神圣罗马帝国灭亡。10月耶拿之战爆发，普鲁士被法国打败，法军占领柏林。耶拿之战之后，拿破仑认为："普鲁士已经完了，它从欧洲地图上已经消失了。"然而，普鲁士国王腓特烈·威廉并没有因为耶拿之败而失去信心，而是立志图强，发誓："国家必须用学术力量来补偿在物质力量上失去的损失。"于是，国王就让当时的教育部长洪堡去筹建新的大学。30岁的尼布尔完全拥护普鲁士国王的基本国策。1810年，柏林大学建立，以科研带动教学的现代大学制度随着柏林大学的出现应运而生。此时尼布尔34岁，刚好处于年富力强的壮年阶段。尼布尔就是柏林大学的主讲教师。

尼布尔18岁时，就已经懂得18种欧洲语言。此外，他还学过波斯和阿拉伯等语言。19岁，他就明确确定自己的人生目标，断言：我的名字如果能流传下去的话，一定与历史学家、政治家、古典学家与语言学家有关。

尼布尔曾任普鲁士财政大臣，政治经验丰富。尼布尔主张通过学习历史使"青年一代生气勃勃"，使他们能够肩负起建设德意志的重任。尼布尔选

---

① ［美］G.W.鲍尔索克：《从吉本到奥登：古典传统论集》，华夏出版社2017年版，第26—27页。

择罗马史作为他研究的对象。因为他认为罗马向我们展示的是一个与众不同的国家，它创始时小如谷粒，但一旦发芽，就能将其特征传递给成千上万的人，并成为太阳升起之地和太阳降落之处所有国家的统治者。整个西欧采用了罗马的语言，其居民自称为"罗马人"。罗马的法律和制度是如此的强大、如此有影响力，以致一直对世界产生作用。罗马的发展是世界历史上独一无二的奇迹。尼布尔是文艺复兴以来第一个把罗马作为整体、作为大国来进行研究的学者。

尼布尔认为："普鲁士蒙受耻辱的不幸时期对我编写的历史有一定影响。那时，我们只能热切期待局势好转，并为它作好准备，此外别无他途。所以我回过头来讲述一个伟大古国的历史，借此加强我和听众的意志。我们和塔西佗有着同样的情感。"① 尼布尔在柏林大学上课，虽然是诵读讲稿，照本宣科，但还是很受青年学子的欢迎。普鲁士国王也常去听课，而且给予很高的评价。

尼布尔的主要著作有《罗马史》。《罗马史》实际上是尼布尔在柏林大学的讲课稿。尼布尔宣称：只有政治家才有撰写罗马史的资格。② 尼布尔的特点是用跨学科的方法对历史上遗留下来的文献进行革命性的批判和审定，从而将从属地位的历史学提高至有尊严、独立的历史学。他的工作大大地推进了历史学的科学化进程。

洪堡对尼布尔的评价是：学者中的政治家，政治家里的学者。德国历史学家兰克认为：尼布尔就是他的重要老师。德国著名诗人歌德更宣称：尼布尔的彻底性和深入研究的作风是鼓舞其履行职责的重要力量。可以毫不夸张地说，是尼布尔把科学带进了史学研究的领域。尼布尔是近代科学史学的开拓者和先驱。

3. 特奥多尔·蒙森

蒙森（1817—1903 年）是一位伟大的德国历史学家。蒙森出生于德国

---

① [英]乔治·皮博迪·古奇：《十九世纪历史学与历史学家》上册，商务印书馆 1989 年版，第 97 页。

② 尼布尔的观点与哲学家尼采的观点有它的一致性。尼采说："历史是要由有经验有性格的人来写的。如果一个人不是比别人经历过更伟大和更高尚的事，他就不能解释过去的任何伟大和高尚的事。"见 [德] 弗里德里希·尼采：《历史的用途与滥用》，陈涛、周辉荣译，刘北成校，上海人民出版社 2020 年版，第 53 页。

的一位牧师家中。中学时每周上课 32 学时，其中有一半以上的时间学习拉丁语（9 学时）、希腊语（6 学时）和历史（3 学时）。考入大学后，学习罗马法，但对古典学还是情有独钟。1854—1856 年，他应邀出版《罗马史》三卷（从建城写到前 46 年），1885 年出版第 5 卷。中间缺第 4 卷，也就是帝国早期的内容。或许因为这部分内容已由塔西佗撰写，所以他始终没有对其进行补写。蒙森自己认为，他撰写《罗马史》纯属偶然。他说：

特奥多尔·蒙森像

　　我在青年时期，曾想到过做各种各样的事情：罗马刑法研究、法律文献的出版、《罗马法全书》的撮要，但从未想到过写历史。在莱比锡一次应邀作公开讲演时，我曾发表一篇关于格拉古弟兄的演说。当时，出版家赖默尔与希策尔也在座；两天以后，他们约我为他们编辑的丛书写一部罗马史。[1]

　　蒙森对于早期的罗马历史、制度与社会生活采用概略的方法书写。他把皮洛士战争看成是罗马历史时代的开始。蒙森以政治的热情和迷人的文笔把罗马史写出了色彩，深受大众的欢迎，以致古奇认为："就灿烂文笔与持久力量而言，所有德文历史著作中，除了特赖奇克的《德国史》外，没有与它近似的。"[2] 此后，他从事《拉丁铭文集》的整理与出版，同时还写了共和时期的《年代学》《货币史》以及《罗马公法》等著作。1885 年，《从奥古斯都到戴克里先的罗马行省史》出版。这是一部充分利用拉丁铭文和希腊铭文等一手资料的基础上撰写而成的史学巨著，具有极强的穿透力和原创性。"一个消逝了的世界，由于一个人的天才而得重现，因而有可能来评价帝国的真

[1]　[英]乔治·皮博迪·古奇：《十九世纪历史学与历史学家》下册，商务印书馆 1989 年版，第 766 页。

[2]　[英]乔治·皮博迪·古奇：《十九世纪历史学与历史学家》下册，商务印书馆 1989 年版，第 769 页。

正性质与影响。在这以前的作家只能通过罗马历史家与讽刺家的眼睛来看帝国，他们把统治者放在图景的最前面。蒙森的成就是确定罗马城不是帝国；罗马君主的残暴与癖性，对广阔无际的整个罗马世界所产生的影响，只是微乎其微的。"①

蒙森一生著述颇丰，其论著数量达 1600 多项。据测算：蒙森的作品，一般人抄一辈子都抄不完。蒙森的作品构成了一座很难跨越的高山，让人景仰，令人敬畏。1902 年，85 岁高龄的蒙森获得诺贝尔文学奖。他是第一位获得诺贝尔文学奖的历史学家。颁奖仪式上的赞词是这样写的：

> 它（《罗马史》）不仅以其深厚而广博的学术功底见长，而且叙述风格活泼生动。作者把驾驭浩瀚材料的能力与富于时代感的判断、精确的方法、充满活力的文风结合得天衣无缝，而富于艺术性的行文又使叙述如此精彩而具体。蒙森懂得如何去粗取精，去伪存真，对大量人物的评价褒贬适当。他那渊博的知识、杰出的组织能力、建筑在直觉上的想象以及将各种事件和事实用生动的画面描绘出来的能力的确令人惊叹。正是他的直觉和创造性才华填平了历史学家与诗人之间的鸿沟。②

毋庸置疑，蒙森是一位伟大的学者。在 60 余年的学术生涯中，他始终如一，具有年轻人那样的热情。蒙森在罗马史研究上的成就至今无人超越；蒙森在罗马史研究上的地位至今也无人能够替代。③

当然，撰写和研究罗马史的学者很多，著作也极其丰硕，现因篇幅所限，在此不一一介绍了。

五、名家文献中的"罗马"

对于人类来说，罗马是一段历史，是一段与当今分割不开的历史。对于

---

① [英]乔治·皮博迪·古奇：《十九世纪历史学与历史学家》下册，商务印书馆 1989 年版，第 773 页。

② 建钢等编译：《诺贝尔文学奖颁奖获奖演说全集》，中国广播电视出版社 1993 年版，第 7、403 页。

③ 在蒙森的诸多著作中，《罗马史》已被译为中文。

油画《现代罗马》，威廉·透纳绘，现藏洛杉矶保罗·盖蒂博物馆

透纳凭借记忆和想象描绘了这座永恒的城市。不论是罗马广场、巴洛克式的教堂，还是罗马斗兽场、古老的纪念碑，都被蒙上了一层神秘的面纱，似乎要消失于这闪烁的光芒中。天空中，左侧的月亮正在升起，右侧卡庇托里山后的夕阳仍投射出一丝余晖，两者的光芒交织在一起，呈现出罗马城市的壮丽景观。画家还在这一恢宏景观中加入了一些仍在这里从事日常活动的城市居民。

西方人而言，罗马是一种新型的文明，是一种以人为中心的新型文明。对于政治家而言，罗马是一个内容宏富而又极为重要的案例数据库，是治国者搜集和分析管理经验、提供决策依据的不可替代的图书馆。对于历史学家来说，罗马是一个实体，是一个客观存在的实体。这一客观的实体既依托于客观的历史，同时又依存于古今学者的不时评点与构建里。它们构成了两个"罗马"。两个"罗马"既相互联系又相对独立。"客观的罗马"于前，"学者笔下的罗马"于后，两者前后辉映，不断丰富着罗马历史学的内涵，推动着罗马历史学的发展。

　　早在公元前 2 世纪，著名学者波里比阿就对某一种政治体制的变更、消失、然后回到起点的自然过程进行过研究。他认为："在谈到一个国家的未来时，任何一个洞悉这一过程的人①，在预测这一过程所需的时间上也许会出错，但只要他的判断力不为仇恨和嫉妒所蒙蔽，那么，他就能预测某个政体的发展和衰落阶段，以及它将会变成的形式，而且很少会出错。尤其是在罗马国家的问题上，这种检验方法将使我们了解罗马政体的形成、发展、达到顶峰，以及日后走向衰变的整个过程。"②

为了找到他评判的论据，波里比阿以斯巴达来库古立法为参照系，认为每一种单纯的、建立在单一原则基础上的体制如君主制、贵族制和民主制都是不稳定的，因为这样的体制很快会蜕变成与之相对应的腐化形式。这种形式是该体制发展的自然结果。因为，正如锈能够腐蚀铁，蛀虫能够蛀空木材——这些都是内部的危害——即使躲过外来破坏的物质也会遭受内部破坏。同样，每一种体制也有内在的、固有的危险因素。这种因素在君主政体内就是专制主义，在贵族体制下就是寡头政治，在民主体制下则是野蛮暴政。

如前所言，要阻止这些政体随时间之推移而不蜕变到腐败的程度是不可能的。来库古对这一点早有预见，于是没有将政府设制成一种单一的体制，而是将最佳政府中的所有优点和长处结合在一起，以便任何一种政治体制都不能过度发展，从而避免其走向堕落，他将各种力量相互制衡，使任何一方都不会压倒另一方并占据主导优势。这样，政体就能长期保持一种均衡状态。正如一艘装备合理的船只：王者由于惧怕在政府中占重要地位的民众而不会变得傲慢自大；人民也由于惧怕元老而不敢轻视国王；而元老则从公民中选出的贤能之人，因此他们都会在任何时候站在正义的一边。这样，因屈从于传统势力而在国家中处于劣势的一方，通过元老们的支持和影响获得权力和重要地位。结果就是，来库古通过这种形式制定法律，让斯巴达比先前有史记载的其他任何地方都更长久地维持了独立自由。

波里比阿认为，来库古通过理性思考能够预见事物自然发展的规律和方

---

① 了解政治体制自然法则模式及其进展的学者。
② 波里比阿：《历史》，6，9。

向，因此没有经历失败的教训就制定出了斯巴达的宪政，从而造就了稳定时间较长的政府，为斯巴达赢得了安宁和发展的机遇。而罗马人在政府形式方面虽然也最终取得了同样的结果，但这结果不是通过抽象的推理和理性的思考，而是来自多次斗争以及从斗争中汲取的教训。罗马人总是根据实践的经验，作出最佳的选择，创造出与来库古相同的政治制度。①

斯巴达政体是来库古理性推理的结果，而罗马的共和政体则是罗马人实践的产物。

波里比阿把公元前 220 年至公元前 168 年之间的 53 年作为罗马崛起的研究重点。他主要通过对这 53 年时间内罗马具体实践的研究，判断出罗马共和政体的优势。但从公元前 168 年以后，波里比阿还一直在罗马生活了16 年，在他的故乡生活了 32 年左右。他对罗马后来的发展情况是了解的，而且也在书中对罗马政体的发展留有判断。他认为：

> 一切现存的事物都有始有终，有衰落、有变化，这几乎是自然界的铁律。任何一个国家都可受两种因素影响而导致衰亡，一种是外来的，另一种则是其内部的矛盾。对于前者，我们不能给出任何固定的模式，而后者却遵循一定的规律。在波里比阿看来，如果人们能将这一研究最初的命题与结论联系起来，就能自己预见到未来的局势。他认为，一个国家在历经多次危难，随后获得了霸权和无可争议的最高权力之后，显然会因长期繁荣而导致生活变得过于奢华，公民为争夺官位和其他事物的竞争会愈演愈烈。当这种风气继续蔓延时，对职权的欲望和地位卑微的屈辱，将与炫耀和奢靡之风一道，断送整个社会。这一变化的主导力量将是大众。那时，他们一方面对某些人的贪婪极度不满，一方面又因谋求权势者的奉承而傲慢自大。这时，他们的思维会受情绪所控制。他们不愿再服从统治，甚至不愿与当权者平起平坐，而是要求得到最大的权力。当发生这种事时，政体就会改变，变成听起来很美好的自由或民主制。但实质上却是一种最恶劣的体制，即暴民统治。②

---

① 波里比阿：《历史》，6，10。
② 波里比阿：《历史》，6，57。

当然，从罗马历史的发展看，真正颠覆共和政体的显然不是波里比阿所说的"暴民统治"，而是波里比阿所不曾知晓的"军事独裁政治"。而就这一点来说，波里比阿的判断肯定是出现了失误。这当然不能苛求波里比阿，因为他在世的时候，罗马还不知道军事独裁为何物。

罗马大文豪西塞罗也对罗马人自己的共和政体有过深入的研究。他从比较的角度，得出了罗马政体的先进性，认为：

> 我们的国家政体之所以优于其他国家，是因为在那些国家里差不多都有过这样一些人，他们各自以自己的立法和规章建立国家，例如克里特人有弥诺斯，拉西第蒙人有吕库尔戈斯（来库古——作者），雅典人——他们的国家经常变化——起初有提修斯，后来有德拉孔、梭伦、克利斯特涅斯等，最后，学识渊博的法勒隆人得墨特里奥斯勉强维系住业已衰弱、濒于崩溃的国家。然而相反，我们的国家的存在不是靠一个人的智慧，而是靠许多人的智慧，不是由一代人，而是经过数个世纪，由数代人建立的。他（加图）说，因为从来也未曾有过这样的天才，以至于当他在世的时候，任何事情都没有能躲过他的注意；即使所有的才能都集中于一个人，此人也不可能在同一时间里表现出如此敏锐的洞察力，以至于无需常年的经验积累，便能领悟一切。[①]

在西塞罗看来，罗马的政制不是纯粹理性思考、设计的结果，而是不断实践与众人智慧融合发展的结果。在这种政体中，三大机构都有自己的职责："行政官员有足够的权力，杰出公民的意见有足够的威望，人民有足够的自由。"[②] 从而使建立在此基础上的共和国稳如磐石，安如阿尔卑斯山。

帝国时期的阿里斯提德虽然也是罗马国家的居民，但显然与罗马公民有所不同。他在《罗马颂》里从异族人的角度，阐述了罗马政体的优越。他说：

[①] 西塞罗：《论共和国》，2，1，2。译文见［古罗马］西塞罗：《论共和国》，上海人民出版社 2006 年版，第 127—129 页。

[②] 西塞罗：《论共和国》，2，57—58。

你们在国家中建立了一种与其他国家截然不同的政体。以前，人类社会中似乎有三种政体。其中两种是僭主政治和寡头政治，或曰君主政治和贵族政治，因为根据人们在解释统治者的特性时所持的观点不同，它们各自具有两个名字。第三种政体无论领导者是好是坏，都被称为民主政治。各城市或者根据自己的选择，或者因为偶然的因素接受了某种政体。而你们的国家却完全不同。政府形式是剔除了上述所有政体的消极因素后混合而成的。这也正是这种政体形式成功的原因。所以，当有人看到人民的力量，看到他们的需要和诉求如何轻易得到满足时，他会认为这完全是一种遏止了民众不良行为的民主政体。当他看到元老院召开政务会，并管理各级官员时，他会认为没有比这更完美的贵族政体了。当他看到主持所有这一切事务的长官（Ephor）和领袖（Prytanis），看到人民可以从他们这里各取所需，看到少数人从他们这里获得了官职和权力时，又在它身上发现了最完美的君主统治。执政者既摆脱了僭主的缺陷，其地位甚至比国王还要尊贵。

阿里斯提德认为罗马人发现这一新政体的原因就是：

按照自然（法则），只有你们才是统治者。前人所建立的统治，独裁而残暴。他们轮番交换着主仆的角色。作为统治者，他们徒有虚名。他们互相更迭，好似一场球赛中的选手更换着彼此的位置。马其顿人曾被波斯人奴役，波斯人曾被米底人奴役，米底人又曾被亚述人奴役。但你们自从为人所知，便是他们的统治者。既然你们从一开始就是自由的，而且处于统治者的位置，你们以有利于统治者的规则武装自己，发明了一种前所未有的新政体，你们为万物制定规则、设定时限。①

近代以来，西方高扬人文主义旗帜，用人文主义的视角对古代罗马历史进行了深入的研究。人类进步史观在罗马史研究中日益得到充分体现。伟大的史学家吉本在《罗马帝国衰亡史》的开头就提出这样一个问题：

---

① 阿里斯提德：《罗马颂》，91。

油画《古罗马帝国》，威廉·透纳绘，现藏伦敦泰特美术馆

　　如果让一个人说出，在世界历史的什么时代人类过着最为幸福、繁荣的生活，他定会毫不犹豫地说，那是从图密善去世到康茂德继位的那段时间。那时广袤的罗马帝国按照仁政和明智的原则完全处于专制权力的统治之下。接连四代在为人和权威方面很自然地普遍受到尊重的罗马皇帝坚决而温和地控制着所有的军队。涅尔瓦、图拉真、哈德良和两位安东尼全都喜爱自由生活的景象，并愿意把自己看成是负责的执法者，因而一直保持着文官政府的形式。如果他们那一时代的罗马人能够安享一种合乎理性的自由生活，这几位君王是完全可以享有恢复共和制的荣誉的。

　　这些帝王的一举一动总会得到过当的报酬，这里有他们的成就所必然带来的无边的赞颂；还有他们对自己善德感到的真诚的骄傲，以及看到自己给人民带来普遍的幸福生活而感到的由衷的喜悦。①

① [英] 爱德华·吉本：《罗马帝国衰亡史》上册，（D.M. 洛节编本），商务印书馆1997年版，第13—14页。

19世纪伟大的罗马史研究专家蒙森实际上也说过类似的话。他说：

> 世界上几乎没有一个政府能这么持久地保持秩序井然……在它的世界中，属于这个时期世界的人都认为这便是全世界，它给了在它治下的许多民族以和平与繁荣。这份和平与繁荣，较之其他的任何强国所创造的更长久、更丰富。这些繁华，在非洲的农业市镇、摩泽尔河上葡萄园园丁的家中、吕西亚山林中繁华的市镇以及叙利亚沙漠边缘属于帝国时期的遗迹中可以清晰见到。……如果一位上帝的天使想对塞维鲁·亚历山大的统治和今日的统治进行对比，并作出判断哪一个更明智、更人道，或者回答从那时起的道德状况和幸福程度是提高了还是退步了，他作的决定是否对现在有利是很值得怀疑的。①

罗马的自由一直到20世纪还是学者们神往的对象。房龙在《宽容》中曾这样写道：

> 罗马人通过精心的工作，创造了一个庞大的统治系统，这个系统以这样或那样的形式，一直延续到今日，这功劳是很伟大的。那时的臣民只要缴纳必要的赋税，表面上尊重罗马统治者定下的为数不多的行动准则，就可以享受广泛的自由。他们可以随心所欲地相信某事或不相信某事，可以信仰一个上帝，也可以信仰十几个上帝，甚至崇拜任何装满上帝的庙宇，这没有关系。但是，不管人们信仰什么，在这个世界范围的大帝国里，混居着的形形色色的人们必须永远记住，"罗马和平"的实现有赖于公正地实践这样一个原则："待人宽则人亦待己宽。"他们在任何情况下都不得干涉别人或自己大门内的陌生人的事情，即使偶然认为自己信仰的上帝被亵渎了，也不必找官府寻求解脱……法庭可以拒绝处理这类案子，并要求人们不要把涉及个人见解的问题带进法庭。……罗马发明了一种统治艺术：

---

① T.Mommen, *The Provinces of the Roman Empire,Introduction*, Chicago, Ares Publishers Inc.1974, p.5；Colin Wells, *The Roman Empire*，Cambridge，Massachusetts，Harvard University Press，2000，p.1.

最大限度地减少摩擦，从而获取巨大的实际成果。①

哲学家对罗马的思考常常与众不同，但对人的启示却不能小视。他们提出的问题和提炼出的结论皆能给人以深刻的印象。例如，英国哲学家罗素在其《西方哲学史》一书中曾很严肃地告诉人们：

> 从亚历山大到君士坦丁的六个半世纪里，社会团结既不是靠哲学，也不是靠古代的忠诚，而是靠强力，最初是靠军队的强力，尔后则是靠行政机构的强力，才获得保障的。罗马军队、罗马道路、罗马法与罗马官吏首先创立了，随后又维系了一个强大的中央集权的国家。没有什么可以归功于罗马哲学的，因为根本就没有什么罗马哲学。②

罗素在《罗素论中西文化》中还对古希腊人和罗马的贡献有过极为精辟的剖析。他说：

> 古希腊人对文明所作出的一个杰出贡献，就是演绎推理和纯数学。
> 可是，古希腊人是政治上的无能者，要没有古罗马人的行政能力，他们对文明的贡献早已付诸东流。古罗马人发现如何借助行政和法律的手段来管理罗马帝国政府的运转。在以往帝国中，任何事情都依赖于君主的威力，可是在罗马帝国中，即使君主被侍卫所谋杀，帝国被拍卖，政府机关的工作也只会受到很少的干扰，就像现在的总统选举对政府机关工作的干扰一样少。看来古罗马人开创了献身于非个人化国家的美德，意在抑制对统治者个人的效忠。古希腊人确实高谈爱国主义，但他们的政府官员腐败透顶，几乎所有人在当政的某一时期都接受了波斯的贿赂。古罗马人的奉献于国家的观念，已在西方成为产生一个稳定政府的基本要素。③

---

① ［美］房龙：《宽容》，生活·读书·新知三联书店 1985 年版，第 53—55 页。
② ［英］罗素：《西方哲学史》上卷，商务印书馆 1988 年版，第 14 页。
③ ［英］罗素：《罗素论中西文化》，北京出版社 2010 年版，第 16 页。

油画《迦拿的婚礼》，雅克·路易·大卫绘，现藏巴黎卢浮宫
画作故事取自于《约翰福音》，描绘了罗马帝国时期的一场华丽的婚宴场景。

　　德国著名历史学家、文化形态学的创始人斯宾格勒曾经指出："罗马及其严格的现实主义——非启示的、野蛮的、有纪律的、讲求实际的、新教式的、普拿士式的——用我们必须用的类比方式来说，永远可以作为我们理解自身的未来的一把钥匙。"[①] 现代大国的战略型学者确实时常把罗马作为制定大国战略的参考依据。例如，美国著名地缘战略理论家，美国前总统卡特的国家安全顾问布热津斯基就在《大棋局：美国的首要地位及其地缘战略》中对罗马帝国有过极其深刻的研究。布热津斯基在分析了罗马帝国的崛起及其相关特征的基础上，明确指出：

---

①　[德] 斯宾格勒：《西方的没落》，上海三联书店 2006 年版，第 25 页。

罗马帝国的建立经历了大约两个半世纪，是通过不断地向北接着又向西和向东南扩张领土，以及通过维护涵盖地中海全部海岸线的有效海上控制而建立起来的。在地理范围方面，罗马帝国在公元211年前后达到了顶峰。罗马帝国实行的是中央集权制政体。它的经济是单一的自给自足经济。罗马帝国是蓄意和有目的地通过一个政治和经济组织的复杂体系来发挥力量的。它以战略的眼光设计的陆路和海军航道体系，是以首都为起点的。一旦出现对安全的重大威胁时，用这个体系可以很快地重新部署和集结驻扎在仆从国和附属省的罗马军团。

在罗马帝国的极盛时期，部署在海外的罗马军团人数不下30万，是一支很庞大的武装力量。罗马在战术和军备上的优势以及帝国中心拥有指挥军队较快重新部署的能力，使在海外的罗马军团更能置人于死地。①

在布热津斯基看来，罗马帝国的力量还来自一个重要的心理现实。Civis Romanus Sum——"我是罗马公民"——是人们对自己的最高定位，使人感到自豪，使人在文化上有强烈的优越感。这种文化上的优越性增强了罗马帝国的使命感。它不仅使罗马的统治合法化，并且使它的臣民愿意受到同化，愿意接受罗马的统治。这种文化优越感就是罗马软实力的重要表现。它大大地增强了帝国的力量。大约有三百年之久，罗马的外部世界几乎没有能力与之抗衡。然而，帝国毕竟没有永恒，罗马也会沦陷。布热津斯基认为：

有三个主要原因导致了罗马帝国的最后崩溃。第一，罗马帝国变得过大，一个单一的中心已难以对其进行统治，但是把它分成东西两半，又自动地破坏了它的权力的垄断性。第二，帝国长期的狂妄自大造成了文化上的享乐主义，使政治精英逐渐丧失了雄心壮志。第三，持续的通货膨胀破坏了这一体系的那种维持自身又无须作出社会牺牲的能力，而公民们已不再愿意作出那种社会牺牲。文化上的衰败、政治上的分裂和

---

① 比罗马帝国的人口多得多的超级大国美国，1996年在海外驻扎的职业军人是29.6万人。[美] 兹比格纽·布热津斯基：《大棋局：美国的首要地位及其地缘战略》，上海人民出版社2007年版，第9页。

财政上的通货膨胀加在一起，使罗马帝国抵挡不住甚至是境外邻近的野蛮民族的攻击。

用当代的标准来衡量，罗马帝国并不是一个真正的全球性大国，而只是一个地区性大国。可是，由于当时全球各大洲之间盛行的孤立意识，罗马帝国的地区力量是独立自足的和孤立的，既无邻近的甚至也无远方的对手。因此，罗马帝国本身就是一个世界。①

但它的优越的政治组织和文化优越性却使它成为日后地域更广阔的各帝国体系的先驱。

从时间上说，古代的罗马属于历史，属于过去，属于过去了的时代。但过去的历史毕竟是社会的存在，过去了的时代也并非一定会化实成空。尽管黑格尔说："人们惯以历史上的经验的教训，特别介绍给各君主、各政治家、各民族国家。但是经验和历史所昭示我们的，却是各民族和各政府没有从历史方面学到什么。"② 经验和历史既然能够昭示我们，这本身就说明从历史中来的经验和历史是有用的，黑格尔这位辩证法大师自己就犯了一个前后矛盾的错误。而后世学者对罗马历史的钟爱以及相关研究成果的不断涌现更从事实的层面证明罗马对西方乃至世界的影响之深、魅力之大。罗马史的价值不言自明。

---

① ［美］兹比格纽·布热津斯基：《大棋局：美国的首要地位及其地缘战略》，上海人民出版社 2007 年版，第 10—11 页。

② ［德］黑格尔：《历史哲学》，上海书店出版社 1999 年版，第 6 页。

油画《奥古斯都和基督诞生的时代》，让·莱昂·杰罗姆绘，现藏洛杉矶保罗·盖蒂博物馆

第一章　罗马的兴起

一个强有力的城市组织，自始就是他们的政治军事制度的核心观念，罗马以外的一切地方对于罗马而言始终是外省。在罗慕路斯的军事民主政治下，在共和时期民主政治与贵族政治混合形成的组织下，在更后的帝国制度下，他们的政府都是以一个大城市为其中心，这是一个永久的核心，凡是由征服得来的地方都被视为这个核心城市的附庸，而不是与这个城市平列成为政府的一般组成部分。在人类经验中，还未曾见到与这种罗马组织、与这个罗马大国、与罗马民族的经历非常近似的现象。它将一直成为历史上的奇迹。①

第一节　王政时代的罗马

路径依赖是人类社会在发展过程中普遍存在的现象。王政时期罗马出现的管理体制虽然很粗糙、很不完善，但它对罗马的发展是具有导向性的。要看清楚罗马未来的发展脉络，必须从源头上先厘清它的构成、内涵及其运作规则。

一、罗马城的创建

公元前776年，第一届奥林匹克运动会在伯罗奔尼撒半岛的奥林匹亚小镇举行，奥林匹克纪年成为西方古代文明的重要内容。公元前770年，周平王迁都洛邑，开创中国历史上的春秋时代（前770—前476年）。大约与此同时，在西方亚平宁半岛的拉丁平原上也出现了一支新的力量，这就是后世著名的罗马。

---

① ［美］摩尔根：《古代社会》下册，商务印书馆1983年版，第307页。

亚平宁半岛风光

　　罗马位于意大利的中部，最早建于台伯河下游的七座小山之上，故享有"七丘之城"的美称。按古罗马地理学家斯特拉波的说法，罗马是罗马人唯一建在台伯河旁边的一座城市。[1] 它不是建立在海边，与滨海建城的古希腊人有着明显的不同。罗马的居民以农耕为主。

　　罗马世界的中心是意大利。意大利位于欧洲的南部，是欧洲大陆突入地中海的一大半岛，因亚平宁山脉纵贯全境而称为亚平宁半岛。意大利半岛三面临海、一面靠山。东临亚得里亚海与巴尔干半岛相望，南经爱奥尼亚海与非洲相接，西过第勒尼安海与伊比利亚半岛相通；北面是巍然屹立的阿尔卑斯山。作为屏障，阿尔卑斯山基本上隔断了意大利与欧洲其他地区的交通。罗马学者西塞罗曾认为：如果没有阿尔卑斯山这一意大利的屏障，罗马这座城市"就不可能成为我们的家，不可能成为庄严统治的所在地。"[2]

---

① Strabo, *The Geography*, 5,3,7.

② 西塞罗：《关于执政官级行省的分派演说》，14。

鸟瞰意大利半岛

　　意大利远离两河文明和埃及文明，相对孤立的地理位置对于罗马未来的发展意义重大。境内东高西低，河流纵横，土地肥沃，非常适合于农牧业的发展。尤其是波河流域和坎佩尼亚平原更是古代意大利的主要产粮区。与巴尔干半岛相比，意大利海岸线较长，但良港欠缺，航海业不如科林斯、雅典以及腓尼基的推罗等城邦。

　　意大利半岛属典型的地中海型气候，冬雨夏旱，既没有北部的严寒，也没有南国的酷暑。维特鲁威认为：住在严寒之地的民族更愿意勇敢而不怯懦地迎接武器的冲击，但他们的智商有些欠缺；住在酷暑下的民众富有智慧，在制定计划方面也非常聪明，但是缺少应有的勇气。而意大利"占领的领土居于两极之中"，"属于最适宜的完美之地"，既不十分炎热，也不异常寒冷。在维特鲁威看来，把罗马人民的城市（指罗马——作者）建在一个无与伦比且气候温和的国土上，这本身就是神圣的智慧。它既有击溃野蛮人英勇进攻的智慧，又有击溃南方人计谋的力量，便于获取统治整个世界的权利。①

与大河流域的农耕民族相比，意大利除了得益于农业以外，还得益于地中海。是地中海把罗马带入了海洋世界，是地中海让罗马见识到了两河文明、埃及文明和希腊人所创文明的光辉。地中海是沟通文明的桥梁，是展示西方文明的舞台，更是成就罗马文明的"广场"。

意大利半岛与大海结合的自然环境是古代罗马存在和发展的基础。它规定了罗马的经济属性，规定了罗马未来文明所具有的独特特色。这就是：农耕与海洋结合、农业与商业并行、拉丁文化与外族文化并存。公元1世纪的罗马学者老普林尼曾怀着十分崇敬的心情描述过意大利的中心地位与人文价值。他认为意大利是"神意选中之地"，应成为"地球上所有民族仅有的祖国"。意大利承担着"让天庭更加辉煌，将地球上分散的帝国凝结在一起，赋予人们高雅的生活方式，用一种共同的语言为强力纽带，把各民族不同的、粗俗的土话方言融汇整合，授予人类演讲的能力和文明"②的使命。老普林尼坦言，"如果我简略地、草率地描述（意大利）这片土地，那我可能会被公正地指责为忘恩负义和懒惰轻慢，因为它同时是所有土地的奶妈和母亲"。③

意大利考古证明，半岛早在旧石器时代就有居民居住。在新石器时代，居住在非洲的利古里亚人到达意大利。他们行进的线路不是直接从西西里到达意大利南部，而是从非洲经过今西班牙、法国，最后到达意大利北部地区，但他们都不是意大利人的先祖。

公元前2000年左右，属于印欧语系的部落从北方越过阿尔卑斯山陆续进入意大利，这就是意大利人的祖先。意大利人既具备"南方人和北方人的品质，分享了他们各自的体格与英勇豪迈的精神力量"。④拉丁人就是这些部落中的一支。

与此同时，另一个被罗马人称为埃特鲁里亚的民族也从海上来到了意大利。对于这一民族的族源，早在古典时代就已经被学者关注。希罗多德认

---

① 维特鲁威：《建筑十书》，6，10—11。
② 普林尼：《对自然的探究》，3，5，39。
③ 普林尼：《对自然的探究》，3，5，39。
④ 维特鲁威：《建筑十书》，6，11。

埃特鲁里亚的骨灰瓮　　　　　埃特鲁里亚时期金器　　　　　埃特鲁里亚神庙模型

为，他们来自小亚细亚的吕底亚；有人认为，他们是巴尔干半岛皮拉斯吉人的后裔；也有人认为，他们是意大利土著居民。近代的研究大都认定，这一民族来自小亚细亚的吕底亚。从现有的材料看，埃特鲁里亚人是公元前8—前6世纪意大利半岛上的一股强大力量，主要居住在台伯河与阿尔诺河之间的意大利广大地区，喜欢在山上建城。根据已发掘的公墓材料，一座名叫"凯莱"的埃特鲁里亚人城市的人口为25000人。埃特鲁里亚总人口约为20万。[1] 埃特鲁里亚人在最强盛时期曾向北占领过波河流域，向南发展至坎佩尼亚，在拉丁姆、坎佩尼亚和科西嘉等地都建有殖民地。王政后期罗马的政权实际上就掌握在埃特鲁里亚人的手里。

公元前8—前6世纪，也是古代希腊人向外移民的黄金时期。意大利南部和西西里因为土地肥沃，适宜农耕，是希腊人大规模移民的主要方向。他们按照母邦的建设形式，在意大利南部和西西里建立了许多城邦，其中最著名的有科林斯人建立的叙拉古、斯巴达人建立的他林敦和雅典人建立的图里伊等。希腊人不仅从本土带来他们的社会和政治制度，而且也带来了他们的传统习俗。不过，希腊人建立的殖民地与母邦之间没有政治上的从属关系。这些希腊人的殖民地最初大多建在沿海地区。他们似栖息在地中海沿岸的青蛙，既保持个性又相互融入地中海文化的整体，不断丰富地中海文化的内涵。

在所有居住在意大利的民族中，埃特鲁里亚人的文明程度最高。埃特鲁

---

① ［英］诺曼·庞兹：《欧洲历史地理》，商务印书馆2020年版，第40页。

里亚人占有意大利托斯卡纳地区，地美土肥，属膏腴之地，经济也较发达。他们创制了精致优美的陶器和较为复杂的农田灌溉系统，发展了技术较高的金属工艺，建造了坚固的防卫堡垒。埃特鲁里亚人有 12 个相对独立的中心城市，建有相互合作的城市联盟。他们的文字虽然还无法释读，但其创造的文明成就确实无法不让人敬佩。南意希腊人的文明发达程度虽不如埃特鲁里亚人，但与拉丁诸部落相比，还是要先进得多。不过，奇怪的是，恰恰是位于意大利两大文明中间的、从愚昧落后的拉丁诸部落中发展起来的罗马最后成了统领地中海世界的主人。这不能不说是一个天大的奇迹。

传说，罗马人最初的始祖是小亚细亚特洛伊城的王子埃涅阿斯。据说，斯巴达国王之妻，美丽的海伦，为特洛伊人所骗，来到特洛伊。古希腊人的英雄于是在阿伽门农王的带领下，发兵特洛伊，历时十年，最后用木马计将特洛伊城攻陷。

特洛伊城陷落后，埃涅阿斯背父出逃，"受开创伟业的命运驱使"，渡海

古希腊殖民城邦叙拉古遗迹

油画《埃涅阿斯逃离燃烧的特洛伊城》，菲德里克·巴洛奇绘，现藏罗马的博尔盖塞美术馆

经迦太基、西西里来到意大利中部，并娶当地国王拉丁努斯之女拉维尼来为妻，结束长时期漂泊生活。[①] 埃涅阿斯建立了一座以其妻子的名字命名的城市，叫拉维尼乌姆。埃涅阿斯死后，他的儿子阿斯卡尼阿斯又在阿尔巴山脚下建立了另一座新城市，取名为阿尔巴·隆加城。城市文化在拉丁姆地区发展开来。此后，王位世代相传，当传到努米托尔的时候，王位为他的弟弟阿穆利乌斯所篡夺。阿穆利乌斯为确保王位安全，强迫努米托尔的女儿西尔维亚到维斯塔神庙做贞女。按规则，维斯塔贞女是不能结婚的。阿穆利乌斯试图利用这种手段，断了她谈婚论嫁、组织家庭的念头和繁衍后代的可能。但出乎意料的是，西尔维亚为战神马尔斯所爱，生了一对孪生子。阿穆利乌斯命令将这对孪生子扔入台伯河中。幸运的是，来河边饮水的母狼用乳汁拯救了这对孪生兄弟的生命。后来，他们由一户牧人抚养成人，哥哥名叫罗慕路

---

① 李维：《罗马史》，1，4。

斯（Romulus），弟弟名叫勒莫斯（Remus）。兄弟俩英勇义气，在当地很受欢迎。他们得知自己的身世后，设法杀死了阿穆利乌斯，并把自己的外祖父重新扶上王位。兄弟俩则在别处另建新城。在建城过程中，兄弟间发生争执，结果兄长罗慕路斯杀死了自己的弟弟勒莫斯。罗慕路斯最后按自己的意愿选址建城，并以自己的名字罗慕路斯命名这一城市，这就是罗马（Roma）。按照传统的说法，罗马建城的年代约为公元前753年4月21日。

罗马建城的故事告诉我们，后世的拉丁民族是多个民族融合的结果。它已经处于父系氏族公社阶段，实行的是一夫一妻制、有非常明晰的传承关系。故事中的部分内容虽为传说，但有些显然带有历史的痕迹。

母狼哺育孪生兄弟雕塑

考古表明：后来得名为罗马的那个地方，位于拉丁姆。按狄奥弗拉斯图记载，早期的拉丁姆地区"土地湿润。平原出产月桂、桃金娘和奇异的山毛榉，在这里砍下的树木之大，一根树干就足够做一艘第勒尼安船的龙骨。松树和冷杉生长在山上。他们所称的喀耳刻（Circe）之地是一个高耸的岬角，树木繁茂，有橡树、桃金娘和茂盛的月桂树。当地人说，喀耳刻住在那里。"[1] 位于拉丁姆最北端的罗马，地理位置优越，靠河通海，交通便利，是附近地区居民往海边取盐的必经之地。这里离海近但又不直接临海，可避海盗之患，得农牧之利。约公元前10世纪初，这里的帕拉丁等小山丘上出现了原始村落群。到公元前8—前7世纪，各村以帕拉丁山上的拉丁人为主体，联合成七丘联盟。后来，又通过抢婚等形式把萨宾人的部分部落合而为一，力量有所增强。公元前5世

---

① 狄奥弗拉斯图：《对植物的探究》，5，8，3。狄奥弗拉斯图是亚里士多德的学生。

纪左右，阿芬丁山也被合并进来。所谓早期的罗马城开始形成。早期的罗马城与其说是一个城，倒不如说是一个村。但后来的历史表明，这个拉丁小村不是一般的村，而是有强大内在发展潜力的村。

二. 初创时期的罗马社会

按照传统的说法，罗马人来自特洛伊，来自阿尔巴·隆加城，但罗马的历史叙述常常还是从罗慕路斯建立罗马城开始。根据习惯的分期法，罗马历史的早期被称之为"王政时代"。因为当时在罗马主事的是"王"。时间相当于公元前753年至公元前509年。罗马的基层组织是氏族。何为氏族？西塞罗曾下过定义："他们有相同的名字。这是不够的。他们有出生自由的祖先。即使这样也不够。在他们的祖先中没有人曾是奴隶，而且从未被剥夺过公民权。"[1]这就是说，氏族有共同的血统，是有明显血缘关系的组织。根据传说，罗马早期共有300个氏族，他们不是来自同一族群，主要有拉丁人、萨宾人和埃特鲁里亚人三部分组成。拉丁人构成100个氏族；萨宾人和埃特鲁里亚人也各构成100个氏族；每10个氏族组成一个胞族，罗马人称它为库里亚（Curia），每个胞族都有自己的庙宇、神祇、祭司和节日[2]；每10个胞族组成一个部落，罗马人称之为特里布斯（Tribus）。在罗马共有30个胞族，3个部落。每个部落都要提供步兵与骑兵。所有氏族成员构成"罗马人民"，即"Populus Romanus"。从整齐划一的规划数据中，我们可以看到王政时代人为组织因素的存在。

"王政时代"是罗马内部分化较为明显的时期，也是从氏族制度向国家过渡的时期。"王政时代"的管理机构主要有：勒克斯、元老院和库里亚大会，分别代表王、贵族和人民三支力量。罗马的管理机构与王权独大、王权与贵族权并重所形成的管理形式有着明显的不同。它的最大特点是所有的民众在处理内部事务中都享有自己的一份权利。"王政时代"的管理机构基本上奠定了未来罗马城邦制度的基础。

"王政时代"的勒克斯（Rex，王），不是天定神授的王。勒克斯由库里亚大会推选产生，通过"Lex Curiata de Imperio"授予最高权力

---

① Cicero, *Topics*, 6.
② 西塞罗：《论演说家》，1，7。

（Imperium），然后由元老院确认。他是军事首长、最高祭司和最高审判官，主要职责是：祀与戎。勒克斯还没有具备真正意义上国王的权力，还没有掌握民政大权。换句话说，他没有处理人民的生命、自由和财产的权力，也没有行政的任命权。当王不称职或违背常理时，也可以被撤换。

自公元前8世纪中叶到公元前6世纪末这244年间，传统认为罗马共有8个王，即罗慕路斯（约前753—前717年）、塔提乌斯、努玛（约前716—前673年）、图努斯（约前672—前641年）、安库斯（约前640—前616年）、老塔克文（约前616—前578年）、塞维乌斯（约前578—前535年）和小塔克文（约前535—前509年）。据说，第一和第四王为拉丁人，第二、三和第五王为萨宾人，第六、第七和第八王为埃特鲁里亚人。罗马的王既不是神人之间的神官，也不像人神合一的埃及法老，更不是行使天意、替天行道的天子。他们是代表民意、领导民众行终身职的首领。他们的权力不世袭，不是父死子承或兄终弟及，也不是由前任国王指定任命，而是来自库里亚大会的选择，来自元老们根据社会的需要而对相关人物的挑选。有的来自本地的拉丁人，有的是罗马人根据声望从异域引进的。勒克斯死后也可以成神。①在罗马的8位王中，有3位对罗马影响深远。罗慕路斯是罗马城以及罗马氏族、部落等管理制度的奠基者。维吉尔借埃涅阿斯之父安奇塞斯之口说：罗马将由于罗慕路斯而闻名于世，"罗马的统治将遍布大地，罗马的荣光将与天比肩"。②在其他的几位王中，努玛和塞维乌斯最值得关注。努玛是罗马宗教倡导者和社会风气的净化者；而塞维乌斯则是罗马国家制度的创建者。

库里亚大会（Comitia Curiata），是按胞族（即Curia，库里亚）召开的民众会议，由全体氏族成年男子参加。妇女和儿童被排除在外。但库里亚的名字由萨宾妇女的名字命名。库里亚大会由罗慕路斯所创，目的是创造一种能够平衡王与元老院的力量，希望通过人民这一数量上的权威来抗衡王和元老在权势和财富上的权威；协调王与元老院之间的关系。库里亚大会不提出任何措施，主要职能是决定或否决罗马社会最重要的问题，内容包括勒克斯的选举、战争的宣布、新法案的通过或否决、对判处死刑的案件作出最后定夺等等。当然，在这些大事中，选举勒克斯显然是最大的事务之一。既然有

---

① 罗慕路斯死后就被罗马升格成"神"。
② 维吉尔：《埃涅阿斯纪》，6，780—784。

选举，就会有竞选。据说，老塔克文是第一个在库里亚大会上作竞选演讲的人。他竞选勒克斯的理由主要包括：外乡人成为罗马国王不是新事物，他是第三位谋求罗马王位的外乡人；他比塔提乌斯王强，因为塔提乌斯曾是罗马人的敌人。比努玛王也强，因为努玛王是被召唤而来，不了解罗马城情；老塔克文已经带着全家和全部财产移入罗马，在罗马居住的时间比在母国还长。在内政和军事方面，他既了解罗马法，也熟悉罗马的军事礼仪，等等。库里亚大会绝大多数成员选举老塔克文为罗马第六任勒克斯。[1]

一般而言，库里亚大会在通过决议时，每一个库里亚只有一票表决权。30 个库里亚只要超过 15 票，就算决议通过。罗马比较早地避开了绝对民主的一人一票的票决制。

元老院（Senatus，长老议事会），由 300 个氏族长老组成。一般认为：他们来自拉丁、萨宾和埃特鲁里亚三个部族。元老家族是罗慕路斯等一手创造出来的贵族制度的基础。[2] 这个制度的优越性就在于：它在王与人民之间多了一道防止对立扩大的阀门。王政时期的元老成员一般都来自氏族显贵，有资历、有贡献、有经验、有威望。由这些元老组成的元老院既是库里亚大会的预决机构，也是勒克斯的咨询与辅助机构，可以预先讨论准备向库里亚大会提出的重大问题，对库里亚大会与勒克斯都能产生决定性的影响。

罗马社会内部成长起来的强有力的城市组织，从一开始就是罗马政治、军事制度的核心。罗马以外的所有被征服的地方都是外围。巩固罗马城市的核心地位始终是罗马政治家必须认真应对的政治任务。

王政时代的罗马，既不是海洋民族，也不是商业民族，更不是草原民族，而是典型的农牧民族，经济上以农牧业为主。公共土地的适当分配以及铁器农具的使用大大提高了农业生产效率，手工业已从农业、牧业中分离出来，纺织、冶金、制革、制陶等开始成为独立的手工业部门。大致在努玛时期，罗马就出现了乐师、金匠、木匠、染工、皮匠、制革匠、铜匠和陶匠等

---

① 李维：《罗马史》，1，35。

② 据记载，罗慕路斯建国之初就在国人中挑选了 100 位家长组成元老院，称他们为父老或元老，他们的家人和后代就称为父族或贵族。罗慕路斯合并萨宾时，又从萨宾世家中挑选了 100 人为元老，其家族也称为贵族。后来，老塔克文又从埃特鲁里亚人那里挑选了 100 人为元老，其家族也称为贵族。参见李雅书、杨共乐：《古代罗马史》，北京师范大学出版社 2010 年版，第 48—49 页。

罗马建筑浮雕《元老院和罗马人民》

七种手工业行业。[1] 新的手工业行业的出现一方面表明社会需要多样化的生产工具和生活用品，另一方面也体现了罗马的手工业专业化水平有了明显的提高。努玛以行业为标准，对所有公民进行重新分类，进一步打破血缘界限，使拉丁人与萨宾人之间的关系更加密切、更加融合。从塞维乌斯墙和各种罗马城市宗教建筑看，罗马的建筑业、石头加工业和金属制造业在王政后期都很发达。

农业和手工业的发展也促进了交换手段的变化。王政后期，罗马除了物物交换外，还出现了牲畜、铜块这样的媒介物。[2] 当时，氏族内部有了一定的分化。部分富有氏族成员尤其是元老成员开始利用特权，霸占更多的公共土地和财产，占有并使用战俘奴隶。他们与国王等慢慢从氏族成员中分离出来，逐渐成为统治者。一般贫困破产成员则往往求助于国王和元老，成为他

---

① 普鲁塔克：《努玛传》，17。
② 拉丁文中与"Pecus"相近的词很多，如"Pecuniosus""Pecunia"和"Peculium"等都与财产有关。

们的被保护人。战时以被保护人身份随同出征，开会时支持保护人的主张，平时则承担一定的义务。这样，在原先平等的氏族内部逐渐分离出两大阶级。当然，与早期雅典相比，这两大阶级之间的分化还不是很大，矛盾也不是很尖锐，还没有达到不可调和的阶段。罗马显然没有条件走上"直接地、主要地从氏族内部分化出来的阶级对立中"产生国家的道路。

第二节　罗马国家的产生

国家是一种组织形式，是一种带有阶级特征的社会组织形式。就组织形式而言，国家是对部落制度的一次飞跃。通过国家形式组织起来的罗马很快就改变了对外战争中被动的局面。就社会组织而言，国家具有明显的阶级性，是有产阶级控制无产者的重要工具。罗马国家具有这两方面的明显特征。

一、塞维乌斯改革

按照马克思主义的国家理论，国家是历史发展的产物，是暴力机器，是一个阶级压迫另一个阶级的工具。"国家是社会在一定发展阶段上的产物；国家是承认：这个社会陷入了不可解决的自我矛盾，分裂为不可调和的对立面而又无力摆脱这些对立面。而为了使这些对立面，这些经济利益相互冲突的阶级，不致在无谓的斗争中把自己和社会消灭，就需要有一种表面上凌驾于社会之上的力量，这种力量应当缓和冲突，把冲突保持在'秩序'的范围以内；这种从社会中产生但又自居于社会之上并且日益同社会相异化的力量，就是国家。"[①] 这就是说，国家是社会发展的产物，它并不是从来就有的。国家与阶级的出现关系密切，它是阶级矛盾不可调和的产物。

罗马国家（Civitas）由罗马社会（Societas）发展而来。后者以血缘为基础，前者则以地域和财产为依据。罗马国家的产生与氏族外平民的出现和发展有很大的关系。罗马平民，拉丁文为"plebs"，皆与拉丁文"plenus"

---

① 《马克思恩格斯选集》第 4 卷，人民出版社 1995 年版，第 170 页。

有关，意为"众多""大量"。学术界对于罗马平民的起源历来都很重视，但因为资料太少，一直没有形成共识。通常认为他们来自氏族以外，有的系外来定居者，包括商人、手工业者等；有的则是被征服地区的居民；有的是被保护人。从文献资料上看，平民早在罗马第一王罗慕路斯时代就已经存在。因为平民都处在罗马旧的氏族、库里亚和部落之外，因而不能成为"Populus Romanus"。从身份上说，他们不是失去身份自由的奴隶，而是自由民。从权利上说，这些自由民又与罗马人民不同，因为他们不是"Populus Romanus"，不能享有像罗马人民那样的政治权利，不能参加库里亚大会；不能参与罗马重大事务的决策；不能参与征服得来的公有土地的分配；不能和罗马人民通婚。所以，从很早时期开始，平民和罗马人民之间就存在着矛盾。而罗马国家的形成实际上也是平民和罗马人民间斗争的结果。

到第七王塞维乌斯时期，罗马平民的人数已经与罗马人民的人数相差无几了。此外，平民在经济和军事上所起的作用也越来越大。平民是罗马工商业的主要经营者，也是罗马税收的主要承担者。平民作为士兵，手中又有武器，有权参与罗马的军事行动。一切与罗马有关的战争，无论是争夺统治权、扩大领土的战争，还是反抗侵略者的战争，平民都是重要力量。原先的氏族制显然不能解决罗马氏族内外居民利益、地位上的不一致，不能阻止罗马居民内部的贫富分化，也不能解决因战争而导致的罗马氏族内部男性士兵数量的不断减少，削弱抵御外部侵略势力的力量。

正是在这样的背景下，罗马第七王塞维乌斯·图里乌才进行"和平时期最伟大的工作"。塞维乌斯在进行户籍调查的基础上把原先按人头分摊任务的做法变成按财产的多少分配任务。户籍调查的范围既包括罗马人民也包括罗马平民和被释奴隶。从李维、狄奥尼修斯等历史学家流传下来的材料中，我们能够发现塞维乌斯的改革具有下述内容：

第一，不论罗马人民和平民，皆按财产多寡而不是门第高低、地区分布、人头多少划分居民等级并在所划等级的基础上建立相应的百人队。凡拥有 10 万阿司①及以上财产者为第一级，建重装步兵 80 个百人队（森都里亚），另外出 18 个骑兵队（称骑士）；拥有 7.5 万至 10 万阿司财产者为第二级，出重装步兵 22 个百人队；拥有 5 万至 7.5 万阿司财产者为第三级，出次重装步兵 20 个百人队；拥有 2.5 万至 5 万阿司财产者为第四级，出轻装步兵 22 个百人队；拥有 1.1 万至 2.5 万阿司财产者为第五级，出轻装步兵 30 个百人队。此外，由那些没有什么财产、不服兵役和不纳税的人构成的无产者（proletarii）不入级，出 1 个轻装步兵百人队。② 共计 193 个百人队。

第二，调整库里亚大会的职能，在百人队的基础上新设森都里亚大会（Comitia Centuriata，百人队大会）。规定凡是服兵役的男子都有权参加森都里亚大会。库里亚大会的一切政治权力，如宣布战争、选举官员、重大案件的审判等都转归到森都里亚大会。库里亚大会只保留了一些名义上的权力。这样，以氏族血缘关系为基础的库里亚大会让位给了新建的森都里亚大会。库里亚大会的基层细胞库里亚和氏族也就成了私人或家族的民间机构，逐渐失去了政治意义。在森都里亚会议进行表决时，每个百人队只有一票，由最

---

① 阿司，是罗马的货币单位，大约出现于公元前 4 世纪。1 阿司约重 0.3359 公斤纯铜。财产等级最初可能是按占有土地数量的多少来划分的，后来的人们以当时流行的货币单位阿司折算地价。其实，当时各等级间的财富差别很小。

② "无产者"给罗马提供的是后代。"Proletarii"一词与子孙后裔有关。Proles，即"生育子女者"。参见西塞罗：《论共和国》，2，22。

富裕的骑士百人队先投票，共 18 票；其次是第一等级的步兵百人队，共 80 票。这样，第一等级的富有者加起来的票就达到了多数票（98 票）。只要他们意见一致，提案就能成为决议。对此，狄奥尼修斯有过极其深刻的分析。他说：

> 在建立这一给富人带来很多好处的政治制度时，图利乌斯，像我过去说过的那样，不知不觉地欺骗了人民，并将穷人排斥于一切公共事务之外。他们都以为在政府中享有平等的权利，因为每人在他自己的百人队中都被征求过意见。但他们在这点上却被蒙骗了。因为每个百人队不论公民人数多少都只有 1 票。由财产最多的人组成的最先投票的百人队，就百人队的数量而言，较其余的多；但就百人队内含的公民而言，数量却较少。至于无产者则人数多而票数仅有 1 票，并被最后召来投票。这一措施实施之后，富人们就不再因缴纳大量的公民税和连续不间断面临作战危险而愤愤不平了。因为他们现在已经获得了最重要事务的掌控权，已经从那些没有付出同样服务的人手里取得了全权。在政府那里分得很少权利的穷人因为发现自己不知不觉地被免除了公民税和兵役，因此审慎而平静地服从了自身权力的削弱。国家也有机会看到那些认真考虑分担最大危险所获利益的人与准备去做要求他们做的事的人属于同一批人。这种政府形式被罗马人维持了很多代。[①]

塞维乌斯的百人队票额设定与其说是人在选举，倒不如说是资产在选举；与其说是人在决策，倒不如说是财富在决策。人数众多的无产者虽然生活于罗马，但他们又不属于罗马。

除了上述两大措施以外，塞维乌斯又在罗马城内建立了四个地域部落作为管理居民的行政单位，以替代原来的三个血缘部落。它们各以所在山丘为名，即帕拉丁山、埃斯奎林、苏布拉与科里纳尔；城郊乡村则划分为 15 个地区部落。

---

① 狄奥尼修斯：《罗马古事纪》，4，21。

塞维乌斯城墙

塞维乌斯城墙是罗马的一道城墙，用大块凝灰岩砌筑，高达 10 米，底宽 3.6 米，长 11 公里，传说有 16 个大门。据说，此城墙得名于第六位罗马国王塞维乌斯·图利乌斯（Servius Tullius）。

这样，在罗马也是在所谓王政被废除之前，以个人血缘关系为基础的古代社会制度就已经被炸毁了，代之而起的是一个新的、以地区划分和财产差别为基础的真正的国家制度。公共权力在这里体现在服兵役的公民身上，它不仅被用来反对奴隶，而且被用来反对不许服兵役和不许有武装的所谓无产者。①

城市部落和乡村部落的划分，除了打破原始部落间的血缘关系以外，还产生了另一重要的结果，就是寓兵于农。

---

① 《马克思恩格斯选集》第 4 卷，人民出版社 1995 年版，第 128 页。

以前还从来不曾有过其他的先例，也因为罗马风尚的保持及其帝国的扩张全都有赖于此。人们一定以为城市部族会立刻就攫取权势与尊荣，并且会毫不迟疑地要贬低乡村部族的地位；但事实全然相反。我们是知道早期罗马人对于乡村生活的兴趣的。他们的这种兴趣得自于他们贤明的创造者，这些创造者把农事和军事与自由结合在一起，并且可以这样说，把美术、工艺、阴谋、财富以及奴隶制全都赶进了城市。[1]

罗马早期大多著名人物都生活在农村里并且耕种土地，所以人们也习惯于在乡村里寻找共和国的栋梁。

这种情况既然是罗马最尊贵的贵族的情况，所以也就受到一切人的尊崇；人们宁愿过乡村人的简朴勤劳的生活，而不愿过罗马市民的游手好闲的生活；而且在城市里一向只不过是个不幸的无产者的人，一旦成为田地里的劳动者之后，就变成为一个受人尊敬的公民了。瓦戎（指瓦罗——作者）说过，我们高尚的祖先们在乡村里奠定了那些茁壮而勇敢的人的地基，那些人在战争时期保卫着他们，在和平时期养活着他们；这话并不是没有道理的。普林尼还肯定说，乡村部族之所以受人尊崇，就是由于有组成了这些部族的那些人的缘故；反之，人们为了羞辱懒汉们，就把他们很不光彩地迁徙到城市的部族里去。沙宾人（指萨宾人——作者）阿皮乌斯·克劳底乌斯（即阿庇乌斯·克劳狄乌斯——作者）归来定居于罗马时，是满载荣誉的；他编入了一个乡村部族，而这个部族随后就以他的姓氏命名。最后，被释放的奴隶全都参加了城市的部族，而从没有参加乡村部族的；并且在整个共和国时期都没有过任何一个例子是这种被释放的奴隶获得了任何一个行政职位的，虽说是已经变成公民了。[2]

罗马塞维乌斯改革与雅典梭伦改革都是国家产生过程中具有里程碑意义的事件，都属于个人立法。它们有相同的地方，这就是都是按财产的多少来

---

① ［法］卢梭：《社会契约论》，商务印书馆 2017 年版，第 143—144 页。
② ［法］卢梭：《社会契约论》，商务印书馆 2017 年版，第 144 页。

划分居民的等级。但也有许多明显的不同，主要表现在：雅典梭伦是以执政官的身份立法，塞维乌斯是以国王的身份改革。梭伦当时要解决的是公民的债务等经济问题，所以他颁布了"解负令"，废除债务、废除债务奴役制，涉及的阶级是贵族与平民。目的是维护公民内部的团结。梭伦是鼓励公民参与雅典的公共事务，从而使雅典形成了公民参与公共事务为荣，不参与公共事务为耻的传统。[①] 重大选举事务与决策实行公民大会票决制。雅典未来走上直接民主制道路与梭伦改革关系密切。而塞维乌斯则是希望把权力集中到有产者身上，集中在有产者军人身上，让他们掌管一定的公共事务，承担公共职责，同时，让没钱的无产者远离权力中心。涉及的集团有：王室、罗马人民和平民。其措施是实行两层表决制：先征求大众意见，也就是实行大民主；后在大民主的基础上，投出或计算出相应的百人队的票数并以百人队票的多少决定选举和决策的结局。这后一层设计极其高明，它既避免了走上雅典极端民主制的弊端，又把罗马的权力集中在了王室与富裕公民的身上。罗马未来走上贵族共和制之路与塞维乌斯改革有很大的关系。

舞乐图（罗马壁画），创作于公元前 5 世纪

塞维乌斯改革是一次大的创造，在罗马历史上具有划时代意义。塞维乌斯通过改革扩大了罗马人民的范围，增加了罗马人民的队伍。据记载：塞维乌斯改革以

---

① 梭伦是希望每一位公民不要以不关心公共事务为荣；不要以只关心自己和私事而不愿分担本国的忧患为荣。参见普鲁塔克：《梭伦传》，20；这一传统在雅典一直得以保存，以致伯里克利说："在我们这里，每一位公民不仅关心自己的私事，而且也关心国家的公事。即使那些最忙于他们自己的私事的人，也很热衷一般政治。我们认为：一个不关心政治的人，我们不说他是一个关心自己私事的人，而是说他是一位无所事事的人。"参见修昔底德：《伯罗奔尼撒战争史》，2，40。

后，罗马的男性公民人数达到 87400 人；[1] 塞维乌斯通过改革把公共负担从穷人转给了富人，同时通过设立百人队大会，又实际上剥夺了穷人的公共权力，把公共权力转给了富人；更重要的是，塞维乌斯通过改革打破了原先的氏族组织，基本上完成了由氏族制度到国家的过渡。通过国王组织起来的国家此后就变得"井然有序"，所有的财产、年龄和职业等都被登记造册，"这样一个庞大的国家获得了精准的治理，就像一个小家一样。"[2]

塞维乌斯改革及其所创立的制度把罗马分散的力量作了统合，使其成为有组织、有高度认同、有强大战斗力的军政合一的集体。这一新形成的集体很快就迸发出新的生机，在未来罗马的发展过程中起到了极其重要的作用。对于新兴国家来说，这个作用应该是积极的；但对于罗马的"王"而言，新的集体所产生的力量和作用确实也是致命的。

二、卢克雷蒂娅事件与王政的结束

根据传说，塞维乌斯晚年被以高傲者塔克文（Tarquinius Superbus）为首的篡位者谋杀。小塔克文篡权夺位后，违背元老院和罗马人民的意愿，不断扩大国土权力，直接损害贵族和民众的利益。贵族们一向认为国王只是全国宗教的祭司长和元老院的执行人而已；他们决不允许无限制的王权存在。可是，这个小塔克文王却比第一位塔克文王更残暴。他建立武装保卫自己，杀死拥护塞维乌斯的首席元老，不通过任何咨询会议而只靠他自己一人进行死刑案的审理，随意杀害、流放被怀疑或被憎恨的人，搞得人人自危。他打破由前人传下来的凡事征询元老院的

漫画《小塔克文从塞维乌斯手中夺取权力》

---

[1] 狄奥尼修斯：《罗马古事纪》，4，22。狄奥尼修斯认为，塞维乌斯的措施是以前历代国王所不曾想到的。

[2] 弗罗努斯：《罗马史纲要》，1，6。

规矩，以家内的咨询会议管理国家，在没有得到人民和元老院授权的情况下，只通过他自己和他的亲信，决定战争、和平、缔约和联盟。小塔克文的极度暴虐，最终导致全国有影响力的人的一致痛恨。而真正颠覆罗马小塔克文政权的是卢克雷蒂娅事件以及由此而产生的罗马革命。

根据李维的说法，卢克雷蒂娅事件的过程是这样的：一天晚上，在阿尔戴亚罗马国王的营帐中，王子塞克斯图斯·塔克文（Sextus Tarquin）与他的亲属科拉提努斯（Lucius Tarquinius Collatinus）谈论各自的妻子以及她们的德性。双方各执一词。于是，科拉提努斯提议，他们可立即骑马回罗马，看看他们的妻子到底在干什么？回到罗马，他们发现塞克斯图斯的妻子正和密友们欢宴，而科拉提努斯的妻子卢克雷蒂娅（Lucretia）则正为她的丈夫织羊毛衣。塞克斯图斯大受刺激。几天后，他秘密来到卢克雷蒂娅家中，用欺骗和暴力强暴了她。卢克雷蒂娅派人请回她的父亲和丈夫，告诉他们发生了什么事，然后自杀身亡。用自杀来抗议王子的强暴，用自杀来维护自身的清白。面对被欺而自杀的朋友之妻，布鲁图斯（Lucius Junius Brutus）① 挺身而出，号召人民起来推翻王政，把塔克文王室逐出罗马。他和其他的人把卢克雷蒂娅的尸体抬往广场，将卢克雷蒂娅的事情告诉人们，并促请民众通过决议驱逐所有王室成员。罗马所发生的突发事件很快为国王小塔克文所知。他听到消息后，迅速离开军队，匆匆赶回罗马，结果发现城门紧闭。国王已被宣布放逐出境。与此同时，布鲁图斯则迅速统领一批武装了的青年策马前往军营，向军人讲述卢克雷蒂娅事件的真相，获得军人支持。小塔克文王逃奔北方，请求埃特鲁里亚为他恢复王位。两个儿子追随被放逐的国王来到凯莱（Caere）。肇事者塞克斯图斯·塔克文则逃亡伽比伊（Gabii），最后被自己的仇人所杀。于是，罗马百人队召开大会，宣布废除王政，建立共和国，选举布鲁图斯和卢克雷蒂娅的丈夫科拉提努斯两位为执政官（Consul），任期一年，两人的权力完全相等。无论是限定任期还是限定执政官的权力，目的都是为了防止像国王那样独断专行。卢克雷蒂娅事件大大地促进了罗马政治

---

① 布鲁图斯为国王的姐姐塔克文尼娅的儿子。他的父亲和哥哥都被塔克文所害。为了保全性命以待复仇，布鲁图斯便假装精神错乱，因此得了"布鲁图斯"这一绰号，为"傻子"之意。后来，正是这个布鲁图斯真正成了"罗马人民的解放者"，"罗马的自由之父"。参见李维：《罗马史》，1，56；普鲁塔克：《普布利科拉传》，10。

自由的建立。

共和国建立不久，科拉提努斯便提出辞职，代替他的是瓦勒利乌斯 (Publius Valerius)。瓦勒利乌斯在任期间，曾通过几个对后世影响很深的法案：一是对于任何试图自立为王的人，可以杀之而不受审判。二是所有罗马人在没有得到人民任命之前，不得担任任何行政职务。凡违反此法者皆应处以死刑。若有人杀死违犯此令者，应按无罪论，不受任何惩罚。三是任何公民在遭到官员们给予的死刑、鞭笞或者罚款等惩处时，都有权上诉，要求人民裁判。上诉期间，也即在人民投票表决之前，他不应受到官员们的处罚。为了明确保证平民的自由权，普布利乌斯·瓦勒利乌斯[1]立下规则，即执政官在罗马城内，必须从"法西斯 (Fasces)"棒束中取下斧头，以表示象征执政官权威的"法西斯"只有在罗马城外才能加上斧头，在城里只能用棒束。[2] 这些措施使他得到平民的敬重。他们赠他一个绰号叫作"普布利柯拉 (Publicola)"，为"人民的朋友"之意。[3] 罗马的历史非常明晰地告诉我们：事业之初，常常由执政者或立法者创造制度；而成就事业后，常常由制度创造执政者。

卢克雷蒂娅事件及其导致的罗马革命结束了埃特鲁里亚人在罗马的统治，结束了自建城以来 244 年的国王治理，建立了新的以元老院贵族为中心的共和政治，两位执政官替代了国王。人们从王权下解放出来并获得了新的自由。布鲁图斯因推翻高傲者塔克文而荣获巨大荣誉。李维认为，布鲁图斯对自由的保卫并不低于对自由的创立。[4] 据李维记载，此事发生在高傲者塔克文在罗马统治的第二十五年，[5] 也即公元前 509 年。此后，罗马的历史便进入了没有国王的共和国时代。在共和国时代，两个执政官代替了一个勒克斯。在共和国时代，塞维乌斯所创立的新制度"得到了进一步的发展，而罗马共和国的全部历史也就在这个制度的范围内演变，这里包括，共和国的贵

---

① 根据传说，普布利乌斯·瓦勒利乌斯是在共和国第一任执政官之一塔克文·科拉提努斯 (Tarquinius Callatinus) 辞职后，于公元前 509 年补选为执政官的。塔克文·科拉提努斯虽是推翻塔克文王朝、结束罗马王政时代的领袖，但与被放逐的埃特鲁里亚王室有姻亲关系。

② 后来在意大利、德国出现的法西斯主义与象征权力的罗马"Fasces"有关。

③ 狄奥尼修斯：《罗马古事纪》，5，4。

④ 李维：《罗马史》，2，2，8。

⑤ 李维：《罗马史》，1，60。

油画《侍从带来布鲁图斯儿子的尸体》，雅克·路易·大卫绘，现藏巴黎卢浮宫

此作品以罗马史实为背景，描述了罗马共和国创始人布鲁图斯的伟大事迹。被逐出罗马城的塔克文谋划推翻共和国并恢复君主制，但阴谋遭到挫败。参与叛乱的贵族青年被抓，其中有布鲁图斯的两个儿子和另一个执政官的两个外甥。如何处罚两位执政官的亲属，成了罗马人民关注的事。布鲁图斯不得不下令将他们处死，以牺牲自己的亲人和家庭为代价，捍卫共和国。

族与平民为了担任官职以及分享国有土地而进行种种斗争，最后贵族溶化在大土地所有者和大货币所有者的新阶级中，这种大土地所有者和大货币所有者逐渐吞并了因兵役而破产的农民的一切地产，并使用奴隶来耕种由此产生的广大庄园，把意大利弄到十室九空的地步，从而不仅给帝政而且也给帝政的后继者德意志野蛮人打开了门户。"[1] 由此可见，统治者与制度是两码事。统治者可以创造制度，但制度一经形成就会对统治者本身或后来的统治者产

---

[1] 《马克思恩格斯选集》第4卷，人民出版社1995年版，第129页。

生影响。任何合适的制度如罗马的百人队制度等，都不会因王朝的更替和统治者的变化而轻易地发生改变。

第三节　早期共和国

罗马是共和制的伟大实践者。以共和制原则建立起来的早期罗马共和国承载着两大任务：一是与外敌进行战争；二是如何处理好公民内部的事务。外敌的强大迫使罗马公民以妥协的形式处理内部矛盾。而内部矛盾的顺利解决又为罗马成功的对外征服创造了条件。

一、公民内部的矛盾

塞维乌斯改革以后，平民地位有了明显变化。他们已成为罗马公民的一部分，按财产资格参与百人队训练，参加百人队大会，行使管理国家的部分事务。有的甚至成为第一等级的公民，在百人队表决中产生重大影响。费斯图斯曾记载，公元前 509 年，布鲁图斯把 164 名平民增补为元老。[①] 据哈里卡纳苏斯的狄奥尼修斯记载：在公元前 494 年，罗马又有 400 多名平民被补充服骑兵役，成为 18 个骑兵百人队成员。[②] 这就是说有 400 多平民进入了罗马的第一等级。当然，也有贵族下降为平民的。例如，屋大维家族就是从塞维乌斯时期的贵族降格为平民的。[③]

共和国建立以后，王权消失，长期被王权压制的自由得到共和制的保护。[④] 罗马的工商业在新的体制下焕发出新的活力。一批代表新的不同生产者利益的神庙在罗马陆续建立。公元前 509 年，卡庇托里的朱庇特神庙建成。卡庇托里成为罗马宗教及其宗教活动的中心。公元前 496 年，罗马农神庙建成；公元前 495 年，谷神庙与商神庙建成；等等。[⑤] 这些建筑物的出

① Festus, *Epitome of Roman History*, 305L.
② "征兵之时，我（瓦勒利乌斯）把四百多名有良好表现的平民变为了骑士。"见狄奥尼修斯：《罗马古事纪》，6，44。
③ 苏埃托尼乌斯：《圣奥古斯都传》，2。
④ 李维：《罗马史》，2，1。
⑤ 李维：《罗马史》，2，25。

现表明：罗马在共和之初，建筑业、石料加工和木材制造业都有了很大的发展。罗马的宗教、文化生活更加丰富。与此同时，罗马还建立了专门的商人公会。贵族和富有平民的经济实力明显提高。[①] 共和之初，罗马尽管是一个农业民族，但还是非常重视与其他民族的商业合作。它同东部的拉丁人与南部的迦太基人都订有商业协定。

共和国建立后 16 年，罗马几乎每年都处于战争状态。先是与试图在罗马复辟王位的塔克文作斗争；后又与当时意大利最强大的国王波塞那以及近邻萨宾人作战。贵族牺牲很大，而平民在战争中的作用也日益增加。

应该说，共和国的建立使平民有了更广阔的发展空间。但在共和国的政府体系中，真正起重要作用的还是贵族。罗马共和国（Res Publica）名义上是为了"公共事务""人民的事业"，但实际上，掌权的都是贵族。[②] 共和国和王政的最大区别就在于：国家的主要权力属于贵族还是属于国王。共和国的决策结果需有多个机构来推进。按共和制的政治设置，以执政官为中心的行政系统、元老院和百人队大会是三驾拥有不同权力的马车。大致而言，百人队掌管立法、元老院管决策、执政官管执行。三权按程序办事，效率有局限，但公民们对行政机构有一定的制约力。不过，罗马的公职、神职以及元老院全部由贵族垄断。政府机构中的话语权主要还是掌握在贵族之手。

罗马共和时期的执政官（Consul）为二人，由百人队选举产生，一年一任，拥有最高的行政和军事的执行权，可以主持召开百人队大会，但不对元老院或百人队大会负责。他们受到同僚执政官和执政时间的限制。任内没有过程监督，享受免遭起诉的待遇。执政官与国王不同。执政官（Consul），源自 Consulere（商议、协议）；国王（Rex），源自 regere（管理、驾驭）。执政官下面还有：行政长官（Praetor）、财务官（Quaestor）和营造官（Aediles）等。他们都由选举产生，不是靠任命就任官职。这些行政官员人数不多，属于古代意义上的"小政府"。共和早期，执政官经常在几个特别显赫的氏族里产生。主要的原因是：一是领导共和革命的主要力量是贵族；二是罗马的官员没有薪金，而没有一定的经济基础是很难承担这一职责的；三是早期罗马几乎没有官僚队伍。元老院，一般为 300 人，由卸任的执政官等人员

---

① 狄奥尼修斯：《罗马古事纪》，6，44。
② 在罗马，"Res Publica"是与"Res Privata（私人事务）"相对分开的。

组成。罗马的政治决策的重心在元老院。元老在政治、宗教、司法、土地和战利品分配、债务诉讼等方面握有重权。在元老院众多的职权中，最重要的一项是可以在国家处于紧急状态时任命独裁官，即狄克推多（Dictator）。独裁官到任后，所有高级官员都应停止行使职权，服从独裁官的统一领导。独裁官拥有生杀予夺的大权，但任期很短，一般不超过六个月。紧急状态时任命独裁官是罗马人的一大创造。

无论是执政官还是元老院元老都是掌握实权的贵族。很明显，罗马的共和制度是城邦体制的一种体现和反映。平民与贵族之间经济上和政治上的不平等常常是加剧平民和贵族间矛盾的关键因素。

从现有的文献资料看，罗马早期平民与贵族矛盾的焦点主要集中在：公有土地的分配、债务问题以及参与政治事务的管理、争取政治权和公民权的平等等。罗马自建城以来，战争不断，所夺资源不少。公民们都希望从掠夺来的财富中分得一杯羹。尤其是无地和少地的平民更希望从新扩张的土地中分得土地。但掌握政权的权贵们常常只拿出少量土地分配，而把大片土地作为公有地，留给有钱人租用。在罗马共和国的历史上，公

共和时期罗马的农业生产。15 世纪意大利出版的罗马自然史学家老普林尼的《对自然的探究》著作插图

有土地的分配问题始终是社会斗争的一个中心内容。债务问题和土地问题是密切相关的。马克思说："从罗马历史最初几页起就有着重要作用的债务关系，只不过是小土地所有制的自然的结果。"[1]马克思极其深刻地阐明了小土

---

① 《马克思恩格斯全集》第 28 卷，人民出版社 1973 年版，第 438 页。

地所有者与债务之间的内在联系。共和初年，罗马实力弱小，战争不断，平民因连年征战，再加上敌人蹂躏乡村田地和天灾人祸，往往错失农时，被迫向有钱公民借债。借债的利息常常在规定的标准之上，达到12%。家破人亡者有之；投靠贵族充当被保护民者有之；更有甚者，有些因还不起债而只得用人身作抵押，或被卖往台伯河以外，或被债权人肢解、处死。平民生活极度悲惨，平民与贵族之间的矛盾一触即发。

二、保民官的设立

公元前5世纪初叶，罗马与近邻间战争频繁。平民的生活因外战艰难不堪。平民们常常诉苦说：为了祖国的自由和领土的扩张，他们在战场上奋勇作战。但他们的罗马同胞却躲在城里压榨他们。罗马保民官的设立显然与罗马平民惨遭沉重的债务压迫有关。据史书记载：公元前495年，一位穿得破破烂烂的老人出现在罗马广场（Forum）上，脸色苍白，身形憔悴，让人心生怜悯，乱糟糟的头发和胡须使他俨然像个野蛮人。尽管如此，但人们还是认出这位老人就是战场上表现出色的百人队长。老人主动展示胸前的伤痕，以证明他确实是身经百战的百人队长。人群不断聚集起来，仿佛是召开公民大会一样。人们围着这位可怜的老兵，问他是什么让他沦落到今天这样的地步。他回答说，当他在跟萨宾人作战时，他的庄稼遭到敌人的蹂躏，他的屋子也被烧毁，他曾拥有的一切，包括他的牲口，都遭抢劫。就在他无能为力之时，他还得向国家交税。无奈之下，他只得借款，高额的利息使他失去了他祖父和父亲传给他的土地，失去了其他的财产。高利贷像瘟疫一样，夺走了他拥有的一切，甚至连他的身体也未能幸免：他本人只得以人身抵债。[①]这位百人队长的遭遇，引起了平民的强烈不满并由此产生了严重的骚乱。如果不是两位执政官塞维利乌斯（Servilius）和克劳狄乌斯迅速干预，这场骚乱可能会演变成暴动。

在执政官召开的元老院会议上，出现了两种不同的意见。一派坚持使用执政官的权力平息骚乱；另一派则倾向不用强硬的手段，而主张用安抚的方式解决问题，因为这样做比使用武力更安全。

---

① 李维：《罗马史》，2，23。

就在双方发生激烈争论之时，从拉丁人那里传来了一个令人震惊的消息：伏尔西人的军队正在向罗马开进。塞维利乌斯于是来到人民面前。他宣称元老们真诚地希望按平民的福祉行事，因为平民尽管不是社会唯一的却是最大的组成部分。但现在敌人已经行将到达城门口，保家卫国应是罗马人当下的第一要务。塞维利乌斯于是颁布法令：第一，监禁罗马公民或者给罗马公民戴上镣铐以阻止他们报名参军是非法的；第二，夺取或出卖参战士兵的财产是非法的，拘捕或以其他方式干涉现役士兵的后代也是非法的。遵照塞维利乌斯的这一法令，那些戴镣铐的债务人都纷纷报名参军。不久，罗马人取得了战争的胜利。平民们指望执政官塞维利乌斯和元老院信守他们的承诺兑现诺言，但遭到后者的拒绝。

公元前494年，伏尔西人、厄魁人（Aequians）和萨宾人同时向罗马挑战。罗马于是任命曼利乌斯·瓦勒利乌斯为独裁官。独裁官颁布了一项类似塞维利乌斯的法令，迅速征召了十个军团的兵力。两个执政官各自率领三个军团，独裁官率领其余的四个军团。[①] 战争最后取得了胜利。鉴于平民士兵在战斗中的英勇表现，瓦勒利乌斯建议元老院宣布有关债务奴隶的处理办法，但遭到元老院的再次拒绝。面对元老院的一再失信，战士们便全副武装主动撤离到位于阿尼奥河另一边的圣山。[②] 战士们在圣山上建立起军营，像往常一样修起堡垒。连续几天他们平静地驻扎在那里，只取用维持生存的物资。贵族们决定派曼奈尼乌斯·阿格里巴（Menenius Agrippa）前往圣山，作为他们的代言人与哗变军队见面。传说，他对人们讲了一个非常形象的故事：很久以前，人身体的每个部分都像现在这样不和谐一致。各自有他们自己的想法，各自都有自己的要求。其他部分对胃很不满，因为它们要不辞辛劳地为胃提供食物，而胃成天闲得发慌，被它的奴仆伺候着，只负责快乐享受它们提供的物品。这些不满的部分拟了一个共同计划：手以后不再提供食物给嘴巴；送到嘴边的东西，嘴巴也不吃；进了嘴巴，牙齿也不嚼。它们本想用饥饿惩罚胃，没想到这样做的结果是整个身体日渐消瘦。由此可见，胃并不是无所事事。确实，它接收了食物，但反过来又为身体的其他部分提供

---

① 历史学家李维对罗马当时的动员能力感到非常吃惊。李维：《罗马史》，7，25。
② 撤离的地点，有不同的看法。历史学家皮索（Piso）称他们去了阿芬丁山，但李维采用了大部分历史学家所公认的圣山。李维：《罗马史》，2，32。

了营养。胃消化之后造出血液，这血液又通过静脉送到身体的各部分，形成我们生命和健康的基础。曼奈尼乌斯讲这个故事的目的是告诉平民要从整体利益出发，否则谁也得不到好处。通过这一故事，曼奈尼乌斯成功地化解了危机，缓和了平民们对贵族的怨恨。①

　　双方谈判的结果是：平民可以设立他们自己的官员。这一官员又称保民官（Tribune）。保民官由平民大会民主投票产生，按得票多少确定当选人选。平民人手一票，充分体现民众意愿。这一点与百人队完全不同。保民官手下设立营造官。保民官的权力受法律保护不可侵犯。他们的职责是保护平民不受执政官的侵害。他们是公民中大多数人利益的代表。所有贵族都无权担任

平民与贵族斗争

这一职位。② 保民官初设两人，后发展到 6 人，最后达 10 人之多。③ 保民官无行政职权，但在其任职期间，执政官与元老院无权妨碍保民官的行动自由。保民官因为有"代民请命权"，所以可以对执政官和元老院的决议行使否决权，制止或否定国家官员的决定乃至国家机关的法案，使政权不致完全落到贵族手里。

　　平民保民官的设立对罗马政治制度的完善有重要的意义。它使罗马大部分平民在未来 207 年的时间里有了自己的组织。这个组织在限制贵族的专权、保护平民的利益，以及协调平民与贵族关系方面起着别的组

---

① 李维：《罗马史》，2，32。黑格尔把这一故事称作"曼奈尼乌斯·阿格里巴寓言"。

② 李维：《罗马史》，2，33。

③ 罗马选出了两位平民保民官：盖乌斯·李锡尼（Gaius Licinius）和路西乌斯·阿尔比努斯（Lucius Albinus）。他们又为自己选择了三位同僚，其中一个是骚乱的发起者西奇尼乌斯（Sicinius），另外两位保民官的姓名不详。还有一条记载说只有两位保民官在圣山（the Sacred Mount）上被选出，而且在那里通过了一项保证保民官权力神圣不可侵犯的法律。

织无法替代的作用。让人民有自己的领袖，可以遏止平民的凶猛与激烈。当人们有领袖时，他们会变得比没有任何领袖时温和。因为领袖意识到他们的风险，而处于愤怒中的人们却不会有危险意识。[①] 允许平民设立自己的组织、选举自己的领袖，这既是罗马平民实力强大的体现，也是罗马贵族以妥协求发展的一大经验，是罗马区别于其他早期国家的重要标志。

通过平民争取设置保民官权的斗争，罗马平民的集体维权意识明显增强。而随着集体维权意识的增强，罗马平民也开始由自在的等级逐渐进入了有自觉意识的等级。

三、罗马母亲的胜利

公元前488年，罗马面临严峻挑战。这次挑战既来自外族伏尔西人，也来自被罗马放逐的"英雄"科里奥拉努斯。为什么这样说呢？因为当时前来攻打罗马的人是科里奥拉努斯率领的伏尔西军队。他们大举入侵罗马领土，驻扎在离罗马城仅四十斯塔狄亚的地方。罗马元老院迫于人民的压力，勉强派遣全权使节去与科里奥拉努斯商谈"一个适合于罗马人民的和约"，但是没有成功。于是罗马只能备战守城，把石头和投射器堆在城墙上，准备从城墙上打退伏尔西人。

为了找到更好的退兵之策，普布里科拉的女儿瓦勒利亚带着一群妇女去见科里奥拉努斯的母亲维都利亚及其妻子佛拉姆尼亚。这些妇女都穿着丧服，带着他们的儿女们一道去哀求维都利亚和佛拉姆尼亚，请她们两人跟她们一道去见科里奥拉努斯，恳求科里奥拉努斯饶恕她们和她们的国家。于是，得到元老院的允许之后，她们这些妇女，一道前往敌人的军营。科里奥拉努斯钦佩罗马城的高度勇敢精神，因为在罗马城内，就是妇女辈也是这样勇敢的，所以他前来会晤她们。出于对他母亲的尊敬，他撤去了侍从手中的棒束和斧钺的仪仗，跑上去拥抱他的母亲，并把她带到伏尔西人的议事会中去，请她把她所想说的话说出来。

维都利亚说，因为她是他的母亲，她跟他一样，在他被逐出罗马城这一件事情上受到了委屈；但是她看见罗马人已经在他手中遭受了很大的痛苦和

---

① 参见西塞罗：《论法律》，3，10。

油画《萨宾妇女的调解》，雅克·路易·大卫绘，现藏法国巴黎卢浮宫

罗慕路斯通过抢婚扩大罗马人口基数，引起被抢妇女部族萨宾人的不满。萨宾国王塔提乌斯带兵与罗马人作战。业已成为罗马妻子的萨宾女儿走向战场，进行调停。她们把她们与罗马丈夫们所生的婴孩给萨宾人看，证明她们的丈夫们没有虐待她们。她们恳求萨宾人怜惜他们自己、他们的女婿们、他们的外孙们和他们的女儿们，恳求他们，如果不停止这个亲戚间的不神圣的战争，就首先把她们杀死，因为战争是由她们所引起的。她们的父亲们，一则因为他们自身遇到的困难，一则因为对这些妇女们的怜悯，而且确实发现罗马人这样做的目的，不是出于色情，而是由于需要，所以就跟罗马人议和了，罗慕路斯和塔提乌斯两人都成了罗马国王。凡愿意来罗马生活的萨宾人都可以跟罗马人一样，在同样的条件下，按照同样的法律，在罗马居住。

足够的处罚，他们这样多的土地受到破坏，这样多的市镇遭到摧毁。现在罗马人不得不采取最后的办法——哀求，他们派遣执政官们和祭司们，他自己的母亲和妻子作为使节，到这里来，力求以特赦和召回他作为补过的办法。她说：千万不要用一个不可补救的恶去医治另一个恶。她这样说了之后，科里奥拉努斯回答说：放逐他的那个国家已经不是他的祖国，给他以避难所的国家才是他的祖国。他说，没有人会爱那个虐待他的国家，或者仇视那个给他以恩惠的国家的。他请求她看看当时在场的人们，他和他们已经交换了互相忠诚的誓言，他们给他以公民权，选举他做他们的将军，把他们私人的利益托付给他。他详述了他们所给他的荣誉和他所作的誓言，他劝他的母亲把他们的朋友和敌人也当作她的朋友和敌人。

科里奥拉努斯的话还没有说完，维都利亚就勃然大怒，向天空举起她的双手，召唤他们的家族神祇。她说，罗马妇女已经有两次在危急之时为罗马挺身而出：一次是在塔提乌斯王的时代，另一次是在科里奥拉努斯的时代。在这两次妇女行为中，塔提乌斯虽然是一个外国人和公开的敌人，但是他还尊重妇女，对她们让步了。而科里奥拉努斯却藐视包括他的妻子，还有他的母亲在内的一个妇女使团。她只得向儿子跪下。科里奥拉努斯大声哭起来了，抱着她，说：母亲，你赢了，但这个胜利将毁掉你的儿子。他说了这话以后，就下令撤军，率部队回国。①

因为这次胜利，罗马建造了"幸运女神"庙。妇女们再次用自己的行为保卫了罗马领土的安全，从而也再一次奠定了妇女在罗马历史上的崇高地位。从这个故事中，我们也能发现，早期罗马的国力还是非常弱小的。

四、成文法的制定

卢梭认为：社会公约赋予了政治体以生存和生命，政治体需要由立法来赋予它以行动和意志。"法律是政治体的唯一动力，政治体只能是由于法律而行动并为人所感受到；没有法律，已经形成的国家就只不过是一个没有灵魂的躯壳，它虽然存在但不能行动。因为每个人都顺从公意，这还不够。为了遵循公意，就必须认识公意。于是就出现了法律的必要性。"②

共和之初，罗马实行习惯法，而没有成文法。习惯法和成文法是两个不同的概念。根据西塞罗的看法，习惯法是指经过一个时期的实践并得到民众

---

① 据阿庇安记载：由于伏尔西人领袖阿提阿斯的嫉妒，科里奥拉努斯最后被处决了。见阿庇安《罗马史》上卷，第二卷关于意大利（片断）。

② ［法］卢梭：《社会契约论》，商务印书馆 2003 年版，第 44—45 页注①。

板画《十二表法》

共同认可的东西，但并没有经过立法的批准。① 习惯法源于自然，后又被习惯——比如宗教——所丰富和加强，它也可以是从自然中产生但被习俗所增强的规则，也可以是随着时间的流逝而得到公众认可已经成为共同体习惯的任何原则。而成文法则是通过立法形式，写成书面文件向民众公布并要民众遵守的法律。② 成文法是人为的法律。习惯法的缺点是：规范不清，解释权和司法权完全掌握在贵族、祭司手里。贵族、祭司们很容易将其变成为己服务、以权谋利的工具。平民们为寻求公正、公平与平等，不断提议立法建制。在平民们的坚决要求下，公元前455—前452年，罗马派遣三人团到雅典学习和研究梭伦立法。后又成立十人委员会花时间专门编撰第一部罗马成文法。经过十人委员会三年的编写以及罗马人民的深入讨论，在得到充分的修改后，最后经百人队大会批准。公元前451—前450年，罗马终于颁布了历史上第一部成文法典——《十二表法》，并以此统一罗马公民的所有法律体系。

《十二表法》置于罗马广场，所有的公民都能在这里见到，具有公开性、适用性和相对平等性。该法原文早已散失，我们现在能见到的只是保存于后世作家著作中的断片。但从后来罗马法学家的著作中可以看出，这一法律的内容包括：审判引言、审判条例、债务法、父权法、监护法、占有权法、遗产权法、土地权利法、伤害法、公共法、神圣法。此外，还加了两款补充条例，其中包括以极不人道的方法禁止平民与贵族之间的通婚。③《十二表法》以成文法形式规定公民的权利和义务，保护公民的生命权和荣誉权，凡涉及公民生死权时，只能由百人队大会决定；凡创作或演唱诋毁他人的歌，这个

---

① 参见 Cicero, Topics, 22。

② 参见 Cicero, Topics, 54。

③ 西塞罗：《论共和国》，2，37，63。

人将被棍棒打死；凡向敌人出卖同胞者，将被处死。同时，《十二表法》也竭力维护残忍无比的债务奴役制和父权制。例如：

《十二表法》第三表明确规定：[债务人] 在 [其] 承认债务之后或 [对他] 作了判决决定之后，得有三十天的特许期限；[规定期限终了时]，[原告人] 可以拘捕 [债务人]。可以将他押解到庭 [以便执行判决]；若 [债务人] 仍未 [自动] 执行法庭判决，且在受讯时无人代他解脱责任，则 [原告人] 得把他带到私宅，给他们戴上足枷或手铐，其重量不轻于十五磅，而且假如愿意，还可以加重；[债务人在拘禁期中]，如愿意，可自费供养。若无力自费供养，则 [拘禁他的人] 每日应发给他面粉一磅，如愿意，亦可多给；当债务人在拘禁期间，他有权与 [原告人] 谋求和解，但若 [双方] 不能和解，则 [这些债务人] 应继续拘禁六十天。在此期间，他们须在市集日连续三次被带到会议场最高审判官前，[并] 宣布判决他们的钱额。至第三个市集日，他们则被处以死刑，或售之于国外，于台伯河以外。① 至第三个市集日，债务人得被砍切成块。至于砍切大小，则并不 [归罪] 于他们②。

恩格斯认为："后世的立法，没有一个像古希腊和古罗马的立法那样残酷无情、无可挽救地把债务人投在高利贷债权人的脚下，——这两种立法都是作为习惯法而自发地产生的，都只有经济上的强制。"③ 再如，第四表规定，父亲有权三次出卖自己的儿子。此后，儿子则可以从父权下解放出来。不过，尽管如此，《十二表法》立法成功在罗马史上还是具有十分重要的意义。它开启了罗马政府立法的先河，规范了罗马政府立法的程序，使政府的

---

① 奥鲁斯·格里乌斯关于债务人得以死刑这一记载与其他一些材料所述的内容不符。这些材料明确指出，在古代罗马，以债权人剥削债务人，并使后者沦为奴役状态，是债权法的目的。参阅李维：《罗马史》，6，34。

② 法律规定："在第三个集市日，让债权人将债务人身体切割；无论分割多少都不以为罪。""但我从未读过或听说过在古代任何人被切割"。参见奥鲁斯·格里乌斯：《阿提卡之夜》，20，1，48。内容见杨共乐主编：《世界上古史资料汇编》，北京师范大学出版社2010年版，第300页。

③ 《马克思恩格斯选集》第4卷，人民出版社1995年版，第167页。

行为有法可依，有律可循，一定程度上防止了特权阶层的滥权行为，阻止了国家制度的腐化与败坏，从而大大地提高了政府的行政效率，对于保证公民内部的司法公正以及保护下层平民的基本利益作用重大。

罗马史家李维对《十二表法》评价很高。他认为：这些法律"至今仍然是一切公法与私法的渊源。"[①]哈里卡纳苏斯的狄奥尼修斯也认为："这部法律神圣无比，比希腊人的法律更出众。"[②]

《十二表法》与两河流域的《汉谟拉比法典》有明显的区别。一是《汉谟拉比法典》的制定是受制于神："安努与恩利尔为人类福祉计，命令我，荣耀而畏神的君主，汉谟拉比，发扬正义于世，灭除不法邪恶之人，使强不凌弱，使我有如沙马什[③]，昭临黔首，光耀大地。"他在结束语中再次强调："我一向孜孜不倦、不遗余力地为民办事，是马都克给了我牧师之职，要我去关怀所有这些人。我让他们过上和平的生活、给他们全面的关心，让他们在我的智慧中得到温馨和安全。"[④]《十二表法》则是根据罗马公民的需要。二是《汉谟拉比法典》的制定者和最后定夺者是汉谟拉比；《十二表法》的编撰者是特定的十人委员会，立法者是百人队大会，执行者则是相关的行政司法机构。三是《汉谟拉比法典》体现的是神的意志下对不同等级的人的行为的规范，而《十二表法》反映的是罗马公民的意愿。以人为中心的人文原则在《十二表法》中得到了较为充分的遵循。《十二表法》是人法；《十二表法》的中心是人，而不是神。

五、公民内部关系的调整

公元前449年，十人委员会在完成《十二表法》的编撰工作以后解散。罗马每年又恢复了执政官的行政管理大权。公元前445年，人民保民官坎努利乌斯提议"废除《十二表法》中规定的平民不能与贵族通婚的法律条文"的法案在平民大会获得通过，从而终结了平民与贵族间婚姻问题上的不

---

① "fons omnis publici privatique est iuris"，李维：《罗马史》，3，34。李维所写的"至今"主要是指公元前1世纪前后。
② 狄奥尼修斯：《罗马古事纪》，11，44。
③ 太阳、光明及审判之神。他的主要祭祀中心为西巴尔、阿卡德以及拉尔沙二城。
④ 参见杨共乐主编：《世界上古史资料汇编》，北京师范大学出版社2010年版，第102、121页。

平等。① 平民与贵族通婚的合法化，冲击了贵族高贵的血缘意识，改变了社会对平民的血统歧视，提高了平民的社会地位，扩大了罗马共和国的社会基础。罗马公民内部的关系得到了明显的调整。

公元前 376 年，李锡尼和塞克斯都当选为人民保民官。他们根据国家、社会的现实需要，提出了涉及债务、公有地和政权三个问题的综合法案。第一是债务方面，要求债务总数中除去已经作为利息付给的部分，其余的分 3 年付清。② 第二是公有地方面，内容包括：全体公民都可以占有公有土地，但占有的最高数额不能超过 500 犹格③（约为 2050 亩地）；公民在公有牧场上放牧的，不得超过 100 头牛或 500 头羊。④ 第三是停止军政官的选举，规定从平民中选举两执政官之一。这三个法案，都涉及到权贵们的核心利益，因此，遭到贵族的强烈不满与反对。为使法案获得通过，平民总是选举李锡尼和塞克斯都为保民官。而李锡尼和塞克斯都也每年提出这些法案。这样连续进行了十年，直到公元前 367 年，保民官的法案获得通过，而且在罗马得到了具体的落实。这次立法终结了针对平民的政治歧视，打开了平民获取国家最高权力的大门。进入统治阶层的重要条件是贡献与成就，而不纯粹是出身。公元前 366 年，塞克斯都成为第一个从平民中选举出来的执政官。他也是第一个经过保民官之职进入执政官行列的平民。据李维记载：李锡尼本人也因为占有超过法定土地数额，也即 500 犹格的公有地而受到处罚。⑤

执政官职位对平民开放以后，罗马其他的高级官职也陆续向平民开放。公元前 366 年，管理罗马市政建设的营造官向平民开放。十年以后，也即公元前 356 年，平民第一次担任了独裁官职。公元前 351 年，平民首次出任监察官。公元前 337 年，平民第一次就任行政长官。另外，管理财务的财政官也向平民开放。官职的开放使罗马政坛获得了许多治国人才，从而大大地提升了罗马的管理水平。

国家高级官职对平民的开放，对于平民的富裕上层具有重要意义。他们

---

① 西塞罗：《论共和国》，2，37。西塞罗认为：这是最不人道的法律。
② 李维：《罗马史》，6，6，35。
③ 犹格（Jugera），古罗马土地面积单位，相当于 4.1 亩。
④ 李维：《罗马史》，6，6，35；阿庇安：《内战史》，1，8。
⑤ 公元前 357 年，李锡尼被判处支付 10000 阿司罚金。李维：《罗马史》，7，16。

壁画《婚礼》，创作于罗马共和时期

一旦当选为高级官员，便有可能成为元老院元老。而通婚权的获得又可使他们通过联姻方式与原有贵族建立亲戚关系。大约在公元前4世纪下半叶和公元前3世纪初，平民上层便与贵族逐渐合流，形成所谓的"新贵（Nobilitas）"，共同把持政权。其余的平民也取得了许多有益的成果。尽管土地问题没有得到根本解决，但随着罗马对外侵略扩张的发展，军事殖民地的建立，以及少量公有地的分配，他们对土地的要求得到部分满足。据统计，从公元前343年至公元前264年，大约有6万份份地分给了拉丁人和罗马人，其中罗马人约4万份。罗马小农的土地紧张局面得到暂时的缓解。

公元前326年，一位名叫路西乌斯·帕庇利乌斯的高利贷者的色欲和凶残行为引起了债务奴役的取消。据说：盖乌斯·普布利乌斯曾因父债而以自身向高利贷者抵债。债务人年少貌美本应引起同情之心，但却引来了高利贷者的邪念和侮辱。他将这少年的美貌视作是放债的意外收获，起初用低俗的语言引诱他，后见少年对他的邪意不加理会，就改为威胁恐吓，并经常提醒这少年所处的可怜地位。最后，他见少年对个人的荣誉出身看得重于目前困境时，就命令对这少年实施剥衣拷打。挨打后的小孩，带着满身伤痕，跑向大街大声控诉这位高利贷者的色行和残暴。由此而聚集起大批民众。他们出于对这位少年的同情和对债主恶行的愤怒，纷纷来到广场（Forum），并在那里聚合后，一起来到元老院会议厅。面对这突如其来的事件，执政官被迫召开元老院会议。当元老们进入会议厅时，民众展示了这位少年被打坏的脊背，并俯身扑向元老们脚下，请求元老们主持公正。就在那一天，由于一个人的强暴行为，债务的强力压迫终于被推翻了。执政官按元老院的命令向人民提出建议，"除犯有罪等待交付罚款者外，不得拘留任何人或施以镣铐或枷锁囚禁；债务人应以物品而不以他的人身作为借款的抵押物。"于是纳克斯（nexus）获得了解放。（罗马）此后禁止将任何人沦为纳克斯。① 罗马史学家李维认为：对于平民来说，这一年是其获取自由的新时代的开端。因为他们不再因债务而遭奴役了。② 孟德斯鸠认为：帕庇利乌斯的犯罪使罗马获得了民事的自由。③ 债务奴役制在罗马被取消，这在一定程度上调整了公民之间的关系，维护了公民之间的团结。

公元前 298 年，第三次萨莫奈战争爆发。战争持续了八年。罗马虽然取得了胜利，但财政资源严重枯竭。大批公民陷入经济困境。公元前 287 年，平民撤离到台伯河右岸的雅尼库鲁山。平民出身的独裁官霍腾西乌斯颁布法令，规定：平民决议对全体公民都有约束力。也就是说，全体公民都要遵守平民制定的法律并受其约束。这实际上也宣布了平民大会上所作出的决议与百人队大会上作出的决议享有同等的效力。盖乌斯的《法学总论》对此有过很好的说明：

> 按照罗马的制度，法律（Lex）与平民大会决议（Plebiscitum）是区别明显。法律是按人民的决议制定的，而平民大会决议则是按平民的决议制定的。平民（Plebs）不同于人民（Populus）。"人民"是指全体公民，既包括平民，也包括贵族，而"平民"则是指除贵族以外的全体公民。以前贵族们惯于认为他们不受平民决议的约束，因为这些决议是在未经他们许可的情况下通过的。霍腾西乌斯法案通过后，平民决议与法律就完全相等了。④

霍腾西乌斯法的颁布标志着平民与贵族在法律上平等地位的确立。此

---

① 瓦罗在《论拉丁语》一书中曾对"nexus"一词作过这样的说明："一个在能够还清自己所负债务之前，像奴隶那样干活的自由民叫'nexus'，也叫'obaeratus'"。"nexus"和"obaeratus"不是奴隶，但是可以被债权人监禁起来或被债权人强迫做工。庄园主人也可以从债权人那里雇佣他。在庄园主人看来，这样的人是雇工。见瓦罗：《论拉丁语》，7，5；李维：《罗马史》，8，28。

② 平民的政治自由在王政被废及共和国官职向平民开放后已经获得。现在平民又获得了人身自由。

③ [法] 孟德斯鸠：《论法的精神》上册，商务印书馆 1987 年版，第 206 页。

④ 盖乌斯：《法学总论》，1，3；奥鲁斯·格里乌斯：《阿提卡之夜》，15，27。

后，平民大会也就成了罗马共和国具有完整立法权的公民大会。

经过两个世纪的斗争和调整，罗马的氏族制度残余被逐渐清除，氏族贵族的势力受到沉重打击，平民的政治、经济和社会地位有了明显提高。平民在政治、法律和婚姻上争得与贵族平等的权利，在法理上成了共和国的主人。至此，罗马才第一次达到真正的内部团结；只有这种团结成为现实以后，罗马的势力才能向外拓展。"接着是一个满意的时期，一般公民共存共荣，厌恶内战。当各民族在内部冲突解决以后，再用全力对外的时候，他们便表现出了极大的力量；因为先前的兴奋还没有消退，在内部既然没有了对象，所以只有向外去求对象"，在战争上、在征服世界上去展现它的伟大。①

在共和国早期，罗马等级斗争所形成的最大特点是：凡涉及公民内部双方之间的矛盾，常常以争斗开始，最后以妥协通过法案结束。平民反对贵族的等级斗争是罗马在公民内部实践以妥协求生存、以妥协求发展的最好例证，既体现了人民力量的强大，更体现了罗马统治者高超的治理智慧。正是通过长时段的等级斗争，"立法定规""以法治国""依法理事"的罗马形象开始在西方确立起来。但这种法律还是带有明显的阶级性。

壁画《猎鸟捕鱼图》，约创作于公元前5世纪

罗马公民内部矛盾常常出现以妥协的方式得以解决是与罗马当时的客观环境有关。首先，罗马是建立在帕拉丁等7山之上的城市。当罗马建城的时候，罗马周边早已经有了一系列的国家。在这些国家面前，罗马显然是弱国，是后起的力量。按照传统的说法，罗马最初只有3300个男子，后来通过抢婚才使罗马人种有了延续。到塞维乌斯改革的时候，罗马有8万多男性公民。公元前508年，罗马达到13万男性公民。共和国早期的169年

---

① ［德］黑格尔：《历史哲学》，上海书店出版社1999年版，第313页。

间（前508—前339年），罗马的公民人数始终在20万以下。罗马建城后，一直对人口实行较为开放的鼓励政策。建避难所；以财产划分居民等级，把居民编入罗马公民队伍；允许被释奴隶进入公民等级；把公民权授予拉丁及意大利城市贵族；等等。在人口很少的罗马，要在强国如林的意大利生存，保持内部的团结应该是最合理的选择。而要保持内部的团结，妥协当然是最廉价、最有效的手段。其次，平民反对贵族的斗争常常发生在与外族的战争期间或在与外族的战争之后，国家有求于民，也有资源部分地满足民众的需要，所以常常能做出一定的让步。例如，公元前494年，保民官的设立如此；公元前396年，第三次维爱伊战争结束，罗马愿意把维爱伊之地在公民间平均分配，也是如此。维爱伊战争几乎把罗马的领土扩大了一倍。元老院于是决定将从维爱伊掠夺来的土地分配给公民。每位7犹格。[1] 这一政策保证了罗马20年的内部稳定。最后，罗马把公共权力开放给平民，不影响罗马贵族政治的实质。因为，罗马的官员是没有薪金的，不是富裕的公民很难出来担任官员。少数被吸纳进入高层的平民官员，很快也放弃了为平民代言的身份，与原先的权贵一起成为了罗马共和国的"新贵"。元老院也由旧氏族组成的家族会议变成了一个由执政贵族组成的国家会议。[2] 从公元前234年到公元前133年这100年间，200位执政官中有92位出身平民、108位出身贵族。其中，有159位来自10个贵族氏族和16个平民氏族。公元前287年以后，霍腾西乌斯法实施，具有否决罗马一切行政官员权力的平民保民官逐渐为贵族所利用。他们被允许听取元老院元老们的讨论；可向元老院提出动议；到公元前3世纪末叶，他们甚至还被授权召集并主持元老院会议。保民官从罗马平民的保护者转变成为政府的亲信。妥协政策的效益立马显现。从早期罗马的历史看，妥协政策不但没有削弱罗马的力量，相反还促进了罗马的团结，提升了罗马的实力。

---

① 李维：《罗马史》，5，30。
② ［德］斯宾格勒：《西方的没落》下册，商务印书馆1993年版，第703页。

油画《罗慕路斯战胜阿克朗》，让·奥古斯特·多米尼克·安格尔绘，现藏巴黎国立高等美术学院

第二章　罗马共和制帝国的建立

帝国则是非常不同的一种地缘政治现象类型。它是由一个特别的民族或人群大规模的领土扩张所形成的。这种扩张之所以发动，常常是由于统治者想增加自己的权力与影响，并且试图平息人们的不满情绪，鼓励他们把其他人当作自己的掠夺物。凭借成功的扩张，他们可以统治更多的领土和与自己大不一样的人民，他们也运用武力来强制推行为维护自己权力所设计的结构。因此，帝国本质上是一个特殊群体对其他人群的统治，并且这种统治因采取了统治者在领土中心地带所实行的政治结构而得到巩固。这也类似于民族国家的中心——外围的结构方式，只是其规模要大得多。

最著名的并给这一现象命名的帝国是罗马。[1]

第一节　征服意大利

罗马征服意大利，历时两百多年（前 6 世纪末至前 270 年左右），大约经历了两个阶段。一是防御性阶段，大约从公元前 6 世纪末至公元前 4 世纪末，也就是"使我们能够生活在不受伤害的和平环境里"和"确保自由"的阶段[2]；二是进攻性阶段，大约从公元前 4 世纪末至公元前 270 年，是罗马征服中部意大利和南部意大利的时期。罗马对外战争的性质也由保证和维持自身的独立逐渐转变到剥夺其他民族的独立上，防御性国策已为进攻性国策所替代。

一、争霸拉丁姆

罗马建国之初，四周强敌如林，烽火不绝。北部有强盛的高卢人、埃特

---

[1]　[英] 杰弗里·帕克：《城邦——从古希腊到当代》，山东画报出版社 2007 年版，第 3—4 页。

[2]　参见李维：《罗马史》，35，16；西塞罗：《论义务》，1，35。

鲁里亚人、萨宾人、翁布利亚人；东边有厄魁人和赫尔尼基人；西南部有拉丁人；南部有伏尔西人。罗马位于这些部落的中间，处在众多部族不确定的边界地带，为四邻觊觎之对象。早期的罗马属于内陆小国。它的有利之点是便于内部突破，但也很容易四面受敌，遭到联合攻击。不过，历史的事实是，罗马利用尚武主义与领土扩张等方式，充分发挥内线作战的优势，最后取得了对拉丁地区的绝对统治权。

一般认为，罗马来自拉丁部族，是拉丁部族的一个移民地。早在罗马建城之前，拉丁部族就已建立了 30 个城镇。李维称这些拉丁城的居民为古拉丁人。这些拉丁城一向以阿尔巴为盟主形成一个联盟。他们与罗马人属于同文同种。据说，罗马第三王图鲁斯在灭了阿尔巴后，想使罗马成为拉丁盟主，但诸拉丁城不服，双方征战了 5 年之久，最后和平解决[①]。据狄奥尼修斯记载：高傲者塔克文当政时，罗马获得了对拉丁民族的最高统治权。高傲者塔克文曾派使臣到赫尔尼克人及伏尔西人的城市去，邀请他们也来和他缔结友好同盟条约。赫尔尼克人一致投票赞成加入联盟，但伏尔西人只有两个城接受邀请[②]。为了使联盟永存不废，高傲者塔克文决定建造一座庙堂，以供罗马人、拉丁人、赫尔尼克人以及加盟的伏尔西人共同使用。"同盟者每年都可到这一地点共庆佳节，一同宴饮，分献牺牲。这个倡议得到了加盟各方的赞同。于是他指定附近一座高山作为他们的集会地点。此山俯瞰阿尔巴城，差不多处在各加盟国的中心。他发布命令，要求同盟者每年

高傲者塔克文

---

① 李维：《罗马史》，1；狄奥尼修斯：《罗马古事纪》，3。
② 埃契特拉城与安提乌姆城。

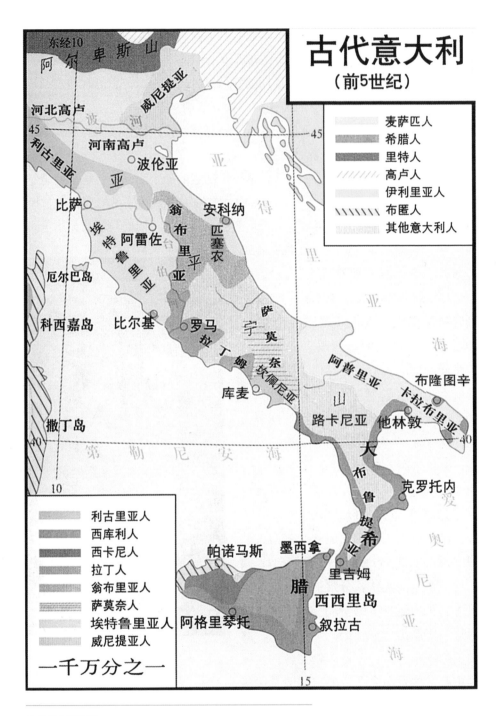

古代意大利
（前5世纪）

图例：
麦萨匹人
希腊人
里特人
高卢人
伊利里亚人
布匿人
其他意大利人

东经10
阿尔卑斯山
河北高卢
威尼提亚
利古里亚
河南高卢
波伦亚
亚
比萨
翁布里亚
安科纳
埃特阿雷佐
匹塞农
特鲁里亚
厄尔巴岛
科西嘉岛
比尔基
罗马
萨莫
拉丁姆
宁
奈
坎佩尼亚
库麦
阿普里亚
布隆图辛
卡拉布里亚
撒丁岛
路卡尼亚
他林敦
第勒尼安海
克罗托内
大
布鲁提亚
希
帕诺马斯
墨西拿
腊
里吉姆
西西里岛
阿格里琴托
叙拉古

利古里亚人
西库利人
西卡尼人
拉丁人
翁布里亚人
萨莫奈人
埃特鲁里亚人
威尼提亚人

一千万分之一

得
里
亚
海

奥
尼
亚
海

古代意大利地图
引自《世界历史地图集》，中国地图出版社 2002 年版，第 27 页。

都到这座山上庆祝节日，届时他们应彼此放弃敌对行为，共同向被称为拉丁姆保护神的朱庇特奉献牺牲，共享宴饮，由他分派各城应献的供品和应得的份额。分享这节日和牺牲的共有47个城市。直至今日[①]，罗马人仍庆祝这一节日，称之为拉丁节。有些参加庆祝的城市带来羔羊、奶酪，有的带来牛奶，还有的带来其他类似物品。大家共宰1头公牛献祭，各城再按规定分享其肉。这牺牲是代表全体人民的，罗马人则监督其事。"[②]

　　王政被推翻后，被逐的塔克文王族说服拉丁诸城抗击罗马。约公元前496年，双方在利吉卢斯湖（Lake Regillus）展开激战。罗马由第一位获授独裁官大权的奥卢斯·波斯图米乌斯（Aulus Postumius）指挥，小塔克文及其儿子都参加了战斗。罗马虽然取得了最后胜利，但战争的艰难程度给罗马人留下刻骨记忆。李维认为：这场战斗极其残酷。"一般只负责指挥作战的高级军官，都挺身加入肉搏战。除了独裁官之外，双方没有一名位高权重的人不是带着伤口离开战场的。"[③] 公元前493年，罗马考虑到拉丁诸城不曾在平民"撤离"[④] 时制造混乱，并公开欢呼平民的归来，而且在与"脱离者"[⑤]作战时给罗马提供了及时的援助，所以罗马人与他们缔结了一个新的和平友好条约——卡西乌斯条约（foedus Cassianum）。这一条约的条文如下：

　　　　让罗马人与所有拉丁诸城间的和平与天地共存。他们不应相互作战，不应召来外敌，也不应让与联盟国作战的人安全过境。在与外敌作战时，他们应竭尽全力，互相援助，参战各方应均分战争中所获得的掠获品和战利品。对有关私人契约的诉讼案应于10日内在立约人之间裁决。除非罗马人及所有拉丁人一致同意，不得对此条约增减任何条款。[⑥]

---

①　指奥古斯都元首制早期。
②　狄奥尼修斯：《罗马古事纪》，4，49。
③　李维：《罗马史》，2，5。
④　这里所指的是平民反对贵族斗争中，平民主动"撤离"运动的第一次，大约发生在公元前494年。
⑤　指伏尔西人、厄魁人、赫尔尼克人和萨宾人，是罗马的非拉丁族邻邦。
⑥　狄奥尼修斯：《罗马古事纪》，6，45。据说，直到公元前1世纪的苏拉时代还能见到这一铭文。

从这里，我们可以看到，拉丁诸城不是个别地，而是作为整体与罗马人签订条约的。通过卡西乌斯条约，罗马人在拉丁地区的霸主地位得到了承认和巩固。

据说，此后不久，即公元前486年，罗马同赫尔尼克人也订了类似的盟约。这就意味着三家联防共同对付埃特鲁里亚人、厄魁人、萨宾人和伏尔西人的格局已经出现。此后一百多年拉丁诸城同罗马大体上保持了同盟关系。

此后，罗马与维爱伊为争夺对台伯河及其附近地区的控制权，举行了三次大的战争。传说，第一次维爱伊战争发生在公元前479—前478年。当时在罗马战功赫赫的法比乌斯氏族，主动向元老院请战，把对付维爱伊的战事交给法比乌斯氏族去承担。据说，这一氏族贵族战士共306人。罗马军在初期还取得了若干胜利，但不久，却中了维爱伊人的伏击，306名法比乌斯族战士全部战死。[①] 公元前438—前426年和公元前406—前396年，双方又进行了第二次、第三次维爱伊战争，罗马都取得了胜利。

罗马人对维爱伊的胜利，使罗马的国土面积达到了2200平方公里，使罗马人与阿尔卑斯山以南的高卢人之间的关系变得更为直接。

高卢人，又名凯尔特人，"居住的村落并无围墙，也没有平常家具用品。他们以树叶为床，以肉为食，从事战争和农业，生活非常简朴，对艺术和科学一无所知。他们的财产包括家畜与黄金，因为这是他们随环境而迁徙时唯一能携带的物品。他们对朋友最讲义气。在他们之中，拥有追随者和朋友最多的人也是最受尊重和最有势力的人。当凯尔特人首次入侵意大利时，他们不仅征服了埃特鲁里亚这片土地，而且还降服了许多近邻的人民，并以其剽悍蛮勇使被征服地区的居民恐慌不已。"[②]

公元前391年，一支高卢人在其首领布伦努斯的带领下闯入埃特鲁里亚。公元前390年，高卢人入侵罗马。罗马与高卢人在阿里亚（Allia）交战。罗军溃败，高卢军大胜。罗马城的大部分地区也被高卢人攻陷。罗马军只占有卡庇托里山顶。在此他们被高卢人围困达7个月之久。"（罗马的士兵们）一致认为，他们或者选择投降，或者争取在最好的条件下以交纳赎金退却敌军。因为高卢人已经明确暗示，交纳一笔不大的赎金就可以使他们（指罗

---

① 只有一位法比乌斯族男孩因未成年而留在家里，才使这一家族延续了香火。

② 波里比阿：《历史》，2，17—18。

马）获得解救。为此，元老院召开会议，决定派军政官到高卢人那里去商讨条约。军政官昆图斯·苏尔庇契乌斯（Qintus Sulpicius）与高卢人首领布伦努斯（Brennus）于是举行会谈并达成协议，规定以一千磅黄金作为高卢人不征服那命定不久就要统治万邦民族的罗马民族的赎金。（对罗马人来说）这种交易本身就是一种耻辱，而这种耻辱又因高卢人的卑鄙行为让罗马人更难接受。他们使用了不公正的秤砣。当军政官为此提出异议时，傲慢的高卢人却索性把剑放在秤盘上，并发出令罗马人无法容忍的狂喊：'战败者必遭惩罚。'"[1] 最后，高卢人撤兵并长期居住在山南高卢。[2]

高卢王布伦努斯像

罗马人被高卢人击败，在拉丁人中引起很大的反响。一些拉丁城镇乘机起来挑战罗马权威。公元前 340 年，拉丁诸城联合坎佩尼亚的卡普亚等城市反抗罗马，但均被罗马人分别打垮。罗马人"摧毁或降服了一个又一个城市，并最后占领了拉丁姆全境。他们在完成了对重新降服的城市设置驻军这一任务后，班师罗马，并在公民们的一致同意下举行了凯旋式。"[3]

公元前 338 年，元老们根据拉丁各城的是非功过，分别颁布处理方案。

兰努维乌姆人得到了充分的公民权，并恢复了他们的宗教，附加条件是"救世主朱诺"的神庙和园林应属于罗马人和拉努维乌姆市民共有。阿里西亚、诺门图姆和佩杜姆的人们也被接纳为公民，享有和拉努维乌姆人同样的权利。塔斯库兰人保留了他们原有的公民权，叛乱的责任也由整个集体转到了几个领头人身上。罗马的老公民维利特尼亚人则

---

① 李维：《罗马史》，5，48。李维的《罗马史》说，卡米卢斯拒绝交付黄金，并用武力打败了高卢人。

② 公元前 367 年、公元前 358 年和公元前 350 年，高卢人三度入侵罗马，皆被罗马人击败。

③ 李维：《罗马史》，8，11。

因时常作乱而受到严惩，他们的城墙被摧毁，元老被放逐，而且规定：这些元老只能移到台伯河的彼岸去居住，如在河的此岸被人抓住将处以1000阿司铜币罚金。在交清罚金以前，逮捕或将此人监禁者不得将其释放。此外，又从罗马派遣部分移民，并将其安置在该城被迁走的元老院元老的土地上，使维利特尼亚的人口如从前一样稠密。对安提乌姆，决定派去一个新的移民团，如安提乌姆人愿意，他们也可以把自己作为移民登记在移民册上。他们的战船被带走，并严禁他们出海，但他们却获得了公民权。提布尔和普列内斯特的领土被没收，这不仅由于他们与其他拉丁人一起参与了最近的战争，而更重要的是他们因憎恶罗马人的强大，在这以前就参加了野蛮的高卢人与罗马人的战争。其余的拉丁城都被取消了互相通婚、贸易和集会的权利。对于卡普亚，因为它的贵族拒绝参加拉丁人的叛乱，被授予无投票权的公民权以示嘉奖。芬地和弗尔米埃也获得了同样的权利，因为他们总是安全和和平地让罗马人通过他们的领土。另外，库麦和苏埃苏拉也获得了与卡普亚同样的权利和地位。安提乌姆的一部分船只被转移到罗马船坞，其余的则全被焚毁。[①]

公元前340—前338年的拉丁战争，结束了罗马人和拉丁人法理上相对平等的地位。作为整体一直存在的拉丁同盟，因为拉丁战争的失败而遭解体。拉丁人的时代随之消失。罗马对失败的拉丁人及其他近邻实行"一城一策""一市一约"，分层设权，分层治理，使被征服的城市对罗马处于各自不同的地位；允许拉丁城市单独与罗马人发生关系；取缔或不允许拉丁人之间相互发动战争或互签盟约。拉丁诸城间的矛盾需由罗马仲裁解决。罗马在拉丁地区的霸主地位开始确立。

二、吞并萨莫奈

在拉丁地区立住脚并以绝对优势称霸拉丁姆以后，罗马迅速整合力量，往南推进。大约从公元前4世纪末叶开始至公元前270年，罗马共和国业已从防御战中解脱出来，进入了主动扩张的时期，其选择进攻的对象是：中部

---

① 李维：《罗马史》，8，12—14。见杨共乐：《罗马共和国时期》上，商务印书馆1997年版，第33—34页。

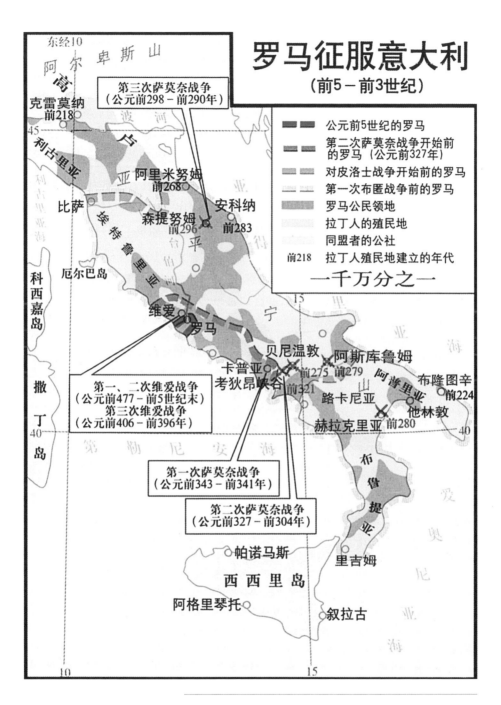

罗马征服意大利形势图

引自《世界历史地图集》,中国地图出版社 2002 年版,第 27 页。

意大利和南部意大利。当然，从地缘上说，首先与罗马人发生关系的是中部意大利的萨莫奈人。

萨莫奈人主要居住于意大利中部的山区，属于山地民族，辖地从奥尔托纳到加尔加诺的亚得里亚海岸，从阿马尔菲到西拉罗间的第勒尼安海岸，总面积为18000—20000平方公里，是意大利最大的政治单位。居民主要以牧业、农业为生。土地所有者基本平等，稀见无产者和奴隶。

在古代，领土面积和人口数量之间存在着一个适当的比率。国家由人构成，而养活人的则是土地，使土地足以供养其居民，而居民又恰好是土地所能够养活的那样多，才可以使一个国家真正伟大。"如果土地过多，防卫就会艰难，开发就会不足，物产就会过剩，而这就形成防御性战争的近因；如果土地不敷，国家就要考虑向它的四邻寻找补充，而这就是形成进攻性战争的近因。"[1] 萨莫奈人经常面临的是后一种情况。据狄奥尼修斯记载：

> 一大帮萨莫奈人的男子将离开家乡，其中有的是被他们的父母送往别处谋生的。……因为当他们的城市人口增加到其土地产品再也不能满足其全部需要时，或者当大地因受反常气候的影响而无法结出和往常一样丰盛的果实时，或者当出现某些自然因素，而这些自然因素又需要减少他们人数时，他们总得将同一年出生的男子献给这位或那位神。在向这些人提供武器之后，他们便把后者送出家园。如果是为了感激人丁兴旺或战争胜利，那么他们就会在提供常用的祭品进行祭祀以后，高高兴兴地将他们送往殖民地；但如果是为了平息神灵的愤怒，消除即将降临到自己身上的灾难的话，那么他们将举行同样的仪式，但只是非常伤心地乞求离乡者的宽恕。那些离家移民者深深知道：此后他们再也无法分享父辈们的土地了，而只能到别的地方去寻求另一块栖身之地。那些友好地接纳他们或者用武力夺取的土地就是他们新的国土。[2]

公元前4世纪中叶以后，萨莫奈人口增加迅速，向外扩张加剧。他们抵达利里斯河谷，不断骚扰意大利中部的坎佩尼亚平原，跟与罗马人有联盟关

---

① ［法］卢梭：《社会契约论》，商务印书馆2003年版，第62页。
② 狄奥尼修斯：《罗马古事纪》，1，14。

系的卡普亚发生冲突。卡普亚土地肥沃，以青铜冶炼工艺高超而闻名于世，一直是萨莫奈人的垂涎和入侵之地。

公元前343—前341年，罗马人与萨莫奈人间的战争爆发，史称第一次萨莫奈战争。萨莫奈人失败，罗马人占领了卡普亚及坎佩尼亚的大部分地区。

公元前328—前304年，罗马人向萨莫奈人地区建立殖民地，双方再次发生战争。萨莫奈人对此极为愤慨，"因为在萨莫奈人从伏尔西人那里夺去并摧毁弗兰格莱（Fregellae）之后是你们（罗马人）恢复了这座城市，而且还在萨莫奈人的领土上安置了一个殖民者叫做弗兰格莱的殖民地。如果这些侮辱和伤害不被强加者取消的话，那么他们将竭尽全力用自己的力量来消除它。"[①] 这场战争极其残酷而持久，持续了24年。战争初期，双方互有胜负。公元前321年，萨莫奈人在本提乌斯领导下，诱敌深入，把罗马人包围在考狄昂峡谷之中。罗马人向本提乌斯求和。据阿庇安记载：本提乌斯要求，罗马人如果不准备把他们的武器和人交出来的话，就无须再派使者到他那里去。罗马人大为悲伤，好像罗马城被攻陷似的。执政官又犹豫了几天，不愿意做出一种有辱于罗马的行为来，但是又没有什么解救的办法。粮食的缺乏又日益严重，山谷中有五万青年，执政官不忍看到这些青年走上绝路，于是投降了本提乌斯，并且请求他，随他杀害他们也好，出卖他们为奴也好，或者囚禁他们以等待赎金也好，只是不要在这些罗马人的身上加盖羞辱人的烙印。本提乌斯出于对执政官哀求的同情，于是决定："如果你们宣誓，放弃属于我们的土地和要塞，并从这些地区撤退你们的移民，以后绝对不再与萨莫奈人作战的话，我一定允许你们安全地从轭门下通过，不加伤害。"[②] 在通过轭门时，唯一的条件是每个人穿一件外衣。

面对可耻的条件，罗马人痛苦不堪。在罗马人看来，从轭门下通过是世界上最大的耻辱。但是，他们为饥饿、劳累所困，不得不向萨莫奈人屈服。

考狄昂峡谷战败后，罗马加紧军事准备，增强了军团的山地应变能力。公元前316年，罗马人再次发起反攻，在历经10余年的苦战后，终于迫使

① 李维：《罗马史》，8，23。
② 阿庇安：《萨莫奈人的历史》，4，2—6。参见 [古罗马] 阿庇安：《罗马史》上卷，商务印书馆1979年版，第43页。

油画《执政官德西乌斯之死》，彼得·保罗·鲁本斯绘，现藏马德里普拉多博物馆
在公元前 295 年第三次萨莫奈战争中，罗马两大执政官普布利乌斯·德西乌斯和法比乌斯·卢利安努斯率领的 8 个军团、近 4 万人，在森提努姆与萨莫奈—高卢联军相遇并发生激战。德西乌斯指挥的罗马左翼军团骑兵在战斗中被击溃，左翼军团遭到沉重打击。危急时刻，德西乌斯效仿其父，以鲜血向神灵立誓，愿意用生命换取罗马的胜利，并拼命冲入敌阵，以身殉国。罗马士兵为其英勇所感，逐渐稳住阵线。卢利安努斯的右翼军团以防守姿态成功顶住萨莫奈的攻势，并最后击溃萨莫奈主力。罗马取得决定性的胜利。

萨莫奈人求和，第二次萨莫奈战争结束。经过此役，罗马及其同盟的领土达到 27500 平方公里，其中 8100 平方公里为罗马领土。

公元前 298 年，萨莫奈人同翁布里亚人、高卢人、萨宾人、路加尼亚人结成联盟，共同反对罗马，第三次萨莫奈战争爆发。公元前 295 年，双方在翁布里亚境内的森提努姆（Sentinum）展开激战。萨莫奈人和高卢人的联军遭到失败。据李维记载：有 52000 敌人被杀，8000 敌人被俘，罗马人则损失

8700 人。① 罗马取得征服中部意大利的决定性胜利。公元前 290 年，执政官邓塔图斯最后征服萨莫奈人。萨莫奈人只保留了以波维亚努姆（Bovianum）为中心的一小块土地，四周为罗马及其盟友包围。

罗马在与萨莫奈人的战争中，先后取得了 24 次胜利，最终完成了对中部意大利的征服，也锻炼了一支适合于山地作战的虎狼之师。② 在整个战争过程中，罗马人"拉""打"结合，分割包抄，用有限的兵力取得了令人难以想象的实效。战争结束后，罗马人在继续推行"一城一策""一市一约"总方针的基础上，加大殖民地建设，把罗马的监视和震慑力量牢牢地钉在意大利中部的交通要道上。罗马的治理水平到公元前 3 世纪已经有了更进一步的提高。

三、称雄大希腊

罗马称雄大希腊是通过皮洛士战争来实现的。罗马人在控制了北部和中部意大利后，就开始向南部意大利发起进攻。就罗马而言，南部意大利比中部意大利更容易征服。因为南部意大利始终没有形成统一的政治共同体。

公元前 280 年，罗马 10 条舰船巡视大希腊沿海一带时，遭到他林敦人的袭击，一部分船员被杀，一部分被俘。罗马派使者与他林敦人进行交涉遭到羞辱，罗马于是派遣军队进攻他林敦。

他林敦为保卫自由，抵抗罗马，向马其顿国王亚历山大的远房亲戚伊庇鲁斯国王皮洛士求援。公元前 280 年，皮洛士率领 2.2 万名步兵和射手，3000 名骑兵及 20 头战象在他林敦登陆。皮洛士与罗马军队首战于赫拉克里亚附近。当皮洛士看到罗马人的军队阵势整齐、训练有素时，惊讶不已地称："这帮野

皮洛士像

---

① 李维：《罗马史》，10，31。
② 弗罗努斯：《罗马史纲要》，1，16。

壁画《雅典学院》，拉斐尔·桑齐奥绘，现藏梵蒂冈博物馆

公元前 8—前 6 世纪，古代希腊人在意大利半岛南部建立的一系列城邦。公元前 7—前 6 世纪，希腊人从半岛"靴跟"部分的他林敦，沿"靴脚"部分海岸，经"靴尖"直达坎佩尼亚的那不勒斯湾，建立了几十个殖民城。那不勒斯湾以北因为有埃特鲁里亚人势力的存在，所以这一带没有希腊人的殖民地。但越过这一段，希腊人在今法国南部沿海也建立了殖民地，著名的有马赛尼亚。西西里岛也是希腊人殖民的重点。至公元前 6 世纪，西西里岛逐渐形成了两股势力。在此岛的东部和南部地区，希腊人建立的殖民城占重要地位，而西部地区则属于迦太基人的势力范围。

蛮人的纪律并不野蛮。"在战斗中，皮洛士使用了罗马人从未见过的战象，取得了意想不到的胜利。战后，皮洛士需要休整军队和补充给养，他认为罗马败后也希望议和，便派一位名叫西奈阿斯的人去罗马城。西奈阿斯被准许进入元老院议事厅后，就用各种理由赞扬皮洛士，强调他在胜利后能保持节制，既未直取你们的城市①，也未攻击战败者的军营。他要求罗马人与皮洛

---

① 指罗马城。

士缔结同盟，并提出把他林敦人包括在条约之内，允许居住在意大利的其他希腊人在他们自己的法律下自由生活，并退还在战争中所掠走的路卡尼亚人、萨莫奈人、道尼亚人和布鲁提亚人的所有物品。如果罗马愿意这样做，皮洛士将遣返所有战俘而不索赎金。①

元老们犹豫了很长时间，无法做出决定。最后，年老失明的阿庇乌斯·克劳狄乌斯在他的儿子们的引导下来到了元老院。他在那里发表了极具鼓动性的讲话。他说：

> 我曾因失明而悲痛万分，但是现在我倒对没有同时失掉听觉而感到遗憾。因为我从来没料想会看到或听到你们这样顾虑重重。难道只有一次不幸就使你们立刻忘掉了你们自己，以致竟把给你们带来灾难的那个人②和那些把他请到这里来的人们③当作朋友而不是敌人？竟愿意把你们祖先的遗产都交给路加尼亚人和布鲁提亚人？这除了使罗马人成为马其顿人的奴仆以外还有什么？你们中的一些人竟还敢把这叫作和平而不是奴役……如果皮洛士要和罗马人友好结盟，就让他在撤离意大利后再派使臣来，只要他在此停留一日，他就不能被看作是罗马人的朋友或同盟，也不能把他当成罗马人的裁判者和仲裁人。④

元老院于是用阿庇乌斯的这些话答复了西奈阿斯。西奈阿斯还未离开罗马，就看到了群众争先恐后踊跃参军的情景。据说，他回去后就向皮洛士报告说："我们是在和一条九头妖蛇作战。"⑤

公元前 279 年，皮洛士在阿斯库鲁姆城附近与罗马再次交战。双方都死

---

① 西塞罗说，皮洛士曾向罗马提出过交换战俘，并说了一些非常重要的话：他不要求黄金，罗马人也不用付赎款；他不做战争买卖，但是要争斗，不是用黄金，而是用武器决定谁能生存。让大家凭勇敢来见分晓。他认为：既然战争命运宽恕了罗马战俘的勇气，那他便宽恕他们的自由权利。于是，他将战俘交给罗马人。西塞罗认为：这一决定确实富有国王气派，无愧于埃阿科斯家族。见西塞罗：《论义务》，1，12。

② 指皮洛士。

③ 指他林敦等居住在意大利南部的希腊人。

④ 普鲁塔克：《皮洛士传》，21，5—7；10。

⑤ 阿庇安：《萨莫奈人的历史》，10，1—3。

伤惨重。哈伦尼姆斯说，罗马人阵亡 6000 人。皮洛士在他的回忆录中说他的军队也有 3505 人死于战场。[①]

战后，两军各自撤回。据说，皮洛士在回答一个祝贺其取得胜利的人时，曾这样说道："如果我们再胜罗马一仗，我们就要全军覆没了"。[②] 这次战役确实使皮洛士付出了沉重的代价，损失了其所率部队的大部分以及几乎所有他的朋友和指挥官。

公元前 278 年秋，皮洛士曾一度离开意大利，到西西里帮助叙拉古人与迦太基人作战。皮洛士最初取得了一些胜利，但他本人的性格和职业军人的特点限制了其取得更大的成果。公元前 275 年，皮洛士返回意大利，与罗马人在贝尼温敦附近决战。皮洛士军惨遭重创，被迫退回他林敦。不久，皮洛士完全撤离意大利。公元前 272 年，罗马包围他林敦。他林敦被迫投降。此后，其他南部意大利的城市也纷纷倒向罗马。

到公元前 3 世纪中叶，由墨西拿海峡到波河流域南沿的卢比孔河之间的整个意大利都落入了罗马人的手中。罗马的版图有了明显的增加。[③] 罗马统治面积达到 25000 平方公里，同盟国领土达到 150000 平方公里。总人口超过 300 万。

经过近五百年的征战，罗马完成了对意大利的征服。在战场上，罗马是成功者，在对意大利的治理上罗马也有高明之处。在征服意大利的过程中，罗马并没有把被征服者彻底消灭，也没有把被征服者沦为奴隶，没有把被征服者移出原居地，甚至没有向被征服者的居民征收贡税。相反，罗马却按照被征服地区的不同情况，采取"分而治之、分而用之"的政策，与不同地区的意大利人签订不同的条约，实施罗马领导下的"一国多制"。罗马不派专门官员对被征服地区进行治理，而是主要依靠各城市和各地区上层对意大利

---

① 狄奥尼修斯则既未涉及阿斯库鲁姆城的两次交锋，也未承认罗马人的败北，而是说，他们只交战一次，日落后双方就收兵停战了。皮洛士的一只手臂被投枪刺伤，他的行装也被萨莫奈人抢走，双方的死亡人数超过 15000 人。

② 这自然是"皮洛士式的胜利"这句谚语的来源。它是罗马史上最有名的警句。见普鲁塔克：《国王和将领的嘉言警语》，36，3。

③ 卢比孔河位于亚平宁半岛北部，是一条由西向东流入亚得里亚海的小河。河的南部属于意大利，北部属于凯尔特高卢人。这些凯尔特高卢人与山北高卢的居民有许多共同的特点。

进行统治。意大利被征服地区的居民按罗马的政治体制进行重新组合，实行地方自治，免除了税收，只提供人力，参与罗马人未来进行的更大规模的战争。

> 罗马人总是把被征服的人们看成是取得未来的胜利的工具，因而他们（罗马人）就把他们所征服的一切民族变成士兵；在征服别的民族时他们（意大利各族）付出的力量越大，他们（罗马人）也就越发认为这个民族值得并入自己的共和国。①

在罗马人治下，被征服的意大利居民不但享受了以前所不曾享有的地位，而且还能随胜利者获取更多的利益。意大利开始在罗马的治下产生新的能量。当然，罗马在意大利的各个地区也建有各种殖民地，以加强对意大利人的监督与控制。

罗马的征服结束了亚平宁半岛诸族各自为政的局面，形成了较为统一的意大利军事体系。这一体系以罗马公民兵为核心，以同盟者为助力，以罗马道路网为联系纽带，以整个意大利为防御纵深和资源为保障。进可攻，防可守。其综合、协调和更新能力已超过地中海其他一般国家。即使与迦太基这样的一流强国相比，罗马也毫不逊色。

第二节　"迦太基必须摧毁"

据普鲁塔克记载：皮洛士在离开西西里时曾留下一句耐人寻味的话，"让我们把这个战场留给罗马人和迦太基人吧。"②这句话或许是皮洛士不经意间说的话，或许是他对当时形势的正确分析。但历史很快让他的预言变成了现实。

罗马征服意大利后，实力大增。不可避免地与当时称霸西部地中海的第一强国迦太基发生了冲突。从公元前264—前146年的118年间，罗马与迦

① 　[法] 孟德斯鸠：《罗马盛衰原因论》，商务印书馆1984年版，第17页。
② 　普鲁塔克：《皮洛士传》，23；普鲁塔克：《国王和将领的嘉言警语》，36，4。

太基之间进行了三次大规模的战争。[1] 因罗马人称腓尼基人为布匿人，因此这场战争又被称作是"布匿战争"。[2]

早在公元前 5 世纪，雅典著名历史学家修昔底德在《伯罗奔尼撒战争史》一书中，提出了一个极其重要的论断，即："雅典势力的日益增长，引起拉西第梦人的恐惧，从而导致了战争。"[3] 后人则将这个案例上升为一个世界史上非常重要的命题，即涉及实力位居第一的"守成国"与迅速崛起的"挑战国"之间的关系及其结局的命题，简称"修昔底德陷阱"。迦太基与罗马的战争正好应验了这一著名的论断。

一、迦太基概况

迦太基位于非洲北岸（今突尼斯境内），南接沙漠，北连地中海，与亚平宁半岛隔海相望。传说，迦太基是腓尼基城市推罗的殖民地，大约创建于公元前 814 年。建城的时间略早于罗马。

迦太基建在海边，拥有天然的港湾，肥沃的土地。地中海把它与南欧、西亚和北非相联，因海路运输发达，逐渐成为地中海地区东西方贸易的中心。迦太基是一个商业国家。这里有本地出产的红色染料，有来自意大利的奴隶，有产于苏丹的象牙、西班牙的白银，以及产自西西里的小麦、橄榄油和撒丁岛的粮食。商业、商业活动是迦太基生存和发展的基础。

迦太基的农业经济也较发达。早在罗马出现大地产制度以前，迦太基就已经有了经营大地产的先进方法。迦太基的大地主们利用奴隶和处于农奴地位的利比亚土著居民耕种土地，建立大地产耕作方式，成效显著。正是在不断实践的基础上，迦太基出现了总结农业实践经验的杰作——马戈的农学作品。迦太基人马戈，古代杰出农学家，他在搜集研究众多论述农业方面的作品的基础上，用布匿语写成 28 卷农学巨著。后来，乌提卡人卡西乌斯·狄欧尼西乌斯把这部 28 卷著作压缩为 20 卷，并将它译成希腊语献给罗马的行

---

[1] 阿庇安在其《布匿战争》中已经把罗马与迦太基发生的战争分为第一、第二和第三次。见阿庇安：《布匿战争》，2；10，67；11，74。

[2] 迦太基是地中海东部腓尼基人在阿非利加地区建立的一个殖民地。

[3] τοὺς Ἀθηναίους ἡγοῦμαι μεγάλους γιγνομένους καὶ Φόβον παρέχοντας τοῖς Λακεδαιμονίοις ἀναγκάσαι ἐς τὸ πολεμεῖν. Thucydides，*History of the Peloponnesian War*，1，23.

迦太基古城遗址

政长官塞克斯提里乌斯。比提尼亚人狄欧根尼又把这部 20 卷的作品精简为实用的 6 卷，并把它献给比提尼亚的国王戴欧塔洛斯。① 公元前 2 世纪初，罗马元老院下令直接将布匿语译成拉丁文。由此可见，当时迦太基农业在地中海地区所处的先进地位。

　　迦太基实行贵族寡头政治。权力主要掌握在富有的商人、地主和手工业制造者手中。国家机构有元老院、公民大会和两个苏菲特。元老院共有 300 多名元老组成，元老为终身制。两个苏菲特为迦太基的最高行政官员。希腊人称之为"国王"。迦太基的国王以才德选任，而不是由前王的长子或族内的宗嗣继任。公民大会虽然一直存在，但因为迦太基的财富主要集中在贵族财主手里，下层公民的政治地位不高，作用也不是很大。不过，汉尼拔在西班牙的军事指挥官职务显然是由军队推荐并最后由迦太基公民大会批准的。②

---

① 参见瓦罗：《论农业》，1。
② 阿庇安：《汉尼拔战争》，1，3。

油画《狄多建设迦太基》，威廉·透纳绘，现藏英国国家美术馆

传说迦太基的创建人为推罗国王之女狄多（Dido），她所建的殖民地称为 Karthadasht，意为"新镇"，以别于腓尼基人在乌提卡建立的旧殖民地。希腊人将其改称为 Karchedon，罗马人又改为 Carthage。在古罗马诗人维吉尔创作的史诗《埃涅阿斯纪》中，罗马创建者埃涅阿斯在逃离特洛伊后，曾历经艰难，来到迦太基。狄多在维纳斯的指引下被丘比特之箭射中，与埃涅阿斯相爱，但埃涅阿斯因为承担着要去创建罗马的重任，所以不得不离开迦太基。狄多因此而心碎自杀。

　　迦太基与其他腓尼基城邦一样，属于海上国家，以海军立国。海洋是它的主要元素。"它并没有根本的领土，并没有形成什么民族，也没有国民军队，它的队伍都是由被征服各民族和同盟的兵丁组织而成的。"[1]雇佣兵是迦太基早期军队的主要特点。这些用钱招募、为利而战的雇佣兵，是一支极难控制的军队。战争顺利时，他们是一支势不可挡的力量；一旦遇到消耗战，他们就会变成不稳定的因素，甚至反戈一击，倒向敌人。迦太基的海军在当

---

① ［德］黑格尔：《历史哲学》，上海书店出版社 1999 年版，第 315 页。

时的西部地中海地区显然是最强大的。布匿战争初期，罗马人几乎没有什么船舰，更谈不上什么海军，而迦太基则有一支强大的舰队。这支舰队拥有几百艘五帆大船，船只装备精良，技术先进，堪称一流。

迦太基与地中海世界交往密切。迦太基人与罗马人的关系更是源远流长。根据传说，罗马人的祖先埃涅阿斯在逃出特洛伊后，曾到过迦太基。迦太基女王狄多以情相倾，希望埃涅阿斯留在迦太基，但埃涅阿斯受使命使然，最后离开女王，前往意大利的拉丁姆地区创建罗马。

据史书记载，罗马人与迦太基人在公元前 509 年，也就是罗马共和国成立时，签订了协议。公元前 348 年，双方再次订约。公元前 264 年以前，皮洛士战争期间，双方又签订了一个条约。[①] 从这些条约内容中，我们能够看出，迦太基与罗马在相当长的时间里是友好相处的。迦太基人与罗马人的争斗和战争是从西西里战争开始的。

二、第一次布匿战争

公元前 3 世纪前叶，迦太基已发展成为西部地中海第一强国。他们征服了阿非利加等地，在海外进行战争，侵入西西里、撒丁尼亚以及地中海的其他岛屿，又侵入西班牙，同时还派出大量的移民。他们在实力上可以与希腊人为敌；在财富上，仅次于波斯。迦太基的影响远达巴尔干、小亚细亚等东部地中海地区。

罗马战胜皮洛士以后，西部地中海的政治格局发生了极大的改变。迦太基一国独大的局面已消失，作为新生力量代表的罗马已经具备了挑战第一大国的实力。罗马与迦太基之间的冲突不可避免。

罗马与迦太基间第一次战争的导火线是"墨西拿事件"。公元前 289 年，叙拉古雇佣兵中的意大利人，突然抢占了西西里岛东北端的墨西拿。公元前 265 年，叙拉古派兵进攻墨西拿。墨西拿的雇佣兵分成两派，分别求助于迦太基和罗马。迦太基人捷足先登，打败叙拉古，并控制了墨西拿。而罗马元老院则踌躇不决，主要原因：一是罗马刚刚结束皮洛士战争，急需休养生息、恢复经济。二是他们清楚地知道，如果出战，就意味着与迦太基人宣

---

① 参见杨共乐等：《古代罗马文明》，北京师范大学出版社 2011 年版，第 47—49 页。

战。迦太基是当时西部地中海的第一强国，不但经济富庶，而且军队尤其是海军强大，贸然开战，前景不明。但若不战，迦太基人的实力会更加强大，一旦其占据西西里，将对罗马构成严重的威胁。

因为问题的复杂性和严重性，元老院未能通过任何决议。于是，最后的决定权交给了森都里亚大会。森都里亚大会决定出兵作战。[①] 这个决断后来给罗马人民带来了巨大的影响，罗马从此步入海外征服的时代。元老院任命阿庇乌斯·克劳狄乌斯为墨西拿战役的指挥官。公元前 264 年，他先派出一支军队渡过墨西拿海峡，并在当地居民的帮助下，包围了墨西拿。罗马出兵出乎迦太基预料，迦太基人匆匆撤出该城。

迦太基不甘心失败，决定派遣大军重新夺回墨西拿。叙拉古的希耶罗二世惧怕罗马人，便与迦太基人建立联盟。他们的联军从南北两个方向包围了墨西拿城。阿庇乌斯·克劳狄乌斯率领两个军团突破迦太基人的海上防线，渡过海峡，援助墨西拿城的罗马军队。在与敌军谈判未果的情况下，罗马军团采取分化瓦解、各个击破的战术，先击溃希耶罗的军队，然后又迫使迦太基人撤军。克劳狄乌斯乘胜向叙拉古进军。但由于兵力有限，又没有海军，罗马军队未能占领该城。执政官任职一年期满后，克劳狄乌斯回到罗马，而将罗马军队留在墨西拿。

公元前 263 年，罗马军团在新上任执政官的率领下深入进攻西西里岛东部和南部的城市。慑于罗马军队的压力，岛上的许多迦太基人和希腊人的城市投降。罗马大军顺利进军叙拉古，并从陆地上将其包围。希耶罗被迫与罗马人缔结了和约并结盟，条件是希耶罗保持对叙拉古及其周围地区的统治，释放罗马战俘，并付给罗马 100 塔兰特的赔款。和约的签订使罗马消除了后顾之忧，极大提升了罗马在西西里的实力。迦太基面对不利形势，加紧招募军队，占据了西西里岛西南端的大城阿格里琴托，企图据此与罗马人对抗。

公元前 262 年春，罗马新的执政官率领罗马军队包围了阿格里琴托。罗马军队经过半年多殊死战斗，在付出沉重代价后，终于击溃了当地居民的顽强抵抗和迦太基援军。罗马人攻陷阿格里琴托后大肆劫掠，并将抓获的居民悉数拍卖为奴。

---

① 波里比阿：《历史》，1，11。

陆上的胜利并不意味着罗马的整体实力已经超过了迦太基。罗马海军远不如迦太基强大。为了弥补海上力量的不足，罗马迅速建造了100艘五列桨船和20艘三列桨战舰。公元前260年，在米雷海角，罗马取得了海战的首次胜利。这在罗马历史上确实具有划时代的意义。

公元前256年，罗马人动用了330艘战舰、10万名水手、4万名步兵，在两名执政官的统帅下，从墨西拿沿西西里岛东岸行进。不久，罗马军队遭遇由350只船和15万士兵组成的迦太基舰队。两支庞大的敌对舰队在埃克诺姆斯海角展开古代世界规模最大的海战。结果迦太基人失败，损失100艘战舰，其中60多只被俘，30多只被击沉；而罗马人才损失了24只船。

此后，双方进入拉锯战状态，各有胜负。直到公元前241年，罗马舰队在西西里西海岸打败了迦太基舰队。迦太基无

罗马时期三列桨战舰复原图

力再战，被迫求和。和约规定：迦太基人全部退出西西里岛及西西里和意大利之间的所有岛屿，不对希耶罗作战，不与叙拉古及其联盟作战；迦太基人无偿地交还俘虏；迦太基人在连续10年里向罗马人支付3200塔兰特的赔款。

至此，罗马与迦太基间的第一次战争以罗马的胜利告终。罗马对原先迦太基治理下的西西里城邦实施直接统治。对于罗马人而言，第一次布匿战争最大的收获是：罗马人开始由单一的农耕文明走向农耕与海洋文明并重，从而使罗马的民族性格发生了本质的变化。

　　大海给了我们茫茫无定、浩浩无际和渺渺无限的观念；人类在大海的无限里感到他自己底无限的时候，他们就被激起了勇气，要去超越那有限的一切。大海邀请人类从事征服，从事掠夺，但是同时也鼓励人类追求利润，从事商业。平凡的土地、平凡的平原流域把人类束缚在土壤

上，把他卷入无穷的依赖性里边，但是大海却挟着人类超越了那些思想和行动的有限的圈子。航海的人都想获利，然而他们所用的手段却是缘木求鱼，因为他们是冒了生命财产的危险来求利的。因此，他们所用的手段和他们所追求的目标恰巧相反。这一层关系使他们的营利、他们的职业，有超过营利和职业而成了勇敢的、高尚的事情。从事贸易必须要有勇气，智慧必须和勇敢结合在一起。因为勇敢的人们到了海上，就不得不应付那奸诈的、最不可靠的、最诡谲的元素，所以他们同时必须具有权谋——机警。这片横无边际的水面是绝对地柔顺的——它对于任何压力，即使一丝的风息，也是不抵抗的。它表面上看起来是十分无邪、驯服、和蔼、可亲；然而正是这种驯服的性质，将海变做了最危险、最激烈的元素。人类仅仅靠着一叶扁舟，来对付这种欺诈和暴力；他所依靠的完全是他的勇敢和沉着；他便是这样从一片巩固的陆地上，移到一片不稳的海面上，随身带着他那人造的地盘，船——这个海上的天鹅，它以敏捷而巧妙的动作，破浪而前，凌波以行——这一种工具的发明，是人类胆力和理智最大的光荣。这种超越土地限制、渡过大海的活动，是亚细亚洲各国所没有的，就算他们有更多壮丽的政治建筑，就算他们自己也是以海为界——像中国便是一个例子。在他们看来，海只是陆地的中断，陆地的天限；他们和海不发生积极的关系。大海所引起的活动，是一种很特殊的活动。[①]

农耕文明与海洋文明的结合与互补是第一次布匿战争后相当长一段时间内罗马文明的重要特征。

三、第二次布匿战争

一战迦太基取得胜利后，罗马先后把科西嘉、撒丁尼亚和波河流域控制在自己手里，从而使科西嘉和撒丁尼亚成为保卫罗马的海上屏障，使阿尔卑斯山的波河流域成为保卫意大利北部的屏障。战后的迦太基也并未甘心失败，它将势力伸向西班牙，并将它经营成为反击罗马的基地。

---

① [德] 黑格尔:《历史哲学》，上海书店出版社 1999 年版，第 96—97 页。

公元前 238 年，迦太基镇压了雇佣兵暴动，开始考虑以后的发展。大将哈米尔卡极力主张向西班牙发展以补偿丢掉西西里的损失。他的主张得到了迦太基元老院的支持。公元前 237 年，哈米尔卡开始到西班牙。当时迦太基只在西班牙南部沿岸有些贸易据点，在安达卢西亚地方的矿区有活动。公元前 237 年起，哈米尔卡在西班牙经营 9 年，给迦太基在这一地区的发展打下了很好的基础。他死后其事业由跟随他多年的女婿哈斯德鲁巴（前 228—前 221 年）和儿子汉尼拔（前 221—前 218 年）继续。他们建立了首城新迦太基，把统治范围向北延伸到埃布罗河和中西班牙的托莱多山地区。

汉尼拔雕像

西班牙的早期居民为前印欧语系的塔德斯—伊比利亚人（Tartessian—Iberian）。公元前 900 年以后，这里又来了一批克尔特人，他们与原先的居民混合，在北方形成了克尔特伊比利亚人（Celtiberian）。这些人后来成为阿拉贡（Aragon）和卡斯蒂利亚（Castile）的奠基人。努曼提亚城（Numantia）是他们当时活动的中心。在南方，公元前 11 世纪上半叶有过一个塔信斯国。国人擅于开挖铜、银矿，与腓尼基、迦太基、希腊有贸易关系。公元前 500 年后，塔信斯国衰落。此后只存在一些部落酋长国。中部平原直到公元前 3 世纪还没发展农业，分为无数小部落，各有自己的城堡，彼此不团结。这种情况有利于迦太基人在这一带的开发经营。

哈米尔卡等在西班牙一方面开矿取得物产，从事贸易增加收入；另一方面招募人才补充兵源。古西班牙人以勇武强壮闻名，所炼锋利刺剑为古代最有声誉的兵器。这些西班牙人经富有将才的哈米尔卡及其继承者的训练变成了精锐的步兵。再加上从非洲招来的人，合在一起，迦太基重建的兵力甚至比以前还要强大。

最初，迦太基人在西班牙的活动并没有引起罗马人的注意。公元前 231 年，据说罗马为其盟邦马西利亚的利益首派使者与哈米尔卡交涉。哈米尔卡佯称经营西班牙是为了筹款偿还罗马赔款。① 罗马对此信以为真。公元前226年，罗马又派使者来到西班牙。此时哈米尔卡已死，哈斯德鲁巴继任。双方达成协议：迦太基军队不得越过埃布罗河以北。罗马人事实上承认了迦太基人在埃布罗河以南的权益。

公元前226年以后数年，罗马因忙于对付高卢和伊利里古姆，无暇顾及迦太基人在西班牙的活动。其间哈斯德鲁巴建立了新迦太基城。位于埃布罗河以南的西班牙城萨贡托由于担心迦太基的侵略，曾向罗马祈求帮助，罗马应允与之结盟。这可能是公元前223年的事。

公元前221年，哈斯德鲁巴死，汉尼拔继之。据说汉尼拔随其父哈米尔卡到西班牙时年仅9岁，却已抱有对罗马的深刻仇恨，决心为迦太基报仇。在西班牙继任时年仅25岁，已经是一员很有谋略的将军。

当时迦太基人以新迦太基为中心，势力已达到埃布罗河。萨贡托位于埃布罗河以南，是罗马的盟国，而它周围的部落都依附于迦太基。萨贡托内部也分两派。亲罗马派感到受迦太基威胁，多次要求罗马援助。公元前220—前219年，罗马派使者到新迦太基与汉尼拔交涉，警告他不要干涉萨贡托，汉尼拔应诺。

迦太基本土政府也有对罗马主和派。这一派以将军汉诺（Hanno）为首，他们一向主张放弃经营西班牙，回到非洲来发展。但是哈米尔卡父子的坚定意志和作出的成绩使主和派无力反驳。

当时汉尼拔深知罗马忙于伊利里古姆战争，决定采取行动。公元前219年春，汉尼拔包围萨贡托达8个月之久，罗马未派兵支援。派萨贡托被攻克。次年，罗马元老院得知汉尼拔大举招兵备战，预料他准备越过埃布罗河，竟派使者要求迦太基政府交出汉尼拔。对这一狂妄挑衅性要求，迦太基政府坚决拒绝。公元前218年3月双方宣战。

关于第二次布匿战争的原因，古典史家，特别是波里比阿主要用哈米尔卡父子痛恨罗马要报仇雪恨，汉尼拔发誓与罗马为敌等个别人的感情来解释。事实上，哈米尔卡父子经营西班牙最初不一定处心积虑地要攻打罗马。但形势的发展，罗马的不断扩张，如对西西里、科西嘉、撒丁的占领，对西

---

① 波里比阿没提到此事，只见于狄奥·卡西乌斯的一个残篇，因此有人认为或无此事。也可能稍早一些，波里比阿说这一盟约是在汉尼拔以前数年订立的。

漫画《汉尼拔翻越阿尔卑斯山》

班牙萨贡托的干预等，可能使汉尼拔认识到迟早要再同罗马一决雌雄，因而积极作了准备，等待时机采取主动。值得注意的是，汉尼拔没建海军，只训练强大的陆军。这说明汉尼拔早就有了从北方进攻意大利本土的计划。

公元前 218 年春，汉尼拔率领 5 万步兵和 9000 名骑兵以及少量战象离开西班牙，向比利牛斯山前进。一路上，他征服沿途土著部落，并留下少量驻守部队与后方保持联系。到 9 月间，他越过冰封雪冻的阿尔卑斯山，在悬崖峭壁上行军，沿途兵员损失惨重。10 月，大军在经过长时间的长途跋涉后到达意大利北部平原。此时，汉尼拔的步兵仅剩 2 万人，骑兵只有 6000 人，而战象仅剩 1 头。但汉尼拔是一个意志坚定的人，他并没有退却。12 月，汉尼拔在波河平原与罗马军队首次开战，并取得胜利。公元前 217 年，汉尼拔在意大利北部过冬期间，补充了给养，并将兵员增至 5 万人，战斗力得到加强。接着，汉尼拔向南挺进，在特拉西美诺湖附近成功伏击罗马军队，杀死罗马执政官弗拉米尼乌斯。罗马军几乎全军覆灭。

特拉西美诺湖战役的失利，引起了罗马人的震惊。危急关头为了重振军威，罗马任命富有军事经验的法比乌斯·马克西姆斯为独裁官。法比乌斯"极具天赋，以判断稳健著称。"[1] 法比乌斯分析了战争形势后，认为迦太基骑兵比罗马骑兵强大，罗马军队不应与汉尼拔作正面冲突，而应采取迂回战术与汉尼拔周旋，消耗汉尼拔的力量。狄奥·卡西乌斯说：

　　　　法比乌斯跟着他，以安全的距离监视着他，不愿意轻易牺牲一位士

---

① 波里比阿：《历史》，3，87。

兵。尤其是法比乌斯可以得到充足的供给，而他看到敌人除了武器之外再没有别的东西，并且国内也没有送来供给支援他。因为迦太基人事实上并不支持汉尼拔。汉尼拔曾将他取得的许多胜利写信告诉给国内，同时向他们索要士兵和钱。但后者却认为他的请求与他的胜利并不相符：征服者应当从敌人那里得到丰富的供给，应当把钱带回国内，而不是索要更多的钱。①

法比乌斯准备用"拖"的方法打败汉尼拔，以拖延求生存，以时间换机会。他的原则是："只有在迫不得已的情况下，才与天才绝顶的军事家作战。"② 但法比乌斯的"拖延"战术会牺牲意大利农民的利益，很多城市遭到攻击，土地遭蹂躏，人民遭屠杀。罗马内部通过决战把汉尼拔赶出去的呼声日益高涨。恰在此时，法比乌斯独裁官任期届满，军队指挥权转至两位执政官手中。

公元前216年，罗马军与迦太基军在阿普利亚的坎尼激战。当时罗马方面约有8万步兵和6千骑兵，迦太基方面约有4万步兵和1万骑兵，就双方兵力而言，罗马居绝对优势。但汉尼拔却以劣势兵力采取两翼包抄的战术，击溃了罗马军队。罗马遭到了空前的失败，5.4万人被歼，1.8万人被俘，而迦太基约损失了6千人。坎尼之战，对于罗马人来说，是历史上最惨烈的一次灾难性的失败。③ 李维认为：

> （罗马在坎尼）惨败的程度一点也不亚于在阿利亚的那次惨败。这次战役的结果虽然没有上一次惨重，但是这次惨败的巨大损失可比上一次还要可怕。之所以结果比上一次好些，是因为汉尼拔没有乘胜追击。阿利亚一仗，罗马人虽然丢掉了罗马城但是保存了军队；可是坎尼一仗，瓦罗身边仅仅有70名骑兵生还，几乎所有的士兵都和鲍鲁斯一样在战场上战死了。④

---

① 狄奥·卡西乌斯：《罗马史》，14。
② "法比乌斯原则"后来成为奥古斯都的座右铭。奥古斯都宁用计谋而不愿用勇猛战胜敌人。见阿庇安：《汉尼拔战争》，1，13。
③ 李维：《罗马史》，22，43。
④ 李维：《罗马史》，22，50。

油画《汉尼拔进军罗马》

对汉尼拔而言，"汉尼拔战争"属于长距离的无后方作战，军队始终处于后勤保障不可控、不稳定的状态。据说，在出发远征前，汉尼拔曾经召开会议讨论如何保障大军后勤给养。汉尼拔·莫诺马库斯说：汉尼拔必须教会军队吃人肉，并使他们对此习以为常，只有通过这一种方式才能成功到达意大利。

在这次战役中，汉尼拔展现了天才般的军事才能，创造了世界性的军事奇迹。

坎尼战役结束后，汉尼拔没有乘胜进攻罗马城，而是选择休整。其骑兵长官马哈拔曾劝汉尼拔：

我的司令官，如果你们想知道这次战役的重大的意义的话，那么就让我来告诉你们吧！要是我们乘胜追击，不超过五天我们就能在卡庇托里山上吃午餐。我将带着我的骑兵部队打先锋。当我们来到罗马城门之外时，罗马人才知道我们的大部队来了。你们跟在骑兵部队后边就行。

汉尼拔对马哈拔说：

我很赞赏你的热情，但我还需花一些时间来考虑你刚才提出的方案。

马哈拔回答说：

> 我坚信，神不会把所有的礼物都送给一个人。汉尼拔，你只知道如何赢得一场战争，但你不知道如何利用你的胜利成果。

汉尼拔最后没有接受马哈拔的建议。

史学家李维这样评论道："大多数人都认为，拖延的这几天时间拯救了罗马城和整个帝国。"[1]

汉尼拔为什么没有采纳骑兵长官马哈拔的建议，原因可能与部队极度疲惫有关，也可能与步兵无法短期攻破罗马厚实的城墙有关。历史上，亚历山大曾用 7 个月时间攻打推罗城而无法破城。这是典型的前车之鉴。对于无后方作战的汉尼拔军而言，消耗战是最熬不起的战争。

坎尼大败将罗马打入了危机的深渊。正如汉尼拔预料的那样，许多罗马同盟城市，如坎佩尼亚的卡普亚和西西里的叙拉古等，纷纷背叛罗马，转而投向迦太基。

但罗马人并没有因为战争的暂时失利而失去胜利的信心。他们重整旗鼓，准备反击。公元前 212 年，罗马重新征服了叙拉古，并包围卡普亚。而此时，汉尼拔虽连战皆胜，但外线作战孤悬敌境，兵员和粮食都不能得到及时补充。罗马的情况则正好相反，虽一再失利，但可随时补充新兵。公元前211 年，汉尼拔进攻拉丁姆，企图夺取罗马城，以解卡普亚之围。但是，罗马城防守严密，汉尼拔无功而返，而卡普亚却被罗马人收复。从此，战争局势逐渐逆转，开始向有利于罗马的方向发展。

公元前 218 年，罗马派去西班牙的执政官科尔涅里乌斯·西庇阿途经马西利亚时，得悉汉尼拔从北方越阿尔卑斯山进攻意大利，他自己就急忙转回意大利去迎战汉尼拔，但他同时让他的兄弟格耐乌斯·西庇阿继续带领一支军队开到西班牙。格·西庇阿在西班牙赶走了埃布罗河以北的迦太基人，在这一地区建立了罗马人的势力。第二年科尔涅里乌斯·西庇阿也被派到西班牙增援。两兄弟与迦太基的将领汉尼拔的弟弟哈斯德鲁巴在西班牙多次交

---

① 李维：《罗马史》，22，51。

阿基米德之死

阿基米德是古希腊世界最伟大的数学家。他曾利用杠杆原理制造武器，抵御罗马军队的进攻。

公元前212年，罗马军队攻陷叙拉古，阿基米德被杀。据说，阿基米德在叙拉古城被破时对冲进来的士兵说的最后一句话是：不要破坏我的圆。

战。公元前215年西庇阿兄弟曾得到一次较大的胜利。这使意大利方面受到鼓舞，同时使西班牙一些部族起来反抗迦太基。迦太基在西班牙的势力一时岌岌可危。为此，迦太基政府决定把原来准备支援汉尼拔的军队派赴西班牙去稳定局势。这样，西班牙的战事牵制了迦太基军，使汉尼拔在意大利长期得不到援兵，有利于罗马的最后胜利。

西庇阿两兄弟在西班牙一度很顺利，从迦太基人那里夺得了埃布罗河以南的萨贡托和一些其他据点。但公元前212年以后，迦太基又增援了部队，在公元前211年一次决定性战斗中，罗马军大败，西庇阿两兄弟都战死。罗马人又失去所占地区，退守埃布罗河以北，形势对罗马不利。

当时在意大利，形势已开始向有利于罗马的方向发展。元老院有余力注意西班牙的战事，决定派增援部队。公元前210年元老院破例派了在西班牙战死的科尔涅里乌斯·西庇阿之子，只有25岁的P.科尔涅里乌斯·西庇阿为罗马驻西班牙军的指挥官。当时西庇阿只是一名市政官，不够资格作为统帅。依例到海外做军队的司令员应派执政官或行政长官。元老院如此破格录用后起之秀主要是因为西庇阿本人当时已有很高的声望。后来他也确实以自己的才能证明元老院这一选择是明智的。几年以后，他在北非迦太基本土击败了所向无敌的汉尼拔，从而获得了"阿非利加"这个荣誉称号。从他的成就来看，他取得这个称号确实当之无愧。

公元前209年，西庇阿开始在西班牙行动，他以声东击西的战术攻克了迦太基的大本营新迦太基城，获得了巨大的粮仓和兵工厂、军械库等。他又

油画《西庇阿的节制》，乔瓦尼·弗朗西斯科·罗马内利绘，现藏法国卢浮宫

善待被囚禁的西班牙部族酋长，和他们建立友好关系，为罗马争取人心。

公元前 208 年，西庇阿与哈斯德鲁巴战于倍库拉。西庇阿学习汉尼拔的战术，除正面进攻外，还派部队从两翼包抄。西庇阿一反以往罗马将军一以贯之的三层战阵术，改用灵活机动的战术，巧获全胜。士兵们因此把他称为大统帅（Imperator）。

哈斯德鲁巴当时急于要去意大利援助汉尼拔，不敢拖延，从西面偷偷地绕至比利牛斯山向北意进军。西庇阿未能阻止。当时西班牙共有三支迦太基军，哈斯德鲁巴走后还有两支，但实力逊于哈斯德鲁巴，更不是西庇阿的对手，所以哈斯德鲁巴的撤离实际上是把西班牙拱手认给罗马人。

公元前 206 年，西庇阿与迦太基军在南西班牙赛维利亚附近一战，双方各有 5 万大军。西庇阿用机动战术：使较弱的步兵牵制迦军主力，另派较强的部队和骑兵去打击迦军的侧面和后路，然后用几面夹攻术把迦太基人打得落花流水，获胜的罗马军穷追四面逃散的敌人，并最后在卡狄兹（Cadiz）迫使迦太基残军投降。到公元前 206 年底，迦太基人丧失了其在西班牙的最后立足点。这对困守在南意一角的汉尼拔是继哈斯德鲁巴之死后的另一个重大打击，因为西班牙是他的根据地。

公元前 206 年，西庇阿自西班牙得胜归来。百人队大会一致推举他担任下一年度的执政官。最后西庇阿和当时的大祭司长 P.L. 克拉苏顺利当选。

西庇阿向元老院提议出兵阿非利加，请求元老院授权。他解释参选执政官的目的：不仅仅是为了指挥军队作战，更重要的是要结束这场战争。如果元老院不同意他的计划，他将寻求罗马人民的支持。果然，西庇阿的提议遭到了以法比乌斯为代表的元老的反对。法比乌斯曾担任独裁官一次，执政官五次，在罗马享有崇高的声望。他提出反对出兵迦太基的6条理由：

一是罗马最大的敌人是汉尼拔。汉尼拔率领的军队非常勇猛，如果西庇阿出兵阿非利加的话就等于把意大利拱手让给了汉尼拔。这样罗马此前所取得的胜利将前功尽弃。法比乌斯主张"在你出兵阿非利加之前先要确保意大利的和平；在你想要进攻别人之前，先要让我们感到安全。"①

二是罗马经过14年的征战国力衰弱，没有实力同时支持两支军队作战。

三是罗马在阿非利加没有根据地，没有海港，无法保证所遣军队的安全。

四是罗马在阿非利加没有可靠的盟友。

五是迦太基的国力依然很强。法比乌斯反问西庇阿：如果阿非利加人团结一致，所有迦太基的盟国全部忠诚于它，再加上迦太基城墙坚固，很难攻破，而整个意大利又完全暴露在敌军之下，如果迦太基人再次发起反攻，那时罗马该怎么办？②

六是法比乌斯认为西庇阿出兵阿非利加是为了追逐个人的荣誉，而没有考虑国家的利益。

法比乌斯指出：

普布利乌斯·科尔涅利乌斯·西庇阿担任执政官不应为其自身利益服务，而应服务我们的国家利益。军队是用来保卫罗马和意大利的，执

---

① 李维：《罗马史》，28，41。
② 李维：《罗马史》，28，41。

政官不应凭借喜怒任意派往别的地方。① 法比乌斯不同意西庇阿贸然出兵，开辟新的战场。

西庇阿对法比乌斯的意见逐一做了反驳，并声称："我的雄心壮志是如果可能的话，我要超过你所取得的荣誉"。他认为：

> 法比乌斯反对他出兵阿非利加是出于嫉妒，是害怕他的名声超过自己。

西庇阿以汉尼拔之例说明深入敌国作战者比防守者更具有积极进取的精神。西庇阿希望通过开辟第二战场，结束这场战争。他认为：即便他所提出的建议不能很快结束战斗，但开辟第二战场也是很值得做的。

> 因为当外国的国王和人民看到罗马人进入阿非利加作战的精神和誓死守卫意大利的勇气时，罗马人高贵的气质和声望全都会得到这些人的赞扬的。我们不能让人认为没有一个罗马将领敢于像汉尼拔那样到别的国家的领土上去作战。就是在第一次布匿战争中，当我们在西西里作战的时候，罗马的战舰和军队还接连攻击阿非利加。现在，在第二次布匿战争中，战争却在意大利进行，而阿非利加倒是安然无事。②

在西庇阿看来，这很不正常。西庇阿来到阿非利加，可以开辟根据地，打通海港，争取得到当地部落的支持。罗马军队有强大的实力。

> 我们强大的后盾就是本国的罗马士兵们；迦太基没有自己的公民兵。他们的战士全都是雇佣兵，有阿非利加人和努米底亚人，这些人就像风一样全都摇摆不定，随时准备改变态度。
> 以往汉尼拔在意大利所向披靡，牵制罗马的行动。罗马出兵阿非利加同样可以牵制汉尼拔在意大利的行动。

---

① 李维：《罗马史》，28，41。
② 李维：《罗马史》，28，45。

汉尼拔的实力已经大不如前，其活动的范围仅限于意大利的布鲁提亚地区，有一名执政官在此镇守就能安定局势。

西庇阿希望利用出兵阿非利加，主动开辟第二战场来牵制汉尼拔，从而达到夺取战争主动权的目的。最后，元老院基本上接受了西庇阿的建议，同意西庇阿前往西西里岛，同时授权他在认为对国家有利的情况之下可以进攻阿非利加。但元老院没有同意西庇阿招募新的士兵，而只允许他召集志愿兵。由于他一直坚持舰队将不花国家一分钱，所以元老院同意他接受盟国提供的海上军事帮助，特别是向他提供战舰。另外，P.L.克拉苏负责在布鲁提亚与汉尼拔作战。

西庇阿按照元老院的要求，招募志愿兵。西庇阿率领着30艘战船和7000名志愿兵前往西西里岛去了。

他（西庇阿）可以接受由联盟提供的任何资源。埃特鲁里亚人民是首先答应向执政官提供援助的人，他们将提供他们所拥有的各种物资。凯莱将提供水手们的粮食和各类必需品。波普贺尼亚人将提供铁。塔奎尼人将提供航海所用的布匹。服拉特莱人将提供造船用的树木和粮食。阿列提乌姆人将提供3000个盾牌和同样数目的甲胄，提供标枪、长枪及长矛总共5万支，每种类型的比例相等。此外，他们还准备提供40艘战舰所需要的全部斧头、铁锹、铁钩、筐、手推磨，12万摩底小麦，以及舵手、划桨手所要的必需品。佩鲁西亚、克鲁西乌姆和路散莱将提供造船用的松木及大量粮食……翁布里亚诸公社，此外，努西亚、莱特和阿米特尔努姆居民以及所有萨宾公社都同意提供战士。从马尔西、佩利吉尼和马鲁契尼来的许多小分队都自愿要求在舰队上服务。加美里努姆人民（此城已与罗马人签订了平等联盟条约）也向罗马人派去了一支由600名武装的男人所组成的小分队。30艘战船（其中20艘为五列桨船，10艘为四列桨船）建起来了。西庇阿对这项工程催得很紧，树木从森林里运来第45天，船即已装配完毕，可以下水了。[①]

---

① 李维：《罗马史》，28，45。

油画《索福尼斯巴之死》，詹巴蒂斯塔·皮托尼绘

迦太基将军哈斯德鲁巴·吉斯戈的女儿索福尼斯巴天生丽质，心思聪颖，与东努米底亚国王马西尼萨订婚。公元前204年，西庇阿在北非乌提卡登陆，罗马对迦太基开辟第二战场。当时北非的努米底亚人分为东西两部，西庇阿试图与努米底亚势力最大的西努米底亚国王西法克斯建立反迦太基联盟。为了防止西法克斯加入罗马人的阵营，迦太基元老院背着吉斯戈和马西尼萨将订有婚约的索福尼斯巴嫁给西法克斯。此事激怒了马西尼萨，导致东努米底亚改同罗马结盟。公元前203年，马西尼萨率领的努米底亚人和罗马人组成的联军大败西法克斯，统一了努米底亚。战后，马西尼萨准备与索福尼斯巴成婚。但西庇阿宣布索福尼斯巴是罗马的战利品，应该作为败将西法克斯之妻被带回罗马。慑于罗马的强大，马西尼萨告知爱妻，他无法尽到丈夫的责任保护她，并交给她一杯毒药。索福尼斯巴为了保持尊严和名誉，从容地喝下毒药自尽身亡。此后为扭转困局，迦太基召回困守在南意大利的汉尼拔。

公元前204年，西庇阿率军进入北非，进攻迦太基。迦太基为了抵抗罗马，急召远在意大利的汉尼拔回国。公元前202年秋，迦太基与罗马人在扎马附近决战。这是一场决定命运的大战。在李维看来，罗马人在这片陌生的土地上作战，一旦失败，根本没有逃回的可能；而对于迦太基来说，一旦用

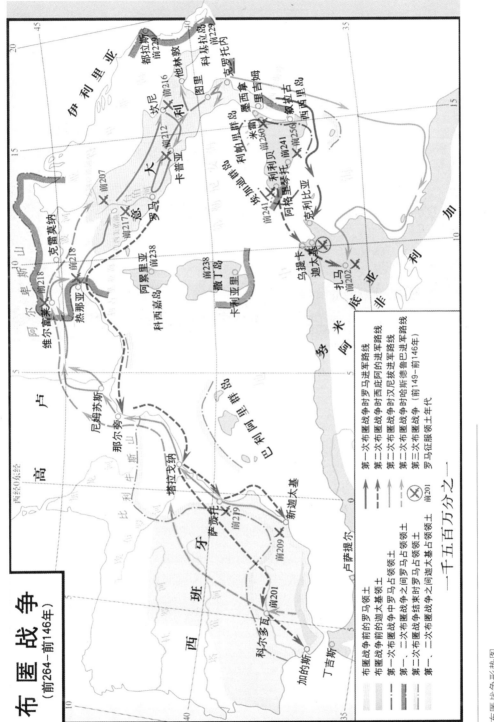

布匿战争形势图
引自《世界历史地图集》，中国地图出版社 2002 年版，第 27 页。

油画《迦太基的衰落》，威廉·透纳绘，现藏英国伦敦泰特美术馆

尽了最后的资源，毁灭也将迫在眉睫。[1] 尽管汉尼拔表现出杰出的军事指挥才能，但无奈大势已去，无法抵挡罗马人强有力的进攻。汉尼拔第一次也是最后一次在战场上遭到了彻底的失败。

罗马取得第二次布匿战争的胜利实属不易。公元前201年，双方订立和约，长达18年的第二次布匿战争宣告结束。和约规定：迦太基放弃阿非利加以外的全部领土；除了保留10艘舰船外，其余一律交给罗马；50年内向罗马赔款1万塔兰特；未经罗马许可不得与任何国家交战。迦太基沦为罗马的附属国，受到罗马的监督。罗马取得了对西部地中海的霸权地位。波里比阿认为："只有当罗马人在汉尼拔战争中取得对迦太基的胜利之后，他们才开始意识到自己在争夺世界霸权的道路上，已迈出了重要的、也是关键的一步，并第一次想要伸出手去控制世界的其他部分，渡海出兵希腊和亚洲领土。"[2]

① 李维：《罗马史》，30，32。
② 波里比阿：《历史》，1，3。

四、汉尼拔与西庇阿

罗马伟大的历史学家李维在其《罗马史》的第 21 卷开头就这样明确指出：

汉尼拔战争在很多方面都表现出了其独一无二的特性：首先，交战双方在物力上的投入和消耗都是以往历史上所发生的战争无法企及的。与此同时，交战双方都处于他们国家繁荣和强大的最高峰。其次，这场战争的对手早在第一次布匿战争时期就彼此熟悉，而且他们还互相欣赏对方的军事能力。第三，战争长期处于悬而未决状态，以致于最终的胜利者比其对手更接近于毁灭。而且仇恨始终贯穿其间，彼此之间的仇恨比战剑更像是一把锋利的武器。就罗马而言，他们对无缘无故地受到以前被他们打败过的敌人的进攻感到无比愤怒；就迦太基而言，他们对其所感到的征服者的贪婪和暴力专横也极度不满。①

经过 16 年的战争，罗马人最后取得了胜利。不可否认，在这场战争中，汉尼拔和西庇阿是两位最有影响力的指挥官。

汉尼拔（前 247 年—前 183 年），迦太基杰出的军事家、军事战略家。他敢于用一将之力挑战罗马，用一支无后方的军队挑战一个国家，用一支职业的雇佣兵把主战场带入意大利，在罗马的心脏地带征战 16 年。除最后一战扎马之战以外，汉尼拔可谓是战无不胜，攻无不克。

西庇阿（前 236 年—前 183 年）比汉尼拔小 11 岁。与汉尼拔相比，西庇阿只能算是小字辈了。公元前 218 年，18 岁的西庇阿在意大利北部提契诺河乱军之中冒死救出父亲；公元前 216 年，他参与坎尼之战；公元前 211 年，他的父亲在西班牙战场战死；次年在不及任职年龄的情况下，他被元老院授予执政官级指挥官负责西班牙战事；公元前 206 年，他以外交和武力平定西班牙。公元前 205 年，罗马人民破格选举西庇阿为执政官，在西西里开辟第二战场。公元前 202 年，西庇阿指挥罗马大军在扎马最后打败汉尼拔，结束了困扰罗马十余年之久的汉尼拔战争。

---

① 李维：《罗马史》，21，1。

据说，在扎马之战结束后10年（前192年），西庇阿与汉尼拔，这两位罗马人和迦太基人的卓越将领，在小亚细亚的以弗所的一座体育馆相见。他们曾当着许多旁观者的面点评将才。西庇阿问汉尼拔，谁是最伟大的将军？汉尼拔回答说，"马其顿的亚历山大"。对于这个回答，西庇阿没有说什么。他又问汉尼拔，其次是谁？汉尼拔回答说，"伊庇鲁斯的皮洛士"。听了这个答复，西庇阿颇为不满。于是他又问汉尼拔，第三位是谁？西庇阿显然希望汉尼拔把西庇阿放在第三位。但是汉尼拔却回答说，"是我自己。因为当我年轻的时候，我征服了西班牙，带着一支军队越过阿尔卑斯山。这种事情是赫拉克勒斯以后没有人做过的。我侵入意大利，使你们所有的人恐惧万分，破坏了你们四百个城镇，常常使你们的城市处于极端危险之中。在整个过程中，我既没有从迦太基取得金钱，也没有取得援兵。"西庇阿继续问，"汉尼拔啊，如果你没有被我打败的话，你会把自己放在什么位置呢？"汉尼拔毫不犹豫地说，"我会把我自己放在亚历山大之上。"① 由此可见，汉尼拔对自己的军事才能还是十分自信的。

对于汉尼拔和西庇阿，古典作家都有过很多评述。这些都成了后人研究的重要资料。波里比阿是一位与罗马人交过手的将军。他对汉尼拔的评价就非常值得大家关注。他这样写道：

当我们考虑到汉尼拔战争所持续的时间，并注意到大大小小的战役、围城战，以及众多城市的背叛投敌，汉尼拔在各个阶段所面临的困境，总之他全盘策划的范围以及计划的执行时，我们不可能不对汉尼拔的领导艺术、他的勇气和作战才能表示钦佩。整整16年，他在意大利对罗马人发动了连续不断的战争。在此期间，他从未从战场上解散自己的部队，而是像一个优秀的舵手，将这样一支庞大的群体置于自己的控制下，既没有引起他们对自己的不满，也没有让他们彼此间反目。尽管他率领的是一支来自不同国家、不同民族的雇佣军，但他却成功做到了这一点。与他在一起的有非洲人、西班牙人、利古里亚人、凯尔特人、腓尼基人、意大利人和希腊人。他们是在法律、风俗、语言或其他方面没有任何天

---

① 阿庇安：《叙利亚战争》，1，10。近代学者对这段对话有不同的看法。

然共性的一些民族。然而，他们的将领却有如此的手段计谋，竟然能将自己一人的声音、一人的意志强加于这样一群出身截然不同的人们。并且，这一切并不是在一成不变的条件下，而是在瞬息万变的环境中、在命运的大起大落中做到的。由此，我们有充分的理由对汉尼拔在这些方面的能力表示钦佩，并可以确信地说，如果他先是征服了世界的其他地方，最后再征服罗马，那么他的一切计划都不会难倒他。①

这就是说，波里比阿除了对汉尼拔的战略提出不同意见外，对汉尼拔的军事能力还是非常敬佩的。在波里比阿看来，汉尼拔应该先打一些小的、好打的民族，然后再与当时最强大的罗马作战。这样，汉尼拔的成功率就更大。

西庇阿是罗马有史以来最为知名的人物之一。波里比阿认为：

> 在我看来，西庇阿在性格和处事方法上与斯巴达的立法者来库古极为相似。因为，我们既不该认为来库古为斯巴达立法时受到了宗教迷信的影响，只是受到彼提亚女祭司②的启示，同样，也不该认为西庇阿为自己的国家赢得如此庞大的帝国，依靠的是梦示和预兆。他们两人都明白：大多数人对于自己不熟悉的事都不会轻易相信，在没有神明相助的情况下，也不会冒巨大风险去行事。因此，来库古借助彼提亚女祭司的神谕，目的是使自己的社会改革更为世人所接受和相信。同样，西庇阿为使自己的部下更有信心、敢于面对危险的征战，也对他们谎称自己的计划是受到神的启示。而实际上，他的一切行动都是按照自己的谋划和预测进行的，事情的结果都在他的预见之中。人们都普遍认为：西庇阿性情仁慈、慷慨大度。但同时，他也十分精明、谨慎，头脑永远集中于实现自己的目标。③

西西里的狄奥多鲁斯也对汉尼拔有过评价。他这样认为：

---

① 波里比阿：《历史》，11，19。
② 德尔斐阿波罗神庙的女祭司。古希腊人相信她能够根据阿波罗给她的灵感作出预言。
③ 波里比阿：《历史》，10，2，2。

迦太基古城遗址

汉尼拔是一个天生的战将。作为伟大军事家的同伴，他从小在战场上长大，久经沙场，战斗能力突出。此外，他天资聪颖，加之多年的实战训练，从而具备了很强的指挥才能……①

作为迦太基人中战略能力最强、军事成就最高的将军，汉尼拔从未出现军队对他的不忠。相反，他能够将各种民族、说各种语言的士兵凝聚成一个和睦团结的整体。虽然在外国军队里，经常有人因为轻微的挑唆便投向敌人。但在他的指挥下，却没有人这样做过。他一直保持着一支庞大的军队，却从未发生过钱财和物资的短缺。最为重要的是，在他手下服役的外邦人对他的热爱，丝毫不逊于公民兵，甚至有过之而无不及。他对军队的良好控制自然就会产生良好的战果。……他竟蹂躏意大利达十七年之久，并保持不败的记录。他曾经在无数次大型战役中打败世界的统治者，他造成的伤亡数目使得无人再敢与之公开作战。无数城市被他攻占，或者被他摧毁。虽然意大利在人数上超过了他，但他仍然令他们感到人手不足。当然，他这些举世闻名的成就的取得是以花费公共财富为代价的，但他的军队却是由各种盟友和雇佣军组成的杂牌军。虽然他的敌人拥有共同语言，难以战胜，但凭借自己的精明和为将之道，他赢得了一次又一次的胜利。所有人都可以从这里知道，指挥官对于一支军队，就像思想对于肉体，对成功起着关键作用。②

对于西庇阿，狄奥多鲁斯虽然论述的不多，但很重要。他在《历史集成》中这样写道：

---

① 狄奥多鲁斯：《历史集成》，26。
② 狄奥多鲁斯：《历史集成》，29，19。

西庇阿还年轻的时候，就将西班牙的事务处理得井井有条，并打败了迦太基人。他把自己的祖国从可怕的险境中拯救出来。他既不用战斗或冒险行动，而是用巧妙的战术，将无人能敌的汉尼拔逐出了意大利。最后，他使用大胆的战略，并在一场决定性的战斗中，打败了迄今无人战胜的汉尼拔，从而使迦太基俯首称臣。①

李维是奥古斯都时期的罗马历史学家。对于汉尼拔，从情感上讲，李维是憎恨的。但对于汉尼拔的才能，李维还是很肯定的。他这样认为：

汉尼拔远离家乡故土，在敌国领土上作战了13年。在这13年时间里，他应对了各种情况，而且他所率领的士兵并不全都是自己本国的公民。部队的组成人员非常复杂，很多都是迦太基盟国的士兵，人员鱼龙混杂。士兵们所属国的社会制度、法律、风俗习惯和语言都不尽相同。士兵们的行为方式也不一样，穿着打扮差异极大，就连使用的武器都是千差万别。同样，他们的宗教信仰和祭祀神灵全都不同，但是汉尼拔不知道使用什么方法把这混杂的关系全都统合在了一起。士兵们之间没有纷争。他们也没有发动叛乱反对他们的将领。尤为可贵的是他们平时经常缺乏军饷和食物补给，而这些缺乏，导致了在第一次迦太基战争之时很多士兵和军官们做出难以形容的暴行。哈斯德鲁巴（Hasdrubal）战死意大利，使汉尼拔失去了获得胜利的全部希望，他的军队被迫退守到布鲁提亚的一个角落。在如此艰难的情况下，迦太基的军营中仍然没有发生叛变行为，这确实令人惊讶。②

同时，对于战胜汉尼拔的西庇阿，李维主要采用寓评于叙的撰写方式加以表扬。例如，在扎马之战胜利以后，西庇阿班师罗马：

陆上和海上全都恢复和平以后，西庇阿就命令他的士兵上船。他们到达西西里的利利贝乌姆（Lilybaeum）。他让大部分军队经海道返航。

---

① 狄奥多鲁斯：《历史集成》，29，20。
② 李维：《罗马史》，28，12。

他自己经陆路穿越意大利，沿途不但城市居民蜂拥向他敬礼，甚至乡村的农民也夹道迎接。对和平的喜悦不亚于对胜利的欢呼。他到达罗马，伴随着盛况空前的凯旋式，骑马入城。他带给国库123000磅白银，向每位士兵发放了400阿司钱财。[1]（西庇阿）回到罗马，荣获规模最大、最豪华的凯旋。元老昆图斯·泰伦提乌斯·库里奥戴着被释奴隶戴的帽子，走在他的后面。西庇阿或者是深得士兵们的爱戴，或者是受到人民的拥护，获得了"阿非利加努斯"称呼。他当然是第一位获得以被他征服的民族的名字命名的统帅。[2]

近代学者马基雅维利在《君主论》中认为：

> 汉尼拔率领一支由无数民族混合组成的大军，在外国的土地上作战，无论在厄运还是在好运的时候，也无论在军队当中或者对待君主，都不曾发生任何龃龉。这并不是由于别的原因，而只是由于他的残酷无情，同时他具有无限的能力，这就使他在士兵的心目中感到既可敬又可畏。但是假使他不是残酷无情的话，光靠他的其他能力是不能够产生这样的效果的。[3]

就将道而论，汉尼拔可以说是别树一帜，在古代世界的军事史上占有重要的地位，但就政治而言，汉尼拔是一位弱者。战争时期，他无法从迦太基政府那里获得资源；和平时期，他也没能取得迦太基民众的支持。甚至自己最后也成了政治流放者，客死他乡。这或许是不懂政治的军事家的宿命。

对于西庇阿，近代学者评价不多。这或许与罗马的体制有关，或许与西庇阿的行为有关。在近代，较为集中地剖析西庇阿的有诺贝尔文学奖获得者蒙森。他在《罗马史》一书中这样点评西庇阿。他说：

> 西庇阿实是一个自具热情而又能感染他人热情的人。少数人以其魄

---

[1] 李维：《罗马史》，30，45。

[2] 李维：《罗马史》，30，序言。

[3] ［意］马基雅维利：《君主论》，商务印书馆1985年版，第81页。

力和铁的意志，强使世界入一新路，历数百年之久，或至少操命运的支配权多年，直至时运过身而后已；西庇阿却不是这样一个人。普布利乌斯·西庇阿秉承元老院的训示而战胜攻取；藉着所得军事光荣的力量，他也在罗马政治家中取得一个显要地位；可是这样一个人与亚历山大或凯撒相去甚远。就他为军官而言，他对于国家的功劳至少不多于马尔库斯·马塞鲁斯；就他为政客而言，他虽或不明知其政策的以私害公，他的军事对于国家至少利与害相等。然而有一种特殊魔力停留在这位美貌英雄像的四周；西庇阿半虔诚半灵巧的造成明确的灵感气氛，这气氛缭绕着他的形象，有如一团耀眼的光轮。他的热心足以感召他人的热心，他的计谋又足以使事事听命于理智，同时又不置庸俗者流于度外；大众相信他受有神灵的感发，他的天真既不致使他同具此心，他的直爽又不致使他加以排斥，可是他却暗中深自信为特受神恩的人——质言之，即真有先知性的人；他超然在人民之上，而且也不在人民之列；这个人坚守承诺，性情如一王者，以为他若采用王者常有的称号，便是自贬身价，不过他不解共和的宪法如何能拘束他；他对于自己的伟大非常自信，以至不知有嫉妒或仇恨，恭而有礼地承认他人的功绩，慈悲地原谅他人的过失；他是个绝好的军官，炉火纯青的外交家，而不带两种职业使人生厌的特色，他把希腊文化与罗马最完满的民族感合而为一，言谈既见才气，举止又甚风流——所以兵士和妇女、本国人和西班牙人、元老院中的政敌和比他伟大的迦太基敌人，对于普布利乌斯·西庇阿无不心悦诚服。[①]

确实，就故事而言，能够讲西庇阿的很少，因为他任职的年限很短；就战争的战略而言，他只是实施罗马元老院战略的一部分，是全局中的局部。但对罗马国家而言，他是永远不会被淡忘的"英雄"。是他成功地把敌人引出了意大利，是他把主战场开到了迦太基，更是他在扎马打败了常胜的汉尼拔，把国家带入了无敌于地中海世界的罗马时代。

---

① [德]特奥多尔·蒙森:《罗马史》第 3 卷，商务印书馆 2005 年版，第 134—135 页。有改译。

五、第三次布匿战争

第二次布匿战争结束后，罗马主要精力用在经营西班牙上。迦太基经历了长期和平，经济得到恢复，由于土地肥沃，又占海岸之利，商贸之便，人口和国势增加很快。公元前157年，老加图等出访迦太基，看到土地被勤勉耕耘，人口和贸易增加迅速。他们的结论是：迦太基对于罗马是一个令人畏惧的对象，而不是一个可嫉妒的对象。罗马的安全不是击败敌人，而是消灭敌人。加图特别强调：如果不把迦太基消灭的话，罗马的自由也很难保证。所以，他总是认为"迦太基必须摧毁（Ceterum censeo Carthaginem Delen-damesse）"。加图的主张符合罗马统治集团相当一部分人的利益。而迦太基内部的党派之争以及与近邻努米底亚国王马西尼萨的领土之争又为罗马挑起战争提供了理由。

公元前151年，马西尼萨侵扰迦太基。迦太基不得已起来自卫。罗马便以迦太基违背和约为借口，向迦太基发出通牒，要其拆毁迦太基城，居民迁到距离海岸50公里的内地。迦太基人在万般无奈的情况下，被迫反抗，罗马与迦太基的第三次战争爆发。

对于这场战争，罗马的执政官最初极为乐观，认为军事力量弱小的迦太基很容易被攻陷。但罗马围城两年一无所得。最后由于迦太基城内饥馑和疾病流行，罗马军队才得以攻入迦太基城。罗马人入城后，迦太基人仍进行不屈的抵抗。但面对强大的敌人，迦太基人无力挽救自己的命运。历史学家阿庇安曾详细地记录下迦太基城最后陷落时的情景：

> 烈火蔓延开来，把一切东西都烧毁了。士兵们不等到一点一点地去摧毁这些建筑物，而是一下把建筑物全部都推倒下来。房屋崩塌的声音愈来愈大，许多人跟石头一块儿跌入死尸堆中，可以看见有些人还活着，特别是那些躲在房屋最里面角落里的老人们、妇女们和儿童们，有些人受伤，有些人多少被烧着，发出可怕的哭声。还有一些人被抛出，连同石头、木材和熊熊燃烧烈火一块儿从那么高的地方落下来，粉身碎骨，变成各种可怕的惨状。这样，他们的痛苦还没有受完，因为清扫街道的人正在用斧头、鹤嘴锄和有钩的篱子扫除垃圾，使街道可以通行。他们用这些工具把死的以及还活的一块儿抛入坑里，把他们沿街扫着，

好像扫木棍和石头一样，或者用铁器把他们翻转来，用人来填满壕沟。有些人，头在下面，被抛入沟中，他们的脚伸在地外，摆来摆去，经过很久的时间才停止。有些人跌入沟中，脚在下面，头在地面上。马匹从他们上面跑过，把他们的面部和头颅压得粉碎。①

罗马人占领迦太基城后，罗马指挥官小西庇阿根据元老院的命令将城市夷为平地，将城里约5万名幸存者卖为奴隶。小西庇阿是波里比阿的学生。波里比阿当时就在他的旁边。小西庇阿看到冲天的大火，感触良多，情不自禁地念出了荷马的一句诗。这句诗是：

> 总有一天，我们神圣的特洛伊、普里阿姆和持矛的普里阿姆所统治的人民，都会灭亡。②

在旁的波里比阿不明白小西庇阿说这诗的意思，于是向小西庇阿求证，问小西庇阿所说的"特洛伊"指的是谁？小西庇阿直接回答是"罗马"。③作为总指挥官在打败敌人后，本来是应该高兴的，但小西庇阿却想到了罗马的未来，让人感到命运之不确定与国事变化之无常。由此可见，到公元前2世纪中叶，罗马的文化已经有了惊人的发展，罗马的军事领导者已经不是以前的目不识丁的军人。

打败迦太基后，小西庇阿向罗马报捷。据阿庇安记载：

> 当罗马人民见到报捷艇，听到胜利消息的时候，他们都蜂拥到街上去，整晚互相祝贺，互相拥抱，好像是刚才解除了一个巨大的恐惧，刚才确定了他们的霸权，刚才保证了他们自己城市的永恒存在，获得这样空前的一次胜利的人民一样。他们记得在马其顿和西班牙，在最近和安提阿大王的战争中，以及在意大利本土他们自己的许多辉煌的战功，和

---

① 阿庇安：《布匿战争》，129。见 [古罗马] 阿庇安：《罗马史》上卷，商务印书馆 1979 年版，第 296—297 页。
② 参见荷马：《伊利亚特》，6，448—449。
③ 阿庇安：《布匿战争》，131。

他们的祖先们更多的光辉战功；但是他们不知道有别的战争和布匿战争一样，这样地在兵临国门威胁过他们，这样地由于这些敌人的持久、奋发和勇敢的精神以及背信弃义而给他们带来如此巨大危险的。他们回忆他们在西西里和西班牙，以及在意大利本土的十六年中（在这十六年中汉尼拔破坏了四百个市镇，单单在战场上杀害了他们三十万人，不只一次进军罗马，使罗马陷入极端危险之中）他们从迦太基人手中所遭受的损失。因为记得这些事情，所以一听到这次胜利，他们这样兴奋，以致不相信它，他们彼此再三地互相询问，迦太基被毁灭了，是不是真的？所以他们谈论了一个整夜，说迦太基人的武器是怎样被剥夺的，他们怎样忽然出乎意外地又有了新的武器，他们怎样丧失了他们的船舰，后来怎样又利用旧的材料建造了一个巨大的舰队；他们的港口怎样被封锁了，但是几天之内，他们又怎样开凿了一个新的港口。人们谈到那城墙有多么高，石头多么大，和那些多次焚毁他们的攻城机械的大火。他们对整个战争互相作实际的描绘，好像战争正在他们的眼前进行的一样，他们以动作配合语言，好像看见西庇阿在云梯上，在船舰上，在城门口，在战役中，这里那里到处突进。[1]

第二天，罗马各部落举行了祭祀诸神的活动，人们沉浸在无比的兴奋之中。

小西庇阿在落实完元老院的指示以后，起航回国。在罗马，他得到举行一次前所未有的最光荣的凯旋式。在这次凯旋中，有光辉灿烂的黄金，有迦太基人在他们长期不断的胜利中从全世界各地区聚集起来的神像和还愿礼物，还有各式各样的装饰物品。

西地中海强国迦太基就这样被消灭了。罗马在迦太基的废墟上建立了一个新的行省，即阿非利加行省。元老院每年派遣一名总督去治理，行使罗马人对这一地区的统治权。

公元前154—前133年之间，西班牙地区发生反对罗马统治的暴动，罗马派兵镇压，但一直都未成功。公元前134年，小西庇阿以执政官的身份进

---

[1]　阿庇安：《布匿战争》，134—135。见 [古罗马] 阿庇安：《罗马史》上卷，商务印书馆1979年版，第300—301页。

油画《大流士家人跪拜于亚历山大面前》，保罗·委罗内塞绘，现藏英国国家美术馆

公元前 333 年，亚历山大在伊苏斯之战中击败波斯帝国最后的国王大流士三世。大流士侥幸逃脱，但他的母亲西绪甘碧丝、妻子斯妲特拉一世、女儿斯妲特拉二世都被俘虏。公元前 323 年，亚历山大去世，他所建立的亚历山大帝国陷入分裂。其中较大的马其顿、塞琉古和托勒密埃及三个国家，曾一度与罗马、迦太基并为地中海的主要强国。马其顿势力范围主要在东地中海地区，巴尔干诸邦长期处于马其顿势力的控制之下。

兵西班牙，摧毁反对罗马的中心——努曼提亚。罗马基本上完成了对西部地中海地区的征服。

迦太基与罗马之争及其结果表明，第一强国迦太基和新兴强国罗马没有跨越"修昔底德的陷阱"，最后还是以战争的形式来解决问题。战争的胜利使崛起的罗马成为了西部地中海的第一强国。原先的第一强国迦太基则在战争中被打败、被消灭、被夷为平地，失去了存在的空间。守成者终于被挑战者所征服。大约延续了近 700 年历史的迦太基最终退出了历史的舞台。

第三节　征战东部地中海

罗马与马其顿的战争起因于马其顿在第二次布匿战争期间对罗马的干预与挑战。在地中海世界，马其顿有过创建亚历山大帝国的辉煌历史。马其顿方阵是亚历山大打败波斯军队的重要武器。罗马在地中海世界能否立得住脚，关键是它能否找到战胜马其顿方阵的法宝。

一、三战马其顿

罗马人与希腊人交往较早。罗马先是于公元前5世纪前叶派遣使者到雅典等地学习梭伦立法，后又与南部大希腊的希腊人交往。公元前278年，伊庇鲁斯国王皮洛士远征意大利与罗马交战。罗马与马其顿人的交往，与汉尼拔战争有关。公元前217年，汉尼拔与罗马人在埃特鲁里亚特拉西美诺发生激战，汉尼拔获胜，2万罗马士兵被杀。消息传到马其顿并直接影响了马其顿国王腓力普与埃托利亚联盟代表的谈判。在纳乌帕克图斯（Naupactus）谈判时，纳乌帕克图斯的阿基劳斯（Agelaus）发表重要演讲。他说：

> 希腊人如果放弃彼此间的相互厮杀，以一致的心态和声音发表讲话，并将此视作是众神的最高恩赐，像涉水渡河的人们那样，携手前行，共同击退外族入侵，团结起来保家卫邦，那么，这将是最好的局面。但是，如果我们确实不能达到全境内整体的联合，那么我建议你们：至少目前在西方爆发这场武备之众、规模之大的战争时，应当协调一致、为自身的安全采取适当的防范措施。因为，即使是我们这些最不关心国事的人也十分清楚：在这场战争中，无论是迦太基人击败罗马人，还是罗马人战胜迦太基人，获胜的一方都不可能只满足于对意大利和西西里的控制。他们一定会不惜践踏正义，将野心扩展至这里（巴尔干地区）。因此，我恳请你们所有人要保护自己，免遭不测。我尤其要向腓力普国王作特别谏言。陛下，对您而言，最安全的策略不是耗竭希腊人的力量，使他们成为侵略者的猎物，而是要像关心自己的身体那样关心他们，要像保卫你们自己的领土那样保卫他们的每一寸土地。如果您能遵循这样的政策，希腊人就会爱戴您，并在您遭遇不测之时援助您，而外族人也会因慑于希腊人对您的爱戴而不敢轻易颠覆您的王位。如果您想战争，那就将目光投向西方，密切关注意大利的战事，等待时机，以便某一天适当的时候，您可以参与对世界霸权的争夺。就目前而言，这种可能也是存在的。请您把您与希腊人之间的分歧和战争先搁置起来，直到您有足够的精力来处理这些问题。现在，您应该把主要精力

全放在更紧迫的问题上；您仍有权按自己的意愿，决定与希腊人作战还是与他们媾和。一旦笼罩西方的那片乌云飘临希腊，我怕我们所有人都会发现我们现在所玩的这些休战、开战以及相关的游戏将会被粗暴夺走，以致我们不得不祈求众神再次赐予我们彼此间进行战争与缔造和平的权力，即自行解决争端的权力。①

阿基劳斯说服腓力普五世与埃托利亚人签订和约。公元前217年，马其顿国王腓力普五世与汉尼拔缔结同盟条约，正式站在反罗马阵线一边。如果腓力普五世与汉尼拔联合用兵，罗马就会陷入两面受敌、两线作战的困境。在意大利兵力不济的情况下，罗马主动与伊利里亚人合作，在伊利里亚沿海地区建立罗马人的基地，阻止腓力普五世往西向亚得里亚海发展。同时，还与埃托利亚人、斯巴达人、埃列亚人、帕加马的阿塔鲁斯一世国王及罗德斯人建立合作关系，把腓力普五世牢牢地拖在巴尔干半岛。公元前205年，罗马见腓力普五世已无力进攻意大利，便与马其顿缔结了和约。罗马人保存了自己在伊利里亚的领地，把部分土地让给腓力普五世。第一次马其顿战争（前214—前205年）以罗马人所取得的战略性胜利而告结束。

公元前202年，罗马取得汉尼拔战争的决定性胜利。打击前敌马其顿的任务再次提上议事日程。公元前200年，罗马以腓力普五世攻击罗马盟邦为借口，向腓力普五世宣战。第二次马其顿战争爆发（前200—前197年）。据李维记载：百人队第一次没有通过宣战提案。只是在执政官的再三说明下，百人队才在第二次投票中正式通过向马其顿宣战。②这次战争罗马使用了外交和武力两种手段对付马其顿。在外交方面，首先加强与帕加马、罗德斯的联合，建立较为稳固的反腓力普五世

货币上提图斯·昆克图斯·弗拉米努斯的人头像

---

① 波里比阿：《历史》，5，104。

② 李维：《罗马史》，31，6—8。

统一战线。其次，稳住塞琉古的安提奥库斯国王，让东地中海的大国叙利亚保持中立。在武力方面，破格提拔年轻有为的弗拉米尼努斯为公元前 198 年执政官，全权负责与马其顿国王的作战任务。

公元前 197 年 6 月，罗马与马其顿军在帖撒利东部的启诺斯凯法拉（狗头山）交战。弗拉米尼努斯率领罗马军团，腓力普五世指挥马其顿方阵。战斗打响后，罗马人首先向方阵发动了一次又一次的攻击，以疲惫马其顿军队，扰乱他们密集的战斗队形。方阵在遭到一系列打击后，马其顿方阵出现缝隙，罗马军队近战攻入笨拙不灵的马其顿方阵，使马其顿长枪兵遭到灾难性的打击。罗马 20 个中队自侧翼和后方攻击方阵，使其纵深队形瓦解。马其顿方阵不敌被西庇阿训练出来的灵活机动的罗马军团，腓力普五世军队溃败。2.6 万名马其顿士兵有一半左右被杀。马其顿人第一次真正尝到了罗马人的强悍战斗力。

启诺斯凯法拉之战结束以后，罗马指挥官弗拉米尼努斯就如何处置马其顿与巴尔干同盟进行过讨论。埃托利亚代表希望废除腓力普五世的国王地位，毁灭马其顿帝国。弗拉米尼努斯认为这样做不妥。理由有两个：一是罗马人从来不曾一举消灭一个敌人；二是如果消灭了马其顿，也就消除了阻止北部野蛮民族南侵的障碍，对希腊人极其不利。其他的同盟者都同意罗马人的观点。[1] 公元前 196 年，弗拉米尼努斯以希腊人保护者的身份裁决安排了马其顿和巴尔干希腊人的事务：保留马其顿的君主政体，

第二次马其顿战争中的罗马士兵

---

① 阿庇安：《马其顿事务》，9，1—2。

允许腓力普五世继续担任马其顿国王，让他交出 1000 塔兰特赔款(一半即刻支付，其余的款项十年间分期支付)，只保留军队 5000 人，交出战象和海军，撤走在巴尔干各邦设立的一切据点，不得干预巴尔干各邦事务。

腓力普五世的军队洗劫埃托利亚同盟一个小镇的遗址

公元前 196 年夏天，希腊人举行伊斯米亚运动会。在伊斯米亚运动会开幕式上，一位传令官由一位吹号手陪伴来到竞技场的中心。传令官宣读了罗马的决定：

> 罗马元老院和征服腓力普国王及马其顿人的将军提图斯·昆克提乌斯命令：所有科林斯人、弗契阿人、罗克里亚人、优卑亚人、马革尼西亚人、帖撒利人、帕尔海比阿人以及排提奥底斯的阿卡亚人都将获取自由，免除贡赋，在自己的法律下生活。所有过去受马其顿腓力普统治过的城邦都包括在获取自由的名单之内。[①]

据罗马史学家李维记载：传令官把这一公告宣读完毕。但人们因太激动以致都没有听清公告的全部内容。他们几乎不能相信自己听到的是真的，一个个惊讶得你瞧瞧我，我看看你，好像这是在做梦。人们都不能相信自己的耳朵，纷纷向旁边的人询问他们自己的利益会不会受到影响。当每个人都渴望重新听到这一命令、重新看到他们自由的通知者时，使者被再次召来并重新把上述公告宣读了一遍。至此，人们才相信，令人高兴不已的消息是真的。全场立即响起了雷鸣般的掌声和喝彩声。从经久不息的掌声和欢笑声中，我们似乎可以看到：就大众而言，人生的最大幸事莫过于获取自由。[②]

---

① 李维：《罗马史》，33，31—32。见杨共乐：《罗马共和国时期》上，商务印书馆 1997 年版，第 99 页。

② 李维：《罗马史》，33，31—32。见杨共乐：《罗马共和国时期》上，商务印书馆 1997 年版，第 99 页。

弗拉米尼努斯对腓力普五世采取的政策，非常成功地化解了马其顿人对罗马的敌对行为，极大地帮助了罗马打击塞琉古国王安提奥库斯对巴尔干地区的侵略。公元前179年，马其顿国王腓力普五世去世。继位者是一位精明能干、年富力强、勇敢有为年仅35岁的帕尔修斯。帕尔修斯内练精兵，外交朋友，引起了罗德斯、帕加马等罗马同盟者的担忧与不满。为抑制马其顿，不使它强大起来，罗马于公元前171年再次对马其顿宣战。这就是第三次马其顿战争（前171—前168年）。

战争初期，双方互有胜负。公元前168年，罗马派遣当年的执政官鲍鲁斯统一指挥与帕尔修斯的战争。鲍鲁斯是一位杰出的军事将领，虽年逾六十，但治军有方。据普鲁塔克记载，鲍鲁斯来到军营，发现罗马士兵"人人都是指挥官"，只喜欢动嘴，不关注作战。于是下令，所有士兵只需执刀剑作战，而不用关心其余。[①] 在整顿完军队以后，鲍鲁斯开始运用机动灵活的军团在皮德纳（Pydna）与帕尔修斯进行决战。最初，帕尔修斯用2万重装步兵组成的方阵迫使罗马军队后撤。但在方阵向前冲击时，因正面冲杀力度不一，加之地面高低不平，导致方阵出现裂缝空隙。小股罗军乘机挤进这些空隙，在方阵阵内挥剑乱砍，近身杀敌，打乱方阵的内部结构。其他的罗马军队则包围马其顿方阵的侧翼，使对方正面长枪兵失去攻击的速度与力量。结果马其顿2万余步兵被歼，而罗马人仅失100人。[②] 帕尔修斯被迫投降。次年，鲍鲁斯受命进军伊庇鲁斯。他肆意攻打所有的城镇和乡村，大肆抢掠破坏，将俘虏的15万人卖为奴隶。罗马开始以最残忍的劫掠手段镇压被征服者。这次战争之后，罗马将3亿塞斯退斯战利品带回意大利。国家也因此免除了所有公民的直接税。地中海世界的格局迅速改变。

皮德纳战役以后，罗马人对马其顿的处理较以前更为残酷。根据规定，马其顿人首先将成为自由人，他们将和以前一样占有他们的城市、田野，享受他们自己的法律，选举每年的行政官员，并把原先付给国王的一半贡赋交给罗马人。第二，马其顿将分成4个不同的行政区。第一行政区的首府为安菲波利斯；第二行政区的首府为帖撒罗尼加；第三行政区的首府为帕拉；第

---

① 普鲁塔克：《加尔巴传》，1。

② Flavius Eutropius, *Abridgement of Roman History*, 4, 7.

四行政区的首府为佩拉哥尼亚。行政区的委员会将在各自的首都召集会议，不允许任何人在自己的行政区之外结婚、购买土地或建筑，即禁止各小国互相往来和贸易。金矿和银矿将全部关闭，但铜矿和铁矿可以继续开掘，但必须把原先付给国王税收的一半交给罗马人。罗马只允许马其顿在边境地区保持一支武装的边防军，以防御蛮族的侵袭。战争中缴获的武器，铜盾被运往罗马，其余皆被焚毁。[①] 被罗马人废除国王并被肢解的马其顿此后一蹶不振。波里比阿认为："马其顿人从罗马人那里获得了大量的好处。整个国家从独裁者的专制统治和赋税下解放出来。正如大家所公认的那样，马其顿人目前已摆脱了奴役，正享受着自由。正是由于罗马人的美德，几座城市也从激烈的内争和相互的屠杀中获得了解脱。"[②] 波里比阿说的这些话虽然也有站在罗马立场上为罗马辩护之嫌，但非常值得学者重视。

皮德纳之战打开了罗马通往地中海东部地区的道路。第三次马其顿战争也对阿卡亚联盟产生重大影响，元老院对他们在战争中的表现非常不满，所以战争结束后，要求把 1000 名阿卡亚人送到罗马作为人质。在这些人质中就有历史学家波里比阿。

公元前 149 年，一名叫安德里斯库斯的马其顿平民，自称是帕尔修斯之子，号召马其顿人民恢复旧制，宣布自己为马其顿国王，重新统一马其顿。他多次击溃罗马的军队，并推进到帖撒利。公元前 148 年，凯奇利乌斯·麦铁路斯带领罗马两个军团抵达马其顿，镇压了马其顿人的暴动，安德里斯库斯被俘。罗马取消了马其顿的自治，将其变为罗马的一个行省。行省区域除了马其顿本土外，还包括南部伊利里亚和伊庇鲁斯。从爱琴海到亚得里亚海，巴尔干半岛的大部分地区都并入马其顿行省。从此，罗马开始向马其顿派遣总督，实施永久性统治。这是罗马历史上第一次向亚得里亚海东部地区派驻总督。这一作法对于维护这一地区的统治作用巨大。此后，马其顿成为罗马稳定巴尔干南部地区以及向东扩张的基地。

大约与此同时，马其顿南部的巴尔干地区也发生了很大的变化。公元前 150 年，罗马同意释放阿卡亚同盟 1000 名人质中的 300 名幸存者。不久，因罗马人拒绝斯巴达城邦作为阿卡亚同盟成员，引起阿卡亚同盟的不满。罗

---

① 李维：《罗马史》，45，29。
② 波里比阿：《历史》，36，17。

马的使者在同盟首府科林斯遭到殴打。公元前 146 年，罗马执政官麦米乌斯率军南下马其顿，科林斯被夷为平地。阿卡亚同盟也被废除。[①] 巴尔干的其他城邦，除个别保持独立以外，皆并入马其顿行省，而且需缴纳贡物。至此巴尔干地区要求绝对主权的城邦遭到毁灭性的打击。此后，动荡不定的巴尔干城邦在罗马治下保持了相对稳定的局面。

马其顿安提帕特和安提柯王朝世系

安提帕特王朝世系	卡山德（前 306—前 297 年）
	腓力普四世（前 297—前 296 年）
	亚历山大五世（前 296—前 294 年）
	安提帕特一世（前 296—前 294 年）
安提柯王朝世系	安提柯一世（前 306—前 301 年）
	德米特里一世（前 294—前 288 年）
	利西马科斯（前 288—前 281 年）
	托勒密二世（前 281—前 279 年）（托勒密王朝）
	墨勒阿革洛斯（前 279 年）（托勒密王朝）
	安提帕特·厄特赛阿斯（前 279 年）（安提帕特王朝）
	托勒密（前 279—？前 277 年）
	亚历山大·阿里达乌斯（前 279—？前 277 年）
	安提柯二世（前 277—前 274 年）
	安提柯二世（前 272—前 239 年）（复位）
	德米特里二世（前 239—229 年）
	安提柯三世（前 229—前 221 年）
	腓力普五世（前 221—前 179 年）
	帕尔修斯（前 179—前 168 年）

二、击败塞琉古

塞琉古王国是亚历山大帝国解体的产物。它的出现有其自身的理由。公元前 330 年，马其顿灭亡波斯帝国。亚历山大帝国建立。公元前 323 年，亚

---

① 麦米乌斯回国后，在罗马捐建了一座赫拉克勒斯神庙。关于麦米乌斯捐建神庙的纪念碑至今还在。其中写道："路西乌斯·麦米乌斯，执政官，路西乌斯之子。在他的领导、监督和指挥下，攻陷阿卡亚并摧毁科林斯。在返回罗马时，他荣获凯旋入城式荣誉。"见 *CIL*.Vol.1，2nd ed.，No.626。

历山大因病去世，帝国分裂。公元前 312 年，亚历山大部将塞琉古占据巴比伦尼亚一带，建立塞琉古王国。中国史书上称为条支。公元前 311 年，是塞琉古王国纪元元年。《大秦景教流行中国碑》中叙利亚文所使用的纪年法就是塞琉古纪年。王朝建立者是塞琉古一世（前 312—前 281 年在位）。从安提奥库斯一世到安提奥库斯二世，塞琉古曾与埃及发生多次叙利亚战争，失去帕加马、巴克特里亚和安息等地。公元前 223 年，安提奥库斯三世继位。他在用武力收复东部已失的大部分领土后，又向叙利亚、小亚细亚一带扩张。公元前 195 年，汉尼拔来到安提奥库斯三世的宫廷，希望塞琉古与迦太基联合攻击罗马。汉尼拔到达塞琉古引起了罗马的高度关注。公元前 193 年，在反对腓力普战斗中贡献最大的埃托利亚人因不满罗马人的战后安排，主动邀请塞琉古军队前往巴尔干，以推翻罗马人的统治。公元前 192 年，安提奥库斯三世认为吞并马其顿的时机已到，便率军渡过黑海海峡，占领色雷斯。这一行为引来罗马人的强烈不满。同年 3 月，安提奥库斯把军队开进巴尔干北部地区。次年春，罗马派遣阿西利乌斯·格路布利奥率军前往巴尔

干。在温泉关，罗马大败安提奥库斯，迫使其退出欧洲返回亚洲。

公元前190年，罗马军依靠帕加马和罗德斯海军的帮助，在科里库斯海角击败安提奥库斯的舰队。这是罗马对外史上一次重要的海上胜利，为罗马军队登陆亚洲创造了条件。公元前190年，执政官西庇阿接管阿西利乌斯·格路布利奥的军队。他的兄长阿非利加努斯·西庇阿为其副将。同年12月或次年元月，双方在小亚细亚的马格尼西亚发生激战，双方兵力为：塞琉古军约7万人，罗马军约为3万人。安提奥库斯用马其顿方阵应对罗马军团。此战，战胜汉尼拔的大西庇阿病重。多密提阿斯担任罗马军统帅。

据阿庇安记载：

> 马其顿方阵列成紧密的长方形，侧面有骑兵的保护，但是当两边没有骑兵的保护的时候，这个方阵分开，以让那些在前面小战的轻装部队通过，于是又合起来。这样拥挤在一个长方形之内，多密提阿斯很容易地用他很多的骑兵和轻装部队把他们包围起来。他们没有机会冲锋，也没有机会疏散他们的密集队形，所以他们开始遭受很重的损失，他们非常愤怒，因为他们自己不能采用所惯用的战术而四面八方都受到敌人武器的攻击。但是他们在向所有的方面都伸出他们的密集长矛，他们向罗马人挑战，进行肉搏，总是保持着将要冲锋的样子。而且他们没有前进，因为他们是步兵，披着很重的武装，看到敌人都是骑在马上。最重要的，他们怕他们的密集队形分散开，他们也来不及改变这个队形。罗马人并不进行肉搏战，也不跑近来，因为罗马人害怕这些精兵队伍的纪律、坚强和斗志，只包围着他们，用标枪和箭向他们袭击。在这个密集队伍中，标枪和箭总是百发百中的，因为他们既不能把投射器挡开，也不能分开队伍以躲避投射器。这样在受到严重的损失之后，他们为势所迫，一面威吓，一面逐步很有秩序地退却。就是在这个时候，罗马人还是害怕，不敢跑近他们，只是继续把他们包围起来，伤害他们。直到最后，马其顿方阵内部的战象被激动起来，不可驾驭了，于是方阵溃散，狼狈而逃。①

---

① 阿庇安：《叙利亚战争》，35。参见 [古罗马] 阿庇安：《罗马史》上卷，商务印书馆1979年版，第377页。

塞琉古王朝世系表

塞琉古一世(总督：前311年—前305年；国王：前305—前281年)。《大秦景教流行中国碑》古叙利亚文所写的伊奥尼亚纪年，实际上就是塞琉古纪年。元年为前311年。
安提奥库斯一世（前291年起与父共治；前281年—前261年单独治理）
安提奥库斯二世（前261年—前246年）
塞琉古二世（前246年—前225年）
塞琉古三世（前225年—前223年）
安提奥库斯三世大帝（前223年—前187年）
塞琉古四世（前187年—前175年）
安提奥库斯四世（前175年—前164年）
安提奥库斯五世（前164年—前162年）
德米特里一世（前161年—前150年）
亚历山大一世（前154年—前145年）
德米特里二世（前145年—前138年）
安提奥库斯六世（前145年—约前142年）
戴奥多特斯（约前142年—前138年）
安提奥库斯七世（前138年—前129年）
德米特里二世（复位，前129年—前126年）
亚历山大二世（前129年—前123年）
克娄奥帕特拉·特阿（前126年—前123年）
塞琉古五世（前126年/前125年）
安提奥库斯八世（前125年—前96年）
安提奥库斯九世（前114年—前96年）
塞琉古六世（神灵显赫的·胜利者）（前96年—前95年）
安提奥库斯十世（笃爱父亲的人）（前95年—前92年或前83年）
德米特里三世（笃爱父亲的人）（前95年—前87年）
安提奥库斯十一世（神灵显赫的）（前95年—前92年）
腓力普一世（与姐姐恋爱的人）（前95年—前84年或前83年）
安提奥库斯十二世·狄昂尼索斯（前87年—前84年）
提格兰二世（大帝）（前83年—前69年）亚美尼亚国王，征服了叙利亚
安提奥库斯十三世（前69年—前64年）
腓力普二世（前65年—前63年），为庞培所灭亡

　　罗马军避其锋芒，以包围战术打击马其顿方阵的侧翼，以少胜多，取得了重大胜利。如果说狗头山之战罗马人使用的战术是挤入缝隙、中间开花的话，那么马格尼西亚之战罗马人使用的战术则是避长击短、猛打两侧与后翼，使其无还手之力。经过汉尼拔之战后的罗马军团对战术的运用已

达到炉火纯青的地步。安提奥库斯的损失是 5 万人以上，罗马的损失仅为 300 余人。

马格尼西亚一战迫使安提奥库斯向罗马求和。双方签订的和约规定：安提奥库斯必须放弃对欧洲和小亚细亚的领土要求；赔款 1.5 万优卑阿塔兰特，分 12 年付清；所有战象必须全部上交给罗马；除保留 10 只舰船外，其余的舰船必须全部上交给罗马；在安提奥库斯庇护下的所有罗马人的知名敌人（包括汉尼拔）也必须全部交出。这样，塞琉古就失去了政治上的独立地位，沦为罗马的附庸。罗马在东部地中海的影响越来越大。

第四节　共和制帝国形成之成因分析

罗马从意大利中部的一个小山村，经过近 500 年的努力，征服了意大利；又以意大利为基地，经过近 120 年的征战，摧毁了海上强国迦太基；再经过 70 余年的奋战，打败了塞琉古王国；俘获马其顿最后一位国王帕尔修斯，灭掉了马其顿王国，确立了罗马在地中海的霸主地位，建立了共和体制下的大帝国，使古代世界的"内海（mare internum）——地中海"逐渐变成了罗马人所谓的"我们的海（mare nostrum）"。至此，罗马崛起已经不是罗马政治家的一个战略目标，而是一个客观的事实。

罗马为何能确立地中海霸主地位，这是罗马史研究不可回避的重要问题。

一、习俗与人是罗马国家存在的基础

近代以来，西方学者对这一问题十分关注。如马基雅维利就把罗马的成功归之于罗马人对德行的坚守。[①] 孟德斯鸠认为：罗马的兴起凭借的就是不可思议的幸运。"它总是在征服了一个民族之后，另一个民族才对它开始战争。"[②] 对罗马崛起原因的解释众说纷纭。但很显然，它不是罗马人经济优

---

① 马基雅维利曾十次提到古代的德行、罗马人的德行。参见［意］马基雅维利：《论李维》，上海人民出版社 2005 年版。

② ［法］孟德斯鸠：《罗马盛衰原因论》，商务印书馆 1984 年版，第 110 页。

于其他民族所致，它也不是其他单一原因所致，而是多种因素综合作用的结果。

罗马取得胜利的第一个因素是罗马的传统习俗和公民。恩尼乌斯说："古代的习俗和人是罗马国家存在的基础（Moribus antiquis res stat Romana virisque）。"① 恩尼乌斯把习俗和人提高到了国家存在基础的地位。

习俗的作用为何？希罗多德曾经在《历史》中引用过品达洛斯的经典名句："习俗是万物的主宰。"② 当然，他说这句话的时候，应该是想用它来证明：遵守被征服地区习俗的居鲁士、大流士必胜；不尊重埃及习俗的冈比西斯必败。它是从经验中提炼出来的经典，也是指导人们行事、评判别人行为好坏成败的指导性原则与标准。近代德国史学家兰克也承认："无论是疆域辽阔的国家还是蕞尔小邦的政府和人民，其生活与繁盛都取决于他们自己的风俗习惯——而这风俗习惯是他们自己所独有的，不为其他人民所共享的。"③ 习俗是民族性格的重要体现。当然，恩尼乌斯这里所说的"人"，不是指所有的"人"，而主要是指罗马公民。

罗马大文豪西塞罗完全赞同恩尼乌斯的观点，认为：恩尼乌斯的"这行诗既简洁又真实，犹如从某个神嘴里发出来的预言。很显然，只有人，而没有古老的习俗；或者只有习俗，而没有处于管理国家的人，都不可能建立或相当长期地将一个权力保持并扩展至如此辽阔的疆域。"④

罗马古代的习俗鼓励公民从事农业生产。共和国早期，罗马的公民皆以经营农业为荣。"在那个时代，国家领导经常在农村生活，当需要进行国事讨论时，临时把他们从农村召唤到元老院来。那些负责送信的使者叫做'路使'（Viatores）。当这种习惯还保持的时代，那些老萨宾公民和罗马父族元老对耕种自己的田地都坚持不懈。即使在剑与火的战争年代，即使收成遭到敌人的劫掠，他们储存的粮食也比我们现在所存的要多。"⑤ 加图也说："我们的祖先在赞扬一个好人时，就称赞他是一位好农民，一位好庄稼人。凡是受

① 恩尼乌斯：《编年纪》，残段 467。
② 希罗多德：《历史》，3，39。
③ ［德］兰克：《世界历史的秘密：关于历史艺术与历史科学的著作选》，复旦大学出版社 2012 年版，第 150 页。
④ 西塞罗：《论共和国》，5，1。
⑤ 参见李雅书选译：《罗马帝国时期》（上），商务印书馆 1985 年版，第 51 页。

罗马军团战斗场石雕

到这样赞誉的人，就被认为受到了最大的称赞。"在迦图看来，"最坚强的人和最骁勇的战士，都出生于农民之中。（农民的）利益来得最清廉，最稳妥，最不为人所嫉忌。从事这种职业的人，绝不心怀恶念。"①

罗马古代的习俗也鼓励公民做一名好战士。共和国早期，罗马实行公民兵制，凡是属于前 5 等级的、年龄在 17—46 岁的公民，步兵只要没参加过 20 次战斗，骑兵只要没参加过 10 次战斗，都要受执政官或独裁官的征召，参与罗马人与其他民族的战争。有一位名叫斯普里乌斯·李古斯提努斯（Spurius Ligustinus）的公民曾为国服务 22 年，从一名普通士兵上升为最高级别的百人队长，是罗马的英雄。② 在罗马人看来，农村出来的人更适合于冲锋陷阵成为优秀的战士。"因为他们头顶辽阔的蓝天，是在劳动中成长起来的，他们能够忍受阳光曝晒，对于夜间的湿度并不在意，没有澡洗也不在乎，更不知奢侈为何物；他们心地纯良，有点小惠就很满足；有一副能够承受各种劳动的身躯，农村生活使他们养成了操持铁器、挖壕掘沟、肩挑背扛的习惯。"庄稼人和士兵，"不过是调换一下手中的工具罢了"。"城市兵一旦注册入伍，首先要让他们学习干活、跑步、负重，经受阳光曝晒、风尘吹扑，能满足于粗茶淡饭，能在露天或者简易帐篷里留宿。要在学会这些以后

① 参见［古罗马］迦图：《农业志》，商务印书馆 1986 年版，第 2 页。
② 李维：《罗马史》，42，34—35。

再去教练他们如何使用兵器。在进行远距离行军时，要让他们到边远的兵营去，多派他们去巡逻放哨，让他们远离城市的诱惑，以此发展并加强他们的体力和精神力量。"[1] 按照罗马的相关规定，无论是农村兵还是城市兵，凡是注册入伍的在平时都要作严格的军事训练。他们须在艰苦的环境中，练习跑步、跳跃、攀登、投掷、格斗、游泳、救援、协助等。每个士兵都要习惯于长距离负重行军，以增强体质与耐力，保证自身最佳的战斗力。

寓兵于农是罗马的传统。罗马人平时为农，战时为兵。[2] 古代罗马的习俗培养了一批批出色的罗马公民军士。例如，公元前 458 年，罗马与厄魁人交战，罗马执政官率领的军队被厄魁人包围，辛辛纳图斯被元老院任命为独裁官，带兵救援。当时，辛辛纳图斯正在其 4 犹格的土地上耕种。接到任命后，他擦把汗，穿上妻子拿来的衣服，骑马上任。辛辛纳图斯赶到战场，成功解了执政官之围，而且取得了胜利，元老院批准其举行凯旋式。不久，他卸任独裁官职，回家务农。从上任独裁官，到完成任务卸独裁官共 16 天。[3] 李维说："那些除了财富外，对人的一切都持轻蔑态度，且认为巨大的荣誉和勇敢精神若不能带来巨大的财富就毫无意义的人们值得听取这个故事。"[4] 再如曾率领军队打败皮洛士的曼尼乌斯·库里乌斯，被人们称颂为："一个谁都无法凭武器和金钱征服的人"。[5] 崛起时期的罗马虽然领土不大，公民人数也不多，但常常能迅速征集起十个军团的公民兵。[6] 这是迦太基、马其顿以及斯巴达等国家所不具备的。

教育在罗马传统习俗的形成和发展过程中起了极其重要的作用。生活在麦加罗波利斯的波里比阿对罗马的文化传承教育印象深刻，并对其有过详细的记载。大致内容是：每当一位声名显赫的人去世，都会举行葬礼。他的遗体会被人抬到罗马人称作"讲坛"的广场上。为引人注意，人们会将遗体立

---

① 韦格蒂乌斯：《兵法简述》，1,3。见［古罗马］弗拉维乌斯·韦格蒂乌斯·雷纳图斯：《兵法简述》，解放军出版社 2006 年版，第 55 页。

② 一般而言，罗马的战争时间段为 3—10 月。罗马安排从战时间的用心是防止公民在无战事时沾染上自由散漫等不良习气。

③ 参见李维：《罗马史》，3，26。

④ 李维：《罗马史》，3，26。

⑤ 西塞罗：《论共和国》，3，3。

⑥ 李维：《罗马史》，7，25。

起来。如果死者有一位成年的儿子，他就需登上讲坛，向大众讲述死者生前的美德和功绩。这样做的目的是，告诉人们亡者的逝世不仅是悼念者的损失，而且是全体人民的共同损失。仪式结束后，人们将亡者的塑像置于室内最显眼的地方，放在木制的神龛中。每当家中一位优秀成员去世时，人们就会将这些面具带到葬礼上，将它们戴在那些看起来与已故者身材差不多的人身上。后者按已故者的官职穿戴官服：执政官或行政长官，就穿镶紫边的托迦袍；监察官就穿全紫色的袍子；举行过凯旋式的人，就穿绣金线的袍子。他们的身后则按照死者的生前官位，分别配备法西斯等徽章标记。在波里比阿看来，这对年轻人来说是最好的美德教育。

波里比阿认为：

> 通过这种不断重述英雄事迹的方式，那些品行高尚者的英名将永存人间；那些为国家做出杰出贡献者的名字也将为大众知晓，成为传给子孙后代的宝贵遗产。然而，这种仪式最重要的作用，还在于激发年轻人为赢得勇士的荣誉、为全民的利益甘愿承受一切。我所说的这些都有事实为证。因为，不少罗马人自愿参加决定整个战役胜负的单独战斗；许多人还以某种方式牺牲自己的生命。有些是为拯救同胞捐躯疆场，有些则是为挽救共和国在和平时期献身，还有一些当政者不惜违背自然法规和习俗，牺牲自己的儿子，因为他们珍视国家的利益胜过自己的亲生骨肉。[①]

罗马传统习俗的核心是以罗马民族利益为重，不断向外开拓。以开拓来保卫自己的家园，以开拓来扩大领土，以开拓来解决内部的矛盾，以开拓来发展自己的实力，以开拓来分享胜利的成果，品味成功者的荣耀。对于罗马人来说，战争就是政治，是国家政治的重要组成部分；战争更是一种生产的方式。它与农业、手工业一样能够为罗马人带来利益，甚至带来更大的利益。

---

① 波里比阿：《历史》，6，54。

二、军事体系的合理性和先进性

罗马取得胜利的第二个因素是罗马军事上的先进性。韦格蒂乌斯坦言：

> 罗马人之所以能够征服世界，靠的是军事训练，靠的是机巧地安营扎寨的技艺和自身的军事素养。在较少兵力的罗马人与众多的高卢人争战中，罗马人表现出巨大的实力，难道有别的缘由吗？矮小的罗马人英勇地迎战高大的日耳曼人，难道能依仗什么别的诀窍吗？西班牙人不仅在人数方面，而且在膂力方面都强于我们，这一点显而易见。无论是机智善谋，还是物质财富，我们从来无法与阿非利加人相提并论。

罗马建城雕塑

> 谁也无法否认，在兵法运用和理论知识方面我们不如希腊人。但是，我们常常能够打赢。个中原因就在于我们擅长募选新兵，教他们如何使用兵器，坚持每天操练；在操练时、在军营生活中能预见到行军和交战时可能发生的一切；对怠惰者严惩不贷。①

韦格蒂乌斯的话尽管不是很全面，但它还是很有道理的。罗马军事上的先进性是罗马成功的重要保障。

罗马是一个尚武的国家。拉丁文的"virtus"，即"勇敢"，与"德行"

---

① ［古罗马］弗拉维乌斯·韦格蒂乌斯·雷纳图斯：《兵法简述》，解放军出版社 2006 年版，第 53 页。

属于同一个词。"virtus"既包括个人的勇敢，更包括和同伴们合作时所表现出的至高无上的勇敢。这个词来自"vir"，也就是"成年男子""士兵"的意思。崛起时期的罗马推崇在军事方面建功立业，追求"大无畏的勇气"与军事上的卓越的成就。①

贺拉提乌斯·科克里斯（Horatius Cocles）就是罗马人树立的学习标杆。无论是波里比阿还是李维都对他的事迹充满敬意。据载：

共和国成立之初，当罗马士兵贺拉提乌斯·科克里斯在罗马城前台伯河桥对岸与两个敌人交战时，看到克鲁西国王波赛那派遣的一支人数众多的部队前来增援。由于他担心敌人强行过桥攻入城市，于是转身朝身后的战友高喊，让他们立即撤退，并迅速拆桥。当战友们拆桥时，贺拉提乌斯始终坚守自己的阵地。他身上多处负伤，但还是顶住敌军的进攻。敌人为之震惊，不是因为他的体力，而是由于他顽强的毅力和勇气。后来，桥被砍断，敌人的进攻遭到阻止。贺拉提乌斯·科克里斯在完成任务后，身披重甲跳入第伯河中。②

波里比阿认为：贺拉提乌斯·科克里斯有意牺牲自己的生命，因为他将国家的安全及自己日后的荣誉看得比眼前的生存和来日的余生更为重要。③

为激励年轻士兵临危不惧、英勇杀敌，罗马人常常在一场战役之后，对表现出色的士兵进行表扬，并按标准颁发奖品：对于杀伤一个敌人的士兵，赠送一支长矛；对杀死并剥去敌人甲胄的士兵，如果是步兵就送一只杯子，如果是骑兵就送一套马饰。在攻城战中，第一个爬上城墙的人被授予一顶金冠。同样，那些掩护、救助了本国公民或同盟者的人们由执政官授予荣誉奖品，那些被他们拯救的人自愿向救命恩人献上一顶金冠。获奖者不仅在军中出了名，不久后在家乡也闻名遐迩，而且在返乡之后参加宗教队伍游行时享有极高的荣誉。因为，在这些场合，除了那些因勇敢而受到执政官嘉奖的人之外，其他人一律不得佩戴装饰品。罗马对军人的最高奖励是举行"凯旋式"。举行凯旋是每一位男性公民的向往和追求，也是罗马尚武文化的精髓。它大大地激发了罗马将士的斗志，为罗马的崛起奠定了强大的精神基础。近

---

① Plutarch : *The Parallel Lives. Coriolanus*,1.
② 参见波里比阿：《历史》，6，55。
③ 波里比阿：《历史》，6，55。

代学者孟德斯鸠说：凯旋就是"罗马城变得伟大的主要原因。"①

　　罗马对外作战的主要单位是军团。罗马的军团经历过较长的发展过程。最初以方阵形式布阵，前六列为重装兵，后两列为轻装兵。重装兵按等级次序排列。在第一列的是较富有的和武装较好的，后面依次是财产较少的公民。所以，在共和国早期，贵族的牺牲特别巨大。据李维记载，在第一次维爱伊战争期间（前477年），法比乌斯家族有306人在战场上被杀，只有一个少年延续了这个氏族的香火。②据统计：到公元前5世纪，贵族家族（氏族）只有53个左右。

罗马军团士兵复原图

他们组成不到1000个家庭，大约为全体公民的十四分之一。③这种方阵的战术优势是冲击力较强。到高卢战争时期，即公元前4世纪初，罗马的著名将领卡米卢斯对方阵进行改革，废除按等级标准排列军阵，改依年龄和受训程度来设置军阵。整个军团由轻装兵（Velites）、长矛兵（Hastati）、主力兵（Princepes）和后备兵（Triarii）四部分组成。长矛兵为最年轻战士，主力兵为成年战士，后备兵则为年纪较大、最有经验的战士。后备兵是最后的制胜和决定力量。拉丁谚语"Res ad triarios rediit"（到了最后一线了）也就是到

---

① ［法］孟德斯鸠：《罗马盛衰原因论》，商务印书馆1984年版，第1页。

② 李维：《罗马史》，2，50。

③ Michael Grant, *History of Rome*, New York:Charles Scribner's Sons, 1978, p.71.

了最危险的时候。轻装兵仍以财产最低等级为标准，不分年龄与经验。长矛兵、主力兵和后备兵各分 10 个中队（Manipulus）。中队是战术单位，在山区可以独立完成作战任务。一个军团一般为 4200 名战士，300 名骑兵。包括：长矛兵 10 个中队（每个中队 120 人）共 1200 人；主力兵 10 个中队（每个中队 120 人）共 1200 人；后备兵 10 个中队（每个中队 60 人）共 600 人；轻装兵和骑兵，1200 名轻装兵、300 名骑兵共 1500 人；总计军团 4500 人。

在列阵时，轻装兵与骑兵一起列于军团的两翼，长矛兵列于军团的第一线，武器装备有：标枪（pila）、刀剑和小盾牌；主力兵列于第二线，武器装备有：标枪、西班牙剑（gladius）和大盾牌；后备兵作为预备队，列于第三线，装备刺枪（hasta）。罗马的标枪主要用于投掷，矛头尖细锋利，一碰到敌人或敌人的盾牌便弯曲断裂，使敌人无法再次使用。进攻时，常常是先掷标枪，在气势和杀伤力方面压制住敌人，然后为第二线战士进行近身作战创造条件。这时，杀伤力巨大的西班牙短剑就会发挥重大作用。标枪和剑的合理使用对近代影响很大。我们经常所看到的"机枪加拼刺刀"就是罗马军团"标枪加剑"的现代体现。

在战前，军团常常以中队为单位进行列队。各中队之间的间隙与每一中队正面的宽度相等，中队的纵深在五六列到十列之间。第二线各中队配置在第一线各中队的间隙之后。第三线后备兵部署得更靠后些。这种纵深、梯次配置的队列可以根据战时需要随时调整、合理安排军团兵力。可以使每线的各个中队迅速靠拢，形成密集正面，也可以使二线

罗马军团阵型复原图

中队上前，填补一线的间隙，更可以让鏖战后的第一线战士退后休整，让体力充沛的第二线战士进入近身搏斗，充分展示西班牙剑的威力。当战斗需要加强纵深时，每个主力兵中队又可站到相应的长矛兵中队之后，加厚纵深，增强防御的力量。

在罗马军团出现以前，马其顿方阵是亚欧大陆西部最具战斗力的军事组织形式。马其顿方阵并不是从来就有的。它的发展有一个历史过程。据记载，在斯巴达来库古时代，斯巴达就有了方阵。方阵内的士兵常常"随乐器声有节奏地向前推进，他们镇定自若，队伍井然有序，让人看了既感到声势浩大，同时也令人生畏。"[1] 这种方阵"攻，犹如山洪倾泻，势不可挡；守，犹如铜墙铁壁，难以突破"。马其顿国王正是在斯巴达等城邦方阵的基础上重新创建马其顿方阵的。而亚历山大正好利用了改进后的马其顿方阵迅速消灭了波斯帝国。方阵的最大特点是：以密集队形展开，后排士兵增强前排士兵的动能，冲刺开始时，正面冲击力强；只要维持队形和冲力，没有任何力量可以抵挡其正面的攻击，但很难持久；一旦投入战斗，指挥者很快失去作用；适合于平地作战，受地形影响严重，一遇到地形障碍，如壕沟、凹地、山脊等，很容易打乱队形。

罗马军团的出现使马其顿方阵失去了优势。罗马军团的最大特点是组织合理、攻防兼顾、机动性强、战术执行迅速有效。军团能使士兵长时段地保持体力的最佳状态。军团可以随时、随地投入战斗，不需要方阵安排队形所需的时间，也不需要保持队形稳定所需的较为平坦的土地。军团可以避敌正面以挫敌锋芒，选择侧面或后面进攻。军团给单兵作战、中队作战提供了机会。德国著名的哲学家黑格尔说：

> 和希腊或者马其顿的战术比较起来，罗马的战术自然有它的特征。希腊和马其顿的密阵的力量，在于阵容的严密、庞大。罗马军团也有一种严密的阵容，但是同时有一种节节相连的组织：一方面使大队的极左和极右两翼互相呼应；另一方面又使它们分散成为若干轻便队伍；严整地牢牢结合在一起，但是同时又能够做到随时散开。罗马三军于进攻敌

---

[1] 普鲁塔克：《斯巴达的古代习俗》，16。

人时，由弓箭手（标枪手）为前驱，随后再用刀剑作最后的决战。[1]

罗马军团的先进性在地中海地区保持了 500 余年。罗马军队还非常重视防御，即使露宿一夜，也要扎营布防。扎营是罗马人从皮洛士那里学来的先进经验，是罗马军事先进性的另一重要表现。罗马军事理论家弗龙蒂努斯说：

> 古时候，罗马人和其他部族常常把他们的营帐扎成类似于布匿棚屋群一般，军队按大队分住在这些棚屋里。那时，除了城邦以外，人们并不懂得筑城。伊庇鲁斯国王皮洛士首先开创将整个军队集中在同一堡垒范围之内的习俗。后来，罗马人在贝内文敦城附近的阿鲁斯平原上战败皮洛士，占领了他的军营。罗马人很看重这种布局，并逐步实行直至今日仍然相当流行的部署格局。[2]

罗马政治家、军事家鲍鲁斯对扎营高度重视。他引用祖先的说法，认为：

> 一座设防严密的军营是避免军队遭遇不幸的避难所。士兵可以从这里出去战斗，也可以来这里躲避敌人的袭击。当他们在设有防御工事的军营时，他们常常会大大加强守军的实力，因为任何丢失军营的一方，即使他们在战斗中取胜，也将被定为是战败者。军营是征服者的避身之处，也是被征服者的避难所，是战士们的第二故乡；它的防御工事就相当于城市的城墙，军营里的营帐就是战士们的家园。[3]

在鲍鲁斯看来，建造军营是将军的第一职责。在军营建好以前，他始终不与帕尔修斯作战。

罗马人选择营地通常要求：行动方便。这与希腊人完全不同。希腊人在选择营区时，特别考虑借用地形的自然优势，以求安全。波里比阿分析：希

---

① ［德］黑格尔：《历史哲学》，上海书店出版社 1999 年版，第 313 页。

② ［古罗马］塞·尤·弗龙蒂努斯：《谋略》，解放军出版社 1991 年版，第 182 页。

③ 李维：《罗马史》，44，39。

腊人认为人为的防御工事劣于地形自然特征所能提供的，但懒于劳动去挖掘壕沟。在军营规划上，常常会迁就地貌。但罗马人不同，他们宁愿挖掘、建设防御工事，为的是要有一个统一一致而且每个人都熟悉的军事营地。[①] 从罗马历史上看，营地为帝国的崛起起到了极其重要的作用。

罗马在将领选择上也有一套完整的制度。在罗马，担任执政官的法定年龄是 42 岁。但罗马人又会打破惯例，不拘一格用人才。例如，当西庇阿于公元前 205 年当选执政官，发动扎马远征之前，仅 30 岁出头。公元前 147 年，小西庇阿还只有 39 岁，罗马人民就"让法律停止发生效力一年"，破格选举小西庇阿为执政官。正是他们两位执政官，一位结束了汉尼拔战争，一位彻底消灭了迦太基，免除了罗马的后顾之忧。这样的例子在罗马崛起过程中还可以举出很多。[②]

强大的军队离不开严格的纪律。罗马的军队素以纪律严明著称。按照罗马法规：凡是不服从命令的，一律处以重刑。例如，在拉丁战争时期（公元前 340—前 338 年），罗马执政官曼里乌斯发布命令，禁止罗马士兵单独与敌人作战。但是他的儿子却年轻好胜，与敌人的 名指挥官发生决斗并将其杀死，违犯了"执政官治令"。

历史学家李维很沉重地讲述了曼里乌斯回营后的情况并作了严肃的点评。他这样写道：

> 曼里乌斯回营后，很高兴地向他的执政官父亲报告："父亲！所有的人都会称赞我无愧于您的儿子。我杀死了一个挑战我的敌人，缴获了这些骑兵战利品。"一听到这话，这位执政官立刻命令号手召集大家开会。士兵到齐后，这位执政官说：提图斯·曼里乌斯，由于你既不敬畏执政官权威，也不尊敬一个父亲的尊贵，轻视我们的法令，擅离职守与敌作战。你所做的一切违反了我们罗马民族之所以巍然立足至今的军纪。今日我必须在公众和自己的利益之间做出抉择，你必须在共和国为我们付出惨重代价之前，接受惩罚。我们要给未来的年轻人提供一个无情但有益的教训。就我而言，我为你感动。这不仅是出于对儿子本能的

---

① 参见波里比阿：《历史》，6，42。
② 参见 [德] 特奥多尔·蒙森：《罗马史》第 3 卷，商务印书馆 2005 年版，第 285 页。

爱，而且是由于在这件事当中，你表现得勇敢无畏，虽然它是一气之下所犯的错误。然而，执政官的权威若不通过你的死亡而重新树立起来，则会被永远推翻。此外，你的过错冲击了军纪的权威。我想，你身体里哪怕只流淌着一滴我的血，也不会拒绝接受这一惩罚，重正军纪。侍从官，把他捆在木桩上。

李维继续写道：

> 所有的人都被这一恐怖的命令吓住了。每个人都看着斧头，仿佛它是悬在自己头顶上似的。他们沉默，更多地是出于恐惧而非尊敬。惊恐笼罩着每一个人，他们双脚仿佛在地上生了根似的。突然，手起刀落，鲜血四喷。……人们用战利品覆盖这位年轻人的遗体并在壁垒外堆起燃料将遗体火化。曼里乌斯享有了一名军人所应享有的所有仪式。①

李维认为："'曼里乌斯治权'不仅在当时令人恐惧，而且在接下来的岁月里也是严酷的象征。"②

罗马法律还规定：在作战过程中，凡发生大量士兵临阵脱逃或丢失阵地的，都将按"什一抽杀律"严惩。根据这一法律，凡是抽到死签的士兵，便会被毒打致死。其余的士兵则只能食用大麦，到营地之外露营，使其终身受到道德的制裁。③

罗马的军队之所以称为西方的"虎狼之师"是有道理的。罗马人崇尚武功，进行过5000余次的凯旋式。正因如此罗马走出了意大利、走进了地中海世界，成为地中海的主人。

三、共和政体的分权与制衡

罗马取得胜利的第三个因素是罗马的共和政体。政体也就是国家政权的组织形式。西方古代的学者对此非常重视。柏拉图的《理想国》、亚里士多

---

① 李维：《罗马史》，8，7。
② 李维：《罗马史》，8，7，21。
③ 参见波里比阿：《历史》，6，38。

德的《政治学》都是讨论国家政体的重要著作。罗马的共和政体为罗马国家所特有，包括三个重要的机构：元老院、执政官和公民大会。著名历史学家波里比阿认为这是一种集君主制、贵族制和民主制于一体的混合政体。

元老院是罗马共和国的主要领导核心和决策机构，在国家生活中拥有广泛的权力。元老院决议（Senatus Consultum，缩写为 S.C.）是罗马行政官员必须执行的文件。元老院一般由 300 位元老组成。共和之初，执政官掌握着元老的任命。公元前 4 世纪以后，这项权力才被转交给监察官。监察官每 5 年对元老名单进行一次审查，将贤能者选入元老院。伊庇鲁斯国王皮洛士的使者西奈阿斯认为：罗马"与其说是由许多将军，倒不如说是由许多国王来治理的城市"。[1] 公元前 215 年，因为汉尼拔战争，元老在战场上牺牲较多，所以由独裁官布特奥对元老院成员进行了新的补充，有 107 名新成员加入元老院。李维认为：这些增补的新元老都有很好的民意基础。[2]

① 阿庇安：《萨莫奈人的历史》，10，3。
② 李维：《罗马史》，23，23。

拉丁文"SPQR"

S.P.Q.R. 是拉丁语 Senātus Populusque Rōmānus 的首字母缩写，是罗马共和国与罗马帝国的正式名称，翻译为"元老院和罗马人民"。它被纹饰在罗马军团的鹰旗上以及古罗马很多公共场所之上。时至今日，依然可以在罗马城内所有的孔盖上以及大部分公用建筑上找到这个缩写词。

　　元老院始终坚持集体议事的良好传统，所以即使在国家面临十分危急的关头，它也能充分地集中领导者集体的智慧和经验，制定出正确的国策，使局势向着有利于自己的方面发展。比如，在第二次布匿战争后期，即汉尼拔加紧对意大利进行蹂躏，罗马城随时都会遭受汉尼拔围攻的情况下，元老院还能从全局出发，毅然决定派执政官西庇阿前往阿非利加，在迦太基开辟第二战场。这反映了元老院的远见卓识，在当时具有非常重要的意义，一举改变了罗马人在意大利被动挨打的局面，迫使迦太基政府紧急调回汉尼拔在意大利的军队，为罗马迅速战胜海上强国迦太基，称霸西部地中海奠定了基础。

　　元老成员一般都来自刚刚卸任的共和国官员，有丰富的行政管理和军事作战经验，有全局意识，能从罗马公民的全体利益出发，协调公民内部的各种矛盾，为罗马对外战争的胜利打下坚实的内部基础。进入大征服时期，元老院又惯于充分利用其他国家之间的矛盾，为己所用，稳步地推进对外扩张政策，更大限度地达到自己设定的目标。罗马对东方的征服，实际上就是正确地执行这种政策的结果。埃托利亚同盟、罗德斯岛、帕加马王国、阿卡亚同盟都曾是罗马的同盟，都为罗马在地中海东部地区立住脚发挥了重要作用，但一旦利用价值消失，这些同盟皆遭到罗马人的无情打击。

正因为元老院在对外扩张中起着举足轻重的作用，所以当时的罗马人一般都把自己的祖国缩写为SPQR，即元老院和罗马人民（Senatus Populusque Romanus）。

元老院掌管国家财库，负责管理罗马钱财的收支；掌握公共建筑的修建和修缮费用的拨款；审判叛国罪、密谋罪、投毒罪和行刺罪；外交使节的派遣和接待也都由元老院掌控。

执政官每年一选，由百人队大会投票产生，在平时掌握罗马的最高行政权；全权负责执行元老院的决议；召集公民大会并执行公民大会的决议。遇紧急事务，可直接将紧急事务提案交元老院讨论。在战时，执政官有绝对的权力，可以任命军事保民官，有惩罚权，财务开支权。

公民大会掌握赋予公民荣誉权或行使惩罚权，掌握公民死刑的审判和最后决定权；享有认可或否决法案权；对战争与和平拥有决定权；此外，还有结盟权和缔约权。

罗马的三大机构与近代的三权分立是不一样的。因为这三大机构中的任何一个机构都无法单独完成一种权力的行使。要完成任何权力的行使都必须依赖三个机构的密切合作。例如，执政官在出征时，需元老院的支持。因为出征时资金、粮食和人员的补给、执政官所主事务的任期以及最后结果的评价都取决于元老院。同时也需要人民的支持。因为停战和缔约都由人民大会决定；其结束任务后，还得向人民述职。又如，元老院也必须得到其他两个机构的支持。因为元老院法令要得到人民大会的批准；人民保民官享有一切否决权。所以波里比阿说：元老院"对民众心存敬畏，必须关注他们的要求。"人民也得求助于元老院掌控各种建筑的契约的签订。元老院对其合同皆有控制权。更何况，在民事审判时，法官皆是元老。人民也害怕执政官在战场上的权威。

共和制的最大特征是三个机构之间相互制约，相互合作，形成一个密不可分的有机整体。

对于罗马的共和政治，有许多政治家和历史学家都是给予很高评价的。

波里比阿对罗马强大的原因进行了深刻的分析，认为罗马的强大是由于罗马国家政体的优越，也即罗马政体的先进性决定了罗马的强盛。因为这一政体成功地把君主制、贵族制和民主制几种基本的国家政体形式有机结合起来，并通过执政官、元老院和公民大会这三个机构具体地将其体现出来。这种共和政体的特点是：第一，有利于公民内部的团结。因为共和国是 Res Publica 或 Res Populi，[①] 公民利益至上是它的主要理念。既然是人民的事业，就得尽量保持公正和正义。第二，有利于决策的正确性，政策的连续性和执行的果断、有效性。第三，有利于国家资源的形成并产生最大的作用。因为考虑到各方面的利益，而且通过各种机构来保护各方面的利益，所以比较容易统一思想，形成一致向外发展的力量。

这些特点对于罗马的对外扩张非常重要。正如波里比阿所言：这种体制不仅帮助罗马人征服了意大利人、西西里人、西班牙人和凯尔特人，还最终战胜了迦太基，并怀有了世界帝国的梦想。[②]

四、团结内外力量主动出击

罗马取得胜利的第四个因素是主动扩大公民队伍，善于结交盟友。罗马以城邦起家。在相当长的时间里，公民集体是罗马国家的主体。不过，与雅典、斯巴达不同，罗马的公民集体是开放的。罗马的公民数在不断增加。至公元前 2 世纪中叶，罗马公民已达 30 多万人。[③] 而雅典始终保持在 2 万至 4.2 万人之间。这方面，近代学者有过很多研究。例如，孟德斯鸠指出："当它（雅典）防卫希腊反抗波斯的时候，当它和拉栖代梦（斯巴达）争帝国的时候，当它进攻西西里的时候，它的公民是两万人。[④] 当法勒隆（Phalerum）的德米特里乌斯（Demetrius）[⑤] 稽核它的人口，就如同人们在市场上数奴隶

---

① "Res Publica" 意为 "公共事务"；"Res Populi" 意为 "人民的事业"。
② 波里比阿：《历史》，3，2。
③ 罗马公民的发展情况，见杨共乐：《罗马社会经济研究》，北京师范大学出版社 2010 年版，第 260—261 页。
④ 普鲁塔克：《伯里克利传》；柏拉图：《克里西亚斯》。
⑤ 法勒隆的德米特里乌斯是雅典政治家、作家，出生于公元前 350 年前后。他的作品的残篇见雅各比（Jacoby），FGH，第 288 卷。

一样的时候，它的公民是两万人。"① 当菲利普（腓力普）敢于统治希腊，而出现在雅典人的门前的时候，雅典公民是两万人。② 哈蒙德认为："公元前370—前365年的繁荣时期，大约有1200人是最富有阶级，重装步兵级则有15000人，雇工级大约在20000人左右，因而男性成年公民总数约接近于40000人。在公元前394年，这数目是'超过30000人'，而在公元前232年则约为31000人，这较低的数目既由于战争损失，也由于人口外迁。"③ 斯巴达则从最初的9千家不断减少，至公元前371年留克特拉之战的时候，斯巴达的公民只有3000到2500家左右。至公元前3世纪时更减至700家，其中占有土地者不超过100家。④

罗马的崛起显然是与公民人数的不断增长有密切关系的。通过盟约，罗马把意大利同盟者团结起来并为其所用。罗马既没有像雅典人那样对同盟采取剥削政策，也没有像斯巴达人那样对同盟者采取高压政策。对于同盟者，罗马人一般采用尊重和给予一定实惠的政策，不但允许同盟者独立处理内部事务，而且在统一意大利后，还准许半岛上1/4的居民享有充分的公民权。而且同盟者遭受外来势力的侵略，他们又总能竭尽全力地保护同盟者的利益，使其免遭损害。罗马对同盟者实行的这种开明政策，自然也就赢得了同盟者对它的忠诚和支持。在汉尼拔战争期间，罗马之所以能够绝处逢生免遭劫难并最后取得胜利，一个重要原因就在于得到了意大利诸同盟对它的支持和援助。

据波里比阿记载：大约在第二次布匿战争期间，罗马和同盟的人力资源就远远超过汉尼拔。

---

① 在雅典，公民两万一千人，异邦人一万人，奴隶四十万人。Athenaeus, *The Deipnoso-phists*, 6.

② [法] 孟德斯鸠：《论法的精神》上册，商务印书馆1961年版，第21页。参见德谟斯提尼斯：《亚里斯多基敦》。

③ [英] N.G.L. 哈蒙德：《希腊史——迄至公元前322年》，商务印书馆2016年版，第843页。参见 Meigg, Russell, A Note on Population of Attica, The Classical Review, 1964, Vol.14, No.1, pp.2-3。希罗多德：《历史》，5，97；8，65。

④ 普鲁塔克：《埃杰斯传》，5。亚里士多德在评论斯巴达的衰落时，提到斯巴达有五分之二的土地掌握在妇女手中。拉根尼全境原来可以维持1500名骑兵和3万重装步兵。而到公元前369—前362年间，所有担任战事的公民数已不足1000人了。亚里士多德：《政治学》，Ⅱ，1270a15-1270b6。

在这里，我应该用事实来说明汉尼拔准备去进攻的是一个多么强大的国家，说明当他几乎达到目的，给罗马带来巨大灾难时，他所勇敢地面对的帝国力量是多么强劲，我必须谈一下罗马的资源以及他们当时的兵力数量。两执政官领导的完全由罗马公民组成的军团有4个。每一军团有5200步兵、300骑兵。此外每一执政官军中还编有同盟军步兵3万、骑兵2000。临时调来支援罗马人作战的萨宾和埃特鲁里亚部队有骑兵4000、步兵5万有余。罗马人将他们部署在埃特鲁里亚边境沿线，由一名行政长官级官员指挥。从居住在亚平宁山区的翁布里亚和萨西纳提人那里征集来的兵力有2万人，另外，还有2万威尼提人和契诺马尼人与他们编在一起。罗马把这些人安置在高卢边境，命他们进入波伊人境内以牵制入侵者的行动。这些就是用来保卫罗马领土的军队。此外，在罗马城内，还留有一支预备队，随时应对突发事件，其中有罗马公民组成的2万步兵、1500骑兵以及由各同盟国提供的3万步兵、2000骑兵。

此外，还有同盟者所提供的在册可征用的士兵。其数量如下：拉丁人步兵8万、骑兵5000，萨莫奈人步兵7万、骑兵7000，亚皮吉人和美萨比人步兵7万、骑兵16000；路卡尼亚人步兵3万、骑兵3000，马尔西人、马卢西尼人、弗兰塔尼人和维斯提尼人共有步兵2万、骑兵4000；在西西里和他林敦还有两个后备军团，每个军团各有步兵4200、骑兵200。罗马人和坎佩尼亚人在册的人数有步兵25万、骑兵23000。

据此，罗马及其同盟者中能服役作战的总人数超过了70万步兵和7万骑兵。而汉尼拔侵入意大利时所带领的军队则不及2万人。[1]

东方战争期间，罗马远离意大利，外交成为武力以外罗马使用的另一武器。在第二次马其顿战争期间，为了打击马其顿王国，罗马竭力利用埃托利亚联盟、罗德斯人和帕加马王国的力量；为抗击安提奥库斯与埃托利亚联盟的联合，罗马在巩固与罗德斯人、帕加马王国关系的基础上又将腓力普拉入

---

[1]　波里比阿：《历史》，2，24。

自己的阵营。与此同时，罗马高级官员还不断给当地的城邦写信，以稳住他们对罗马的支持。例如，公元前196年，罗马执政官弗拉米尼努斯就写信给克莱提亚人。信中决定将从克莱提亚地区那些支持马其顿腓力普五世那里征收来的全部财产移交给该地区的城镇，并命令在一定条件下将这些财产归还给原先主人。信的内容如下：

> 罗马人的执政官提图斯·昆克提乌斯①向克莱提亚城的主要行政长官和城市人民问好。在其他场合，我们已经阐述了我本人和罗马人民对你们的政策，接着我们将用事实证明即使在荣誉方面我们都是胜利者，对此就是那些不习惯于按最好原则行事的人也不能诬陷我们。我们决定将那些属于罗马公有财产并还在他们控制下的所有地产和建筑物送给你们城市，以使你们知道我们在这方面的品质，以及我们绝对不寻求物质利益，而把好意和声誉放在一切之上的事实。对于那些还没有收回属于他们的东西的人，请按照我已经写好的判决条件对他们的情况进行调查，如果他们向你出示证据和合理的理由，那么我认为可以把财产归还给他们。②

再如，罗马行政长官瓦勒利乌斯也给特奥斯人写信，特意增加特奥斯人的政治权利。

> 马尔库斯之子马尔库斯·瓦勒利乌斯行政长官以及保民官和元老院向特奥斯城③元老院和人民问好。曼尼普斯这位由安提奥库斯派来但为你们城市服务的使者，已经送来了你们的要求，并根据你们的意旨，亲自作了热情洋溢的讲演。我们接受这位仁慈的人，是因为考虑到他从前

---

① 提图斯·昆克提乌斯·弗拉米尼努斯是公元前198年的执政官。当写这封信的时候，他已经卸任执政官而成为Proconsul。在当时的希腊作品中Consul和Proconsul几乎没有任何区别。
② 《希腊铭文集》，第9卷，第2部分，第338号。见杨共乐：《罗马共和国时期》下，商务印书馆1998年版，第3页。
③ 特奥斯（Teos）位于小亚的一个城市。在这封信里，罗马人肯定了特奥斯城——这一狄奥尼修斯神龛的所在地——的特权。

的声望和固有的品德。我们全面而认真地听取了他所提出的要求。我们是十分敬重神的民族，有关这方面，人们可以从神灵给我们的恩惠中看得很清楚。另外，从其他方面考虑，也确实使我们相信尊重神力是明智之举。因此，无论是从这些原因考虑，还是从我们对你们怀有好意，以及你们派来的使者考虑，我们都有必要作出决定，认定你们的城市是神圣的，应该像现在一样不被亵渎，你们向罗马人民交纳的税收应该免除，如果你们继续忠诚地维持你们对我们的好意，那么我们将更加敬神，对你们更加仁慈。再见。①

还有，为了表彰小亚细亚的赫拉克里亚城对罗马军队的帮助，罗马指挥官路西乌斯·西庇阿和他的兄弟普布利乌斯·西庇阿给赫拉克里亚人写了下面一封信，授予赫拉克里亚城自治权。两位西庇阿这样写道：

罗马人的执政官路西乌斯·西庇阿和他的兄弟普布利乌斯·西庇阿向赫拉克里亚的元老院和人民问好。我们已经接见了你们的使者戴阿斯、提爱斯、狄奥尼修斯、阿纳克西迈特尔、优特姆斯、毛斯库斯、阿里斯提特斯和麦纳斯等有个性的绅士。他们递交了你们的命令，并且向我们阐述了命令中的内容，他们光荣地完成了任务。我们仁慈地处理了全部希腊人。既然你们已在我们的保护之下，我们将尽最大的努力关心你们，并给你们一定的好处。正像给予所有接受我们保护的别的城市以自由权一样，我们将给你们自由，让你们有权管理自己的全部事务，并在自己的法律下生活。在其他方面，我们也将努力帮助你们，甚至给你们一些好处。我们接受你们送来的礼品和保证物。就我们而言，将不会忽略对你们这些仁慈行为的回报。我们将派去路西乌斯·奥尔比乌斯，他定会关心你们的城市，使别人很难给你们带来麻烦。再见。②

---

① 《希腊铭文集》，第 601 号。见杨共乐：《罗马共和国时期》下，商务印书馆 1998 年版，第 3—4 页。
② 《希腊铭文集》，第 618 号。见杨共乐：《罗马共和国时期》下，商务印书馆 1998 年版，第 7 页。

罗马人开展的这些外交活动，团结了众多外部力量，为罗马发动长距离、无后方战争提供了可靠的保证。很显然，如果没有同盟者以及同盟国的支持，罗马要在远离国土、粮食缺乏的巴尔干以及小亚细亚地区进行大规模的军团作战并取得辉煌的胜利是不可能的。

正是有上面这些主要因素，才支撑起了罗马帝国。罗马帝国结束了地中海地区各民族孤立发展的时代，以罗马文明为主导的地中海文明随着罗马帝国的到来开始在地中海地区确立起来，产生影响。

第五节　地中海——"罗马人的海"

罗马进入马其顿和地中海东部地区有偶然性，也有必然性。但无论是偶然性，还是必然性，其结果是确定的。这就是：罗马的东进，加速了第三个横跨欧、亚、非三洲大帝国的产生。罗马把地中海周边的所有独立国家都纳入了罗马人治下的帝国。这在历史上是绝无仅有的。

一、地中海世界格局的变革

公元前 168 年以后，罗马已经成为地中海地区最强大的国家。原先能与罗马抗争的国家，要么已被罗马征服，成为罗马的一部分；要么已被罗马打败，失去了独立存在的空间和行事的权利。地中海世界出现了百年未有的大变局，原先多国并存的局面逐渐为罗马人所改变。罗马一统业已成为地中海世界发展的新趋势。

公元前 241 年，罗马在西西里建立第一个行省。此后，科西嘉和撒丁尼亚（前 231 年）、山南高卢（前 203 年）、近西班牙（前 197 年）、远西班牙（前 197 年）等都陆续成了罗马的行省。皮德纳战争以后，罗马又在伊利里亚（前 167 年）、马其顿（前 146 年）和阿非利加（前 146 年）等地建立行省。在这些地区，原先那些建有坚固城墙的重要城市，如迦太基、科林斯和努曼提亚等都遭摧毁。罗马人较为彻底地消除了行省中存在的挑战罗马治理的多种颠覆性因素。

除此以外，随着罗马实力的增强，可以与罗马相抗衡的地中海其他国家的实力日趋削弱。罗马的软实力也随着硬实力的强盛而不断发威，产生效果。

罗马共和国形势图

日耳曼人

萨尔马提亚人

不列颠

高卢

前51年·比勒克特

前121年·马赛利亚

前201年·塔拉戈纳

西班牙

前179年·科尔多瓦

塔纳伊斯

潘提卡佩昂

前64年

小亚细亚

亚美尼亚

安蔡克 前64年

阿拉伯

（符晓 绘）

埃及

以弗所 前133年

普兰尼 前74年

马其顿

陪拉 前168年

罗马

阿里米努姆 前222年

意大利

豹拉古 前241年

迦太基 前146年

努米比亚 前46年

阿非利加

布匿战争前的罗马
第二次布匿战争结束时罗马共和国领土（前201年）
凯撒逝世时罗马共和国的领土（前44年）
臣服于罗马共和国的国家（前44年）
名义上保持独立的希腊各国

公元前 167 年，安提奥库斯四世为了占领佩鲁西乌姆而向托勒密发动攻击。罗马派遣指挥官盖乌斯·波庇利乌斯·莱纳斯向叙利亚国王传达元老院的命令。据历史学家波里比阿记载：

> 国王老远就向莱纳斯致敬并向他伸出右手。波庇利乌斯却拿出一块内含元老院命令的书版，让安提奥库斯首先阅读元老院的命令。——我觉得在了解了接受者的态度即他是否将成为朋友或敌人后才给以通常的友谊表示，这种做法是可取的。但波庇利乌斯却做了一件具有挑衅性和非常傲慢的事：当国王阅毕内容，请求与朋友们商量一下这一问题时，他就用碰巧拿在手中的一根葡萄棒在安提奥库斯周围画了一个圆圈，命令国王在走出圆圈前回答信中所提出的问题。国王被这一傲慢的行为吓得不知所措，但在稍加犹豫后还是回答，他将按罗马人的要求去做。只有这时，波庇利乌斯及其助手才伸出手来与他握手，并向他表示热烈祝贺。信件的内容主要是要求他立即结束与托勒密的战争。不过，允许他指定一个撤军时间表，他必须在这一时间内把军队撤往叙利亚。国王对此虽然愤愤不平，但又不得不屈服于现实。

同年，波庇利乌斯及其助手们又恢复了亚历山大利亚的秩序。

> 他们劝告（埃及的）两位国王[①]和睦相处，并命令他们将波利阿拉图斯（Polyaratus）送往罗马。在这之后，他们便乘船来到塞浦路斯，希望不失时机地将驻扎在这个岛上的叙利亚军队赶走。当他们到达岛上的时候，发现托勒密的将军已经遭到了一次失败。塞浦路斯的所有事务皆处于混乱之中。他们很快就使入侵的军队撤出该岛，并一直等到入侵的力量航往叙利亚后才离开这里。[②]

---

① 指埃及的托勒密兄弟：一位名叫托勒密·费罗迈托尔（Ptolemy Philometor），另一位名叫托勒密·费斯孔（Ptolemy Physcon）。他们为争夺埃及王位相互竞争。安提奥库斯正好利用了他们的不和，发动了对埃及的战争。

② 波利比阿：《历史》，29，27。见杨共乐：《罗马共和国时期》（上），商务印书馆 1998 年版，第 113—114 页。

可见罗马元老院的命令已经对叙利亚国王和埃及国王产生重大影响。这时罗马的威力，已经非常强大，可谓威震四方。

大约与此同时，比提尼亚国王普鲁西亚斯来到罗马，向元老院和将领们祝贺最近取得的胜利。当他步入元老院大厅时，便站在门口，面对元老院成员，双手扶地，面向地面低下头，对着门槛和座位上的元老们顶礼膜拜，一边口中念念有词："向你们欢呼，救苦救难的众神！"据说，当一些罗马代表到他宫殿的时候，他剪去头发，戴着一顶白帽子，身穿一件托迦，脚着一双鞋子与他们见面，打扮完全与罗马刚被释放的奴隶的穿戴一样。他说："从我的身上，你们可以看到你们的一位被释奴隶。他不但喜欢罗马人的所有东西，而且还希望模仿他们。"波里比阿认为：这是一位与王室尊严绝不相称的人，但这位普鲁西亚斯却得到了罗马元老院的帮助和支持。①

此时，前往罗马的地中海国家使节很多。元老院接待了所有来访的使节，并对他们给予了合适、友善的答复，只有对罗德斯岛人除外。罗德斯人原来是罗马的盟友。在第二次马其顿战争和与安提奥库斯三世的战争中，罗德斯人为罗马人的胜利做出了很大的贡献。但因在第三次马其顿战争时并不积极，甚至希望与帕尔修斯建立联系。这是罗马人所不允许的。皮德纳战役胜利后，罗德斯岛使者来到元老院，再三下跪，恳求元老念在 140 年的友好关系上，原谅罗德斯人的过错。元老院元老意见不一。要求严惩罗德斯的呼声很高。老加图为此在元老院中做了《为罗德斯人辩护》的演讲：

> 我认识到，在幸福、胜利和繁荣之时，大多数人都会头脑发热，他们的傲慢和过度自信会不断膨胀。事情既然进展顺利，我就开始担忧，唯恐我们的商议中出现不好的改变，从而导致我们失去良机，因此一定要防止这些现象发生。灾难使人冷静，并指导人们准确行事；繁荣使人快乐，却往往让人失去理智与判断。正是出于如此考量，我建议将这一问题（对罗德斯人的处理）推后审议，直到我们欢乐之后重新具备清醒的判断力。……
>
> 在我看来，战争以我们的胜利与帕尔修斯国王的失败而结束，这确

---

① 参见波里比阿：《历史》，30，18。参见李维：《罗马史》，45，44，19。

实并非罗德斯人所愿。但我认为除了罗德斯人以外，许多其他民族和国家同样都有这样的想法。因为他们中有一些人是不希望我们胜利的，但这并非是希望我们遭受耻辱，只是害怕。没有了所畏惧的敌人的我们会变得为所欲为。我认为这种想法的出现是与他们对自身自由的考虑有关的，目的是不让我们独霸天下，以防止我们奴役他们。尽管如此，罗德斯人还是从未公开援助过帕尔修斯。其实，我们每个人之间在相处的时候也是相当谨慎的。需知我们中的每一个人，万一想到有什么会侵犯到自己的利益，便会竭力阻止其发生。但无论如何罗德斯人还是没有阻止这一事情发生。……

有人对罗德斯人措辞激烈，说他们试图与我们为敌。老加图反问道：

> 你们中有谁认为这是公正的，即：自己因被指控试图行恶而受到惩罚。我想，没有人。因为至少我是不会的。……
>
> 我们不能因有人说他希望做好事却没有付之实践，而授予他荣誉。同样的理由，罗德斯人并没有做错什么，而是别人说他们想要做对不起罗马的事，那么他们应该受到惩罚吗？……
>
> 有人说罗德斯人傲慢，并指责他们。……这种指责我无论如何是不想用来针对我和我的孩子们的。即使他们傲慢，对我们又有什么关系呢？你们仅仅因为有人比我们更傲慢就会愤怒不满？①

老加图的演讲虽然阻止了部分元老的偏激行为，使罗德斯岛人民免遭了战火之苦。但元老院的惩罚还是很严厉的。根据元老院的指令，罗马剥夺了罗德斯岛在亚细亚大陆上的属地，使其失去了每年120塔兰特的收入；同时，又把提洛斯岛设为自由港，并置于雅典人的统治之下，使罗德斯岛的年收入从100万德拉克马降至15万德拉克马。提洛斯岛替代罗德斯岛成了地中海东部地区的商业中心。罗德斯岛和提洛斯岛在当时名义上都属于独立的国家，但实际上都失去了自身的独立性，都必须按罗马的意志办事，以罗马的

---

① 奥鲁斯·格利乌斯：《阿提卡之夜》，6，3。

决定为决定。

欧迈尼斯是帕加马的国王，曾希望访问罗马。当他到达布隆图辛港时，元老院就颁布一道"不许任何国王前来罗马"的命令，并派财务官前往告知，让其尽快离开意大利。

约公元前156年，阿塔鲁斯二世继承其兄欧迈尼斯的帕加马王位。他曾计划对加拉丁发动一次军事行动，但因担心引发罗马干涉而取消。

随着罗马国势的强大，甚至有王国把罗马当作救星和保护神，主动把自己的国土遗赠给罗马。

公元前168年以后，地中海世界的格局已经发生了从未有过的大变化。这场变革的主角是罗马。罗马的崛起使众多存在数百年之久的文明遭到了破坏或中断，迦太基、马其顿、斯巴达、雅典、科林斯等曾经在地中海舞台上创造了繁荣文明的国家先后失去了独立地位，成为罗马地域性帝国的一部分。叙利亚、埃及、帕加马等希腊化国家虽然还保有独立之名，但也无力与罗马抗争，以罗马为中心的地中海世界在公元前2世纪已经成为名副其实的客观存在。而罗马崛起后，在对待地中海地区"国"与"国"之间的关系问题上开始发生变化。

这种改变可以从修昔底德的《伯罗奔尼撒战争史》记叙的"米洛斯对话"里找到答案。米洛斯原本是中立国，雅典要求米洛斯加入雅典同盟。米洛斯人不同意。雅典人提出了所谓的"通行规则"，认为："公正的基础是双方实力的均衡"；"强者可以做他们能够做的一切，而弱者只能忍受他们必须忍受的一切"；弱者"屈服了就可以免遭灭顶之灾"，这是世界通行的规则。雅典人认为：强者"将统治扩展到任何可能的地方。"这是自然界的必然法则。[①]智者学派的高尔吉亚在《海伦颂》中也认为："强者不应受到弱者的阻碍，而弱者却应受强者的统治和领导，强者应当在前面走，弱者后面跟，这是一条自然的法则。"[②]这些所谓的"自然规则"，雅典人在米洛斯有过实践，但在公元前168年以后的罗马却被大规模的付诸实践。

---

① 修昔底德：《伯罗奔尼撒战争史》，5，84；1，76，2；2，63，2；4，61，5；6，85，1。
② 参见［德］E.策勒尔：《古希腊哲学史纲》，山东人民出版社2007年版，第94页。

二、罗马意大利的"变"与"不变"

公元前3—前2世纪是罗马意大利变化最为剧烈的时代。罗马对外战争的成功，不仅使罗马占领了地中海的广阔地区，成就了地域性帝国，而且也改变了罗马意大利的人口结构和经济结构，使罗马意大利逐渐成为地中海地区最为重要的经济中心。

公元前133年，帕加马国王去世，遗嘱将王国交予罗马人继承。公元前129年，罗马在帕加马建立亚细亚行省，从而将领土扩大至亚洲。也正是从公元前129年开始，罗马成为继波斯帝国、亚历山大帝国以后，世界上第三个横跨欧、亚、非三洲的大帝国。

地域性帝国的形成使罗马意大利的人口结构发生了很大的变化。大量的奴隶通过战争或商人之手被贩卖到罗马及意大利。例如，公元前254年，帕诺尔姆斯的13000居民被出卖为奴；[①] 公元前177年，罗马占领撒丁尼亚，其俘获为奴和被杀的人数达到8万之多，以致竟出现了"像撒丁尼亚人那样便宜（Sardi venales，alius alio nequlior）"的谚语。[②] 又如：据波里比阿记载：在帕尔修斯战败之后，埃米利乌斯·鲍鲁斯摧毁了七十座伊庇鲁斯城市，并将15万人卖为奴隶。[③] 再如，公元前146年，迦太基城被夷为平地，5万多迦太基居民或被俘或被出卖为奴隶。[④] 在地中海地区，奴隶是重要的商品。奴隶贩子每天都从阿非利加、西班牙、高卢、多瑙河地区、巴尔干等地区带来大批奴隶。单在提洛斯一地，一天之内"接受和输出"的奴隶就能达一万人。[⑤] 奴隶成了当时地中海主要流动的商品。虽然这些奴隶并不完全来到罗马意大利，但进入的数量显然也不少。据测算：公元前225年，意大利的奴隶人数有60万左右。其人数是罗马公民数的两倍。[⑥]100余年后，奴隶

---

① 狄奥多鲁斯：《历史集成》，23，18，5。
② 李维：《罗马史》，41，28，8；Festus, *De verborum significatu*, 322.
③ 波里比阿：《历史》，30，15。参见斯特拉波：《地理学》，7，7，3；李维：《罗马史》，45，34，6。
④ 阿庇安：《布匿战争》，19，130；Zonaras, *The Epitome of Histories*, 9，30.
⑤ 斯特拉波：《地理学》，14，5，2。
⑥ 公元前225年，罗马的公民人数为27.3万。波里比阿：《历史》，2，24。

油画《罗马的奴隶市场》，杰罗姆绘，现藏美国沃尔特斯艺术博物馆

人数又增加至 300 万，而公民人数只有 39.4 万多人。[①] 奴隶数量增速之快实属世界罕见。[②] 奴隶大量移入意大利，既改变了意大利的人口结构，同时又给意大利带来了众多廉价的生产劳动者。

罗马成功的对外扩张，共和国为此获得了前所未有的财富。这些财富的一部分来自战利品。例如，第二次布匿战争后，罗马从迦太基手中获得了 1 万塔兰特赔款。再如，公元前 191 年，马尔库斯·福尔维阿斯·诺比利奥从远西班牙回来，给罗马带来 12000 磅白银，127 磅黄金。[③] 执政官巴布利阿斯·科尼利阿斯在取得对波伊人的胜利之后，举行了一次凯旋式。除了有一些有名的战俘和成群俘获的马匹外，他还带了 1471 条黄金项圈，247 磅重的黄金，2340 磅重的白银以及 234000 两马驾车银币。[④] 公元前 190 年，罗马出征叙利亚，取得马格尼西亚之战的胜利，收获 230 根象牙，234 只金花环，13.7 万罗磅白银，22.4 万枚希腊银币以及大量金银器皿，战利品收入达到 2 亿塞斯退斯。与帕尔修斯作战，得到了 2.1 亿塞斯退斯，等等。[⑤] 除了这些一次性的巨额战利品收入，共和国财富的另一部分则来自行省的税收。罗马在意大利以外的被征服地区建立行省，行省的税收则是连续不间断的。

行省是罗马人占有的领土，是罗马人民的财产，处于罗马统治之下，所以须由罗马派遣总督来进行治理。行省土地的所有权（dominium）归罗马共同体所有，私人只能拥有享益权，也称占有权（possessio）、用益权（usus fructus）。向共和国缴纳税赋是罗马行省土地所有权得以实现的重要表现。关于行省税收的缴纳情况，西塞罗曾有过这样的论述：

> 西西里和其他行省在纳税制度上存在着这样的差别：在其他行省，或者规定为一种叫做贡赋（Stipendium）的地租，比如在西班牙和迦太基，这种地租是对我们的胜利的犒劳，对当地人来说则是一种战争赔

---

① 李维：《罗马史》，概要，60。

② P.A.Brunt, *Italian Manpower*, Oxford：The Clarendon Press, 1987, pp.121–131. T. 弗兰克认为：公元前 200—前 150 年，罗马人所获战俘约为 25 万。T. Frank, *An Economic Survey of Ancient Rome*, Vol.1, Baltimore: The Johns Hopkins Press，1933，p.188.

③ 李维：《罗马史》，36，39。

④ 李维：《罗马史》，36，40。

⑤ 见［德］特奥多尔·蒙森：《罗马史》第 3 卷，商务印书馆 2005 年版，第 287 页。

庞贝遗址壁画（描绘罗马公民享有的富足生活）

款；或者土地被监察官出租，比如在亚细亚，人们根据《塞姆普罗尼乌斯亚细亚法》这样做。我们基于对西西里人的友谊和对罗马权力的信心，接受了西西里的一些城市，允许它们保持从前的法律制度，它们可以像服从先前的统治者一样服从罗马。少数西西里的城市是由我们的先人通过先前的一场战争征服的，这些土地虽然变成了罗马的领土，但已经归还给了西西里人。实际上，监察官经常将它们出租。（在西西里的所有城市中）有两个与我们结盟，它们不用缴纳什一税，……有 5 个城市虽然未与我们结盟，但它们属于自由城市，处于免缴什一税之列。……其他西西里城市则必须缴纳什一税，在罗马征服西西里以前，西西里人就是这样做的。①

从西塞罗的作品中，我们能够知道：罗马各省的纳税制度是不同的。在西班牙和迦太基实施的是一种叫作贡赋（Stipendium）的地租；在亚细亚实行的是土地由监察官出租，然后收取租金；在西西里除 8 个联盟城市（Civitates foederatae）或自由城市（Civitates liberae）外，其他的 57 个城市皆需缴纳什一税。② 就是税收的征收形式，罗马各省也很不一致。在西西里主要征收实物税；在亚细亚征货币税；在阿非利加也征人头税。一般而言，行省居民向罗马缴税的数额，为收获量的十分之一，简称"什一税"。这种"什一税"与赔款不同，具有较为稳定的连续性。

---

① 西塞罗：《反维列斯》，2，3，6。
② 参见杨共乐：《罗马社会经济研究》，北京师范大学出版社 2010 年版，第 104 页。

地中海大部分地区将收入的十分之一输向罗马，罗马所在的意大利地区的经济优势就显现出来。据西方学者弗兰克测算：公元前 200 年—前 157 年的 43 年间，罗马的总收入为 610600000 狄纳里乌斯，其中战争赔款为 152100100 狄纳里乌斯，战利品为 109500000 狄纳里乌斯，行省税收为 130000000 狄纳里乌斯，西班牙开矿的收入为 50000000 狄纳里乌斯（前 178 年—前 157 年）。从这里，我们能够看到，被征服者和行省收入的总数已经达到 441600000 狄纳里乌斯，占罗马总收入的三分之二强。[①] 地中海地区创造的财富不断向罗马意大利集中。这在西方古代史上是绝无仅有的现象。

奴隶和财富迅速聚集罗马意大利，导致了意大利经济结构的大变革。这些变革主要体现在：第一，日常的劳动者逐渐为奴隶所替代。奴隶制在罗马出现得很早。早在王政时期，就已经有了奴隶和被释奴隶。起初，奴隶主要被用在家庭事务上。李维提到早在制定《十二表法》的时代，平民就号召奴隶们起来反对自己的主人。这一举动引起罗马家长的恐慌，因为"家家都有一个潜在的敌人"。[②] 这就是说，每家家内都有一名奴隶，但显然很少用在生产劳动上。就是像公元前 258 年的执政官列古鲁斯的小农场，也只是一个奴隶管家和一个雇工。[③] 因为"为了能使用奴隶，必须掌握两种东西：第一，奴隶劳动所需的工具和对象；第二，维持奴隶困苦生活所需的资料。因此，先要在生产上达到一定的阶段，并在分配的不平等上达到一定的程度，奴隶制才会成为可能。要使奴隶劳动成为整个社会中占统治地位的生产方式，那就还需要生产、贸易和财富积聚的增长。在古代自然形成的土地公有的公社中，奴隶制或是根本还没有出现，或是只起极其次要的作用。在最初的农民城市罗马，情形也是如此；而当罗马变成'世界城市'，意大利的地产日益集中于人数不多的非常富有的所有者阶级手里的时候，农民人口才被奴隶人口所排挤。"[④] 恩格斯在《反杜林论》中所说的当"罗马变成世界城市"的时候，主要就是指大征服以后的罗马。因为只有到这时，小农经济才逐渐被奴隶劳

---

① T. Frank, *An Economic Survey of Ancient Rome*, Vol.1.Baltimore: The Johns Hopkins Press, 1933, p.141.

② 李维：《罗马史》，3，16。

③ Valerius Maximus, *Memorable Doings and Sayings*, 4, 4, 6.

④ 《马克思恩格斯选集》第 3 卷，人民出版社 1995 年版，第 503—504 页。

油画《去色列斯神庙的路上》，[英] 阿尔玛·塔德玛绘，色列斯是罗马的谷物女神，四月是她的节日，画作内容源自维吉尔关于这个主题的诗篇

动所排挤；奴隶劳动才大批地、广泛地、有组织地应用到农业、手工业以及矿山等生产领域。

第二，中等及以上奴隶制庄园不断出现。加图是罗马农学的鼻祖。他曾写过《农业志》一书。书中记录了公元前 2 世纪罗马意大利农业的详细情况。他认为：理想的庄园是 240 犹格的橄榄园或是 100 犹格的葡萄园。240 犹格的橄榄园中的劳动力应有：管家（Vilicus）1 人，女管家（Vilica）1 人，园丁 5 人，赶车的 3 人，赶驴的 1 人，放猪的 1 人，放羊的 1 人，共计 13 人。[①] 100 犹格的葡萄园应有：管家 1 人，女管家 1 人，园丁 10 人，赶车的 1 人，赶驴的 1 人，修剪柳树的 1 人，放猪的 1 人，共计 16 人。[②] 意大利庄园的特点：一是庄园是自给自足的经济单位，有独立的经营体系。二是土地所有者或占有者都是"不在地主"。他们常常生活在城内，与具体的经营活动没有关系。三是庄园以经营葡萄、橄榄等经济作物为主，与市场有较为密切的关系。四是庄园的主要劳动力是严格监督下的奴隶。奴隶们集体居住在小屋里，由管家进行直接管理。管家虽为奴隶出身，但管家有"家"。管家的职责主要是安排庄园的日常事务、监督奴隶劳动，为主人创造更大的利润。这种监督劳动是作为直接生产者的劳动者和生产资料所有者之间对立的生产方式的必然结果。[③] 随着庄园经济的兴起，中、大型庄园与大量奴隶劳动相结合的生产模式在意大利农村迅速发展起来。

第三，商业和手工业被视作低贱的职业，"任何罗马人都不许以做商人或手工业者为生。"[④] 罗马人瞧不起也不屑于从事商业和手工业。西塞罗

---

① 加图：《农业志》，10。

② 加图：《农业志》，11。

③ 参见马克思：《资本论》第 3 卷，人民出版社 2004 年版，第 431 页。

④ 哈里卡纳苏斯·狄奥尼修斯：《罗马古事纪》，2，28，1—2；9，25，1—2.

认为：那些向商人购买货物又随即出卖的人"应该被认为是可鄙的，因为他们若不进行欺骗，便不可能有任何获利。要知道，没有什么比撒谎更可耻。一切工匠从事的也是卑贱的职业，因为作坊不可能拥有任何高尚的才能。最不该受称赞的是那些为享乐服务的行业，如泰伦提乌斯所说：鱼贩、屠户、厨师、家禽商、渔夫。"[①]"至于说到买卖，如果是小规模的，那也应该认为是可鄙的。"[②] 近代学者赫尔曼·古梅鲁斯（Herman Gummerus）证明：意大利手工业生产的发展皆与从希腊化东方源源不断被带到西方的奴隶工匠有很大关系。[③] 一般而言，从事商业和手工业是不适合公民身份的事。这些职业常常由奴隶、被释奴隶或外邦人来经营。但对于大的商业行为，罗马还是支持的。对此，西塞罗讲得非常清楚。他说："如果是大规模的，货物丰富，从各处运来许多东西，又无欺骗地分给大家，这样的买卖完全不应该受谴责；并且甚至如果他们满足于已有的收入，或者更进一步，经常把货物从海上运进港口，再从港口运到田庄，显然这是完全应该受称赞的。"[④] 这显然是时代与环境变化的结果。

随着罗马经济结构的变化，罗马的公民集体也开始分化。这种分化主要表现在：一是下层农民逐渐与土地分离；二是财富越来越集中到少数新贵身上。与此同时，还出现了新的骑士阶层。

下层农民无产化原因很多，但与长期的对外扩张密不可分。共和国时期，罗马实行的是公民兵制，参军服役是罗马公民的义务，也是罗马公民的特权。所有的罗马公民在某种程度上都与战场有关。这是罗马成功的关键所在。罗马公民兵制的最大特点是耕战结合。但随着战争时间的增加以及无休止的战争动员，以小农为主的公民兵年复一年地被征召入伍，数以千计的小农开赴疆场。据测算，从公元前 200 年到前 167 年，10%甚至更多的罗马公

---

① 西塞罗：《论义务》，1，42，150。见［古罗马］西塞罗：《论义务》，中国政法大学出版社 1999 年版，第 145 页。

② 西塞罗：《论义务》，1，42，151。见［古罗马］西塞罗：《论义务》，中国政法大学出版社 1999 年版，第 145 页。

③ Herman Gummerus, Herman, *Industrie und Handel*, Pauly-W., RE 9:1454-1455.22.

④ 西塞罗：《论义务》，1，42，151。见［古罗马］西塞罗：《论义务》，中国政法大学出版社 1999 年版，第 145 页。

民被长期征募。①

罗马军队士兵与公民比例表（前225—前23年）②

时间（公元前）	公民数	公民士兵数	公民士兵与男性公民之间的比例（%）
225	30 万左右	5.2 万左右	17
213	26 万左右	7.5 万左右	29
203	23.5 万左右	6 万左右	26
193	26.6 万左右	5.3 万左右	20
183	31.5 万左右	4.8 万左右	15
173	31.4 万左右	4.4 万左右	14
163	38.3 万左右	3.3 万左右	9
153	37.4 万左右	3 万左右	8
143	40 万左右	4.4 万左右	11
133	38.1 万左右	3.7 万左右	10
123	47.6 或 36.6 万左右	3.2 万左右	7 或 9
113	47.6 或 36.6 万左右	3.4 万左右	7 或 9
103	40 万左右	5 万左右	13
93	40 万左右	5.2 万左右	13
83	103 万左右	14.3 万左右	14
73	103 万左右	17.1 万左右	17
63	103 万左右	12 万左右	12
53	103 万左右	12.1 万左右	12
43	148 万左右	24 万左右	16
33	160 万左右	25 万左右	16
23	180 万左右	15.6 万左右	9

　　残酷、长期而远距离的对外战争对地中海世界影响巨大，对罗马公民本身的冲击也很大。它加速了罗马农民公民与土地所有权的分离，加速了罗马农民公民与农耕经济的分离，从而使大量公民陷于破产。当然，汉尼拔战争对意大利农村的破坏，以及地中海世界格局的变化、奴隶制庄园的形成等都对传统的意大利农民也有较大的影响。萨鲁斯特说："乡下的年轻人依靠劳

---

① P.A.Brunt, *Italian Manpower*, *225 B. C.-A.D.14*, Oxford：The Oxford Clarendon Press, 1971, p.426.

② Keith Hopkins, *Conquerors and Slaves*, Cambridge：Cambridge University Press, 1978, p.33.

动难以维持生活，就在社会富裕的城里人的诱惑下来到罗马谋生。他们发现城市里生活安逸，就不愿意返乡务农了。"[①]"所有的家长们都不沾镰刀和犁，而是住在城里，宁愿生活于剧场和跑马场，也不愿去照管谷物和葡萄园。因此，我们跟人们订立契约，叫他们从阿非利加、撒丁尼亚运来使我们吃得肥肥胖胖的谷物，并且用船从科斯岛和开俄斯岛运进葡萄。这样，在罗马城这个由牧人创立，并且以务农为优良传统的国家，他们的后裔却反其道而行之。"[②]失去土地的农民，不断流入罗马或其他城市，过着"面包加竞技场"的生活。

据记载，到共和末年，罗马城内接受赈济粮的人数约为 32 万人，约占当时公民人数的 1/3。[③] 如果说古代有福利社会的话，那么罗马显然是在公民中最大规模推行福利政策的社会。罗马的无产者与现代无产阶级的根本区别是：前者是社会的寄生阶级，是没落阶级的代表，政治上有罗马的公民权，靠出卖选票、寻求施舍为生；后者则是大机器的产物，是先进生产力的代表，不但以自己的劳动养活自己，而且用自己的劳动养活社会，承担着解放全人类的责任。

在导致大量小农无产化的同时，罗马也出现了另一种现象，即：财富越来越集中于新贵和骑士家庭。罗马的社会结构也由贵族、平民、奴隶三级变成新贵、骑士、无产者和奴隶四级。罗马新贵是从战争中获利最多的阶层。国库、行省、官职、荣誉和凯旋式都把持在少数新贵的手里。统帅们和他们的一些友人分享了战利品。[④] 除了战利品以外，新贵还取得了在行省担任总督的特权，而到行省去一年就能够达到空手上任、满载而归的目的。公元前218 年，罗马平民保民官克劳狄提出法案，禁止元老和他们的儿子，即罗马全部的政治贵族们保有 300 安福拉以上载重量的船只。[⑤] 李维认为："这样的载重量被认为足够把粮食从田里运走。对于元老而言，一切获利要求都被认

---

① 萨鲁斯特：《喀提林阴谋》，37，7。

② 瓦罗：《论农业》，2，引言。译文见 [古罗马] 瓦罗：《论农业》，商务印书馆 1982 年版，第 92 页。略有改译。

③ 参见苏埃托尼乌斯：《圣朱里乌斯传》，41。

④ 萨鲁斯特：《朱古达战争》，41。

⑤ 李维：《罗马史》，21，63，3。安福拉（amphora）为容量单位，约合 26 立升。300 安福拉大约为 7—8 吨。

为是不适宜的。"① 这就是说，元老被禁止从事大规模的海上贸易。法案得到罗马人民的支持而成为法律。克劳狄法阻断了罗马新贵经商致富的选项，迫使其将经济中心转入土地，将投资重心转向以土地所有权和占有权为基础的农业经济。因此，利用手中的权力大肆掠夺公有土地成为新贵增加财富的重要途径。阿庇安说："因为富有者占领部分未分配的土地，时间过久之后，他们的胆子大了，相信他们的土地永远也不会被剥夺了。"对于这些罗马公有地，富人们一般都采用奴隶耕作、生产。之所以如此，是因为自由人有服兵役的要求，而奴隶不服兵役，且子嗣增长众多，奴隶主为此获得很多利益。"这样，某些有势力的人变为极富，奴隶人数在全国增长起来了，而意大利人民的人数和势力，因受经济、捐税和兵役的压迫而衰落。如果他们暂时没有受到这些灾难的影响的话，他们就游手好闲，消磨他们的时间，因为土地已被富人占有，而富人只用奴隶而不用自由民作耕种者。"②

大约到公元前 2 世纪，在罗马除了掌握官职、占有大片公有土地的新贵以外，还出现了垄断商业事务的新兴阶层——骑士。

"骑士（equites）"一语起初是用来称呼军队中的骑兵，即在 18 个骑兵百人队中投票的人。公元前 3 世纪，延伸到能有足够钱财供养战马去充当骑兵的人。再后来，罗马人又把这一称谓用于财产多于 40 万塞斯退斯而在政治上不占统治地位的人。大征服以后，公共建设迅速展开，包税商（publicani）以及工程承包者大发其财。波里比阿以意大利为例说明罗马承包业的发达。他说："在整个意大利，有数不清的合同契约，经监察官承包给私人，用于公共建筑的修建和维护，此外，还有许多资源需要开发，例如可供航行的河流、港口、园林、矿山、土地等，也就是构成罗马的公有土地。所有这些项目都由人民来承包的。几乎可以说，所有人都从这些合同以及所承包的工程中获取利益。有些人从监察官那里买下合同③，另一些人成为其合伙人，还有一些人为他们提供担保，还有人甚至为此目的将自己的财产抵押给国库。"④ 行省的税收更被包税商承包。至公元前 2 世纪，有 40 万塞斯退斯

① 李维：《罗马史》，21，63，4。
② ［古罗马］阿庇安：《罗马史》下卷，商务印书馆 1985 年版，第 6—8 页。
③ 即承包权。
④ 波里比阿：《历史》，6，17。

庞贝城遗址中富人别墅里的浴室（左）和富人别墅里的院落（右）

财富的人业已足够形成一个社会阶层，即：骑士等级（ordo equester）。骑士等级是新兴的社会团体。它与罗马新贵在经济上有密切的联系，但同时在政治和司法上又有较为严重的矛盾。

随着地中海地区强敌的消失，奴隶和财富的大量涌入以及公民集体内部的严重分化，从而导致了罗马社会风气的剧变。罗马历史学家弗罗努斯认为："首先是叙利亚的征服，其次便是帕加马国王馈赠的亚细亚遗产腐蚀了我们。应该说，资源和财富的获得破坏了我们国家的风气，毁坏了国家，使国家如淹没于污水道那样淹没于他们自己的邪恶之中。"[1]维莱乌斯·帕特尔库努斯也认为：

> 大西庇阿为罗马人打开了通向世界霸权的道路，而小西庇阿则为罗马人打通了走向奢侈生活的大道。罗马人消除了迦太基对她的威胁，帝国的竞争对手消失之后，勇敢不是慢慢地而是很快地让位于腐败。原先的纪律不见了，国家从警戒状态进入了懈怠状态；从追求武力进入了寻求欢乐；从积极进取转化成消极怠惰。也还是在这一时期，在卡庇托里山上建立了西庇阿·纳西卡门廊和麦铁路斯门廊……在竞技场，建立了吉纳乌斯·屋大维乌斯门廊，这是所有门廊中最壮观的建筑。随着公共浪费现象的兴起，私人的奢侈之风不久也很快地蔓延开来。[2]

---

① 弗罗努斯：《罗马史纲要》，1，47。
② 维莱乌斯·帕特尔库努斯：《罗马史纲要》，2，1。

李维更具体地指出：

> 是亚洲服役的军队首先引进了外国的奢侈品。他们第一次把青铜卧床、价值昂贵的床罩、花毯和其他亚麻产品以及那些被当时人认为是奢侈型的家具——如带有一条腿的桌子和餐柜等带到了罗马。宴会常由弹琵琶和竖琴的女孩演奏助兴，或通过其他娱乐形式取乐。此外，在家里举行的宴会也准备得非常别致和丰盛。古代罗马人把厨师常常看成是最不值钱的奴隶，按最下等的奴隶对待，而现在他们的身价却有了很大的提高，原先的强制性服务现在却变成了一门艺术。[①] 然而在那时看到的这些情况仅仅只是未来奢华生活的开始。[②]

没有外敌的罗马人越来越喜欢上了享受，越来越喜欢上了残酷的角斗表演。"对于平民来说，只有角斗士的表演才能吸引众多观众。其他任何表演都没有那么大的吸引力，不管是民众聚会，还是公民大会。"[③]

罗马在变，意大利在变，整个罗马意大利社会都在变。无论是私人生活，还是公共生活；无论是物质生活，还是精神生活；等等。

总而言之，公元前 3 至前 2 世纪，地中海世界是一个变革的时代，是一个由多国并列变为罗马一统的时代。随着地中海世界新格局的出现，罗马意大利旧貌变新颜，经历了历史上从未有过的深刻变动。"变"是时代的主旋律，但"变"中确实存在着"常"，存在着相对不变的因素。在这一时间段，其中最重要的就是罗马政体稳定。罗马实行的是共和制，元老在共和国中占有核心地位，而贵族则是元老中的中坚力量。经过前一阶段平民反对贵族的斗争以及长时间的对外扩张，氏族贵族的力量大为削弱，但这种现象并未使罗马共和国的贵族性质发生改变。因为旧的贵族不断又与上层平民联合，形成了新的统治集团，即："新贵"。德国历史学家蒙森为我们提供了非常重要的贵族家族垄断官职的资料。[④]

---

① 参阅普林尼：《对自然的探究》，18，9。
② 李维：《罗马史》，39，6。
③ 西塞罗：《为了塞斯提乌斯》，59。
④ 参见 [德] 特奥多尔·蒙森：《罗马史》第 3 卷，商务印书馆 2005 年版，第 284 页。

贵族家族垄断罗马主要官职表

家族名称	执政官（前366—前256年）	执政官（前253—前173年）	16人贵族团掌握行政长官
科尔涅利乌斯	15	15	14
瓦勒利乌斯	10	8	4
克劳狄	4	8	2
埃米利乌斯	9	6	2
法比乌斯	6	6	1
曼利乌斯	4	6	1
波斯图米乌斯	2	6	
塞维乌斯	3	4	2
昆克提乌斯	2	3	2
福里乌斯	2	3	
苏尔皮奇乌斯	6	2	2
弗图利乌斯		2	
帕皮里乌斯	3	1	
瑙提乌斯	2		
朱里乌斯	1		1
福斯里乌斯	1		
总数	70	70	32

苏联历史学家科瓦略夫也认为：

> 从公元前234年到公元前133年这一段时期中，200位执政官中有92个平民和108个贵族。在这一数目之中，159个执政官只属于26个氏族（10个贵族氏族和16个平民氏族）。例如，科尔涅利乌斯氏族的代表者担任执政官23次，埃米利乌斯11次，法比乌斯9次，富尔维乌斯10次，克劳狄·马尔凯路斯（Claudius Marcellus）9次等等。从这里便很容易作出结论，在这个时期中间，26个新贵氏族便构成了统治等级的核心。[①]

---

① [苏] 科瓦略夫：《古代罗马史》，生活·读书·新知三联书店1957年版，第129页。

油画《维苏威火山爆发》，威廉·透纳绘，现藏耶鲁大学英国艺术中心

　　贵族独占政治权力并保持相对的连续性和稳定性对于罗马国家发展的作用是巨大的。它既保证了罗马社会的有序进行，又为罗马的成功扩张创造了条件。这里我们能够看到，罗马意大利的"变"中也有"不变"的因素。当然，这个"不变"能否长久，这取决于罗马政治、经济及军事等多方面的因素。

第三章　百年内战

在"资本论"里的好几个地方，我（指马克思——作者注）都提到古代罗马平民所遭到的命运。这些人本来都是自己耕种自己小块土地的自由农民。在罗马历史发展的过程中，他们被剥夺了。使他们同他们的生产资料和生活资料分离的运动，不仅蕴含着大地产形成的过程，而且还蕴含着大货币资本形成的过程。于是，有那么一天就一方面出现了除自己的劳动力外一切都被剥夺的自由人，另一方面为了利用这种劳动，又出现了占有所创造出的全部财富的人。结果怎样呢？罗马的无产者并没有变成雇佣工人，却成为无所事事的游民，他们比过去美国南部各州的《poor whites》（"白种贫民"）更受人轻视，和他们同时发展起来的生产方式不是资本主义的，而是奴隶占有制的。因此，极为相似的事情，但在不同的历史环境中出现就引起了完全不同的结果。[1]

第一节　危机与变革

罗马的农民公民为罗马打下了一个伟大的帝国。他们是罗马的功臣。但当帝国形成之后，罗马的功臣不但没有得到足够的尊重，相反却遭到了帝国的抛弃。公有土地被大规模兼并，自由民劳动逐渐为奴隶所替代。罗马社会变革越大，城邦的危机也越显深重。

一、罗马奴隶制的发展

公元前 2 世纪中叶以后，罗马已成为地中海世界的霸主，奴隶制经济得到了迅速的发展，进入所谓的"古典奴隶制"时期。

---

[1]　马克思：《给"祖国纪事"杂志编辑部的信》，载《马克思恩格斯全集》第 19 卷，人民出版社 1963 年版，第 131 页。

奴隶制的高度发展需要两大条件：一是有奴隶；一是需要有奴隶劳动的生产领域。罗马奴隶的主要来源是战俘、奴隶贸易和家生奴。罗马奴隶起源于战俘，将战俘变成为奴隶是地中海地区的一种习惯。战俘奴隶是罗马奴隶的重要组成部分。拉丁文奴隶两词"Servus"与"Mancipia"都与战俘有关。"Servus"一词的由来是：将领命令把俘虏出卖，于是就把他们解救下来（servare）而不把他们杀掉。"Mancipia"是一个组合词，由"手（manus）"和"抓住（capere）"两词组合而成。在每次战争或战役后，罗马往往把俘获的士兵和被征服地区的居民变卖为奴。① 因此，罗马军旅所至，总有一些奴隶贩子尾随于后，随时收买战俘，然后运往罗马及地中海各地标价出售。根据显贵营造官法令，在买卖奴隶时，每个奴隶的销售标签上应清楚地告诉买主：每个奴隶有什么疾病或缺陷，哪个是逃亡者或流浪汉，或者哪个还被定过罪。② 据测算：公元前 200—前 150 年，罗马人总共俘虏了 25 万左右的战俘。③ 除了部分被朋友、亲属赎回外，大部分流入奴隶市场。

奴隶是地中海地区重要的贸易对象。这些奴隶或如上所说来自战俘，或来自海盗。当时，地中海尤其是地中海东部，国家保护力量削弱，海盗猖獗。劫夺财物、抢掠居民并将其变卖为奴，这是海盗的主业。不管是高贵者还是贫贱者都是海盗打劫的对象。甚至像凯撒也曾一度被海盗所虏，差点成为海盗的奴隶。

按照罗马法学家的观点，战俘奴隶和买卖的奴隶都是"后天所致"。而女奴所生的子女，称为凡尔纳（verna），生来就是奴隶。这类奴隶的增长速度相当惊人。④

罗马人没有把奴隶看作是人类的种族成员。因此，罗马奴隶主对奴隶的要求极其苛刻，除了身体健康以外，还有就是听话和为主人创造利益。据普鲁塔克记载：

---

① 根据万民法，罗马人从敌人那里取得东西，立即属于罗马人所有，甚至自由人也沦为我们的奴隶。查士丁尼：《法学总论》，2，1，17。

② 奥鲁斯·格利乌斯：《阿提卡之夜》，4，2。

③ T.Frank, *An Economic Survey of Ancient Rome*, Vol.1,Baltimore: The Johns Hopkins Press, 1933，p.188.

④ 查士丁尼：《法学总论》，1，3，4。

加图有许多家庭奴仆，都是平常在战俘拍卖场上买下来的，而且他专挑年龄小的，因为他们很容易适应任何饮食或生活方式，也容易教他们学会任何手艺或活计，就像人们驯养小狗小马一样。这些奴仆除了加图和妻子特别指派他们到别的地方外，一般不得到别家串门。而且当别人询问他们加图正在做什么时，他们得回答不知道。加图要求奴隶们要么忙于家务，要么睡觉。他非常偏爱无事便睡的奴隶。他认为这些奴隶总比醒着的温顺，而且在从事各类工作方面也远远超过那些睡眠不足的奴隶。有鉴于性欲冲动是产生不轨行动或懒惰的主要原因，他准许男奴同家里的女奴同居，代价是要他们支付一定的资金。此外，严禁与任何其他女人接触。①

罗马共和国后期，奴隶的价格变化较大。汉尼拔在坎尼战役后，开出的战俘赎买价是罗马士兵每人 300 四马银币（即四德拉克马银币），盟军士兵每人 200 四马银币，奴隶每人 100 四马银币，②骑兵每人 500 四马银币。③一般而言，普通的一名奴隶，正常情况下其价格为 500 狄纳里乌斯，相当于 2000 塞斯退斯。④公元前 2 世纪罗马的小麦价是每摩底（合 6.5 公斤）值 3 塞斯退斯。这就是说，购买一名奴隶的价格可以与购买 4 吨多小麦的价格等值。由此可见，共和时期罗马的奴价，除特殊时期外，并不便宜。

公元前 2 世纪，因为地中海地区战争不断，罗马战俘奴隶较多，据测算，到公元前 1 世纪末，意大利约有奴隶 200 万—300 万，占意大利人口的 35％或 40％。所以奴隶主在榨取奴隶剩余劳动的时候也常常十分残酷并不择手段。

在罗马，奴隶除了用于家内劳动以外，一般被用在农业、手工业、商

① 普鲁塔克：《加图传》，21。见杨共乐：《罗马共和国时期》下，商务印书馆 1998 年版，第 44—45 页。
② 李维：《罗马史》，22，52。
③ 李维：《罗马史》，22，58，4。
④ 22 年以后，为赎回被汉尼拔卖往巴尔干半岛做奴隶的罗马公民，阿卡亚人为每位俘虏支付了 500 四马银币。这场交易花费掉阿卡亚人 100 塔兰特，尽管他们支付给所有者的价钱仅仅是每个人 500 狄纳里乌斯。根据这样计算：阿卡亚有 1200 名这样的奴隶。见李维：《罗马史》，34，50，6。

业、矿业、建筑业等行业。例如，一位骑士的儿子武装起自己庄园的 400 个奴隶，领导他们起义。起义军在邻近的地区发展很快，不久，就有 3500 名奴隶参加。[①]

农庄里的奴隶要不间断地从事劳动，阴天下雨也不得歇息。老奴和病奴必须迅速出卖。[②] 奴隶主为在最短时间内收回购买奴隶的费用并从奴隶身上榨取最大的利润，不断加强对奴隶的监督。在奴隶制社会里，监督是提高奴隶生产率的重要手段。正如马克思所言："凡是建立在作为直接生产者的劳动者和生产资料所有者之间的对立上的生产方式中，都必然会产生这种监督劳动。这种对立越严重，这种监督劳动所起的作用也就越大。因此，它在奴隶制度下所起的作用达到了最大限度。"[③]

到公元前 1 世纪，罗马更有人把奴隶放在农具类，认为奴隶是能说话的农具，与只能发声的农具——牛和无声的农具——车子属于同一类型。[④] 但随着奴隶反抗和起义的不断发生，一些奴隶主也开始汲取过去野蛮对待奴隶的教训，不容许监工用鞭子而不是用言语来执行自己的命令；在使用奴隶时，尽量不用来自于同一部落的奴隶，因为这是家中发生争端的重要原因。同时，为提高奴隶的积极性，奴隶主开始对奴隶实施一些犒赏政策。如有些农场容许监工奴隶有自己的一些东西，有女奴隶和他们同居，替他们生儿育女，使他们做事时比较踏实，也更留恋农庄；有时，对奴隶要慷慨些，给他们较好的食物和衣服；偶然地放他们的工或允许他们自己的牲畜放到农庄上去吃草，以提高奴隶的劳动热情。[⑤] 有些奴隶主还允许奴隶拥有一小笔本钱，允许奴隶利用这笔钱从事生产，并按各自的技艺决定自己的行动。有的奴隶经营钱庄，有的从事海外贸易，有的做零售生意。他们都有赎身的机会。

手工业领域也是罗马奴隶集中的地方。公元前 210 年，西庇阿把从西班牙新迦太基俘虏的 2000 名工匠作为罗马的公共奴隶派去从事战争物资的生产。[⑥] 据记载，至公元前 2 世纪中叶，仅在西班牙银矿就有 4 万名奴隶从

---

① 狄奥多鲁斯：《历史集成》，36，2，3—6。

② 加图：《农业志》，2。

③ 马克思：《资本论》第 3 卷，人民出版社 2004 年版，第 431 页。

④ 瓦罗：《论农业》，1，17。

⑤ 瓦罗：《论农业》，1，17。

⑥ 波里比阿，《历史》，10，17，9—10；李维：《罗马史》，26，47，2。

事劳动。"采矿的奴隶们为主人创造巨额财富，他们没日没夜在地下采矿，每日筋疲力尽，加之采矿条件异常恶劣，大量奴隶死去。在监工的残酷鞭打下，他们被迫不停劳动，并以这种悲惨的方式离开人世。虽然有些人身体强壮、意志顽强，能够长期忍受这种苦难；但他们觉得生不如死，因为活着要忍受无尽的痛苦。"[1] 克拉苏就有建筑奴隶 500 人。此外，也有一些奴隶常常与主人一起参战，成为主人的作战随从。例如，在皮洛士战争时期，库利乌斯的随军侍从奴隶是 2 人；加图在西班牙带的奴隶是 5 人；[2] 大西庇阿到东地中海与叙利亚国王作战的时候带的奴隶是 5 人；[3] 小加图到马其顿去的时候带的奴隶是 15 名。[4] 迦太基和科林斯被毁后，随从奴隶的数量又有所增加。[5]

应该说，随着罗马共和制帝国的形成，奴隶制确实成了罗马意大利和西西里等地区新的生产形式。

二、西西里奴隶大起义

在罗马奴隶制社会，奴隶主阶级是剥削和压迫阶级，奴隶则是被剥削的对象。但在第一次布匿战争以前，罗马奴隶与主人之间的关系还不是十分对立。真脱希（Karl Jentsch）说：

> 我们绝不要认为当时的人在私人生活中，把奴隶的法律地位——我们所这么厌恶的地位——视为严重的事情，以为他们并不把奴隶视作人类或当作人类看待；直到第一次布匿战争（First Punic War）结束止，奴隶的命运都并不是一种厄运。家主对于他的妻子所具有的法律权力是无以别于他对于他的奴隶所具有的权利的；这些权力在法律上虽然无所限制，却为宗教、习例、理性、情感和私人利益所缚束着。那个在法律之前被认为商品，可以由主人自由买卖和虐待的人其实是被主人在农场中视作忠实的同事而在家中视作同伴的，被主人在共同做完户外工作之后

---

① 狄奥多鲁斯:《历史集成》，5，38，1。

② Apuleius, *Apologia*, 17.

③ Athenaeus, *The Deipnosophisis*, 6, 105.

④ Plutarch, *Cato Minor*, 9, 4.

⑤ Strabo, *Geography*, 14, 5, 2.

视为可与谈笑于火炉旁边的。①

大约从大征服时代开始，战俘奴隶被大量输入罗马和意大利市场，应用于各个生产领域。奴隶主与奴隶之间的关系日益对立。奴隶的法律地位也日益明确。"奴隶不是人"，奴隶像土地、衣服和金银一样，是能被触觉到的"物"，与其他物品无大的差异。罗马法学家盖乌斯和乌尔比安认为，奴隶即"畜类""是另一种家畜"。奴隶因为不是人，因此，不具有自由人所享有的众多权利。奴隶因为是"物"，是主人手中的"物"，所以根据万民法，奴隶处于主人的权力之下。主人对于奴隶有生杀大权；奴隶取得的特有产，包括主人的赏赐、第三者的赠予以及奴隶自己的积蓄等，都属于主人。② 此外，奴隶还没有家长权、没有婚姻权、没有收养权、③ 没有诉讼权。因此，奴隶与奴隶主之间的矛盾较为尖锐。西西里奴隶起义就是奴隶和奴隶主矛盾激化的表现。

西西里岛位于意大利半岛的西南部，形状似三角形，是地中海上面积最大的岛屿。岛屿看似是意大利的延伸，实际上却是独立的整体。东部有墨西拿海峡，与意大利相望；南部与西部经地中海与迦太基、西班牙相通。这里土地肥沃，气候适宜，交通方便。公元前264年以前，西西里岛主要控制在迦太基人和叙拉古人手里。公元前241年，第一次布匿战争以罗马人的胜利而告结束，西西里的大部分地区落入罗马人的统治之下。叙拉古因与罗马有同盟之约，所以一直保持着独立地位。公元前215年，老国王希罗去世，其孙继承王位并开始与迦太基交好。公元前214—前211年，罗马军攻打叙拉古，取得成功。公元前210年以后，西西里全岛为罗马所控并逐渐成为罗马重要的粮食基地，素有"罗马的粮仓"之称。

庄园是西西里重要的经营单位。庄园的劳动者大多是奴隶。弗罗努斯认为：西西里"布满了罗马公民的大地产。"④ 罗马大规模的奴隶起义之所以在

---

① Karl Jentsch, *Drei Spaziergange eines Laien ins klassische Altertum*. 转引自 [德] 考茨基：《基督教的基础》，生活·读书·新知三联书店1955年版，第53—54页。
② 查士丁尼：《法学总论》，1，8，1。当然，在社会现实中，主人也常常保留奴隶持有一定的特有产。
③ 奴隶有被收养权。一经被自由人收养，奴隶就成为自由人。
④ 弗罗努斯：《罗马史纲要》，2，19。

西西里岛中心山脉高处的恩纳城

西西里爆发原因很多，但主要是数十万名奴隶在庄园里耕种生产，庄园主"对奴隶十分苛刻，很少关心奴隶的生活，给他们很少的衣食。结果，多数奴隶只得靠行盗维持生活。行省总督曾试图进行镇压，但因慑于奴隶主的权威和声望只得默认强盗在行省各地的劫掠。西西里大部分土地占有者（奴隶主）是罗马骑士（equites），他们是审理有关行省事务案件的法官。行省案件常常涉及总督本人，所以总督对骑士们十分敬畏。"[1]

公元前137年，恩纳城的一位名叫达莫菲努斯的奴隶主对奴隶非常狠毒。他的妻子麦加利斯在处罚奴隶方面更是毒辣残忍。奴隶不堪残酷虐待被迫暴动。起义领导者优努斯是叙利亚籍的奴隶。他假装神灵附体，借口受诸神的指挥而激励奴隶武装起来争取自由。起义军在优努斯的领导下，很快占

---

[1] 杨共乐：《罗马共和国时期》下，商务印书馆1998年版，第89—90页。

领恩纳城。此时，西西里西南部的阿格里根特也发生了西西里籍奴隶克里昂领导的起义。不久，两支队伍会合。西西里中部和东部地区几乎全都落入起义军手中。起义队伍一度达到 20 万人。

起义军在恩纳城建立了自己的政权，并且坚持了 5 年之久。公元前 132 年，罗马军队包围了起义中心恩纳城，克里昂阵亡，优努斯被俘，恩纳城内 2 万多奴隶被杀。起义惨遭镇压。

第一次西西里奴隶起义以后，意大利境内又出现了多次奴隶暴动。第一次暴动发生于努契里亚，有 30 多名奴隶参加。第二次发生在卡普亚，有 200 名奴隶参与暴动。两次起义都很快遭到了镇压。第三次起义由一位名叫提图斯·米努西乌斯的罗马骑士领导，参加者达 3500 余人。这些事件表明，奴隶与奴隶主的矛盾并没有因为第一次西西里奴隶起义的结束而得到解决。

公元前 2 世纪末，罗马在北非广阔的土地上与努米底亚国王朱古达发生了战争。罗马军团兵虽多，但找不到朱古达主力，无法迅速将战争结束。与此同时，又有大批日耳曼条顿人、森布里亚人入侵罗马北部。罗马一时面临兵力不足之困境。元老院允许指挥官马略在位于地中海东岸的民族中招募军队。于是，马略便写信给比提尼亚的国王尼科美德斯，请求他的援助。国王回复说，比提尼亚的大多数人已被收税人沦为债务奴隶。他们现在正分布于罗马各个行省。元老院随即颁布一项法令，同盟国的公民不应在罗马行省充当奴隶，行政长官应当释放他们。遵照元老院的指示，时任西西里总督的涅尔瓦马上组织听证会，并释放了一些奴隶。几天内在西西里就有 800 多人获得了自由。[①] 全岛奴隶因为看到了自由的希望个个兴高采烈，而富人们则强烈反对，通过各种措施迫使涅尔瓦停止奴隶的释放工作。涅尔瓦慑于压力，中止对奴隶的释放。第二次西西里奴隶起义随即爆发。

公元前 104 年，也即在第一次西西里奴隶起义后的第 18 年，西西里岛赫拉克里亚城附近的 80 名奴隶首先起义。起义军推举萨尔维乌斯为国王。这次起义得到利利贝城附近奴隶的响应。起义军多次击败罗马军队。势力一度发展到西西里大部分地区。在这次西西里奴隶起义中出现了一个非常值得关注的现象，即：许多自由民小农也参加了奴隶起义。这说明西西里自由民

---

① 狄奥多鲁斯：《历史集成》，36，3，1。

的地位也在不断的下降。罗马在结束北部的条顿和森布里亚战争后，派遣执政官阿奎里里乌斯前往西西里镇压暴动。公元前101年，第二次西西里奴隶起义被镇压。罗马在西西里岛上的统治更趋稳固。西西里对罗马的影响日益增强。

两次大规模奴隶起义都是在罗马建立的第一个行省西西里爆发的，这完全的出乎罗马人的意料之外。因为在罗马人看来，只要与之抗衡的强国消失，武装遭解除，坚固的城墙被摧毁，罗马就可以安然无恙。但西西里奴隶起义表明：在等级分明的奴隶社会，奴隶主对奴隶的残酷压迫和剥削，也能引起奴隶的强烈反抗，从而打击罗马建立的秩序，对罗马帝国的稳定形成威胁。

三、格拉古兄弟改革

第一次西西里奴隶起义，对罗马的政局影响很大。不久，罗马国内就出现了新一轮的土地改革。领导这一轮改革的是出身名门的格拉古兄弟。

罗马人在征服战争中，从被征服者那里夺得了许多土地。政府把其中一部分卖给了私人；一部分作为公有地出租给贫穷的公民使用。国家只从他们手中收取少量的租金。因为公有地最初很多，国家也没有时间来对其进行管理。当富人们开始用高租金排挤穷人时，罗马政府制定了李锡尼·塞克斯都法，禁止任何人占用500犹格以上的公有地。后来，随着罗马对外战争的节节胜利，财富的不断增长，这一法律越来越难以执行。罗马国家面临如何处理好公有土地和私人占有的大问题。

富人们不但不断占有公有土地，还兼并贫穷公民的份地。失去土地的穷人再也不愿为国家服兵役了，也不愿抚育子女了。意大利开始出现自由民减少，外籍奴隶增多的状况。富人们常常用外籍奴隶来耕种土地。这使罗马愈发面临两大社会问题。一是破产公民的生活问题；二是奴隶对主人的不满与反抗。西庇阿的朋友执政官盖乌斯·莱利乌斯曾试图对这些问题进行改革，但遭到富有者的强烈反对而被迫中断。

公元前134年，提比略·格拉古当选为次年的保民官。他继续推进罗马的公有地改革。提比略的弟弟盖约·格拉古认为，促使提比略·格拉古改革的原因是：当提比略到西班牙努曼提亚去时，"途经托斯坎尼，看到那里居民稀少，耕地或放牧的都是外来的蛮族奴隶，于是他第一次想到了这个日后招致两兄弟（指格拉古兄弟）无穷灾祸的公共政策。"① 而普鲁塔克认为："实际上，提比略的力量和雄心应该说主要是人民激发起来的，人民在柱廊中、在房屋的墙上、在纪念建筑物上到处贴满标语，呼吁他出来替贫民收回公有地。"②

公元前 133 年，提比略·格拉古就任保民官职，并提出"为意大利人的衰落而悲哀"的口号。在他看来，意大利人是罗马崛起的功臣，和罗马人的血统又很近，但正在处于衰落，陷入贫穷而人口稀少的境地；在战争中毫无用处的奴隶，对主人绝对不会忠实，相反，会像西西里奴隶那样给他们的主人带来灾难，对罗马人带来危险。他提出公有地改革法案。法案规定：任何公民占有公有地不得超过 500 犹格，相当于 2050 亩。此外，其长子和次子还可以各占 250 犹格，也就是各占 1025 亩。每家占有公有地的最高限额设定

格拉古兄弟（哥哥提比略·格拉古和弟弟盖约·格拉古）像

为 1000 犹格，相当于 4100 亩土地。凡超过规定数额的公有地，一律收归国有。收回的公有地由国家划分为每块 30 犹格（123 亩）的份地，并将其分配给贫民。贫民不能出卖份地，富人们也不能收购贫民的份地。很显然，提比略·格拉古想用这种措施稳定罗马的小农队伍。

公有地改革法案应该说还是充分考虑了土地占有者的利益。与公元前 367 年李锡尼·塞克斯都土地法相比，提比略·格拉古土地法案也有明显的特点。这主要表现在：一是对富人的土地的限额更宽松；二是为具体落实法律规定的相关事务，罗马专门成立了一个三人委员会。但富人们对于三人委员会的设立大为不安，因此强烈要求制止土地法案的表决。为使土地法案获

① 杨共乐：《罗马共和国时期》下，商务印书馆 1998 年版，第 122 页。
② 杨共乐：《罗马共和国时期》下，商务印书馆 1998 年版，第 122 页。

得通过，提比略·格拉古向公民强调：

> 在意大利的土地上游荡的野兽尚且有洞穴可供栖息，而为意大利奋斗捐躯的人却除了空气和阳光外别无他物，他们无家无室携妻带子到处流浪。将军们在战斗中督促士兵为保卫祖宗宗庙而战，但这却是谎话。因为没有一个士兵有自己的祭坛，他们之中没有一个人有自己的祖坟。他们只是为别人的富贵荣华而奋斗牺牲。虽然他们被称为世界的主人，但他们没有一小块土地可以说是自己的。[①]

提比略·格拉古的努力使土地法案获得部落大会的通过。提比略·格拉古、弟弟盖约·格拉古以及岳父克劳狄被选为三人委员会，具体负责将收归国有的公有地分配给贫民。法案通过后，支持格拉古土地改革的农民公民返回乡村。

公元前133年夏，提比略·格拉古因考虑土地法的落实以及自身安全，再次提出竞选下年度保民官。此举遭到富人的强烈反对。他被迫求助于城市平民，希望得到支持。但选举当日，会场变成了战场。元老们在最高祭司西庇阿·纳西卡的召唤下参与了对提比略·格拉古及其众多支持者的镇压。大约有300多人被杀，尸体被扔入台伯河内。提比略·格拉古在保民官任内惨死。他也是第一个在内乱中牺牲的保民官。罗马公民在会场被杀，更是罗马历史上的第一次。罗马共和国的制度已经为强权和暴力所害。

然而，改革者本人的死，并没有使土地改革完全停止，元老院慑于平民的压力，没敢取消土地委员会。提比略·格拉古被杀以后，土地委员会又重新补充了普布里乌斯·克拉苏[②]为新的委员，继续进行着没收和分配土地的工作。对于三人委员会当时的工作虽然不得而知，但从这一时期公民财产调查表所反映的公民人数的增长中，我们便能略知它的成效。据李维记载，公元前131年至前130年的公民人数为318823人，而到公元前125年至前

---

① 杨共乐：《罗马共和国时期》下，商务印书馆1998年版，第123页。
② 普布里乌斯·克拉苏（Publius Crassus）是盖约·格拉古的岳父，公元前131年当选为执政官，为提比略·格拉古土地法的坚决支持者。

124 年的公民人数却增至 394736 人。①6 年间公民人数增加了 75913 人，这显然与三人委员会的土地分配有关。

提比略·格拉古的被杀，使罗马贫穷公民争取公有地的斗争消沉了十年。在这期间，提比略·格拉古的弟弟盖约·格拉古先是退出政治舞台，深居简出；后到撒丁去做财务官。他自己认为："他是唯一一个装满钱袋去，却空着钱袋回来的人。而别人都是带着酒桶去，带着成桶的金银回罗马。"②公元前 124 年，盖约·格拉古当选为下一年度的保民官。提比略·格拉古的土地法再次得到恢复。盖约·格拉古逐渐成为这场平民运动的领袖。在他任职的一年时间里，他采取了各种有利于罗马平民的政策，以政策调整公民内部的不平等关系。这些政策主要包括：

（1）粮食法。国家免费或廉价向公民每月供应粮食。这是一项福利法，受益最大的是城市贫民。为确保罗马城的粮食安全，盖约·格拉古还在罗马附近修建了粮仓。盖约·格拉古开了国家福利政策之先河。

（2）兵役法。国家用公款供给罗马士兵的衣服，而不必从军饷中扣除，并规定：凡 17 岁以下者不得入伍。

（3）审判法。国家把法庭审制权从元老院手中转交给骑士等级。骑士等级是大征服以后所出现的新兴等级。位于元老之下，平民之上。在公元前 122 年以前，罗马元老院控制着全部司法权力。盖约·格拉古在公元前 122 年颁布的法律，把司法权交给骑士等级，规定法庭的法官必须从骑士中任命。据说，这条法律一通过，盖约·格拉古马上表示一劳永逸地破坏了元老院的权力。历史学家阿庇安说：

> 后来事情的发展证明格拉古的这句话的意义愈来愈深远。因为这个在一切有关于财产、公民权利和放逐的事务上，能够审判全体罗马人和意大利人（包括元老们自己在内）的权力使骑士们提高到统治他们的地位而使元老们降低到臣民的地位了，并且因为骑士们在选举中投票支持保民官的权力，而从保民官手中取得他们的任何要求以为报酬，他们愈来愈成为元老们害怕的势力。所以不久之后，政治上的领导权颠倒过来

---

① Livy, *History of Rome,* Summary, 59–60.

② 参见普鲁塔克：《盖约·格拉古传》。

了，政权掌握在骑士手中，只有光荣仍留在元老院。[①]

（4）修建道路法。内容包括在全意大利建筑道路，目的是通过加强公共道路建设，改善意大利的交通环境，解决贫困平民的就业问题。承包人也因此获得了许多挣钱的机会。在修建道路的过程中，盖约·格拉古既关注实用，也重视优雅和美观。所建道路铺石确保路基坚固，在河流和峡谷上架建桥梁，工程外形美观整齐。

古罗马道路遗址

（5）殖民地法。派遣6000名殷实之家的罗马人移民迦太基。每个移民家庭可从罗马在迦太基的公有地中分得200犹格土地。殖民地法的实施，目的有两个：一是加强罗马人对行省的统治；二是用行省的土地来解决罗马平民的土地分配问题。

盖约·格拉古的一系列利民政策，得到了罗马平民的拥护。公元前122年，盖约·格拉古打破惯例第二次当选为保民官。这在以前是不可想象的。由此可见，盖约·格拉古在公民中受欢迎的程度。在任第二次保民官期间，他提出给予拉丁人以公民权，同时将拉丁权给予被征服的古意大利人。就长远而言，这有助于巩固和稳定罗马人与同盟者之间的关系。但就眼前利益而言，它损害了罗马人的特权，因此引起了元

[①] 阿庇安：《罗马史》下卷，商务印书馆1985年版，第20—21页。普鲁塔克认为：盖约·格拉古的法案是在300个元老法官的基础上，再增加300个骑士法官。参见普鲁塔克《盖约·格拉古传》。法官是政制自由的基石。孟德斯鸠认为：盖约·格拉古为维护公民的自由而侵害了政制自由，结果是公民的自由和政制的自由一起消亡了。当罗马的租税包税人掌理审判的时候，道德、民政法律、官职和官吏，这一切就全都完了。因为骑士是共和国的租税包税人。他们贪得无厌；他们在灾难中播种灾难；在社会贫困中制造社会贫困。绝不应给这种人以司法权力；反之，他们应不断受到法官们的监督。参见［法］孟德斯鸠：《论法的精神》上册，商务印书馆1982年版，第183页。

老贵族和平民的普遍不满。分权意大利的法案也因罗马人民的反对而草草收场。

盖约·格拉古遇难

公元前 121 年，盖约·格拉古卸任保民官职。元老贵族公开挑战盖约·格拉古的相关政策。废除在迦太基设置移民地的问题被首先提到公民大会上表决。在讨论过程中，双方发生激烈冲突。元老院首次动用"元老院最后的决定"，授权执政官的无限之权恢复秩序。盖约·格拉古及其追随者 3000 余人被杀，尸体被抛入台伯河，盖约·格拉古的财产遭没收。这在罗马史上再次开了没有审讯而处死公民的恶例。事件中，执政官奥比米乌斯历史上第一次被同时赋予独裁官权力。其事后建立了一座"和谐"之庙，以庆祝自己的胜利。"一件极不和谐之事，竟然产生了一座'和谐'之庙。"这是对罗马国家的极大讽刺。

格拉古所开创的"广场"运动虽被镇压，但它留下了许多遗产，如粮食法、兵役法和审判法保存下来了。罗马的平民也从运动中看到了罗马共和政治的另外一面，认识到只有选择有能力的领袖才能保护自身的利益。

四、军事危机与改革

罗马历史学家阿庇安认为：格拉古的法律，如果在罗马能够实施的话，是最好的，也是最有益的。[1] 但可惜的是，格拉古兄弟的改革失败了。此后，有保民官曾经提出一个法律，规定分配公有土地的工作必须停止。现已占有公有土地的人应该向人民交纳地租。而这些地租应该用来分配，以此来安抚平民的不满。但由于另一位保民官的反对，这项法律也被取消。平民原则上应该享有的公有土地收入平等分配权遭到了严重的侵害。

———————

[1] 阿庇安：《内战史》，1，4，27。

油画《阿拉西奥之战》

罗马贵族在政治斗争中取得了重大胜利，但军事上的失利与危机又为平民选择新人领袖创造了条件。公元前113年，北方日耳曼人中的森布里人（Cimbri）南下，进入阿尔卑斯山东北部的山道。执政官卡波率军迎战。罗军被森布里人击败。森布里人没有进入意大利而是转而向西，渡过莱茵河，出现在罗讷河流域。不久与条顿人（Teutones）会合。公元前109年，执政官西拉努斯被派往高卢，但为森布里人和条顿人所败。公元前105年10月16日，罗马军又在罗讷河的阿拉西奥（Arausio，现在法国的奥兰治）惨遭大败，有8万多罗马人被杀。[①] 这是坎尼之战后罗马人所遭遇的最大惨败。强大的敌人已经临近北部意大利的门口。

自公元前112年诺里亚军事冲突至公元前104年的九年间，罗马已经与森布里人、条顿人正面交锋四次，再加上与此有关的其他三次与高卢人的冲突，七战七败，三名执政官阵亡。恐怖的情绪弥漫于整个意大利。罗马意大利再次处于危险之中。

几乎同时，罗马在北非的附属国努米底亚又挑起一场新的战争。

努米底亚位于北非，曾是迦太基的邻国，是罗马人牵制迦太基的一支重要力量。迦太基被毁以后，努米底亚国王马西尼萨从罗马人手中得到了很多的好处。公元前118年，马西尼萨的儿子米奇普撒去世，他的儿子和侄子朱古达为争夺领土，相互残杀。公元前113年，朱古达包围并攻陷了努米底亚重镇契尔塔，屠杀了大批意大利居民。朱古达此举引起罗马人民的愤慨。公元前111年，罗马向朱古达宣战。这就是一场被萨鲁斯特称为"长期、血腥、胜负难分、复杂多变"的朱古达战争（前111—前105年）。

朱古达之所以成为努米底亚的国王，实际上与罗马人有密切的关系，是罗

---

① 李维：《罗马史》，摘要，67。

马人培植的结果。据萨鲁斯特记载：朱古达是米奇普撒的侄子，为侍妾所生。

> 朱古达身体强健，仪表英俊，特别是智力超群，但他一旦长大成人后却没有使自己沾染上奢侈和懒散的恶习，而是遵照本民族的习惯，骑马、投枪、击剑，并且和自己的同伴赛跑。虽然他的名声超过所有的人，但是他仍然赢得了所有人的爱戴。此外，他把许多时间用到狩猎上面，他总是走在最前面或走在前列把狮子和其他野兽打死，他是个出类拔萃的人物，但是他对自己的功业却很少谈到。[1]

朱古达参加了小西庇阿的努曼提亚战争，学到了罗马人的统兵本领。小西庇阿对他赞赏有加，曾给米奇普撒写过一封信。信中这样写道："你的朱古达在努曼提亚战争里的勇敢是极为突出的，我确信这一点会使你感到高兴。他的功业使我们对他深为眷恋，并且我们将尽一切力量使元老院和罗马人民对他怀有同样喜爱的感情。作为你的朋友，我祝贺你有这样一位配得上你本人和他的祖父玛西尼撒（马西尼萨）的英雄人物。"[2]米奇普撒马上过继朱古达为自己的儿子，并且写下遗嘱规定他与他的儿子为联合继承人。

相较罗马的军事实力，朱古达战争规模并不大，但战争的经过却使人跌破眼界。罗马共和国的政治制度和军事制度的腐败暴露无遗。战争之初，罗马派遣前执政官 L.卡尔普尼乌斯·贝斯提乌斯率领四个军团的兵力对努米地亚作战。但朱古达却靠贿赂罗马权贵和指挥官的方法，瓦解了罗马军的进攻。双方签订和约，朱古达仅被要求少量赔偿，并保存了王位。

消息传到罗马，舆论哗然。人民保民官盖乌斯·美米乌斯强烈要求把朱古达召到罗马。国王得到了"不受法律强有力的打击，不受对他个人的暴力侵犯"的保证。美米乌斯在公民大会上质询朱古达。但遭到另一位保民官的否决。在罗马期间，朱古达甚至还派人杀掉了受罗马保护的努米底亚另一位王位觊觎者。元老院被迫将朱古达逐出罗马。

朱古达战争重启，罗马人惨遭失败。公元前 109 年年初，罗马司令官奥鲁斯·波斯图米乌斯·阿尔比努斯与朱古达签订和约，保证罗马军队在十

---

① ［古罗马］撒鲁斯提乌斯：《喀提林阴谋　朱古达战争》，商务印书馆 1995 年版，第 220 页。
② ［古罗马］撒鲁斯提乌斯：《喀提林阴谋　朱古达战争》，商务印书馆 1995 年版，第 223 页。

罗马骑兵与努米底亚骑兵作战复原图

天内撤出努米底亚。昔日英勇善战、声名远扬的罗马军队几乎成了不堪一击的乌合之众。

朱古达战争的失败对罗马是一个沉重的打击。公元前109年，执政官麦铁路斯被派往阿非利加，具体负责努米底亚战事。麦铁路斯在努米底亚任职两年，战局虽有起色，但仍无法打败朱古达。

面对严峻的军事形势，罗马迫切需要有会打仗、能打胜仗的人才。这就为"新人"马略的登场创造了条件。马略出身低微，家境贫寒，早年生活于阿尔皮努姆，过着简朴的生活。到了服役年龄，他全身心地投入军事训练，曾参加过努曼提亚战争，受到小西庇阿的赞赏。公元前115年，他成为行政长官；次年就任远西班牙总督。公元前109年，他随麦铁路斯出征努米底亚，担任麦铁路斯的副将。公元前108年，马略决定竞选公元前107年度的执政官。当他向麦铁路斯请假，希望到罗马参加选举的时候，麦铁路斯说："不要急着到罗马去竞选；当我的儿子成为一名竞选人的时候，你还有足够的时候竞选执政官呢！"当时麦铁路斯的儿子只有20岁左右，正在他父亲麾下服役。[1]麦铁路斯的傲慢更加激起马略去竞选执政官。马略认为：除了出身不是贵族以外，他具备担任执政官的众多条件。这些条件包括：勤劳、诚实、杰出的军事素养和实战经验等。经过努力，马略成功当选为公元前107年的执政官，并全权负责朱古达战争的指挥事务。[2]上任后，马略最关注的事就是备战。"他要求增强军团的力量，从国外的民族和国王那里召集辅助部队，此外还从拉丁姆和我们联盟者那里动员来了最勇敢的人们，对于这些人，他大多数是从实际的战斗中了解的，只有少数才只是凭着声誉而已。他

---

[1] 萨鲁斯特：《朱古达战争》，64。见［古罗马］撒鲁斯提乌斯：《喀提林阴谋 朱古达战争》，商务印书馆1995年版，第281页。

[2] 此事由罗马人民直接投票决定，而不是按常规由元老院任命。

还用特别说服的办法使得已经退役的老兵和他一道出征。"①

马略像

最值得注意的是，马略自己征募军队。他不按原先的等级征兵，而是允许任何人自愿参加军队，改有产公民兵为包括无产者在内的所有公民兵，打破有产公民的特权。这就最大程度扩充了兵源。对于马略来说，最贫苦的人最有用。道理很简单，贫困者一无所有，没有任何财产方面的顾虑，而且他珍惜自己所取得的所有报酬。这样，马略很快就征集到了一大批应征者。② 马略带着这一支新型的武装来到了努米底亚，先进行了一些小规模战斗，并把所获的战利品都分给了士兵。发了财的士兵很快适应了部队的纪律。公元前105年年初，朱古达被他的岳父波库斯出卖，并献给马略的部将苏拉。朱古达战争以罗马的最后胜利而告结束。此后，努米底亚一分为二。西半部归波库斯；东半部归朱古达的异父弟弟、低能的迦乌达。努米底亚地区再次归于平静。

南部朱古达战争的胜利证明了新人的军事实力，同时罗马在北部所遭遇的阿拉西奥之惨败更进一步验证了贵族军事力量的衰退。马略自然成了罗马的希望。他在本人缺席的情况下当选为公元前104年度的执政官，并被授权处理高卢行省事务。罗马人把国家的希望和未来都交给了马略。

朱古达战争结束后，马略在努米底亚休整了一段时间，主要是重新安排努米底亚的管理事务。公元前104年1月1日，马略凯旋罗马。这次凯旋式共展示3007磅黄金、5775磅银锭以及价值287000德拉克马的金币和银币。朱古达作为俘虏，也出现在凯旋式中。

凯旋式后，马略前往北部反击森布里人和条顿人。当时，森布里人已往伊比利亚发展；条顿人则向莱茵河流域进发。马略乘机完善和改革不合战场规则的军事制度，废除公民财产资格作为选拔士兵的唯一条件，允许无产者

---

① [古罗马]撒鲁斯提乌斯：《喀提林阴谋　朱古达战争》，商务印书馆1995年版，第297页。

② 参见 [古罗马] 撒鲁斯提乌斯：《喀提林阴谋　朱古达战争》，商务印书馆1995年版，第304页。

参军服役；改变按财产等级组织起来的军团三列战术形式，用联队制重新编组军团。每个军团由 10 个联队组成。联队分则可以独立执行战术任务，合则可以形成军团整体实力；废除军团内部按财产等级划定士兵兵种的模式，而按军事需要来规划士兵的兵种；原先的骑士阶层已经退化，骑兵从罗马人以外的同盟者中招聘；改革武器配备，统一武器标准，所有重装步兵一律配备杀伤力极大的投枪短剑。投枪的制作也有了一定的改进。原来的标枪由铁质矛头和木质标杆两部分组成。两者的结合处有两根长钉加以固定。现在马略只留下一根长钉，另外一根用质地脆弱的木栓取代，等到掷出的标枪射中敌人的盾牌，铁质矛头就会插在上面，而枪杆因木栓断裂下垂至地，常常给敌人以沉重打击，所有武器皆由国家提供；废除各兵种原来的队旗，取而代之的是全军团统一的鹰旗。集体精神在鹰旗的引领下不断巩固；士兵统一由国家发放薪饷，普通步兵每年可领取 1200 阿司，百人队队长加倍，骑兵则为 3 倍；严格整顿军纪，引入角斗士训练法，加强士兵的训练强度，经常实施背负行李、口粮的长途行军，以提高士兵的应变能力，强化士兵的服从意识；改变军团官员的任命制，任命权由元老院转归主帅。那些勇气惊人、有能力、有经验的士兵得到了提拔。[1] 马略把罗马的军队打造成职业化程度极高的军事力量。

公元前 103 年和公元前 102 年，马略连续当选为执政官。经过 2 年的训练，罗马的职业军队终于等来了一试身手的机会。此时，森布里人与条顿人在塞纳河流域重新会合，准备往东攻打意大利。公元前 102 年，马略在高卢境内的阿奎·塞克斯提埃（Aquae Sextiae，今法国埃克斯附近）与条顿人展开激战。条顿人被罗马军队彻底击败，完全失去战斗力。据李维记载：有 20 万敌人被杀，9 万人被俘。[2] 马略在自己缺席的情况下第五次当选执政官。

公元前 101 年，森布里人进入北部意大利。马略迅速统兵迎战。双方最终在韦尔切莱（Vercellae）一带相遇，并展开决战。森布里人的数量大致为20 万（包括随行的妇孺），骑兵 15000 人。马略则拥有 55000 人。结果 14 万

---

[1] 那些辛劳勤奋、安静工作、毫无怨言的人被称为"马略之骡"。

[2] 李维：《罗马史》，摘要，68。古典作家对这场战争的死、伤人数记载不一。普鲁塔克认为：此战杀死和俘虏的人数超过 10 万；帕特库鲁斯记载的是杀死 15 万人；奥罗修斯的说法是 20 万人被杀，8 万人被俘。

森布里人被杀，6 万人被俘。[1] 经过两年多的艰苦战斗，罗马人终于打败了给罗马带来巨大惊恐的条顿人和森布里人。罗马历史上第一次与日耳曼人的交兵以罗马的胜利而告结束。罗马为马略举行了两次凯旋式。马略成了"罗马的救星"。

马略军队庆祝胜利的情景

> （马略）不但救了罗马，而且只有他能救罗马：这是确定的事实，毫无疑义；他的姓名挂在人人的嘴边，贵族也承认他的功绩；在人民中间，他所受的爱戴真是空前绝后，无论他的长处短处，无论他那非贵族的无私和他那乡下人的粗鲁都成为爱戴的对象，民众称他为第三个罗慕鲁斯和第二个卡米卢斯，对他像对神灵似的行祭酒礼。[2]

马略成为罗马政坛上的最重要的人物。马略化解了罗马的军事危机，改革废除了义务兵役制，为无产者创造了新的职业岗位，起到了广开兵源和提高战斗力的作用。马略军事改革保住了公民兵制，保住了作为军事主力的公民兵，从而避免了公元前 4 世纪希腊城邦只能依赖雇佣兵作战的惨况。廖学盛先生对此有过深刻的评价。他说：

> 公元前 2 世纪末马略进行的军事改革，重要的客观效果之一，就是使贫穷的公民通过当兵能够重新获得土地，变成拥有足够财产的罗马公民，使罗马公民人数不致减少。[3]

---

① 李维：《罗马史》，摘要，68。参见普鲁塔克：《马略传》，27。

② ［德］特奥多尔·蒙森：《罗马史》第 4 卷，商务印书馆 2014 年版，第 175 页。

③ 廖学盛：《廖学盛文集》，上海辞书出版社 2005 年版，第 198 页。

马略改革其实质就是一场变相的土地改革。据普鲁塔克记载：马略分配给每个老兵 14 普勒特隆（18.2 亩）土地，结果发现还有人感到不满，于是就说了一句颇为无奈的话：要是罗马人对足以维持其生计的土地不嫌少，那该多好。[①] 这充分说明尽管分配给老兵的土地不是很多，但土地分配确实是不争的事实。

当然，马略改革也给罗马共和国带来了严重后果：

> 在（原先的）征兵制度之下，被召的市民或农夫认为兵役仅是一种为公益而承受的负担，认为他因服兵役而受绝大的损失，战利品仅是绝大损失的微薄赔偿。从军的无产阶级却不然。不但他全靠饷金，而且因为退伍以后既没有伤兵疗养院甚至也没有济贫院收容他，他当然愿先留在麾下，不建立他的市民地位便不离去。他唯一的家是兵营，他唯一的技术是战斗，他唯一的希望是将军——这事的意义不言而喻。[②]

这些职业型的公民兵与社会生产相脱离，没有财产等级制下的公民兵所具有的那种爱国热忱。他们参战的目的就是为了改变命运、发财致富。士兵们要的是"土地"和"经济"，因此，很容易为军事统帅所收买。统帅们要的是"忠诚"与"权力"，因此也很乐意放纵军队。"将可私兵"，即"军队私人化"与"兵可择帅"都是马略军事改革的必然结果。马略改革把"军事之鹰"带入了共和国，带入了标榜"以法理政"400 余年的罗马共和国。罗马的共和政制再次面临新的更大考验。

第二节　冲突与战争

罗马的土地改革和军事改革皆为权宜之作，不但没有解决国家的根本性问题，相反因为操作者的简单或不成熟行为，更加加重了公民内部、公民与同盟者之间的矛盾。罗马内战是必然之事。

---

① 普鲁塔克：《克拉苏传》，2。
② ［德］特奥多尔·蒙森：《罗马史》第 4 卷，商务印书馆 2014 年版，第 179 页。

一、意大利同盟战争

外战结束以后，罗马的内争再起。焦点是如何安置马略的退伍老兵。公元前100年，马略第六次当选为执政官。他与是年的保民官撒图宁（又译：撒图尔尼努斯）联手，通过土地法案，将新征服的森布里人的土地分给马略的老兵。老兵中的部分意大利同盟者也因此得到了土地。这一法律遭到罗马贵族的强烈反对，保民官撒图宁还为此付出了生命。此时，自由、民主、法律、荣誉、官职以及秩序在罗马已经消失。公元前91年，贵族出身的保民官德鲁苏斯重提分配公有地[①] 和授予意大利人罗马公民权法案。法案通过后又遭元老院废除。德鲁苏

萨图尔尼努斯头像钱币

斯自己也遭暗杀。德鲁苏斯法案的受挫和德鲁苏斯的被暗杀，实际上也就切断了意大利人以正当途径获取罗马公民权的道路。武力反抗罗马逐渐成为意大利人获取权利的唯一选择。

其实，在公元前2世纪中叶以前，罗马人处理意大利的事务是比较成功的，意大利人对罗马人较为信任，虽然各种不平等一直存在。例如，公元前218年，意大利同盟被征发的兵额几乎是罗马公民的一倍；第二次布匿战争结束后，公民兵可以退伍回家，同盟兵则还得完成戍守工作。公元前177年，同盟兵所得犒赏只是公民兵的一半。在分配意大利北部的土地时，公民每人授耕地为10犹格，而非公民每人只有3犹格。[②] 但在公元前2世纪以后，

---

① 德鲁苏斯（Marcus Livius Drussus）是反对盖约·格拉古改革的那位德鲁苏斯的儿子，曾任营造和财务官，公元前91年，出任保民官。德鲁苏斯认为：在他之后，除了空气和泥土以外，已没有东西可分。Aurelius Victor, *De Viris Illustribus*, 66.

② ［德］特奥多尔·蒙森：《罗马史》第3卷，商务印书馆2005年版，第290页。

随着罗马国势的迅速提高，同盟者与罗马人之间的矛盾明显加深。[①] 而要解决这些矛盾的关键就是公民权的问题。在德鲁苏斯之前，一些有远见的罗马政治家已经察觉到了解决意大利问题的症结所在，认识到意大利人是罗马帝国的共同参与者而不是属民，[②] 提出了给予意大利人以公民权的法案，但几乎全部以失败而告结束。

公元前 91 年，罗马密探发现阿斯库努姆城的居民与邻近城市交换人质。他迅速把这个消息告诉给负责该地区事务的罗马行政长官塞尔维里乌斯。后者迅速赶赴阿斯库努姆城，威胁警告阿斯库努姆居民。此举激起民愤。阿斯库努姆人杀死了塞尔维里乌斯以及在当地的其他罗马人，抢劫了他们的财物，正式打响了反抗罗马统治的第一枪。

第一批参加反对罗马人战争的是以马尔西为首的中部意大利集团，后来南部意大利地区也加入了战争。马尔西人素以英勇善战著称；民间一直流行着一句赞颂马尔西勇敢的话：没有战胜马尔西人的凯旋，也没有无马尔西人参加的凯旋。罗马建立的殖民地，除拉丁殖民地维努吉亚以外，皆站在罗马人一边。位于埃特鲁里亚、翁布里亚等罗马附近地区的居民一直处于观望状态。因参与反抗者皆为罗马的意大利同盟，所以，这场战争又称"意大利同盟战争"。

"意大利同盟战争"是罗马历史上被迫应对的战争。战争爆发于意大利本土。

战争爆发后，意大利同盟者除了各市镇的驻兵外，共有步兵和骑兵约10 万人，罗马人以同样的兵力攻击他们。[③] 为与罗马抗衡，同盟者成立了自己的国家，取名"意大利亚"，建都科尔菲尼乌姆（Corfinium），仿罗马政府模式，设立元老院（500 人）、执政官（2 人）和行政长官（12 人）等管理机构，掌战争与和平的最高权力，并自铸货币，正面图案为被牛踩踏的母狼。马略改革以后所出现的所有罗马和意大利名将基本上都参与了这场战争。以前同吃同住、患难与共的战友，现在许多都变成了战场上的对手。

战争初期，战场主动权一直掌握在意大利同盟者手里。同盟者的胜利，

---

① 参见 Gellius, *Attic Nights*, 10, 2。
② 参见阿庇安：《内战史》，1, 5, 34。
③ 阿庇安：《内战史》，1, 4, 39。

鼓舞了埃特鲁里亚人和翁布里亚人以及其他附近地区的民族，其中个别公社还公开倒向同盟者。为阻止暴动的进一步蔓延，公元前90年冬天，执政官路西乌斯·朱里亚·凯撒提出了一个法案。该法案迅速被公民大会通过，这就是著名的《朱里亚法》。《朱里亚法》宣布：凡是那些现在还和罗马人联盟的意大

翁布里亚的罗马殖民地公共浴室遗址

利人都被授予罗马公民权。公元前89年年初，罗马又通过两位保民官提出的法案，宣布：凡在两个月内放下武器的暴动者可获取公民权。[①] 这样，元老院就使那些忠顺的人更加忠顺，使那些动摇的人转而坚定起来，使那些坚决反抗罗马的人逐渐平和下来。因为罗马的政策使意大利人都有了取得公民权的希望。埃特鲁里亚人和翁布里亚人首先得到了公民权，其他参与抵抗罗马的意大利人也开始瓦解。有的则干脆放下了武器。战局开始向有利于罗马的方向发展。由此可见，政策的重要作用。政策就是民心，政策就是成果。

公元前89年，L.波尔契乌斯·加图和庞培·斯特拉波当选为执政官。罗马人经过艰苦的努力占领了科尔菲尼乌姆。不久，又攻下了阿斯库努姆和波维雅努姆。罗马已经胜利平息北部和中部的同盟者暴动。与此同时，另一支罗马军开进阿普里亚，基本上恢复了罗马人在南部意大利的统治。公元前88年年初，意大利虽还有部分地区战事未息，但同盟者的大部分地区已被罗马控制。意大利战争基本结束。

对于罗马人来说，同盟战争是一场生死之战，是一场"一"对"多"的较量。"胜"则继续统领意大利；"败"则失去帝国，失去在意大利生存的空间，甚至成为奴隶。因为经过一系列残酷战争之后获胜的同盟，一定会改变其原来的地位。"成王败寇"照样适合于罗马。但战争的结果是罗马人赢得了胜利。

---

① 这一法案由人民保民官马尔库斯·普劳提乌斯·希尔瓦努斯和盖约·帕比里乌斯·卡波提出。

胜利的罗马人不但拯救了罗马，拯救了意大利，而且也拯救了整个地中海世界，使之免遭兵燹之祸，战乱之苦。

对于同盟者来说，这场战争既是失败者，但同时更是胜利者。他们获得了意大利人梦寐以求的罗马公民权。同盟战争之后，意大利所有居民都逐渐变成了罗马公民，直接享受原先只有罗马公民才能享受的权利和待遇。为了不使他们与旧公民混在一起，以人员上的优势否决旧公民的决议，颠覆罗马元老院制定的大政，这些新公民被严密地编在原来 35 个特里布斯以外的 8 个特里布斯。[①] 罗马与意大利之间原先的主人与属民关系开始改变，意大利各联盟也成了罗马国家内部的地方自治体。意大利人和罗马人之间的政治、经济和文化融合进一步加速。

同盟战争终于使罗马走出了城邦。国家的认同标准进一步扩大既取决于血缘关系，更取决于公民权的有无。这与雅典等以血缘为唯一认同依据的城邦完全不同。公元前 451 年，雅典公民大会根据伯里克利的提议通过公民权法，规定只有父母均为雅典人的人，才有资格成为公民，此后雅典始终保持着血缘的纯洁性，直到雅典城邦被马其顿人征服而丧失政治独立之日。[②] 罗马公民权的开放打破了古代城邦的血缘排他性原则。它所产生的效果在罗马后面的历史中得到了充分的展示。

二、马略、苏拉的内战与苏拉独裁

同盟战争结束以后，罗马国内的内部斗争又进入了一个新阶段。在过去，谋杀和暴动通常是偶发事件，但此后，党派的领袖们常常带着庞大的军队，依照作战的习惯，彼此相互攻击。他们把国家变成了争夺的对象。而最先挑起军队间内战的就是军事改革的始作俑者马略和军事改革的参与者苏拉。

路西乌斯·科尔涅利乌斯·苏拉（前 138—前 78 年）出身于破落贵族世家，从小生活艰苦，年轻时住的是廉租房。萨鲁斯特认为：他是一个有高度智慧的人。[③] 公元前 107 年，随执政官马略出征努米底亚，为随军财务官。

---

① 有学者认为是 10 个特里布斯。
② [古希腊] 亚里士多德：《雅典政制》，36。参见廖学盛：《廖学盛文集》，上海辞书出版社 2005 年版，第 195 页。
③ 萨鲁斯特：《朱古达战争》，95。

在极偶然的情况下，通过摩尔人国王波库斯之手，俘获朱古达。马略第二次任执政官时，苏拉是他的副将；第三次任执政官时，苏拉当选为保民官。公元前97年，苏拉出任行政长官。此后，他被派往卡帕多西亚，是第一个与帕提亚人建立联盟与友谊的罗马人。作为众多将领中的一员，苏拉参加了意大利同盟战争并因勇敢机智，战绩卓著，当选为公元前88年的执政官。通过抽签，苏拉取得了亚细亚和米特里达梯战争的指挥权。

路西乌斯·科尔涅利乌斯·苏拉像

米特里达梯战争是本都国王米特里达梯六世（前120—前63年在位），趁意大利同盟战争罗马无暇东顾之时，挑起的入侵罗马行省亚细亚的战争。

本都国位于黑海南部。米特里达梯六世的父亲是第一个与罗马人做朋友，派遣一支船舰和辅助部队去帮助罗马人进攻迦太基的人。米特里达梯六世继位后，控制了小亚细亚的大片领土。公元前89年，米特里达梯六世率军攻占罗马的亚细亚省，并颁布一条残酷的法令，在一天之内找出并杀掉所有居住在亚细亚的罗马、意大利人血统的公民，包括母亲和婴孩在内，就是那些逃到神庙里的人也不放过。据不完全统计，被杀的罗马人和意大利人就达8万。① 这也说明罗马人在亚细亚等地不得人心。此后，他又越过爱琴海，迅速占领了雅典等地区，蹂躏了马其顿地区。罗马的统治，总督的勒索，包税人员的敲诈，司法审判中的不公，激起了当地人民对罗马的愤慨。整个亚细亚及附近地区都把米特里达梯六世视作是"解放者"。

亚细亚局势的骤变，不但颠覆了罗马对东部地中海尤其是亚细亚行省的统治，而且极大地打击了罗马的税收，使罗马的国库受到严重的影响，从而

---

① Valerius Maximus, *Memorable Doings and Sayings*, 9，2. 普鲁塔克认为：一日之内，在亚细亚被屠杀的罗马人达15万。普鲁塔克：《苏拉传》，24；Cicero, *De Leg.Man.*,7;cf. M.Cary and H.H.Scullard, *A History of Rome,Down to the Reign of Constantine*, New York, St.Martin's Press, p.231.

迅速引起罗马的反击。虽然当时的意大利战争尚未结束，但罗马还是立即作出向米特里达梯六世宣战的决定。罗马甚至动用了长期储藏的财宝，以9000磅黄金作为战争经费，准备与米特里达梯六世作战。

罗马元老院按惯例任命执政官苏拉统兵作战。但这一任命遭到平民保民官苏尔比西乌斯（Sulpicius）和马略的联合反对。马略认为这场战争很容易且有利可图，因此希望自己成为统帅。苏尔比西乌斯利用600名骑士、随从以及3000名武装，在公民大会上强行通过法律，马略取代苏拉成为东征军司令，并派军事保民官前往诺拉，接收驻扎在那里的军队，把指挥权交给马略。公元前88年，苏拉先一步赶到诺拉，鼓动军队"去挽救祖国，使它不受暴君们的统治"。在得到士兵们的普遍响应后，苏拉带着6个军团的士兵向罗马进发。经过激烈的战斗，罗马城被苏拉的军队攻下。马略及其支持者约10余人被宣布为"罗马人民的公敌"①，财产被充公。保民官苏尔比西乌斯被杀。马略匆匆逃出罗马，历经艰辛逃到阿非利加。苏拉在没有得到元老院授权的情况下，率军向自己的同胞进攻，开创了以罗马自己的军队攻打自己的首都的先例。罗马共和国的权力制衡与公正秩序在新式军队面前显得软弱无力。在士兵们的眼里，统帅高于一切，统帅胜过一切；在统帅眼里，士兵就是武器，士兵就是权力，就是自己的生命。国家、同胞都是毫无意义的"概念"而已。罗马历史开始进入了建立军事独裁统治的新阶段。

苏拉在罗马依靠军队，对共和国的政府权力做了一定的调整，恢复元老院在国家生活中的核心地位，并从自己的拥护者中，选定300人为元老，以加强元老院的实力；规定没有元老院同意，不得向公民大会提出任何法案；以塞维乌斯表决法否决部落大会表决法，进一步限制民众的力量。保民官和公民的权力遭到了严重的削弱。公元前87年，苏拉前往巴尔干，指挥罗马军队与米特里达梯六世作战。

苏拉离开罗马后，马略和秦那联合攻打罗马，截断罗马的物资供应。元老院被迫邀请马略和秦那入城。马略和秦那在罗马复辟。人人都带着恐惧的

---

① 按照罗马法律，凡被宣布为"罗马人民的公敌（hostes rei publicae）"的人，其他所有人（包括奴隶）都有权将其杀死。"公敌宣告（proscribere）"原先只是针对个人的个案，但从马略、苏拉时代开始，直到共和结束，这种大规模的"公敌宣告"，一直是执政者打击对手的一种手段。

心情，战战兢兢地迎接马略和秦那入城。大规模的政治迫害随即展开。苏拉及其众多党羽被宣布为"公敌"，苏拉的财产被没收，他的大批追随者被捕杀。罗马处在血雨腥风之中。

苏拉率领3万军队抵达巴尔干，面对的却是多重的困难：军队财库空虚，罗马政敌大权在握，军队没有后方的支援，而米特里达梯六世又几乎掌控了小亚细亚、巴尔干和马其顿的大部分地区。苏拉的出路唯有一条，这就是迅速打败米特里达梯六世。公元前87年冬天至前86年3月，罗马军队包围并最后占领雅典；皮里优斯港被彻底摧毁。此后，苏拉的作战指挥权被罗马当局撤免。大约在公元前86年秋，苏拉与米特里达梯六世的军队在巴尔干的奥考曼诺斯（Orchomenos）决战，取得了胜利。公元前85年，米特里达梯被迫求和，苏拉也急于结束战争返回意大利。同年8月，双方签订了一份条约。规定：米特里达梯六世退回到他世袭的本都王国，仍为本都的统治者，罗马人民的盟友。他必须交付3000塔兰特赔款，交出80艘战舰等。条约虽然温和但基本上符合苏拉的要求。小亚细亚各国又回归到战前的领土占有与治理状况。

第一次米特里达梯战争结束以后，苏拉迅速恢复小亚细亚的秩序。始终支持苏拉的国家如罗德斯岛等得到慷慨的赏赐，亚细亚行省则因站在米特里达梯六世一边，被要求支付2万塔兰特作为军事赔款。[1]公元前84年，苏拉再次从小亚细亚进入巴尔干半岛。阿庇安认为，在不到三年的时间内，苏拉杀了160000人，恢复了巴尔干、马其顿、爱奥尼亚、亚细亚和米特里达梯从前所统治的其他许多国家，剥夺了米特里达梯国王的舰队，现在只把国王限制到他祖传的王国里。[2]值得一提的是：苏拉把存放在雅典的有关亚里士多德和特奥菲劳斯图斯的著作运到了罗马，使其保存于世。[3]

公元前83年春，苏拉率领满载掳获物的4万大军在南意布隆图辛港登陆。这是一支训练有素、战斗经验丰富、忠于苏拉的军队。苏拉带着仇恨，杀向罗马，一路有10多万青年被杀。许多罗马贵族纷纷投向苏拉。年轻的庞培（23岁）带着刚刚征来的3个军团投向苏拉。公元前82年冬，苏拉第

---

① 亚细亚的实际付款数为12万塔兰特。参见普鲁塔克：《卢古鲁斯传》，20。
② 阿庇安：《内战史》，1，9，76。
③ 普鲁塔克：《苏拉传》，26。

二次攻入罗马，并随即实行"公敌"宣告，把"公敌"的姓名公布于罗马广场，大约 40 名元老和 1600 名骑士被列为"公敌"。一大批马略党人及意大利人被屠杀、放逐或财产充公。[①] 苏拉为此获得的财富达 3 亿 5 千万塞斯退斯。[②]

在血腥屠杀之后，罗马已经没有了执政官，没有了法律、选举或抽签的必要。人人都在恐惧中过日子。苏拉被元老院宣布为独裁官，被授权制定法律并处理共和国事务，任期到罗马、意大利的秩序得到恢复为止。[③] 苏拉已经成为事实上的"僭主"或"国王"。他的权力不是来自理智的选举，而是依靠背后的暴力。

波里比阿曾经在赞扬罗马共和政治的时候曾有过这样的分析：所有现存的事物有始有终，有变化。这是自然现象；一个国家在历经多次危难，随后获得了霸权和无可争议的最高权力之后，就会出现生活奢华、公民为争夺官位和其他事物而不择手段等现象；当这种坏现象继续蔓延时，对职权的欲望和地位卑微的屈辱，将与炫耀和奢靡之风一道，导致整个社会的衰落。这一变化的主导力量是大众。他们一方面对某些人的贪婪极度不满，一方面又因谋求权势者的奉承而傲慢自大。他们既不愿再服从统治，也不愿与当权者平起平坐，而是要求得到最大的权力。这样，自由或民主制实质上也就变成了最恶劣的一种体制，即暴民统治。[④]

波里比阿是看到了罗马共和制的内部危机，但显然没有意识到真正颠覆共和国的不是民众而是带兵的将军。正是苏拉建立起了罗马史上第一个军事独裁政权，颠覆了共和制的核心内涵——公民权力至上与分权制衡原则。

为了巩固其独裁统治，苏拉废除了部分旧法律，制定了一些新法律。他从骑士中选拔 300 人为元老，以补充内战中大伤元气的元老院；恢复元老院对于公民大会通过的各种决议的否决权；重申高级官员的晋升制度，财务官、行政长官、执政官只能按级晋升，不得越级，任何人必须经过十年后才能再担任同一的官职；担任人民保民官职务者以后不得再担任其他职务；解

---

① 据阿庇安统计：苏拉一共毁灭了 90 名元老，15 名与执政官职位相等的官员，2600 名骑士。参见阿庇安：《内战史》，1，103。

② 李维：《罗马史》，摘要，89。

③ 苏拉被瓦勒利乌斯法宣布为"有权制定法律和处理改革事务的独裁官（dictator legibus scribundis et rei publicae constituendae）"。独裁官职位已经有 120 年没有设立过了。

④ 参见波里比阿：《历史》，6，57。

放年轻身强的 10000 名奴隶，给予他们以罗马公民权，随时服从他的命令；把土地分配给他的老兵。为严肃法纪，他甚至当众处死不遵法令的亲信琉克利喜阿斯。此人曾杀掉执政官马略、为苏拉取得最后胜利立下汗马功劳。但因其违反苏拉新法的规定而被苏拉在广场处决了。苏拉还召集公民会议，警告说："你们要知道，从我这里得到教训，我杀死琉克利喜阿斯，因为他不服从我。"苏拉还讲了一个寓言："有一个农民当他在犁田的时候，被虱子咬着。他停止他的工作两次，以便把虱子从他的衬衫上抖落。当虱子再咬他的时候，他就把他的衬衫烧掉，以免妨碍他的工作。我告诉你们，如果你们使我动手了两次的话，那么，你们要当心，第三次你们就需要火了。"此时，苏拉独裁已经替代了共和国的审判原则。如阿庇安所说：苏拉就可以随心所欲地统治罗马了。[1]

苏拉的独裁统治从表面上看结束了公民大会上的两派相争，制止了公民大会的混乱局面。但就实质而言，它大大地伤害了共和国的精神，削弱了共和国的基础，从而加速了共和国的灭亡。

公元前 80 年，苏拉主动放下权力，辞去无限独裁官的职务，过起退隐生活。据说，有一次当他回家的时候，遭到了一名儿童的辱骂。这次辱骂使他预感到：未来掌握国家权力的人将不会放弃权力。没有权力保护的独裁官不但会受到语言暴力的威胁，甚至连生命安全都无法得到保证。苏拉隐退可能出于厌倦政务，但并未停止对罗马政治的控制。凯撒对于苏拉放弃独裁官职，有过精辟的评论。他认为：共和国只是徒有其名；苏拉放权是不懂常识之故。[2] 此话说得确实是入木三分，极有道理。公元前 78 年，苏拉去世，他的各项政策也逐渐遭到了废弃。

三、斯巴达克起义

公元前 133 年以后，罗马政治斗争不断，经济模式也有了许多变化。公有土地私有化已经成为现实，退伍士兵争夺意大利的土地也成为司空见惯的事。随着土地私有化的推进，土地买卖也十分流行。以奴隶劳动为主的大地产在意大利迅速发展。对外战争的胜利使更多的外族奴隶聚集意大利。这些

---

① 阿庇安：《内战史》，1，101。
② 苏埃托尼乌斯：《圣朱里乌斯传》，77。

奴隶或在大庄园劳作，或在手工作坊劳动，或成为角斗士，供主人们娱乐消遣。奴隶都是主人个人的财产。主人的残酷统治与奴隶的悲惨生活，迫使奴隶们不断举行起义。斯巴达克起义就是继第一次和第二次西西里奴隶起义后在罗马意大利爆发的最大一次奴隶起义。

斯巴达克是色雷斯人，出身自由。公元前 80 年，在色雷斯反对罗马的战斗中，斯巴达克战败被俘。他先在罗马辅助部队中服役，后被卖到卡普亚角斗①学校受训。公元前 73 年，卡普亚角斗学校中的 200 多名角斗士在斯巴达克的鼓动下，密谋逃跑，但因计划泄露，最后只有 78 人得以逃脱②。在路上，他们夺取了向附近一个角斗学校运送的几车角斗武器，并用它武装自己。接着，他们便直奔卡普亚附近的维苏威山。起义军在这里安营扎寨，并推选斯巴达克为他们的统帅，高卢人克里克苏斯和日耳曼人恩诺迈斯为副统帅。

斯巴达克起义起初并未引起罗马政府的重视。因为在当时，奴隶逃跑是司空见惯的事。但是，随着起义队伍的不断扩大，以及起义军对坎佩尼亚地区威胁程度的加深，罗马政府开始对这次起义的危险性和严重性有了新的认识，他们决定派兵前去维苏威火山，以便拔除这个危险的"暴乱"据点。

公元前 72 年，罗马元老院派两名执政官率军镇压起义军。但两支政府军均被斯巴达克击败。起义军对形势有清醒的认识：他们不可能推翻罗马，不过，他们可以翻越阿尔卑斯山回到各自的家乡。斯巴达克成功地到达阿尔卑斯山脚下，并将队伍发展至 12 万。接着，起义军改变行军的路线，转北向南直接向罗马方向挺进。

斯巴达克的南下引起罗马一片恐慌。公元前 71 年，元老院宣布国家处

---

① 角斗是罗马史上最野蛮的娱乐活动。参加角斗者大多来自受过专门训练的角斗奴。传说，这种残忍的娱乐是罗马人从埃特鲁里亚人那里学来的。公元前 264 年，罗马贵族 M. 布鲁图斯和 D. 布鲁图斯兄弟俩在其父亲的葬礼上，首次使用了角斗表演。自那以后，角斗逐渐成了罗马的习俗。国家或一些政治野心家为了笼络人心，讨好民众，经常举办一些角斗比赛。据说，凯撒就曾组织过由 320 对角斗奴参加的角斗表演。

② 起义时角斗奴的人数，古典作家说法不一。普鲁塔克说为 78 名（Plutarch, *The Parallel Lives, Sulla*）；阿庇安说为近 70 名（Appian, *Roman History, Civil War*, 1, 116）；李维、萨鲁斯特说 74 名（Livy, *History of Rome*, Summary, 95~97；Sallust, *History*, 3）；弗罗努斯则认为不到 30 名。

油画《角斗士》，让·莱昂·热罗姆绘，现藏美国凤凰城艺术博物馆

于紧急状态，免去两名执政官对军队的统帅权，准备选举一名行政长官与起义军作战。但竟然没有人愿当候选人。元老院最后选定大财主克拉苏为军事统帅，带领 6 个新军团和原属执政官指挥的 2 个军团，与斯巴达克作战。为严肃军纪，克拉苏对部队实施"什一抽杀律（decimatio）"。据记载有高达4000 士兵被抽杀。

斯巴达克在遭到克拉苏攻击后，率队奔向半岛南端的布鲁提亚，打算渡过墨西拿海峡，前往西西里。后因西西里总督维列斯重金贿赂准备运送起义渡海的海盗，致其背约，斯巴达克的渡海计划未能实施。为了把斯巴达克困死在意大利南端，克拉苏在布鲁提亚挖了一条"由海到海"的大壕沟。斯巴达克率领起义军冲破了封锁线，计划由布隆图辛渡海，前往巴尔干半岛。但此时，罗马庞培和卢库斯率领的军团都已汇集意大利，与克拉苏一起围剿起义军。斯巴达克始终未能找到撤离意大利的突破口。斯巴达克最终选择在阿普里亚与克拉苏决战。战斗中，斯巴达克的大腿被矛刺伤，仍坚持战斗，直至英勇牺牲。起义军最后被罗马军队镇压。被俘的 6000 人被钉死在从卡普亚到罗马沿路旁的十字架上。

从现有的材料看，斯巴达克起义的三年间，意大利所有地方自治市都没有给起义者提供援助，自由民参与起义的更是寥寥。它们都与罗马站在一起。由此可见，在反对奴隶这一问题上，意大利人与罗马人是高度一致的。

斯巴达克起义在罗马的心脏意大利地区坚持了三年，对于罗马政府是一个沉重的打击。这次起义客观上支持了西班牙塞多里乌斯的反罗马运动，并有力支援了米特里达梯六世的反罗马斗争，使罗马处于三面作战的被动局面。同时，起义严重冲击了意大利的奴隶制经济，从而促进了意大利奴隶制庄园经营模式的变革，部分地调整了意大利奴隶制生产关系。在斯巴达克起义后，奴隶主更加关注奴隶的家庭问题，更加关注同族奴隶的组合问题，更加关注授产奴隶制的推行问题。隶农制，作为一种新的剥削形式，也开始在意大利流行起来。

斯巴达克起义后，奴隶主利用奴隶劳动的领域不断扩大，而且多实行自己亲自管理。克拉苏认为：

> 奴隶应该承担主人所要做的所有事务，而主人所要做的事就是对奴隶实施管理。苏拉有 500 名从事建筑的奴隶，有无数矿工，还有极为能干的书记员、侍读、银匠、管家和侍候进餐的奴仆。克拉苏认为：管理无生命的东西，那属于理财学的部分。而涉及到人，那就属于政治学了。[1]

西塞罗也认为：

> 我们应该记住，甚至对处于最下层的人也应该保持公正。最下层的地位和命运是奴隶的地位和命运，有些人关于奴隶的提议是很对的，他们要求像使用雇工那样使用奴隶，即让他们劳动，同时提供应提供的东西。[2]

在镇压了斯巴达克起义以后，军事将领庞培和克拉苏在元老们的调和

---

[1] 参见普鲁塔克：《克拉苏传》，2。

[2] 西塞罗：《论义务》，1，41。译文见西塞罗：《论义务》，中国政法大学出版社1999年版，第45页。

下，陆续解散军队。罗马共和国暂时度过了军人专权的危机，继续在风雨飘摇中艰难前行。

第三节　从三头政治到一头独裁

城邦政治的重要特征是公民大会享有决定国家事务的大权，而公民大会行使权力的结果便是公民内部派别争斗的加剧。波里比阿隐隐约约地看到派别争斗将是结束共和制的关键因素。但罗马历史发展的进程并没有给派别争斗留下很多空间。改变共和制的主力是强人势力，尤其是掌握行省军权的强人力量。

一、三头政治

公元前 70 年，庞培和克拉苏当选为执政官。按照苏拉时期颁布的法律，庞培显然是被破格任用。因为他既没有财务官的经历，也没有担任过行政长官的职位。不过，庞培在罗马的影响力却远远超过克拉苏。

庞培（前 106—前 48 年）出身名门，是担任过罗马执政官的庞培·斯特拉波的儿子。他 17 岁从军参加意大利战争。苏拉在布隆图辛登陆后，庞培带领三个军团归附苏拉。此后，他带兵出征阿非利加，取得胜利。苏拉在罗马城外亲自迎接，称呼他为 "Magnus（伟大的）"。庞培提出了举行凯旋式的要求，但遭到苏拉和其他元老的反对。因为根据法律，除了执政官和行政长官以外，任何人不得获取凯旋的荣誉，而庞培当时还没有任何官职。庞培以 "敬崇东升的旭日比敬崇西下的夕阳好" 一语打动苏拉。苏拉决定破格让庞培进行一次凯旋。当时，庞培只有 24 岁。李维说："这是没有前例的荣誉。"[1] 可以说，是苏拉成就了伟大

庞培像

---

[1]　李维：《罗马史》，摘要，89。

的庞培，但真正促使庞培走上政治之路的则是苏拉死后罗马政局的快速变化。

苏拉的独裁统治，严重地损害了罗马人民的自由，压制了罗马的社会活力，使民众处于敢怒不敢言的状态。苏拉死后，被苏拉权势打压的社会力量开始活跃起来。这些力量中既包括许多失去土地的贫民，又包括很多贵族势力，如公元前78年的执政官雷必达，马略派的重要成员塞多里乌斯。塞多里乌斯曾在西班牙领导抗争运动，成立了自己的政府、组建了军队。公元前77年，罗马派庞培率军前往征讨。经过多年苦战，西班牙抗争运动被镇压。公元前71年，庞培班师罗马，在途中镇压了最后一支5000余人的斯巴达克起义军。庞培在罗马的声望日益增加。

克拉苏和庞培都是苏拉的亲信和忠臣，但亲信不亲，忠臣不忠。他们在当选为公元前70年的执政官后，纷纷支持废除苏拉的法令，通过庞培·李锡尼法（lex Pompeia Licinia），恢复了人民保民官的一切权力。公元前70年选出的监察官，又对元老院进行了直接的清洗，其中有64名苏拉分子被清除出元老院。这在罗马历史上还是第一次。苏拉破坏的传统秩序再次得到了恢复。保民官依然在政坛上提出法案，公民大会照常处于混乱无序状态。值得注意的是：这一年通过了奥利略法（lex Aurelia），规定审判法庭必须由元老、骑士和富裕平民（tribunus aerarius）组成。[①] 富裕平民的出现表明，这时罗马的社会分化已经相当严重。

海盗始终是破坏地中海稳定的主要敌人。因为战争的缘故，有一部分丧失生计和家乡的穷人，因无法生活，就在海上劫掠。他们攻击没有设防的城镇，并大肆抢劫，把比较富裕的罗马公民劫扣，以索取赎金。有一段时间，海盗的势力十分猖獗，海盗船的数量超过1000艘。海盗不仅控制了东地中海，还扩散到整个地中海，甚至在海战中打败了罗马的将军和总督。这些海盗分散在各处，袭击意大利沿海地区，劫掠贵族和平民，地中海航行受到严重的干扰，导致罗马城也时常处于饥荒的威胁之中。

为保证地中海海域的安宁，公元前67年，保民官奥鲁斯·伽比尼乌斯提议并最后成为法律（lex Gabinia），授予庞培海上行事的绝对权力，他的

---

① "tribunus aerarius"，最初是指在特里布斯管理税金分配和征集的特殊官员，后来常指一般的富裕平民。

行为无须对其他人负责，时间 3 年。庞培的职权范围主要包括：全地中海区域和离海岸 80 公里的陆地。随庞培出征的有副将 24 人，战船 500 艘，步兵 12 万人，骑兵 5000 人。伽比尼乌斯法一通过，罗马城里的粮价马上就开始下降。

庞培把整个地中海区域分成若干个区域。每个地区分别派遣副将进行同步围剿，防止海盗们彼此联合起来，自己则统领全局。庞培仅用不到 40 天的时间结束了西部剿匪事务；又用不到 40 天的时间剿灭了东部地中海的海盗。最后，庞培将各路军队汇合，集中进攻海盗的中心西里西亚，海盗们很快就被罗马军击溃。庞培将那些由于战争结果陷于贫穷而堕落为海盗的人们安插到马拉斯、阿达那和伊俾芬尼亚或西里西亚·特拉基亚的其他没有人居住或人口稀少的城镇里。他又把其中一些人送往阿卡亚的狄米。庞培仅用 3 个月的时间就完成了罗马人交给的任务，消灭了横行于地中海的海盗，使罗马与各行省之间的海上交通重新得到了恢复。庞培俘获了 376 条船，收复了大约 120 个海盗的市镇、要塞和其他聚集地点，大约有一万名海盗在战斗中被杀。①

公元前 66 年，当庞培还在西里西亚的时候，罗马人民通过人民保民官盖约·马尼里乌斯提出的法案，推选庞培指挥对米特里达梯六世的战争，并授予他最高权力（imperium maius），并把意大利边界之外的军队都划归他统领。这在罗马历史上还是从来没有过的。②庞培接受军权以后，要求米特里达梯六世交出罗马的逃兵，并无条件投降，但遭到米特里达梯六世拒绝。此后，米特里达梯六世利用地理优势，采用疲惫罗军的战术，尽量不与罗军正面冲突。公元前 64 年，庞培改变自身打法：封锁米特里达梯六世的粮道；攻打小亚细亚诸都，使米特里达梯六世没有藏身之地。在这期间，庞培入侵叙利亚和巴勒斯坦地区，并把叙利亚领土归并罗马，建立叙利亚行省。犹太也成为叙利亚行省的一部分。公元前 63 年，当米特里达梯六世筹划经高卢攻

---

① 阿庇安：《米特里达梯战争》，14，96。参见阿庇安：《罗马史》上卷，商务印书馆 1979 年版，第 493 页。

② 苏拉与米特里达梯六世签订和约以后，罗马人又与米特里达梯六世进行了两次战争。一次发生在公元前 83—前 82 年；另一次则发生在公元前 74—前 63 年。后一次战争的起因是：公元前 75 年，比提尼亚国王尼科美德斯三世遗嘱把自己的王国给罗马，从而引起米特里达梯六世的不满。

打意大利时，遭到其子法那西斯（Pharnaces）的反对。法那西斯利用军队的支持，发动政变，米特里达梯六世被迫自杀。本都和比提尼亚并入罗马，成为罗马的一个行省。米特里达梯六世的儿子法那西斯因为反父有功，为罗马作出了重要贡献，因此，庞培决定把博斯波鲁斯的大部分土地分配给他，让他独立行使统治之权。

这样，持续了20余年的米特里达梯六世战争以罗马人的胜利而告终。米特里达梯战争之所以耗时漫长，很重要的原因是战场地处地中海东部山区，对罗马来说不利用兵。而且米特里达梯六世本身实力较强，拥有400条以上的船舰，骑兵达到5万人，步兵达到25万人。[①]

> 凡是人力所能及的地区内，他（米特里达梯六世）都不遗余力以发动尽可能最大的军事行动，从东方到西方。实际上他是扰乱了整个世界，因为整个世界都在战争中受到攻击，或因同盟关系而受到牵连，或被海盗的骚扰，或因和战区相近而受到侵害。[②]

通过这次战争，罗马的边界扩张到了幼发拉底河，并在新征服地区设立或恢复了40个城市。罗马的收入也增加了百分之四十以上。[③] 庞培在没有征得元老院同意的情况下，对东方的事务作了新的安排。公元前62年，庞培按共和国规矩先解散军队，返回罗马并举行了第三次凯旋式。[④] 罗马当时的政治家西塞罗对庞培赞颂有加。他说：

> 由于格奈乌斯·庞培的勇敢，从大西洋到本都的海岸，那些原先不仅阻碍航行，而且危及城市和军用道路的大海已经不再危险，本都已经是一个安全的海港，处在罗马人民的控制之下；也由于格奈乌斯·庞培，那些人数众多遍布我们行省的民族有些被消灭了，有些被打退了；

---

① 阿庇安：《米特里达梯战争》，119。
② 阿庇安：《米特里达梯战争》，119。
③ [英] 迈克尔·格兰特：《罗马史》，国际文化出版公司1990年版，第170页。
④ 庞培共进行了三次凯旋式。一次是战胜非洲的敌人；一次是战胜欧洲（西班牙）的敌人；一次是战胜亚洲的敌人。

赫拉克勒斯雕像被打捞场景（前1世纪大理石浮雕），出土于奥斯提亚。

自左到右，浮雕描绘了三个不同情节。最右边展示的是渔民奇迹般地网到一尊古代赫拉克勒斯雕像。第二个场景展示的是同一尊神像，赫拉克勒斯仍然身穿战服。他正从盒子里抽签，并将签递给一位年轻的男性信徒。最后一个场景展示的是占卜师福尔维斯·萨尔维斯以及他关于胜利的预言实现了。罗马神话中赫拉克勒斯能化身为预言神和命运保护者。在奥斯提亚，他被视为航海及一切相关军事或贸易活动的保护者。

曾经在我们边界之外的亚细亚现在被我们三个新的行省包围。我能谈论世界上每一个地区，每一种敌人。没有任何种族被如此彻底地摧毁，几乎荡然无存，或者如此彻底地被征服，保持顺服的状态，或者如此和平，乐意庆祝我们的胜利和接受我们的统治。①

庞培在45岁以前已经取得了辉煌的成就。普林尼认为：

庞培伟大的功绩不仅毫不逊色于亚历山大，甚至可与赫拉克勒斯和自由之神的功绩相比。为了共和国的利益，他征服了整个阿非利加，并

---

① 西塞罗：《关于执政官级行省的分派演说》，12。见［古罗马］西塞罗：《西塞罗全集·演说词卷（下）》，人民出版社2008年版，第352页。

将它变为共和国的属地，自己也因此获得了"Magnus（伟大的）"的头衔。此后，他又前往帝国西部，在比利牛斯山一带建功立业。他胜利攻占了从阿尔卑斯山到远西班牙边界之间876座城市，并将其全部变成罗马的属地。

伟大的格奈乌斯·庞培，完成了持续30年之久的征战，击败、击溃、杀戮或是臣服的人们共计12183000人，击沉或是掳获了846艘战船，1538座城镇或是军事据点与罗马建立同盟关系，征服了从马奥提斯到红海之间的所有地区。他将地中海海岸从海盗手中拯救出来，并且将这片海岸重新交给罗马人民。之后，他征服了亚细亚、本都、亚美尼亚、帕法拉戈尼亚、卡帕多西亚、西里西亚、叙利亚、斯基太人、犹太、阿拉伯人、伊比利亚、克里特岛、巴斯特尼人，此外还有米特里达梯国王和提戈拉那斯国王。他把帝国的边界推至亚细亚，并且将罗马的控制力深入到了小亚的腹地。①

对罗马而言，庞培是有功之臣，但共和国与君主国一样，都面临着功高盖主的大问题。贡献卓著与待遇不公是一币两面，同时存在。成功之后的庞培遇到共和元老的冷遇也是非常正常的事情，而庞培显然极不愿意接受这样的现实。

凯撒（前100—前44年，一说前102—前44年），是马略的外甥，出身于朱里亚名门。公元前84年，凯撒娶了执政官秦那的女儿科尔涅里娅为妻。政治上倾向于马略派，而与苏拉较为疏远。

公元前82年，苏拉在内战中取胜，秦那被杀。苏拉要求凯撒同科尔涅里娅离婚，遭到凯撒的拒绝。凯撒因此避祸离开罗马。公元前82—前79年间，凯撒旅居东方，并在公元前81年前往小亚细亚。此后，他参加了清剿西里西亚海盗的战斗。

公元前78年，苏拉去世。22岁左右的凯撒返

盖乌斯·朱里乌斯·凯撒像

---

① 普林尼：《对自然的探究》，7，25—27。

回罗马，曾担任法庭辩护人。与庞培和克拉苏不同，凯撒不是苏拉的亲信，而是苏拉打击和迫害的对象，一直在政治上默默无闻。

公元前 76 年，24 岁左右的凯撒再次踏上了前往东方的旅程。公元前 75 年，他在罗德斯岛拜师米隆之子雄辩大师阿波罗尼奥斯。在旅途中，他曾被西里西亚海盗劫持，后者要求以 20 塔兰特作为赎金。凯撒嘲笑海盗不知道捉到的人是谁，并主动要求他们索取 50 塔兰特。在等待赎金的 38 天里，他一直与海盗在一起。凯撒获释后做的第一件事便是组织一支舰队，将所有劫持他的海盗捕获，割开他们的喉咙，钉死在十字架上。

公元前 74 年，凯撒返回罗马，成为祭司。公元前 72 年，获军事保民官职。3 年以后，31 岁左右的凯撒当选为财务官，任期一年，自动获得元老院元老资格。公元前 69 年，凯撒前往西班牙主管行省的财政。他阅读亚历山大的传纪时，曾泪流满面地说：“当他在我这个年龄的时候，已经征服了大流士，而我至今却一事无成。”① 此时的凯撒不但无法与亚历山大比肩，就是与庞培与克拉苏相比也差距很大。此时庞培已军功显赫，举行了两次凯旋式；在财富上，凯撒更不是克拉苏的对手。

凯撒从西班牙返回罗马后，任了一年的营造官。为取悦平民，他不断举债进行竞技比赛，虽债务累累，但用政治投资换来了未来的发展。

公元前 63 年，罗马大祭司长庇乌斯去世。凯撒参加竞选，并对其母亲发誓，不当选，就永不回家。结果凯撒高票当选这一终身职位。是年，喀提林阴谋被执政官西塞罗揭发，元老院和西塞罗都主张判处阴谋者极刑，唯有凯撒反对。不久，他又荣获行政长官一职。

公元前 61 年，凯撒行政长官任期届满，被选派到西班牙行省任总督。因凯撒平时慷慨好施，负债总数达 2500 万塞斯退斯。庞大的债务使他的生命安全变得十分重要。在他准备动身之时，大批债主前来阻拦。幸得克拉苏的资助和担保，凯撒才得以离开罗马前往西班牙就任总督。凯撒和克拉苏之间由此结成政治盟友。

抵达西班牙伊比利亚后，凯撒出兵讨伐卢西坦尼亚人和加拉埃西人，征服了一些从未被罗马人征服的部族。西班牙的一年彻底改变了凯撒的财务困

---

① 普鲁塔克：《罗马人的格言》，19，4。

油画《西塞罗怒斥喀提林》，切萨雷·马卡里绘

路契乌斯·塞尔吉乌斯·喀提林（前108—前62年）贵族出身，苏拉部将和支持者。曾任行政长官、阿非利加总督。以喀提林为首的部分罗马上层集团主张取消债务，分配土地，推翻贵族寡头统治，并得到罗马和意大利平民的广泛拥护。公元前66—前63年，喀提林集团三次推选喀提林为执政官，试图用和平的方法夺权，以实施其纲领。但遭到以西塞罗为代表的元老院势力的竭力反对。喀提林竞选失败。喀提林集团于是开始密谋武装夺权，计划在苏拉老兵较多的埃特鲁里亚农民中组织军队。但密谋被西塞罗探知。公元前63年10月21日，元老院召开会议，授予西塞罗非常大权。11月8日，元老院再次集会，西塞罗发表了第一篇谴责喀提林的演说。喀提林迫于压力次日逃离罗马。此后，喀提林同党普布利乌斯·林都鲁斯等人继续准备起事，但因事泄被西塞罗逮捕。12月5日，元老院对事件进行审判，大多数元老都主张对阴谋者采用极刑，只有凯撒坚决反对。最终林都鲁斯等五人被处以绞刑，西塞罗亲自监刑。公元前62年1月，喀提林组织的军队在彼斯托里亚战败，约3000人战死，史称喀提林阴谋。后世认为，阴谋很有可能是克拉苏和凯撒策划，喀提林在其中只发挥次要作用。

境，给凯撒带来了极为丰厚的战利品。公元前60年，凯撒从西班牙满载而归。他同时向元老院提出两个要求：凯旋式和执政官职位。但凯撒最终放弃了凯旋式，换取执政官候选人资格。

克拉苏（前115—前53年）少年时受到马略与秦那的迫害，后投靠苏拉。克拉苏从300塔兰特财产起家，后发展为罗马巨富。克拉苏当选执政官时，已经相当富裕，曾将十分之一的财富奉献给赫拉克勒斯。他曾举办一万桌宴席招待民众，发给每位市民三个月的粮食。出征帕提亚时，他拥有 7100 塔兰特财产，相当于 1.704 亿塞斯退斯。[1] 克拉苏财富主要来源有两个方面：一是低价购入苏拉时期从公敌处没收来的财产；一是把火灾倒塌的房子廉价买来，然后用奴隶进行建造，再高价出卖。克拉苏常说：不能用自己的财产养活一支军队的人，称不上是一位富人。[2] 可见，克拉苏对财富的重视以及对自身所拥有财富的自得。但在罗马，克拉苏的声誉一直不高，人们对他的贪得无厌没有好感。

克拉苏像

　　克拉苏是镇压斯巴达克起义的主将，也是撤销苏拉独裁政策的主要参与者。公元前 65 年，克拉苏成为监察官。任职期间，他与共和派领袖西塞罗、小加图等意见不合。

　　公元前 62 年，庞培完成地中海东部战争胜利凯旋。元老院对庞培是既感激，又惧怕。感激庞培消灭罗马敌对势力，又为罗马开疆拓土，设立了三个行省，在东部地区建立了战略缓冲区，扩大了国家税源，增强了罗马在东部地区的影响力；但又惧怕庞培出色的军事才能和在士兵中所拥有的崇高威望。据记载：米特里达梯战争结束以后，庞培发给每个士兵的奖赏是 1500 阿提卡德拉克马。奖金总数达 1.6 万塔兰特。[3] 此时的庞培已经完全有能力效仿苏拉进行军事独裁，置共和国于自己的专制之下。所以，元老院对庞培在东方的各项措施，一直未予批准。元老院与庞培之间的裂痕明显加深。这就为庞培、凯撒、克拉苏之间的联合创造了客观条件。

　　公元前 60 年，凯撒从西班牙任职归来。他意气风发，财力充裕，准备

---

① 有学者测算：克拉苏的财产是 1.92 亿塞斯退斯，大致可以供养 40 万个家庭生活一年。参见［英］迈克尔·曼：《社会权力的来源》（第一卷），上海人民出版社 2002 年版，第 347 页。一般认为，1 塔兰特等于 6000 德拉克马；1 德拉克马等于 4 塞斯退斯。

② 普鲁塔克：《克拉苏传》，2。

③ 阿庇安：《米特里达梯战争》，116。

竞选公元前59年的执政官。为了成功当选执政官，凯撒主动协调与庞培、克拉苏之间的关系，订立三头同盟，史称"前三头同盟"。[1] 罗马作家瓦罗把它叫作"三头怪物（Tricaranus）"。建立三头同盟的目的显然是为了维护自身利益，以凌驾于元老院之上，凌驾于共和国之上，"国家的任何措施都不能违背他们中任何一人的意愿"[2]。三头结盟的时候，三人力量是不同的：庞培处于最重要的地位，克拉苏次之，凯撒则位于第三。三人结盟后，凯撒的势力大增。他和贵族派代表毕布路斯被森都里亚大会选为公元前59年的执政官。[3] 毕布路斯作为执政官遭到同僚凯撒的打压，导致他直到任期结束都不参与罗马的政治活动。凯撒大权独揽，"毕布路斯和凯撒执政之年"成了"朱里乌斯和凯撒执政之年"，也就是"凯撒和凯撒执政之年"。

凯撒当政期间，提出或通过了几个法案。法案的主要内容包括：一是根据法律，罗马把中意大利坎佩尼亚的公有土地分配给随庞培征战的老兵和有三个以上子女的家庭。公有土地不足之处由国家拨款购买私有土地补足。这项法律实施后，使凯撒在罗马的地位得到显著的加强。这一法律既满足了庞培及其老兵的要求，又得到因此受益的2万罗马家庭的支持。二是批准庞培在东方所采取的一切措施。三是提出免除包税人三分之一的欠款，以争取骑士等级支持，但元老院对此一直不予批准。对凯撒而言，骑士阶层的政治力量甚至比人数众多的平民力量还要大。四是要求元老院和公民大会的活动项目必须向公众公布，以便公众了解情况，防止暗箱操作。五是通过朱里亚反贿赂法，规定行省总督的经费定额等。法案针对的显然是贵族政治，尽管遭到贵族的强烈反对，但还是在平民和老兵的支持下得到了通过。西塞罗认为：三头同盟的行为已经走向了君主专制。[4]

同年，凯撒把年轻的女儿朱里娅嫁给了年近50岁的庞培。他自己又娶了比索的女儿。比索在凯撒的帮助下当选为下年度的执政官。小加图认为，罗马的政府已经为婚姻关系所玷污，军队、行省以及别的重要职位都会被这

---

① 凯撒曾邀请西塞罗成为三头等级的人。西塞罗：《关于执政官级行省的分派演说》，17。
② 苏维托尼乌斯：《圣朱里乌斯传》，19。
③ 参阅阿庇安：《内战史》，2，2，9；苏维托尼乌斯：《圣朱里乌斯传》，19。
④ 阿庇安：《内战史》，2，2，14。

些裙带关系所利用。[①] 小加图的话很快得到了应验。执政官卸任后，凯撒在庞培的帮助下，又获得了山南高卢（即内高卢）和伊利里亚总督 5 年的任期，至公元前 54 年 2 月。那尔旁·高卢总督去世后，这一行省的治权也落到了凯撒手中。此时，凯撒能够指挥 4 个军团，近 30000 人。高卢为凯撒提供了大量财富，也成为其军事上的稳固后方。五年的总督任期在罗马史上还是第一次。小加图认为：是元老院亲手把暴君送入了卫城。[②]

公元前 58 年，凯撒就任山南高卢总督。早在公元前 71 年时，日耳曼人阿里奥维斯图斯应高卢部落之请，率领 1.5 万名部众到高卢平乱。平乱后，他就成为统治者，留在了高卢地区。公元前 61 年，高卢爱杜伊人请求罗马派兵驱逐这些日耳曼军队。元老院命令山外高卢的总督派兵支援。大约与此同时，36.8 万赫尔维提人（Helvetii）也开始西迁，其中能够拿起武器的战士有近 10 万。[③]

凯撒在没有获得元老院授权的情况下，开始征兵，在原有的 4 个军团外，又私自征召 4 个军团。接着他邀请阿里奥维斯图斯前来磋商局势，但遭到对方的拒绝。许多高卢部落派遣代表要求凯撒出兵保护。于是凯撒同时向阿里奥维斯图斯和赫尔维提人宣战，并分别击败了赫尔维提人和阿里奥维斯图斯统领的日耳曼人。凯撒出兵干预罗马行省以外的高卢事务取得很大成果。

公元前 57 年冬，凯撒在山南高卢营地过冬。从罗马前来拜望凯撒的宾客络绎不绝。凯撒通过各种方法，尽力满足所有人的请求，以此提高自己在罗马的政治影响力。在高卢战役的其余时间里，凯撒利用本国公民的武器来制服敌人，同时用从敌人那里掠夺来的金钱来俘虏和制服罗马的公民。[④]

至公元前 56 年，凯撒在高卢经过 3 年的苦战，已经占领了大部分高卢领土，并设立罗马行省。凯撒把罗马的西北边界扩张至莱茵河岸，大大拓展了罗马在西北地区的纵深，扩大了罗马北部的防御空间。黑格尔从世界历史的角度考察，认为：

---

① 普鲁塔克：《凯撒传》，14。
② 普鲁塔克：《小加图传》，33。
③ [德] 特奥多尔·蒙森：《罗马史》第 5 卷，商务印书馆 2014 年版，第 207 页。
④ 普鲁塔克：《凯撒传》，20。

土库曼斯坦的帕提亚帝国的都城遗址

    凯撒横渡阿尔卑斯山脉——征服高卢，日耳曼人从此便和罗马帝国
发生了关系——是在历史上开了一个新纪元，因为从此以后，世界历史
就拓展到了阿尔卑斯山之外。东亚和阿尔卑斯山外的那个区域，便是地
中海四围人生活动中心的两个极端——世界历史的开始与完结——它的
兴起和没落。①

    凯撒把一批游弋于黑格尔所谓的"世界历史"之外的地区带进了世界历
史的航道，从而大大地丰富了地中海世界乃至世界历史的内涵。

    凯撒的胜利不但给罗马带来了前所未有的喜悦，同时也给罗马带来了巨
大的财富。凯撒成了罗马政治的焦点。公元前 56 年春，凯撒、庞培、克拉

---

①   [德] 黑格尔：《历史哲学》，上海书店出版社 1999 年版，第 94 页。

苏以及 200 多名元老来到路卡城。路卡城位于埃特鲁里亚北部，属于凯撒主政的山南高卢境内。由此可见，凯撒在罗马政坛的影响力之大。在这里三人讨论和规划罗马的未来，决定：庞培和克拉苏再次担任执政官（公元前 55 年）。任期结束后，庞培就任西班牙总督 5 年，克拉苏就任叙利亚总督 5 年；凯撒在高卢总督任期结束后再延长 5 年，以便进一步扩大并巩固罗马在山外高卢的势力。路卡会议的决定很快变成了现实。公元前 55 年，庞培和克拉苏当选为执政官。三头的决定实际成为共和国的决定，罗马共和政府成了一副空架子。公元前 53 年，克拉苏求功心切，未卸任执政官就前往叙利亚，就任叙利亚总督，准备与帕提亚人作战。因为他认为与帕提亚人作战是容易的，而且也是有利可图的。公元前 53 年夏天，克拉苏在帕提亚遭遇装备精良的帕提亚骑兵。此役克拉苏被杀，10 万罗马大军仅有 1 万人逃回叙利亚。"三头共治"也因克拉苏的被杀而变成了"两头（duumviri）对峙"。

二、凯撒与庞培间的战争

公元前 55 年，庞培执政官任期结束。他被允许无需亲自前往行省，而只派其副将统治西班牙行省即可。公元前 54 年，庞培的妻子朱里娅因难产死亡。庞培与凯撒之间的姻亲关系因此结束，两人之间也失去了缓冲人物。

此时，凯撒在高卢取得重大成功。凯撒在高卢的不断胜利使共和派领袖西塞罗等改变了以往反对凯撒的立场。公元前 56 年 6—7 月间，西塞罗在元老院发表了著名的《关于执政官级行省的演说》。在这篇演说中，西塞罗积极建言让凯撒继续行使高卢权力 5 年。理由是：

西塞罗像

第一，罗马人在高卢正进行着一场十分重要的战争。凯撒征服了高卢众多强大的民族，但是现在将高卢与罗马联系起来的不是法律，也不是已经确定的权力，更不是充分的、统一了的和平。战争快要结束了，但毕竟还没有结束。只要凯撒在，战争的结束日期就会提前。但若凯撒被替换，那么战火将会重现。这有损于国家的利益。

第二，凯撒本人为什么愿意留在他的行省，这绝对不是乡村的可爱和城市的美丽、当地居民和民众优雅的文化、他对胜利的向往、他想要扩张我们帝国的疆域的欲望！因为世上没有什么地方比那些土地更荒凉，世上没有什么城镇比那些城镇更不文明，世上没有什么民族比那些民族更加凶暴，世上没有什么胜利比他已经取得的胜利更令人敬佩，世上没有什么地方比大洋更遥远！如果我们把凯撒从他的行省召回，这就意味着把荣耀、胜利、庆贺赐给他，把元老院所能够授予的最高荣誉赐给他，让他得到骑士等级的青睐，让他得到人民的热爱。但若他不想急于享受如此辉煌的幸福，而是想为了国家的利益完成他要做而没有完成的所有工作，那么，作为一名元老，也应该以国家利益计，大力支持他完成任务。

第三，在盖乌斯·凯撒的指挥下，我们对高卢开战，就战争性质而言，属于主动进攻；在此以前我们所做的只是击退那些民族。凯撒的计划不但是要向那些已经用武力反抗罗马人民的人开战，而且还要把整个高卢置于我们的掌控之下。他取得了辉煌的胜利，在战斗中粉碎了日耳曼人和赫维提亚人最大、最凶狠的部落；他也威慑、镇压、征服了其他部落，迫使它们服从罗马人民的统治。关于这些地区和种族，我们从前根本不知道，而现在我们的将军和士兵正统治着他们，罗马人民的军队在胜利前进。从前罗马在高卢只拥有一条小小的通道，而其他地方都是那些部落的人，他们要么敌视我们的统治，要么反抗我们的统治，我们对他们要么一无所知，要么只知道他们野蛮好战，所有人都想看到这些部落被粉碎，被征服。自从帝国建立以来，没有一个聪明的政治家不把高卢视为我们帝国最大的危险。但由于这些民族力量强大，人数众多，我们以前从来没有与全体高卢人发生过冲突。我们总是在受到挑战时进行抵抗。而现在我们取得了伟大的成功，我们帝国的疆界和那些土地已经合为一体了。如果我们继续让凯撒统兵高卢，那么即使阿尔卑斯山夷为平地，意大利也不用害怕。再有一两个夏天，我们就能胜利，而现在丢下这项还没有完成的工作，高卢人的力量会死灰复燃，总有一天又会爆发新的战争。因此，让高卢在凯撒的监护下继续保持它已经获得的荣耀、勇敢和好运。对于凯撒来说，要是他不愿意冒险，立即返回他的国家，得到罗马将要给予他的荣誉，回到他兴奋的子女身边，回到他优秀的女婿身边，胜利登上卡庇托里山，戴上那荣耀的标记。他想这么做是很容易的。现在凯撒已经取得了足够的令他荣耀的成就；同时，他又宁可晚些时候享受他用辛劳换来的奖赏，所以我们一定不要把一位热忱为国献身的统帅马上召回，以便使整个高卢战争陷入混乱。

西塞罗认为，他与凯撒在政治上是有矛盾的，但考虑到国家军事大局和最高利益，凯撒应该继续执掌高卢行省大权 5 年。[①] 在庞培、克拉苏和西塞罗等人的支持下，凯撒获得了继续执掌高卢行省 5 年的权力。

公元前 55—前 54 年，凯撒征服山北高卢全境，并架桥渡过莱茵河，深入日耳曼人地区，还两度渡过不列颠海峡，入侵不列颠。罗马威震高卢、日耳曼与不列颠。蒙森认为：

> 英吉利和日耳曼的远征由军事上看来那样鲁莽，当时那样毫无结果，也只有很晚的后人才看出它们的意义。无数民族，人一向仅赖舟子和商人多假少真的传说得知其存在和状况的，因此大白于希腊罗马世界。698 年即公元前 56 年 5 月，一个罗马人写道："函件和消息每日由高卢传来，报告我们素来不知的民族、部落和区域的名称。"历史的眼界因凯撒征外阿尔卑斯而扩大，这在世界史上与欧洲人群探查美洲同为一件大事。地中海国家的狭窄范围以外又添了中欧和北欧的民族，波罗的海和北海滨的居民；旧世界以外又添了个新世界，自此以后，旧世界影响新世界，新世界也影响旧世界。以后哥特人狄奥多里克（Theoderich）做成功的，几乎已为阿里奥维斯特所做到。如果这样，我们的文明与罗马、希腊文明的关系，必不比与印度和亚述文明的关系更为密切。希腊、罗马过去的光荣所以能渡到近代史更壮丽的结构，西欧所以罗马化，日耳曼的欧洲所以古典化，地米斯托克利（Themistokles）和西庇阿等人名所以在我们听来异于阿素迦（Asoka）和萨尔马纳撒

---

① 西塞罗：《关于执政官级行省的分派演说》。

凯撒率领罗马士兵入侵不列颠岛

（Salmanassar），荷马和索福克勒斯所以异于吠陀（Veden）和迦力陀萨（Kalidasa），不仅为文学专家所钟爱，而且是家弦户诵的作品——这都是凯撒的功绩。他那伟大前人在东方所创之业，经过中世的风波，差不多毁灭无余，凯撒的结构却历几千年而不坠，人类的宗教和团体改变了，甚至文明的中心也转移了，他的结构却可谓永久屹立。[1]

山北高卢成为罗马行省后，每年向罗马缴纳的税收高达 4000 万狄纳里乌斯。公元前 54 年，西塞罗也时常赞扬凯撒，认为：他择地安营，排兵布阵，攻城略地，击溃敌军，忍受着连我们城市里的房屋也难以抵挡的严寒。谁也不能否认凯撒的这些伟大功绩。[2]

---

① ［德］特奥多尔·蒙森：《罗马史》第 5 卷，商务印书馆 2014 年版，第 249—250 页。
② Cicero, *Pro Rabirio Postumo*, 15.

公元前 52 年春，凯撒获悉高卢阿维尔尼部落领袖维琴盖托里克斯（Vercingetorix）打着高卢独立的旗号，联合各部落准备驱逐罗马势力。当时双方的兵力，罗马兵力仅 6 万；维琴盖托里克斯兵力达 30 万。双方最后在维琴盖托里克斯退守的阿勒西亚城（Alesia）展开了一场生死之战。城内有维琴盖托里克斯军队 8 万人，外面还有增援的高卢人 26 万。凯撒被夹在两支强敌之间，兵力不及 5 万人，形势显然有利于高卢人。但凯撒不畏强敌，快速修建了两道高墙。分别用于围城和打援。凯撒首先击溃增援的高卢人。城内的维琴盖托里克斯见大势已去被迫出城投降。威尔·杜兰认为：阿勒西亚城之战"决定了高卢的命运和法兰西文明的特性，给罗马帝国带来相当于两个意大利大的土地，并且为罗马贸易打开了 500 万人的市场；使意大利和地中海一带免于外族入侵达 4 世纪之久；同时使凯撒从失败绝望的边缘，转而使他的名望、财富和权势达于最高点。"[1] 此后，高卢虽有小规模的反抗，但均遭凯撒镇压。凯撒的征服改变了高卢发展的方向。高卢在罗马治下，逐渐使用拉丁语言并成为向北欧传播拉丁文化的重要基地。"凯撒和其同时代的人绝不会料想到他的'一将功成万骨枯'竟会产生这么重大的影响。他只认为他拯救了意大利，获得了一个军政区，和建立了一支军队而已。他万没想到他居然是法兰西文明的缔造者。"[2]

凯撒在高卢取得了巨大的成功。据普鲁塔克记载：凯撒在高卢不到 10 年的时间，先后攻占 800 个城市，征服 300 个国家。在历次战役中，与他交锋的敌人达 300 万，其中有 100 万人被他杀死，有 100 万人成为战俘。[3]

凯撒的成功引起了元老院和庞培的极大恐惧。一是凯撒拥有一支庞大且身经百战的军队；二是凯撒在高卢的胜利给罗马平民带来了巨大的收获，并成为平民派的旗帜；三是凯撒有改造共和国政权的雄心。对凯撒的恐惧导致了庞培与元老院的联手。他们开始有意识地压制凯撒，但凯撒坚持"只要还有一线希望，他就决定忍受一切，在法律的基础上而不是用战争的手段来解决问题。"[4]

---

① ［美］威尔·杜兰：《世界文明史·凯撒与基督》，东方出版社 1998 年版，第 133 页。
② ［美］威尔·杜兰：《世界文明史·凯撒与基督》，东方出版社 1998 年版，第 133 页。
③ 参见普鲁塔克：《凯撒传》，15。
④ 凯撒：《高卢战记》，8，55。

公元前 49 年 1 月 1 日，元老院作出决议，凯撒在高卢总督任满（公元前 49 年 3 月 1 日）后必须解散军队，否则将被宣布为与共和国的敌人。至此，元老院和凯撒之间的关系完全破裂。

公元前 49 年 1 月 10 日，凯撒率领第十三军团渡过意大利与山南高卢的界河——卢比孔河。罗马公民间的内战再次爆发。

那么，谁是这场内战的发起者？凯撒在《内战记》一开头就提出了内战爆发的原因，向人们详细地阐述了执政官的无理和庞培对元老院的操纵，认为这次战争完全是庞培派出于私欲而强加给他的。在凯撒看来，推动加图（庞培派）这样做的原因是他对凯撒的旧怨以及因落选而产生的懊恼。伦图路斯则是因为负有大量的债务，这时取得行省和军队的欲望以及在授给人家国王称号时可望获得的贿赂在推动着他。……驱使西庇阿的同样是掌握行省和军队的欲望，由于他和庞培有亲谊，他认为自己当然能和庞培同掌政权；此外推动他的还有他对审判的恐惧以及他自己和那些在国家大事上、法庭上都有很大势力的权威人士彼此间的吹捧和夸耀。庞培本人则是受到凯撒敌人的挑拨，同时还因为他不愿有人和自己处于平起平坐的地位。他已经完全丢掉了和凯撒的友谊，而跟那些过去是他和凯撒共同敌人的人重新和好起来，这些敌人本来大多是在他和凯撒联姻交好时他给凯撒惹来的。而且，把赶向亚细亚和叙利亚去的两个军团扣留下来以增加自己兵力和威望这种见不得人的行为也使他恼羞成怒，竭力想挑起一场战争来。①

凯撒把国家的尊严放在首要地位，把它看得比自己的生命还重。他越过行省进入意大利不是想要为非作歹，而是为了保卫自己，不让敌人欺凌；为了给因他这件事而被逐出都城的那些人民保民官恢复地位；为了解放自己和罗马人民，不再受那个小集团的压迫。②

在凯撒看来，他是在庞培和元老院的逼迫下起兵的，是罗马内战的受害者，而不是挑起者。

凯撒率军进入意大利后，一路势如破竹。1 月 16 日，庞培决定撤离罗马，并离开意大利。第二天，庞培和一大批元老撤离罗马。3 月 9 日，凯撒迅速进至布隆图辛，试图阻止庞培逃离，但没有成功。3 月 17 日，庞培带领最

---

① 参见凯撒：《内战记》，4。
② 参见凯撒：《内战记》，22。

后一批军队离开意大利，前往巴尔干。凯撒兵不血刃返回罗马。这是9年来，凯撒第一次回到罗马。4月1日，凯撒召集元老在罗马开会，但到场的元老很少。凯撒打开国库大门，拿走自从公元前390年以来一直储存在罗马的财富。据普林尼记载：凯撒从国库中拿走的黄金是15000磅，未铸成货币的白银30000磅以及钱币30000000塞斯退斯。[①] 凯撒的解释是高卢人已被他

公元前49年凯撒击败庞培返回罗马

彻底征服，国家没有必要再保存这笔钱款，而他是使用这笔金钱的合适人选。此时，离凯撒渡过卢比孔河约85天。接着，他任命雷必达负责罗马事务，命令安东尼负责意大利的事务并统领保卫意大利的军队。然后，他远征西班牙，进攻庞培的副将即征讨凯撒所说的"与没有将军的军队"，并取得最后胜利。冬天，凯撒回到罗马，被宣布为独裁官。凯撒宣布他本人和塞维利乌斯·伊索里库斯为下一年度执政官。11天后，他放弃独裁官权，带领军队开赴东方与庞培作战。

此时，庞培虽失去了西班牙的7个军团，但经过一年多的准备，在巴尔干聚集了一支庞大的军队。他拥有9个军团的步兵和7000骑兵，其岳父麦铁路斯又从叙利亚带来了2个军团。庞培在希腊还有一支500艘战船和大量轻型警备船组成的庞大的舰队，基本控制了亚得里亚海的制海权。而凯撒虽有12个军团，但常年作战疲惫不堪，重要的是缺少一支强大的海军。但凯撒认为：决定战争胜负的关键是出其不意。公元前48年1月5日，凯撒率

---

① 普林尼：《对自然的探究》，33，17。

领的 7 个军团，在不利作战的冬季强渡亚得里亚海，在伊庇鲁斯登陆。凯撒马不停蹄向北进发，企图趁冬季夺取希腊重镇底拉西乌姆城（即伊庇鲁斯）。此地是庞培的军需重地。庞培立即率军救援。双方进行了几次小规模战役，庞培都取得胜利。但是，庞培并没有乘胜消灭凯撒，相反使用拖延战术，给凯撒提供了喘息的机会。马克思谈到此役时曾写道："他（庞培）刚要在对凯撒的斗争中显示自己的本领，便马上暴露出他是一个一文不值的家伙。凯撒为了迷惑这个与他对抗的庸人，犯了一个极大的军事错误，并且故意使这些错误显得很离奇。任何一个平凡的罗马元帅，比如说，革拉苏（即克拉苏——笔者），也能在伊皮罗斯（即伊庇鲁斯——笔者）战争中把凯撒打败六次。但是对庞培，那就不能怎样打都行。"[①]同年 4 月，凯撒部将安东尼率领援军在达尔玛提亚南部的利苏斯城登陆，与凯撒会合。但形势仍不利于凯撒。凯撒军队补给困难，士气不振。为了摆脱困境，凯撒大胆决定移师帖撒利亚，诱使庞培远离基地，劳师远征。庞培果然误以为凯撒败退，率军紧追。罗历 8 月 9 日，双方在南帖撒利亚的法萨卢斯对阵，展开决定命运的决战，史称"法萨卢斯之战"。战前庞培及其部下皆认为此战必胜无疑。但凯撒军英勇善战，势不可当，一举击败了庞培的骑兵，并对其两翼步兵形成了包围之势。在凯撒军的猛烈进攻下，庞培军纷纷溃逃。庞培见大势已去，带领少数侍从逃亡埃及，不久被埃及人所杀。庞培被杀，标志着前三头政治的彻底结束。[②]

　　凯撒追击庞培至埃及，直接干预埃及的王位之争。他杀死年幼国王的廷臣，废黜托勒密十二世，立托勒密的姐姐克娄奥帕特拉为埃及女王。凯撒在埃及度过了 9 个月的惬意生活，与埃及女王克娄奥帕特拉生下一子，名叫凯撒里昂。

　　此后，凯撒进军小亚细亚，与博斯普鲁斯国王法那西斯作战，并轻松取得了胜利。关于这次战役，凯撒只用三个词写信给罗马的朋友阿曼提乌斯（Amantius），即："Veni、vidi、vici"，意即："我到、我见、我胜。"

　　公元前 47 年 9 月，凯撒回到罗马，平息了军队的不满。然后，到阿非

① 《马克思恩格斯全集》第 30 卷，人民出版社 1975 年版，第 160 页。
② 普鲁塔克对庞培的评价很高，认为：庞培品德高尚，生活严谨，有民主情怀，深受民众敬仰。参见普鲁塔克：《庞培传》，21。

利加，与共和派作战，终结阿非
利加战事。蒙森认为：凯撒在埃
及浪费的时间太多，使庞培派的
力量有了迅速整合的机会。

> 如果庞培一死，他立刻
> 到阿非利加去，他会遇见一
> 支薄弱、紊乱而恐慌的军
> 队，又可以看见一群毫无组
> 织的领袖；可是到了现在，
> 特别由于加图的努力，阿非
> 利加的军队却与法萨卢战败
> 的军队人数相等，由名将率
> 领，并且受严格的监督。①

公元前 46 年 4 月 6 日，双
方在塔普苏斯决战，凯撒获
胜。努米底亚变成了新阿非利加
行省。

公元前 46 年 7 月 28 日，凯

油画《克娄奥帕特拉和凯撒》，让·莱昂·热罗姆绘

撒从阿非利加回罗马，并向人民报告：他在北非为罗马人民征服的土地，每
年能给罗马带来 20 万阿提卡蒲式耳粮食和 300 万磅油。② 凯撒举行了对高
卢、埃及、本都和努米底亚的四次凯旋式。凯旋之后，凯撒给每位士兵发
放 5000 阿提卡德拉克马赏金，给予百人队长双倍的奖金，步兵将官和骑兵
将官得到四倍的奖金。同时，他还为罗马居民举行了 22000 桌的盛大宴会。
公元前 45 年 3 月 17 日，凯撒在西班牙的孟达与庞培派进行最后决战。军事
力量对比，凯撒 8 个军团对庞培派 13 个军团。对凯撒来说，这是最后一战，
也是最困难的一战。凯撒曾跟朋友们说，以前的战斗都是为了胜利而战，而

---

① ［德］特奥多尔·蒙森：《罗马史》第 5 卷，商务印书馆 2014 年版，第 377 页。

② 普鲁塔克：《凯撒传》，55。

这次战斗却是为了生存而战。

公元前45年9月，凯撒以胜利者的姿态回到罗马，并举行了第五次凯旋式。用同胞兄弟的鲜血换来凯旋，这在罗马的历史上十分罕见，也很不光彩。罗马人民带着恐惧和尊敬迎接他。长达4年之久的罗马内战终于结束了，凯撒不但成了三头中最后的胜利者，也成了地中海世界的唯一的统治者。黑格尔曾言："地中海是旧世界的心脏，因为它是旧世界成立的条件，和赋予旧世界以生命的东西。没有地中海，'世界历史'便无从设想了：那就好像罗马或者雅典没有了全市生活会集的'市场'一样。"[①]地中海因为有了凯撒对高卢的征服而获得了新的内容。野蛮的西部逐渐为罗马文明所融合。

三、凯撒独裁

内战结束后，凯撒的声望和权势达到了顶峰。

每个部落，所有的行省及所有和罗马同盟的国王都毫无限制地把一切光荣加在他身上，使他快乐，甚至那些神圣的光荣——祭祀、赛会、在所有的神庙中和公共地方竖立雕像——也加在他身上。他被用各种

带有凯撒头像的银币

不同的身份表现出来；有时戴着橡树的冠冕，当作祖国的救星，因为以前那些性命被人挽救了的人常用这种冠冕以酬谢他们的救命恩人的。[②]

法令又规定他应当坐在黄金象牙的宝座上处理公务，他本人应当永远穿着凯旋的服装致祭，每年罗马城市应当在他历次取得胜利的日期举行庆祝，每5年祭司们和维斯塔女祭司们应当为他的安全举行公开的祈祷，最高行政长官们

①　[德] 黑格尔：《历史哲学》，上海书店出版社1999年版，第93页。
②　阿庇安：《内战史》，2，16，106。译文见 [古罗马] 阿庇安：《罗马史》下卷，商务印书馆1976年版，第189页。

在他们就职的时候应当马上宣誓，不反对凯撒的任何命令。为了对他的门第表示敬意，把昆提利斯月改为朱里亚月。许多神庙被宣布贡献给他，好像贡献给神一样。①

公元前 46 年，元老院授予凯撒为期 10 年的独裁官，并授权他拥有侍从72 人。公元前 45 年，元老院再次通过决议授予凯撒为终身独裁官（dictator perpetuus），给予他绝对的和永久的权力。此外，他还拥有执政官、终身保民官、军事统帅和大祭司长等头衔，被授予"祖国之父（parens patriae）"等称号。② 他的头像也被铸刻在国家的货币之上，成为人们膜拜的对象。凯撒终于在共和体制的名义下，取得了最高的统治权。

凯撒的掌权来自于内战的胜利，来自于掌握的强大军队，来自于士兵和老兵对城邦机构施加的压力。因此，集权以后的凯撒必须进一步巩固自己的地位，稳定并扩大自己的统治基础。凯撒独裁时期所采取的各项改革显然与凯撒的主观目的和罗马的客观形势有关。这些改革主要体现在：

第一，在多个行省建立移民地。凯撒使 8 万多退伍老兵、贫苦公民在高卢、西班牙、阿非利加、伊利里亚、阿卡亚等行省分得份地，移民地建设不用通过公民大会的审议。从军成为平民获取土地的新手段，移民又是消除内战最好的安全阀，成为保证政局安宁和稳定的关键。士兵从统帅而不是国家那里获得土地。外省移民地的建立有利于加速行省的罗马化，有利于地中海地区各民族间的交流与交融，从而进一步巩固地域性罗马帝国的统治。

第二，改革并整顿元老院以及公民大会。凯撒将元老院的人数由 600 人增加至 900 人，将忠于自己的军官、被释奴隶、部分行省贵族等非罗马贵族出身的人选进元老院。这削弱了罗马贵族对政局的影响，以至旧势力无奈地讥讽说"凯撒在凯旋式里牵着高卢人走，却把他们牵进了元老院；高卢人脱下了长裤子，却换上了元老院的托迦长袍"③。同时，凯撒对元老院采取了蔑视态度，以

---

① 阿庇安：《内战史》，2，16，106。译文见［古罗马］阿庇安：《罗马史》下卷，商务印书馆 1976 年版，第 190 页。
② 苏埃托尼乌斯和狄奥·卡西乌斯特别提到了军事统帅（Imperator）这一头衔。参见苏埃托尼乌斯：《圣朱里乌斯传》，76；狄奥·卡西乌斯《罗马史》，43，44。
③ 苏埃托尼乌斯：《圣朱里乌斯传》，80。

油画《凯撒遇刺》，卡尔·特奥多尔·冯·皮洛蒂绘

元老院的名义发布命令。西塞罗曾抱怨：据说是由于他的投票表决而通过的元老院法令，实际上是早在法令通过以前就传到了亚美尼亚和叙利亚。……他收到世界上最遥远地区国王的来信，他们在信中感谢他因为他的投票使他们获得了国王的头衔。实际上，西塞罗不但不知道他们已被授予国王，甚至连这些人是否存在都不知道。[1] 凯撒之所以改造元老院，目的还是要扩大统治基础，提高行政效率，以便为凯撒的统治服务。不过，后来证明事情的发展并没有达到凯撒的愿望。公元前44年3月15日，60余名元老参与了密谋刺杀凯撒的活动，但没有一名元老起来保护他。这表明，就对他的忠诚程度而言，凯撒主观上要求的元老院与现实中存在的元老院之间还相差甚远。

此外，凯撒还大力整顿公民大会。罗马进入共和以来，公民大会一直是罗马共和国的最高权力机关。公民们尤其是百人队的士兵们都按照自己的意

---

① Cicero, *Letters to His Friends*, 9, 15, 5.

愿选择合适的共和国官员，真正享受着共和国的自由。但凯撒把执政官以外的共和国官员的选拔权，一半交与公民，一半由他亲自指定。他给每个部落致信："独裁官凯撒致某某部落，我向你们推荐某人，以便你们选举他出任官职。"[1] 公民大会的自由和权力受到严重的削弱。

第三，给予行省居民以公民权。就罗马历史而言，给予意大利人以公民权是一件大事。公元前 49 年，给予行省居民以公民权更是一件大事。前者是意大利人通过暴动争取到的；后者则是凯撒主动给予的。最早从凯撒手里得到公民权的是凯撒治下的高卢。此后，西西里的希腊人和西班牙的许多公社也由凯撒给予拉丁公民权。这些行省居民获得公民权有凯撒恩赐的成分，也有顺应帝国形势发展的因素，是城邦体制在帝国结构下的自然延伸。此外，凯撒还给在罗马居住的医生和教师以公民权，以吸引更多的知识分子服务罗马。

第四，改革税收制度，规定由国家征收直接税。行省是罗马地域性帝国的重要经济支柱。罗马早先在行省实行包税制养肥了一批包税人，却损害了罗马与行省之间的关系。凯撒赞成用每年支付国家税款代替农业税以保护行省居民，只有间接税仍然采用包税制。这样既保证了国家的税收收入，又限制了包税商的无限制的敲诈勒索，从而减轻了行省居民的实际负担，深受行省居民的欢迎。

第五，颁布新法律，规范行省管理。严惩贪污勒索的行省总督；剥夺行省总督的军事指挥权，而只保留其行政权和司法权。行省的军队由凯撒的副将以副行政长官的名义掌管。这一措施有助于中央对行省的直接控制，防止行省总督利用手中的权力挑战罗马政府。

第六，聘请埃及亚历山大利亚天文学家索斯吉纳斯，改进罗马历法。改进后的历法被称为朱里亚历（又译为儒略历）。朱里亚历采用有 365 天的太阳历，每 4 年外加一天。[2] 这一历法结束了罗马历法混乱无序的局面，对于

---

① 苏埃托尼乌斯：《圣朱里乌斯传》，41。
② 据希罗多德记载：埃及人是在全人类中第一个用太阳历来计时的国家。他们把一年分为 12 个月。每个月 30 天，每年之外加 5 天。季节的循环与历法基本上相吻合。参阅希罗多德：《历史》2，4。朱里亚历与埃及历法思想关系密切。这也是凯撒进兵埃及后所取得的重要成果之一。参见阿庇安：《内战史》，2，154。

罗马的农业生产以及政治秩序的稳定都有十分重要的作用。

内战的结束、权力的集中以及内政的实施，使喧嚣、分裂的罗马表面上开始平稳下来。凯撒也准备于公元前44年3月18日出征基提人和帕提亚人。基提人是一个生活于罗马东北部的好战民族，对罗马的东北部边境构成威胁；帕提亚人打败了克拉苏的军队，对罗马的东部边界形成严重的威胁。在出征之前，凯撒预先派遣16个军团和1万名骑兵横渡亚得里亚海。公元前44年3月15日，凯撒在元老院议事厅参加元老院会议时，遭到布鲁图斯和卡西乌斯为首的共和派的谋杀。凯撒身中23刀，惨死在庞培雕像的脚下，远征计划被迫中止。直到帝国的图拉真时代，这一计划才得以最后完成。

凯撒为什么会被刺杀，卡西乌斯认为：自从凯撒独裁以来，公民们的权利遭到了侵犯。他们不能再选举执政官、行政长官或保民官了。他们不能为任何人的功勋作证，也不能保卫自己的保民官使之免受侮辱了。许多保民官因为一个人的命令，不经过审判，就被无礼地剥夺了这个神圣的职位，被剥夺了神圣的礼服，甚至被杀害。元老们害怕他，因为他有强大的军队；这些军队过去是属于共和国的，现在他将它变成为私人的了。在卡西乌斯等人看来，防止暴君政治的唯一的办法，就是谋杀暴君本人。① 对于共和派来说，谋杀凯撒显然是成功了，但要防止集权，恢复共和制是完全不可能的。

对于凯撒，古往今来评论很多。凯撒的同时代人西塞罗虽然在凯撒活着的时候就有过截然不同的评论，但在凯撒死后，有一个总结性的看法。他说：

> （凯撒）身上闪耀着天才的光芒。他审慎、记忆超强、博学、筹划细致、精思和勤勉。他在战争中所创的业绩，不管对共和国是何等的不幸，但至少称得上伟大。他多年来追求的目标是当上国王，为此他付出了艰辛的劳动，经历了巨大的风险，并且达到了他的目的。他以表演、建筑、馈赠和宴会拉拢愚昧的民众。他用奖赏使他自己的追随者效忠于他。他用仁慈来笼络他的反对者。简言之，他早已让一个自由的城市或出于恐惧、或出于沉默而养成了忍受奴役的习惯。②

---

① 阿庇安：《内战史》，4，12，91。
② 西塞罗：《反腓力普》，2，45，116。

到公元 2 世纪，罗马学者普林尼对凯撒也做过评价。他认为：

在所有人当中，独裁官凯撒的记忆力超群。据说，他能够同时读写或是同时口授和聆听。他能迅速给他的秘书口授 4 封信件以及那些最为重要的事务。事实上，如果没有其他事务打扰，他甚至可以马上写出 7 封信件。他进行了 50 次的战斗，是唯一一个超过马尔库斯·马尔西努斯的将领。马尔西努斯进行了 39 次战斗。此外，他还在内战中获得了胜利，有 1192000 人死于这些战争之中。但是，依我的推测，我不会将这些视作他的崇高业绩，这的确是一个对人类的暴行，哪怕是他如此行事是迫不得已；事实上，他自己在谈及此事的时候就略掉了死于内战中的人数。

普林尼特别提到：要高度赞扬凯撒的是他那极大的仁慈。在实施仁慈的过程中，他超越了所有个人的因素，即便他事后后悔不已。凯撒全部烧毁了庞培留下的文件，焚烧了他的政敌西庇阿的文件，从而使一大批庞培和西庇阿的支持者免遭迫害。①

近代德国大历史学家蒙森对凯撒也是赞美有加，在其名作《罗马史》中这样写道：

凯撒自弱冠以来，就是个——以其最深的意义而言——政治家，他的目标就是人类所能树立的最高目标，就是在政治、军事、智力和道德方面复兴那很堕落的本民族和那更堕落的与本民族为亲姊妹的希腊民族。三十年阅历的艰苦教训使他对达到这目标的手段另有见解；可是无论在他处于绝望的屈辱地位或掌握无限全权的时候，无论在他为民魁乱党偷偷由暗中向它行进，或在他先为最高权的共有者而后为君主，工作于光天化日众目共睹之下的时候，他的目标却始终如一。他在极不同的时期所做的长久措置一概在建设大计中各有其相当的地位。所以严格说来，我们不应分言凯撒的成绩；他所做的事没有不相联属的。他那雄健

---

① 普林尼：《对自然的探究》，7，25—27。

油画《凯撒之死》，让·莱昂·热罗姆绘，现藏美国沃尔特斯艺术博物馆

的口才不屑用律师的一切技术，却如一片光亮的火焰，既能使人明理，又能激发热情，人们揄扬演说家凯撒，自属有理。他的文章有不可摹拟的简洁，他的字句有无匹的纯粹和美丽，人们赞赏作家凯撒，也自有理。他独异于他人，不为熟套和旧习所误，永能找出一个在某种情形下击破敌人的正当战法；他确有把握，有如卜人，能寻得达到任何目的的善策；他在战败以后仍能像奥兰治的威廉（Wilhelm von Oranien）那样屹立备战，每次必以胜利结束战事；他尽善尽美地运用天才军事家所以异于凡庸武将的一端，即大军的迅速行动，他的胜利保证不在兵多而在其运动的敏捷，不在长期准备而在速战猛攻，即使兵力不足亦复如是；古今最伟大的战略家推崇军事家凯撒，也是有理。不过这一切在凯撒只是次要的事；他诚然是个大演说家、大作家和大军事家，可是他所以如此，却只因他是个登峰造极的政治家。特别是军事家资格在他身上占完全骈枝的地位，一个主要的特色使他异于亚历山大、汉尼拔和拿破仑的，就是他那政治活动的出发点不是武人而是民魁。按他原来的计划，他想如伯里克利和盖乌斯·格拉古（盖约·格拉古）那样，不用武力便

达到目的；历十八年之久，他总是以平民党魁资格专活动于政治的策略和阴谋之中，到了四十岁时，他始勉强相信武力后盾的必要，带领一支军队。自然，就在以后，他也仍是个政治家而非军人。

蒙森认为：

（凯撒）"以无限的忠诚和始终如一，献身于一个伟大目标，如果他所做的诸事彼此极不相同，极不相近，它们却毫无例外地全归于这个目标；他的伟大活动有许多方面和方向，他却从不有所偏重。他虽然是个战术大家，却因为政治的理由竭力避免内战，然而内战竟起，他便竭力使他的桂枝不染血迹。虽则他创立了军事君主政体，他却以史无前例的魄力不许有元帅集团或卫队擅权的事。如果他偏重文明的某种长处，那就是学术和文事而非战术。""他的政治工作有个最可注意的特色，就是它的完全和谐。实际说来，凯撒兼有一切足以成就人类最难事业的条件。他是个彻底务实的人，绝不许既往的印象和可敬的传统干扰他；他所重视的只有活生生的现在和理性的定律，正如在文法上，他舍弃了历史博古的研究，只是一面承认现存的习用语法，另一面承认关于匀整的规则。他是个天生的人主，他统治人心有如风逐浮云，使形形色色的人士——卑微的公民和粗鲁的下级军官，罗马的贵妇以及埃及和毛里塔尼亚的美貌公主，豪华的骑兵官和牟利的银行家——都不得不置身于他的门下。他的组织才能令人惊异。一位政治家断然迫人加盟，并且坚使他们合而不离，没有能像凯撒对联合党那样的；一位将军断然强迫梗顽抗命的分子入伍，并且坚使他们集而不散，也没有能像凯撒对他的兵团那样的；没有一位统治者能以凯撒那样犀利的眼光鉴定手下的人，给每人一个适合其才的位置。""他是人君，但他永不做王者的姿态。就在为罗马专制君主之时，他仍不失其党魁的风度；完全温柔和顺，谈话舒适悦人，对每人都是勤勤恳恳，仿佛他只愿做同列的首座。"

蒙森明白要全面评价凯撒这一重要历史人物，看起来很容易，但做起来却很难。因为：

他的整个性情明明白白，表里通透；他的逸闻轶事保存在传说里的比上古任何与他同等人物的更为丰富和生动。我们对这人的观念或可有深有浅，但严格说来，不能有异；对每一不全陷于荒谬的研究家，这幅崇高的图像都显出同样的要点，然而无人能把它摹得惟妙惟肖。这奥秘在它的完美无缺。以人性和历史而言，凯撒立在平衡点上，人生的种种矛盾都在这里互相抵消。既有雄伟的创造力，又有深邃的智力；不复是个少年，也还不是个老人；有极高的意志力，也有极高的实行力；既满心是共和理想，又天生来是个人君；既然骨子里彻底是个罗马人，却又负有使命在本人和外界调和罗马和希腊的文化，使两者合而为——凯撒是个十足的完人。①

蒙森对凯撒做的全面评价有德意志时代的需要，也有个人的爱好。但因为出自蒙森之手，受到后世专家的广泛重视。可以说，凯撒是成功者，他的成功是对共和制的漠视和破坏；凯撒也是失败者，他的失败就在于对共和制的过度信任。

四、后三头政治与屋大维的胜利

凯撒的被刺，在罗马史上是一件大事。凯撒的死表明罗马共和势力依然强大。这一强大不仅表现在独裁官被杀，更重要的是有60余位元老参与了谋杀。这些元老都是凯撒经过认真甄别、挑选过的。按理说，他们都是凯撒的亲信，不可能有刺杀凯撒的野心和行为。而现实的情况是：他们不但成功地刺杀了凯撒，而且保密工作非常出色、严密，这是大多数罗马人所没有想到的。凯撒被刺后，罗马政局动荡，群龙无首。各种势力出于自身利益，处于反复地争斗、联合，再争斗、再联合的无序状态。经过两年多的斗争，罗马政坛终于形成了两大势力。一方以安东尼、雷必达和凯撒养子屋大维为首，以为凯撒报仇为旗号，一般称之为反共和派；另一方以布鲁图斯和卡西乌斯为首，称共和派。公元前43年10月，安东尼、雷必达和屋大维在意大利北部拉文尼阿斯河中一个荒岛上公开会晤，结成联盟，

---

① ［德］特奥多尔·蒙森：《罗马史》第5卷，商务印书馆2014年版，第391—394页。

史称"后三头同盟"。三方经过两天的会议，最后达成协议：第一，通过法律，建立一个新的有执政官权的机构，三头共同担任这一机构的领导人，执政时间为5年；第二，5年内罗马城市的行政官员全部由三人指定；第三，把西部的行省分成三份，分别由三头负责治理。安东尼占有高卢；屋大维统治阿非利加、撒丁尼亚和西西里；雷必达控制西班牙。亚得里亚海以东的行省因为已被布鲁图斯和卡西乌斯控制，会议商定由安东尼和屋大维负责与其作战。

公元前43年11月，罗马公民大会通过保民官提出的法案，任命屋大维、雷必达和安东尼为"建设共和国的三头"，授予他们5年内处理国家事务的大权，以平定目前的混乱局面。大权在握的三人为加强统治，立即在罗马实施公敌宣告，大肆捕杀政敌，没收他们的财产。大约有300位元老和2000名骑士被杀。宣布，凡杀死一名公敌者，自由人可获取25000阿提卡德拉克马，奴隶可获得自由、公民权以及10000阿提卡德拉克马。一时间，罗马居民人人自危，处于极度恐慌

布鲁图斯像

状态。许多著名的政治家、学者被杀。其中就包括罗马大文豪西塞罗。他的手和头被砍下来，悬挂在他经常演说的讲坛上。

公元前42年，安东尼和屋大维出兵巴尔干，在马其顿的腓力比附近与卡西乌斯和布鲁图斯领导的共和军决战。安东尼和屋大维取得胜利，卡西乌斯和布鲁图斯先后自杀。

这样，屋大维和安东尼以惊人的勇敢，经过两次步兵战役取得了空前的胜利，因为过去从来没有过这样多、这样强大的罗马军队彼此发生冲突的。这些士兵们不是按照普通征兵办法入伍的，而是精选的人。他们不是新兵，而是经过长期训练。他们彼此互相对抗，不是进攻外族或蛮族。他们说同样的语言，用同样的战术，有同样的纪律和毅力；因为这些原因，我们可以说，他们双方都是无敌的。在战争中，也从来没有过像这次一样的激烈和勇敢的，当时是公民对抗公民，家族对抗家族，

屋大维像

同伴士兵们彼此互相对抗。①

如果说后三头的公敌宣告清除了共和国的思想支持者的话，那么腓力比之战则是彻底消灭了共和国的武装力量。此时，罗马的共和国已经走到了尽头，垮台只是时间的问题。

腓力比之战结束后，安东尼前往亚细亚去扫清共和势力。他在亚细亚遇到了后来决定其命运的埃及女王克娄奥帕特拉。屋大维则回到罗马，在意大利用掠夺的手段强建殖民地，以安置替三头征战的老兵。罗马人对屋大维既害怕又憎恨。舆论普遍认为建立殖民地比公敌宣告还要恶劣。因为前者是对着敌人，而后者则是针对无辜的意大利居民。意大利的混乱引起了屋大维派与安东尼派之间的矛盾与争斗。

公元前40年10月，安东尼返回意大利。屋大维与安东尼和解，三人订立布隆图辛协议，重新划分势力范围。安东尼获得统治东部行省的权力，负责对帕提亚的战争；屋大维则统治西部行省；雷必达仅管辖阿非利加。意大利仍由三人共同治理。屋大维将其姐姐屋大维娅嫁给安东尼。此后，安东尼全力经营东部，而屋大维则以意大利为中心，不断发展自己的势力。公元前37年5月，屋大维与安东尼在他林敦会面，在不经过公民大会讨论的情况下，又把三头的统治期限延长5年。② 公元前36年，雷必达的军权被屋大维剥夺，只留下一个大祭司长的空衔。反屋大维势力小庞培也被屋大维的部将阿格里巴打败。屋大维与安东尼间的对决也就成为必然的事。

公元前37年年底，安东尼与埃及女王克娄奥帕特拉由情人关系发展为婚姻关系。公元前34年，安东尼在亚历山大利亚宣布克娄奥帕特拉为众王之女王。与她和凯撒所生的儿子凯撒里昂共同统辖埃及、塞浦路斯、利比亚和内

---

① 阿庇安：《内战史》，4，137。译文见［古罗马］阿庇安：《罗马史》下卷，商务印书馆1976年版，第420页。

② 延长至公元前33年12月31日。

叙利亚地区。此外，安东尼又把他治下的领土分给克娄奥帕特拉，把亚美尼亚、米底亚和将征服的帕提亚分给部将亚历山大，并统率一支亚美尼亚卫队；把腓尼基、叙利亚和西里西亚分给部将托勒密，并统率一支马其顿卫队。此举违反了罗马的习俗和损害了罗马的利益，引起罗马人民的强烈反对。公元前32年，屋大维向罗马人民公布安东尼遗嘱，激起罗马人民的愤慨。为确保罗马的政治地位，防止台伯河被尼罗河替代，元老院和公民大会宣布安东尼为公敌，并做出决定向埃及宣战。"整个意大利于是自愿向我（屋大维）宣誓效忠，并要求我领导后来在亚克兴获胜的那次战争。高卢和西班牙诸省，阿非利加、西西里和撒丁等省也都举行了效忠宣誓。当时约有700名元老站在我的旗帜下。"[1] 这次宣誓非同寻常，大有西部帝国征战东部帝国之意。

公元前31年，安东尼和屋大维的军队正式在希腊展开战斗。当时，安东尼的陆海军阵容相当庞大，除了海军有大型战舰800艘之外，陆军总计达11.2万人。而屋大维军则只有战舰250艘，陆军9.2万人。乍看起来，安东尼的海军实力远胜屋大维，但实际上并非如此，安东尼船舰虽多，但人员不足，因此其战斗力极其脆弱。而屋大维则不然，其舰队虽有舰数少、舰型小之欠，但每艘船舰皆有快速、坚固之特点，而且舰上的兵员也十分充足，所以在实际战斗力上则远胜于安东尼。公元前31年9月2日，双方在希腊西部的亚克兴（Actium）海角进行决战。当战斗进行到最激烈的时候，克娄奥帕特拉却带领埃及舰队逃离战场。安东尼在得知女王逃跑的消息以后，竟然丢下正在为自己血战的10万将士，只身追随女王。安东尼的舰队因失去指挥，所以很快就被屋大维击败。安东尼在陆上的10万大军在听说海战失利的消息后，也纷纷向屋大维投降。亚克兴之战终以屋大维的胜利而告结束。亚克兴之战是罗马内战史上最重要的战役之一，它基本上消灭了安东尼的主力，奠定了屋大维在罗马建立军事独裁的基础。

亚克兴之战的胜利使原先属于安东尼治下的罗马领土全部归属屋大维。屋大维成了整个地中海世界的主人。亚克兴之战的胜利宣告了西部地中海对东部地中海的胜利，从而再次确定位于台伯河畔的罗马是帝国的首都，而不是尼罗河下游的亚历山大利亚；帝国的统治者是罗马人而不是埃及的托勒密

---

① 屋大维：《奥古斯都自传》，25。

油画《埃及艳后的宴会》，詹巴蒂斯塔·提埃波罗绘，现藏澳大利亚维多利亚国家美术馆

据老普林尼记载，安东尼为讨好克娄奥帕特拉，举办了一场极度奢华的宴会，并扬言这场宴会是无法超越的。克娄奥帕特拉于是打赌，要办一场更昂贵的宴会。不久，她邀请安东尼赴宴，宴会开始宾客发现竟没有任何酒肉菜肴。克娄奥帕特拉摘下一只佩戴的耳环。这支耳环是凯撒送给她，据说是由世界上最大、最珍贵的珍珠制成。克娄奥帕特拉将耳环投入醋杯中，璀璨夺目的珍珠瞬间融化，随后艳后将它一饮而尽，赢得了这场赌局的最后胜利。

王朝。

亚克兴之战胜利后，屋大维先到萨摩斯，后又回意大利布隆图辛，处理军队安置事务，再经亚细亚、叙利亚到埃及。在此期间，克娄奥帕特拉曾背着安东尼，给屋大维送了一支金权杖、一顶金王冠。屋大维收下了礼物，并捎信说，如果她放弃军队和王位，他会考虑对她的处置；如果她能杀了安东尼，她将得到宽恕，她的国家也将不受侵犯。[1] 公元前 30 年，屋大维率军围

---

① 狄奥·卡西乌斯：《罗马史》，51，6。

攻并打下亚历山大利亚。安东尼和克娄奥帕特拉先后自杀。克娄奥帕特拉的
自杀，避免了在屋大维的凯旋式上作为俘虏当众游街的羞辱。狄奥·卡西乌
斯这样写道：克娄奥帕特拉"依靠爱的力量，成了埃及人的女王。但当她试
图以同样的手段成为罗马人的女王时，她失败了而且失败得失去了一切。"[1]
确实，克娄奥帕特拉征服了她同时代两位最伟大的罗马人，但面对小辈屋大
维时，她失败了。历史上存在了近300年的托勒密埃及失去了政治上的独立
地位，而变成了罗马的一部分，成为帝国罗马的一个行省。[2] 屋大维从埃及
接收的财富比罗马国库还要多得多。[3] 孟德斯鸠认为：

① 狄奥·卡西乌斯：《罗马史》，51，15。
② 苏埃托尼乌斯：《圣奥古斯都传》，18。
③ 苏埃托尼乌斯：《圣奥古斯都传》，41；狄奥·卡西乌斯：《罗马史》，51，21，5。从埃
  及得到的战利品大致为10亿塞斯退斯，相当于奥古斯都时罗马两年的国库收入。cf.T.
  Frank, *An Economic Survey of Ancient Rome*（ESAR），Vol.5, Paterson, New Jersey:Pageant
  Book,Inc., 1959, p.19.

当奥古斯都征服了埃及的时候，他就把托勒密的财库带到罗马来；这一点所引起的革命几乎等于后来印度（实际上是美洲——译者）的发现在欧洲引起的革命和某些制度在今天引起的革命。金钱的价格在罗马下跌了一半；既然罗马不断把亚历山大利亚（亚历山大利亚本身的财富又是从非洲和东方来的）的财富吸收到自己这里来，因而金银在欧洲成了最常见的东西；从而这种情况使得各族人民能够用硬币来缴纳巨量的税款。①

为了纪念亚克兴之战的胜利，屋大维在罗马元老院会厅内安放了一尊从他林敦城掠夺来的胜利女神像。从此以后，这尊胜利女神像也就成了罗马自信的象征，罗马强盛的标志。②

公元前 29 年，屋大维返回罗马。所有罗马人以前所未有的热情迎接他归来。元老院为他举行了三次凯旋式，庆祝他在达尔马提亚、亚克兴和亚历山大利亚的胜利③，"有九个国王或王子走在他的凯旋马车之前"④。罗马为此关闭了阿尔诺神庙的大门，以庆祝海上和陆上内战的结束。⑤ 亚克兴战后，屋大维掌控 44 个训练有素的军团。在这些军团面前，共和制宪政就显得苍白乏力。个人统治已成为和平的保障和条件，而这是罗马内战的结果。

对于罗马内战的责任和结局，英国学者罗素有过极为重要的研究。他认为：

在整个内战时期里，对于混乱无秩序应该负责的乃是罗马人。希腊人屈服于马其顿人之后，并没有得到和平与秩序；然而希腊人和罗马人

---

① ［法］孟德斯鸠：《罗马盛衰原因论》，商务印书馆 1984 年版，第 97 页。

② 狄奥·卡西乌斯说：屋大维在元老院会议厅树起了一尊胜利女神像，至今还在，好像是为了表明他的权力来自胜利女神。参见狄奥·卡西乌斯：《罗马史》，51，22，1。

③ "凯旋式在奥古斯都当政的时候消失了，或者毋宁说这种荣誉成了最高政权的一种特权。在帝国治下所产生的事物的大部分，都可以在共和国中找到它们的根源，而且是应当使它们相互接近的；在共和国，只有掌握战争的最高统帅权的人才有权要求凯旋：而现在既然元首是一切军队的首脑，那么便只有在他的庇护下，才能举行凯旋了。"［法］孟德斯鸠：《罗马盛衰原因论》，商务印书馆 1984 年版，第 72 页。

④ 屋大维：《奥古斯都自传》，4。

⑤ 屋大维：《奥古斯都自传》，13。

一旦屈服于奥古斯都之下，便都获得了和平与秩序。奥古斯都是一个罗马人，大多数罗马人之向他屈服都是心甘情愿的，而不仅仅是由于他那优越的威力的缘故；何况他还煞费苦心地在掩饰他的政府的军事基础，并使之依据于元老院的法令。元老院所表示的种种阿谀奉承，毫无疑问是言不由衷的；但是除了元老阶级以外，却并没有一个人因此而感到屈辱。①

胜利女神像

结束内战是人心所向。屋大维顺应民心，以恢复共和国之名，在保留共和政府机构的情况下，建立起了一种为世人所不熟的政治体制——元首政治，成功地将共和制转入元首制的轨道。罗马的历史进入元首制帝国时代。

---

① ［英］罗素：《西方哲学史》，上卷，商务印书馆 1988 年版，第 346 页。

埃及托勒密王朝世系表

托勒密一世（前 323 年—前 283 年）与贝勒尼基一世
托勒密二世（前 282 年—前 246 年）与阿尔西诺伊一世
托勒密二世与阿尔西诺伊二世
托勒密三世（前 246 年—前 222 年）与贝勒尼基二世
托勒密四世（前 222 年—前 205 年）与阿尔西诺伊三世
托勒密五世（前 205 年—前 180 年）与克娄奥帕特拉一世
托勒密六世与克娄奥帕特拉二世（前 180 年—前 164 年，前 163 年—前 145 年）
托勒密七世尼奥斯
托勒密八世费斯肯（前 145 年—前 116 年）与克娄奥帕特拉二世
托勒密八世与克娄奥帕特拉三世
克娄奥帕特拉二世
托勒密九世拉塞罗斯与克娄奥帕特拉四世
托勒密九世克娄奥帕特拉五世
托勒密十世亚历山大一世与克娄奥帕特拉五世
托勒密十世与贝勒尼基三世
贝勒尼基三世
托勒密十一世
亚历山大二世与贝勒尼基三世
托勒密十二世与克娄奥帕特拉六世
贝勒尼基四世
托勒密十二世
托勒密十三世与克娄奥帕特拉七世（埃及艳后）
阿尔西诺伊四世
托勒密十四世与克娄奥帕特拉七世
托勒密十五世凯撒里昂与克娄奥帕特拉七世（前 44 年—前 30 年）
克娄奥帕特拉七世

第四章　元首制帝国

罗马人侵入亚细亚，先与本都诸王交战，然后又与安条克为敌，最后再同埃及君主作战。只要权贵们保持着统治，他们的疆域就会年年得到拓展，那是因为两位执政官都渴望能胜过对方的功绩。然而，政权因苏拉和马略间的，以及尤利乌斯·凯撒和伟大的庞培间的内战而崩溃了。在那之后，权贵政治垮台了，他们推选出屋大维（Octavianus）作为唯一的统治者。现在，全部的国事都归于他一人之手了，他们未意识到，这就如同将全体人民的希望听凭投出的骰子一样，而且还置整个广袤帝国于听命一位统治者的喜好和权威的风险之中。这么说是由于，即便适逢以公正得法行其统治之君主，也不能让所有人都感到满意，因为他无法随时眷顾到那些远方的臣民，也不能选出这样的下属：他们把背弃他的信赖当作耻辱，又或者对统治如此数量众多而又不尽相同的人民感到得心应手。另一方面，假如他不顾君主政治的约束，变成了一位暴君，既把政府引入混乱，又纵容极大的罪行、容忍公正遭

罗马城遗址

到出卖、如使唤奴隶一样地使唤臣民——当然会有一些例外的情况，但几乎所有的君主都这么做了——那么统治者不受约束的权威势必会成为世界的灾难。在这种情况下，阿谀奉承与攀附权贵之徒被那类君主当成了举足轻重之人而得以升迁至显要位置；同时那些做事稳健又不张扬之人同阿谀奉承的生活行事格格不入，却只能抱怨自己享受不到同等的待遇。城市充斥着骚动与不安，而所有的军政部门都授位给那些意志不坚定的唯利是图者，如此一来，就使得富足之人在和平时代得不到安乐的生活，士兵们在战时变得士气低落。①

第一节　帝国的转型

公元前 29 年，罗马的共和制为元首制所替代，奥古斯都完成统一伟业。新的建制既考虑到新时代发展的需要，也照顾到共和国的众多因素。反对声固然也有，但罗马帝国的航船已经驶入帝制的航道。

一、元首制的建立

屋大维在战胜各派政敌后，成为罗马帝国的绝对统治者。屋大维及其统治集团必须认真思考一个重大问题：这就是如何治理这一刚从战火中走出来的帝国。麦凯纳斯认为必须实施君主专制；阿格里巴坚持继续行共和之制。屋大维鉴于凯撒被杀的教训以及罗马的共和传统，既没有直接采用和接受"王（Rex）""君主"（Dominus）或"独裁官"（Dictator）的称号，也没有完全实行共和制，而是以"元首（Princeps）"的称号，把在内战中搞得大伤元气、残破不堪的国土收归自己治下。② 因为屋大维懂得，"只要他把独裁隐藏在可接受的共和制传统后面，贵族就会容忍他的独裁。"③

---

① [东罗马] 佐西莫斯：《罗马新史》，世纪出版社、上海人民出版社 2013 年版，第 3 页。
② "元老院和人民授予我的独裁权，无论是我在场或我不在场时宣布的，我均谢绝未予接受。"见屋大维：《奥古斯都自传》，5；苏埃托尼乌斯：《圣奥古斯都传》，52—53，商务印书馆 1995 年版，第 79 页。
③ [英] 迈克尔·格兰特：《罗马史》，国际文化出版公司 1990 年版，第 208 页。

元首一词是拉丁文第一公民（Princeps civitatis）之意。中国的一些学者把它翻译为"皇帝"。这其实是不对的。元首与中国史书上的皇帝不同：皇帝替天行事，是上天在人间的代表，有天子之称，他的权力来自于天。元首之权来自公民，来自公民的授权。历史上常常把奥古斯都开创的统治形式叫作"元首政治"。它在罗马史上存在了300余年，一直持续到公元284年，为戴克里先所改变。在元首制下，元首的权力不断扩大，为元首服务的机构不断创建。元首是国事的主要决策者和最后决定者。奥古斯都的聪明之处就在于：对于共和国的各种机构原封不动、全部保留。元老院照常开会，而且屋大维对元老们敬重有加。据苏埃托尼乌斯记载："在元老院开会的日子，他总是在会议厅里向安坐着的元老们致意问候，而且不需别人提醒就能叫出每个人的名字；当他离开元老议事厅时，他惯常以同样的方式向元老们告别，让他们仍然安坐着"。[1] 执政官和其他共和制官职的选举也依然进行。当然，国家的日常管理权已逐渐转入以元首为代表的新兴力量手中。

屋大维原先的权力来自后三头同盟，为提提乌斯法所确定，为期5年。后因为布隆图辛协定，三头的权力又延长了5年。至公元前32年1月1日，从法律上说，屋大维和安东尼的权力已经结束。此后，他接受整个意大利和帝国西部各行省的宣誓，领导反对安东尼的战争。公元前31年至公元前23年，屋大维连续担任罗马执政官。他的权力的法律基础是共和制的执政官。在这期间，公元前27年1月13日，屋大维向元老院和公民大会交卸三头的权力，把军队、立法和行省交还给共和国并宣布"恢复"共和宪制。塔西佗有这样一段描述：

> 屋大维放弃了三头之一的头衔，声称自己只不过是一个普通的执政官，只要有保护普通人民的保民官的权力便感到满足。他首先用慷慨的赏赐笼络军队，用廉价的粮食讨好民众，用和平安乐的生活掠取世人对他的好感。然后再逐渐地提高自己的地位，把元老院、高级长官乃至立法的职权都集中于一身。[2]

---

① 苏埃托尼乌斯：《圣奥古斯都传》，53，商务印书馆1995年版，第80页。
② ［古罗马］塔西佗：《编年史》上册，商务印书馆1981年版，第2页。

奥古斯都塑像

可以说，塔西佗的这段话应该是罗马保留下来的对奥古斯都攫取权力的最生动的描述了。屋大维在自己《奥古斯都自传》中写得比较含蓄。他这样写道：

在我结束内战之后，全国普遍拥护我掌握最高权力。在我第六任和第七任执政官期间，我将国家从我手中移交给罗马元老院和人民。因我的德行，元老院宣布授我以"奥古斯都"尊号，公开在我住宅的门柱上装饰了月桂枝叶，大门口钉上象征公民城邦的冠冕，并且在朱里亚元老院会堂放置一面金盾，上面铭刻文字说明罗马元老院和人民因我勇敢、仁慈、公正和虔诚而授予我这种尊荣。从此，我的威严超过了一切人，但是我在每一种职位上都不比我的同僚握有更多的权力。①

---

① 屋大维：《奥古斯都自传》，34。

奥古斯都像

狄奥·卡西乌斯认为：屋大维选择了"奥古斯都"表明他已经超越了一般的普通公民。因为最珍贵、最神圣的事物都被称为"奥古斯塔"。[①] 阿庇安也认为：屋大维是第一个在生前被罗马人视为"神圣的"。[②] 在非常权力卸任之后，屋大维继续以执政官的名义管理相关的国家事务，并接受了对叙利亚、西班牙、高卢三大行省为期十年的治理权。埃及属于屋大维的私人领地，也由屋大维管辖。这些地方的财政税收进入元首国库。其他的行省归元老院管理。财政税收入共和国国库。十年结束后，这一权力又分别于公元前 18 年、公元前 13 年、公元前 8 年以及公元 3 年、公元 13 年得到新的授权。

公元前 24 年，罗马发生部分贵族谋杀屋大维事件。公元前 23 年 7 月，奥古斯都辞去连续担任的执政官职（此时他已 11 次担任执政官职）。与此同时，他获得两项权力：一是不担任执政官职，却拥有最高的行省执政官治权，权力范围包括罗马、意大利和所有行省。而军队都在行省，因此，奥古斯都实际上也获得了罗马最高的军事权。二是他不担任保民官，却拥有保民官权力。[③] 有了保民官权，他的人身安全在法理上得到了保证；他可以随时

---

① 狄奥·卡西乌斯：《罗马史》，53，16。
② 阿庇安：《内战史》1，5。
③ 公元前 36 年，屋大维被授予了保民官权。公元前 30 年，这一权力被确认；公元前 23 年再次被授予。

召开元老院会议，商议国家大事；他可以对行政官员的决议行使否决权，而其他的保民官不能否决他的决定。从公元前 23 年至公元 14 年，奥古斯都一直按保民官权计年。他的继承者也承袭了这种方法。公元前 13 年，奥古斯都被选为大祭司长，成为罗马最高的宗教领袖。

奥古斯都基本奠定了罗马元首制的权力基础。这些权力基础既包括保民官权，即在罗马城内拥有最高的民事权，最高的行省执政官治权，即控制军队和行省的权力；还包括罗马最高宗教权。保民官权和最高的行省执政官治权，已经完全脱离共和国宪制的官职。这些与共和国官职相分离的权力，是一种全新的权力。担任这两种职务的元首凌驾于共和国宪制之上，并拥有合法的地位，得到法律的保障。阿庇安和狄奥·卡西乌斯称之为"君主制"。①

为保证元首有效行使权力，公元前 27 年开始，元首组织了一个元首顾问议事会（Consilium Principis）。②这一顾问议事会由元首本人，一位执政官，一位行政长官，一位营造官和一位财务官，可能还有一位平民保民官，以及 15 名由抽签选出任期 6 个月的元老组成。元首是这一议事会的中心，没有任期限制。③元首提出的任何事务，通常都会通过这个议事会，与其他元老进行沟通。因为在奥古斯都看来，对于大多数事务和最重要的事情，最好预先与少数人商议。④为进一步了解元首权力和地位的增强，这里将公元前 4 年的一条元首敕令以及相关的元老院决议附录于下：

　　Imperator 凯撒·奥古斯都、大祭司长，在第十九次任保民官之年宣布：

　　　　在盖乌斯·卡尔维西乌斯和路西乌斯·帕西恩努斯为执政官之年通过了一条元老院法令，草拟时我也在场。因该法令涉及罗马人民盟友的利益，故此决定将该法令作为我本指令的附件发往各行省，以便各地方

---

① 阿庇安：《罗马史》，上卷，序言，6，14；阿庇安：《罗马史》下卷，1，6。狄奥·卡西乌斯认为，从公元前 27 年起，罗马政体实际上已经成为君主制了。因为人民和元老院的权力全部转移到了奥古斯都手中。见狄奥·卡西乌斯：《罗马史》，52，1；53，11；53，17。

② 英文"Council"一词就来自"Concilium"。

③ 苏埃托尼乌斯：《圣奥古斯都传》，33。

④ 狄奥·卡西乌斯：《罗马史》，53，21。

属从一体知晓。由此可明鉴我本人及元老院深切关怀各省一切居民，切实愿望所有居民均不遭受任何欺压或勒索。

附：元老院法令

执政官盖乌斯·卡尔维西乌斯·萨宾努斯和路西乌斯·帕西恩努斯·卢福斯公告：

"吾人之元首奥古斯都依其在元老院抽签所选元首顾问议事会之建议，命令我等将有关罗马人民盟友财产的保障问题提交元老院议处"。

为此元老院议决下列法令。

吾人之祖先树立了控诉敲诈勒索的法律手续以方便盟友进行告发、申诉冤屈，索还被勒索之财产。鉴于进行此种诉讼往往既费钱财又费周折，往往需将老弱贫病从遥远省份传来作证，元老院特发布法令如下：

自此元老院法令发布之日始，任何盟友亲自出现在有权召集元老院会议之官员面前，并以誓言为保证，要求索还被敲诈勒索属集体或个人之财产时，该官员应尽速将一干人等带至元老院，——除非敲诈勒索者还被控有重大刑事罪在案——并指定他们要求代替他们在元老院发言之人为他们的律师；但对已依法免除此种职责者不应强令担任律师。

为使控诉者的案件得以在元老院受到聆听，接受他们诉讼案的官员，应于接受该诉讼案的当日在出席人不少于二百名成员的元老院会议之面前当众抽签选举法官：选举时应从所有执政官级的元老中抽选四名居住罗马本城或距城二十里之内者；从大行政长官级元老中抽三名居住罗马本城或距城二十里之内者；从其他元老或在元老院有发言权者中抽选两名住在罗马或距城二十里之内者。但下列人等不得入选：年满七十岁或七十以上者；在职负责某一部门公务者；正担任法庭主持人者；担任食粮分配官者；经三名元老院成员作证，已向元老院请假，因病不能出勤者；因家庭或婚姻联系与被告关系密切，按朱里亚审判法不应被强迫在公众面前提供证词者；以及经被告在元老院面前宣誓认为与他有宿仇者（但不能以此种誓言排除三人以上）。负责抽选的官员应负责于两天之内使索赔一方和被追索一方依次对九名当选者提出异议要求排除，直至剩余五人为止。如果当选法官中任何一人在案件判决之前死亡，或其他原因使之不能作出自己的决议，而且其缺席理由也业经五位元老宣誓认可，则该主持官员应在众法官及索赔者和被迫索者等人面前再次抽签，从与缺席人同等级的元老中，或与缺席人相同职位的元老中选出替补者，但与本法令上述各条不应当选为审判官者条件相符者不得入选。

当选法官听取并调查的范围应限于某人被控告从某一集体或个人索取钱财的案件，并应在三十天内作出决断：应命令该被告，依照控告人证实，将从他们处索走的款项如数

奥古斯都时代饰有胜利女神献祭公牛图像的坎帕纳陶板

偿还。负责审查并对此案件作出判决之诸法官，在完成审查和宣布判决之前，除参加公共祭礼外，应免除一切其他公共职责。

元老院还规定负责抽选法官的官员应主持全部程序——如他不能，可命其他元老级官员担任——并应签发准许证，许可传唤住在意大利的证人。附带条件是：私人诉讼者召唤的证人不得多于五名，为公家诉讼者召唤的证人不得超过十名。

元老院还规定依本法令选出的法官每人应在法庭上公开宣布他自己检查的结果和判断，将根据多数人之判断作出最后裁决。①

昔勒尼属于元老院所辖的行省。这一敕令既反映罗马最高决策程序的改变，也证明元首在罗马所有行省都具有命令权。

公元 13 年以后，元首家族内的提比略、德鲁苏斯和日耳曼尼库斯成为元首"顾问议事会"的永久成员。原先抽签选出的元老改由元首亲自圈选，不需经元老院同意。元首有权在任何时候将任何他所喜爱的人选拔进入这个顾问议事会。顾问议事会做出的决议与"元老院最终决定"具有同等的效力。

---

① 李雅书选译：《罗马帝国时期》（上），商务印书馆 1985 年版，第 23—25 页。

顾问议事会为元首服务的功能更为明显。

与此同时，在罗马还出现了许多新的服务元首的官职。他们有的为元首掌管书信文书、国事研究；有的为元首掌管金库；有的则为元首掌管司法事务。奥古斯都曾邀贺拉斯担任他的秘书，但遭到了贺拉斯的婉拒。在这些为元首服务的成员的基础上，罗马逐渐出现了一系列新的官僚机构。

二、跨越"奥古斯都门槛"

屋大维执掌政权的时间很长，大约为 44 年。他的执政理念是稳定和安全。他在相关敕令中说："请给我特权把这个国家建立得稳固而安全，并从这一行动中得到我所期望的果实；但愿我能被称作这个至善政权的缔造者，并在死时怀有这样的希望：我为国家所奠定的基础还会是稳固的。"① 其统治期间，采取了多种措施来整治共和国留下来的陋习，并努力弥合对新政权的各种指责与不满。

第一，整顿并改造元老院和骑士等级，使其转变职能，成为元首制治理体系中的一部分。共和末叶，元老人数因平民的加入人数有所增加，屋大维出于巩固元首政治的需要，分别于公元前 28 年、公元前 18 年和公元 4 年对其进行三次整改，将元老人数从 1000 人降至为 600 人。公元前 28 年开始，屋大维获得了首席元老（Princeps Senatus）的称号，从而取得了在元老院上第一个发言的权力。屋大维规定元老院每月必须召开 2 次常规例会。开会期间，元老不得无故缺席。② 元老院会议的议题由元首顾问议事会讨论后提交。屋大维规定元老的资格：一是需有 100 万塞斯退斯的财产资格。对屋大维认为正直而称职的人，若经费不济，则由奥古斯都补足缺额。二是家族前两代必须是元老成员。③ 整顿元老院，涉及各方利益，屋大维面临很大的风险。据说，在公元前 18 年第二次整顿元老院时，屋大维内穿铠甲，腰佩短剑，参加元老院会议，每位元老都事先经过安检，但也只能逐个与他接近。④ 正

---

① 苏埃托尼乌斯：《圣奥古斯都传》，28。
② 狄奥·卡西乌斯：《罗马史》，55，3，1—2。
③ 苏埃托尼乌斯认为：奥古斯都把元老入门条件从 80 万上涨至 120 万。苏埃托尼乌斯：《圣奥古斯都传》，41。参见狄奥·卡西乌斯：《罗马史》，54，17，3；54，26，3—5。
④ 苏埃托尼乌斯：《圣奥古斯都传》，35。

是由于屋大维缜密的安全工作，才避免了重蹈凯撒被杀的覆辙。

整顿后的元老院，逐渐失去了享有的外交、立法和任免官员等权力，无力与执政官的行政机构制衡，更无力成为抵抗元首的力量。而作为元老，则更以元首之令是从。因为元首可以根据元老任职中的表现，推荐并决定最适合于担任执政官、行政长官与财务官的人选；推荐并决定最适合于担任军团指挥官与行省总督的人选；直接决定奥古斯都新设机构中所需的管理人才。公元前32年，奥古斯都直言：向屋大维宣誓的700位元老中，有83人任执政官职，170人任祭司职。[①] 职位、薪金和荣誉都促使整编后的元老成为依附于元首的工具。

与此同时，屋大维又对骑士阶层进行规范，把骑士纳入政府官员的主要选拔系统，以弥补统治集团人才的短缺。按规则，骑士须具备40万塞斯退斯的财产资格。元老的儿子在成为元老院元老之前，以及意大利城市中的一些重要人物和战功卓著者，都被列入骑士阶层。他们可以担任重要的军职和官职，如军团将校、行省官员、埃及总督和近卫军长官等，成为元老院的后备力量。从而使骑士有更多的机会成为帝国事务的管理者，为元首服务。元老院与骑士间原先的横向对立关系逐渐变成为元首制下纵向的上下晋级关系，成了通向元老的必经阶段。

共和末叶，元老与骑士等级矛盾很大，冲突不断，但经过奥古斯都改革以后，元老院与骑士阶层的职能皆有了明显的改变，元老院与骑士阶层间的直接冲突逐渐消失。他们都进入元首制的治理轨道，仰仗元首的威权，从元首中得到利益，成为元首制政权的重要支持力量。

第二，举行公民人口财产普查，以便摸清帝国的家底并制订相应的人口政策。屋大维曾亲自主持三次公民普查。公元前28年，罗马公民间的内战结束不久，执政官屋大维和阿格里巴就立即对罗马公民人数进行了一次普查。普查的结果是，当时登记在册的罗马公民人数有406.3万人。20年后，公元前8年，屋大维再次举行人口调查，发现罗马公民人数已达423.3万人。20年间，增加了17万。公元14年，屋大维又依据执政官权，与提比略·凯撒一起对罗马公民举行了第三次人口调查。此时罗马的公民人数已近500万，

---

① 屋大维：《奥古斯都自传》，25。

托着祖先头像的罗马贵族雕像

达到 493.7 万人，较内战结束时期增加了 87.4 万人，平均每年增长 33500 人。① 这与屋大维采取的人口政策有密切的关系。这些政策包括：鼓励贞洁，严惩通奸，要求民众过健康、稳定的家庭生活。罗马实行的是一夫一妻制。奥古斯都带头执行法律，他自己的女儿朱里娅和外甥女朱里娅因犯通奸法，于公元前 9 年遭到流放。② 奥古斯都甚至在遗嘱中声明：他的女儿和外甥女死后，不能葬入他的墓地。③ 奥古斯都积极鼓励青年男女结婚，奖励结婚和生儿育女的罗马青年，对未婚男女课以重税。他鼓励罗马公民多生孩子，规定：有三子女者，如果不到任职年龄，可提前任职；子女多者，在选举中可以优先当选；任职时同僚中子女多者优先提拔。因为贵族中，男多于女，他允许所有公民除元老级外，都可与被释奴隶结婚，并规定他们的子女为合法。

在奥古斯都的倡导和鼓励下，罗马传统的大家族重新恢复了活力。据普林尼记载，在屋大维第 12 任执政官（前 5 年）时，生活于法苏莱的农民盖约·克里斯皮努斯·海拉鲁斯（Gaius Crispinus Hilarus）带着一家人来到罗马。4 月 9 日，他们上卡庇托里山向罗马的最高神朱庇特献祭。他的后面跟着 8 个孩子（其中两个是女儿），28 个孙子，19 个曾孙，还有 8 个孙女，共 56 人，形成浩浩荡荡的一支家庭队伍。④ 屋大维的人口政策不但使意大利人口走出了内战以来的下滑趋势，而且有了新的增长，从而为意大利乃至帝国的经济繁荣提供了强大的后劲。

第三，关注平民和老兵的物质利益和精神生活，推行福利政策，让平民在分享屋大维胜利成果的过程中，逐渐忘掉共和国的政治，忘掉共和国公民

---

① 屋大维：《奥古斯都自传》，8；参见苏埃托尼乌斯：《圣奥古斯都传》，27。

② 屋大维的女儿朱里娅的奸夫尤路斯·安东尼（Iulus Antonius）自杀。Velleius Paterculus, *Compendium of Roman History*, 2，100.

③ 苏埃托尼乌斯：《圣奥古斯都传》，101。

④ 普林尼：《对自然的探究》，7，13，60。

的责任和权利。

公元前 29 年，屋大维第五次就任执政官。他把为庆祝他凯旋而征集到的三万五千磅加冕黄金，全部归还给意大利各自治市和殖民地，并声明，此后不再接受加冕黄金。① 屋大维根据形势需要，把罗马划分为 14 个行政区，把意大利划分为 11 区。在巡视意大利各地时，他对那些能够证明自己子女为公民后裔者，每人发给 1000 塞斯退斯。② 公元前 22 年，在罗马出现严重粮荒之时，他主动承担起粮食供应总监之责，用自己的钱财购买食品分发给民众，使全体公民免于饥饿之苦。③ 他在审定人民名册的基础上，在人们的要求下，恢复按月发放一次粮食。屋大维是罗马历史上以国家的名义长期推行福利政策的政府元首。

屋大维根据凯撒留下的遗嘱，给每个罗马平民赠送 300 塞斯退斯。这当时是很大数额的钱款，若按公元前 69 年公民人口数 90 万计算，则达 2.7 亿塞斯退斯。若按公元前 28 年 406.3 万人计算，则超过 12 亿塞斯退斯；④ 公元前 29 年，他以自己的名义从战利品中赠给每人 400 塞斯退斯；公元前 24 年，他从自己的财库中再次赠给每人 400 塞斯退斯；公元前 23 年，他 12 次用自己的钱购买粮食进行分配；公元前 12 年，他第三次发给每人 400 塞斯退斯。每次得到赠款的人数都不少于 25 万，这就是说：屋大维每次都要花费 1 亿塞斯退斯以上。公元前 5 年，他向 32 万城市平民每人赠送 60 狄纳里乌斯，总数达 7680 万塞斯退斯。公元前 2 年，他给当时接受国家发放食粮的平民每人 60 狄纳里乌斯，获得者 20 余万人。奥古斯都非常明白，这些福利政策对罗马的农业发展极其不利。他曾极想废除粮食分配，因为依赖粮食分配使罗马公民变得不爱劳动了，使传统农业遭到严重的忽视。但考虑到政治需要，他没付诸实施，因为他确信粮食分配因为涉及大多数平民的利益，因此，即使废除了，有朝一日还会重新恢复的。⑤ 奥古斯都很清楚，要想把已经给予公民的福利收回来，虽然合理，但是万万不能做的。

_____

① 屋大维：《奥古斯都自传》，21。
② 苏埃托尼乌斯：《圣奥古斯都传》，46。
③ 屋大维：《奥古斯都自传》，5。
④ 屋大维：《奥古斯都自传》，15；李维：《罗马史》，概要，98。
⑤ 凯撒把粮食份额领取者从 30 万降至 15 万，而屋大维又把人数增加到 20 万以上。苏埃托尼乌斯：《圣奥古斯都传》，42。

士兵是元首政治的基础，老兵定则士兵安，士兵安则帝国稳。稳定老兵的生活显然是奥古斯都的重要国策。他在《自传》中强调：效忠于他并向他宣誓的罗马公民兵有50万人，其中服役期满后30余万人获得他分配的土地。① 他从战利品中发给在殖民地定居的士兵每人1000塞斯退斯。接受这笔赠款的人数约12万人，总钱数达1.2亿。公元前30年到公元前14年，他第一次在意大利和行省建立老兵殖民地，并向各自治市和相关行省偿付了高达八亿六千万塞斯退斯钱财。② 他分别于公元前7年、公元前6年、公元前4年、公元前3年、公元前2年，用现款向退伍老兵发放退伍金，让那些老兵卸甲归田，返乡务农，总数达四亿塞斯退斯。③ 奥古斯都在多个行省建立了士兵殖民地，其中包括阿非利加、西西里、马其顿、阿卡亚、亚细亚、叙利亚、那尔旁高卢、两个西班牙行省等。他在意大利建立的28个殖民地，在他生前就已经成为人口稠密的地区。④ 为保证常备士兵的利益，保证士兵的退伍政策持续有效，公元6年，屋大维又从自己的财库拨款一亿七千万塞斯退斯作为士兵固定基金，以遗产税的5%和拍卖税的1%不断充实基金，从而有可靠的钱财随时支付士兵的给养和报酬。⑤

公元14年，奥古斯都去世。根据遗嘱：他留给罗马人民4000万塞斯退斯；留给部落350万；给每个近卫军士兵各1000塞斯退斯，给驻守罗马的士兵每人各500塞斯退斯；给每位军团士兵300塞斯退斯。这笔款项一直预留在元首库中，奥古斯都希望马上将其发放。⑥ 目的显然是希望保证军队的安定，把国家的最高权力顺利地移交给接他班的提比略。

为满足民众精神生活的需要，屋大维多次以自己及家人的名义，举办角斗表演。"他举办的公共演出无论在次数、形式上还是在豪华程度上都远远超过他的前辈。"⑦ 在这些表演中，有规模达一万人的"战斗"；有从世界各地

---

① 屋大维：《奥古斯都自传》，3。
② 屋大维：《奥古斯都自传》，16。
③ 屋大维：《奥古斯都自传》，15—16。
④ 屋大维：《奥古斯都自传》，29。
⑤ 屋大维：《奥古斯都自传》，17。
⑥ 从这里，我们也可以看到，在奥古斯都心目中，近卫军士兵比军团士兵更重要。参见苏埃托尼乌斯：《圣奥古斯都传》，101；塔西佗：《编年史》，1，8。
⑦ 苏埃托尼乌斯：《圣奥古斯都传》，43。

聘请来的运动员的体育表演；有形式多样的各种赛会。公元前 17 年，屋大维作为十五人祭司团的首领，与同僚马尔库斯·阿格里巴一起，代表十五人祭司团，在罗马举办了规模盛大的新时代庆典，以歌颂罗马的和平与帝国的昌盛。[①] 伟大诗人贺拉斯的《世纪颂》把罗马的强盛与奥古斯都的伟业，永远地留在了人间；把美好的生活与过去的成就紧密地联系了起来。为迎合民众的喜好，屋大维还在竞技场、广场和圆形剧场举行过 26 次追猎非洲野兽的表演，大约有 3500 头野兽遭血腥残杀。为充分展示海战的壮观，屋大维在台伯河附近，也即凯撒园林的地方，修了一个长 1800 尺、宽 1200 尺的人工湖，表演大规模的海战。参演士兵 3000 余人，参演的三列桨船有三十艘。此外，还有二列桨的尖头战船和许多小船。[②] 屋大维成功地把"战场"带进了"竞技场"，将追求权力为业的公民变成了以追求享乐为荣的观众。共和

① 屋大维：《奥古斯都自传》，22。
② 屋大维：《奥古斯都自传》，23。

古罗马广场遗址

晚期令政治家忧虑的广场厮杀不见了。奥古斯都驾驭民众的能力和手段之高着实让人惊叹！

第四，花费巨资重修或扩建罗马公共建筑，修建神庙，立伟人雕像，将砖瓦的罗马城变成大理石的罗马城，把罗马建成地中海地区最强大的政治中心，最伟大的文化中心。

共和晚期，罗马虽是首都，但政治权威缺失，军阀常带士兵攻打罗马。罗马城不但得不到很好的建设，相反破坏严重。奥古斯都的和平给罗马的发展带来了新的生机。屋大维接纳了麦凯纳斯的建议，不惜钱财，把首都建设到极致。"我们统治的人口如此之众，理应在各方面表现出比人优越。辉煌灿烂的装饰可以激发我们的同盟对我们的尊崇，同时也可以使我们的敌人感到恐惧。"[1] 在奥古斯都看来，建筑罗马城不纯粹是文化、民生问题，更重要的是政治，是能够带来巨大利益的大政治。屋大维最重视的工程是修复罗马城内的神庙。他修建了帕拉丁山上的阿波罗神庙及其柱廊、神圣朱里亚庙、卢佩卡尔神龛、卡庇托里山上的"打击者朱庇特"和"雷轰者朱庇特"神殿、奎里努斯神庙、阿芬丁山上的密涅瓦、朱诺天后和解放者朱庇特诸神庙、位

① 狄奥·卡西乌斯：《罗马史》，52，30。

于神圣大道起点的拉瑞斯神庙、维利亚山头的培那戴斯神庙，以及帕拉丁山上的青年神庙和大母神庙等。[①] 奥古斯都自称：他建造和重修的神庙达82座。罗马人崇拜神像中国人崇拜祖先一样虔诚。

在建设罗马城的过程中，屋大维还十分重视纪念那些提高了罗马人民地位的英雄。罗马是一个崇尚英雄的民族，是他们把罗马人民从微不足道的小国变成了伟大强盛的帝国。因此，他重建了带有先贤铭文的建筑物，并在自己广场的两排柱廊内供奉所有这些身着凯旋服饰的伟人塑像。他宣称：他这样做的目的，就是想让公民在他的有生之年按古代杰出人物的标准要求他，在他百年之后，公民们也要按这些典范的行为要求后来的执政者。[②]

屋大维还花巨资重修了元老院会堂和与之相连的卡尔齐边大殿、弗拉米尼乌斯竞技场的柱廊（后称"屋大维亚柱廊"）、大竞技场观礼台和庞培剧场；成功地修建了公共的下水道系统，使多条下水道穿过城市，罗马就像是"空中之城"。所有的污水都通过下水道流向大海。[③] 他修复、加固了因年久失修而破损严重的引水管道，并把一条新的源泉引入称为马尔齐亚的水道，从而使罗马的供水量增加一倍。此外，他还修建了500眼喷泉与多个浴池，庆典期间，免费开放170座浴室；[④] 修完了凯撒当政时开始修建并已完成大部分的朱里亚广场和位于卡斯托尔神庙和萨图恩神庙之间的大会堂；重修了弗拉米尼乌斯大道以及除穆尔维桥和米努齐桥外的所有桥梁。[⑤]

奥古斯都不是"皇帝"，也没有皇宫，更没有三宫六院。他长期住在帕拉丁山上自己的房子里。他的房子是从霍腾西乌斯那里买来的。那房子非常简朴，既不大也不豪华；带有阿尔班石柱的柱廊是很短的，房间里没有任何大理石装饰。40多年里，无论冬夏，他都住在同一卧室。虽然他发现罗马的冬季对他的健康不利，但他还是住在那里。[⑥]

奥古斯都对罗马城的整建与装饰，不但美化了罗马的环境，而且大大地增加了帝国的尊严。是他把大理石的罗马城赋予了文化的力量。是他使罗马

---

① 屋大维：《奥古斯都自传》，19—20。
② 苏埃托尼乌斯：《圣奥古斯都传》，31。
③ 普林尼：《对自然的探究》，36，23。
④ 屋大维：《奥古斯都自传》，20；普林尼：《对自然的探究》，36，23。
⑤ 屋大维：《奥古斯都自传》，20。
⑥ 苏埃托尼乌斯：《圣奥古斯都传》，72。

成为一座更具吸引力的城市。

第五，组建常备军，以武力征服北部部族，寻找稳固的天然屏障，作为罗马帝国的北疆；以外交方式，解决东部疆域纠纷，保证帝国东部地区的安全，确保罗马长治久安。

正像罗马不是一天建成的一样，罗马帝国也不是一天建成的，既没有预设性，更没有计划性。常常是众多偶然的因素造成了罗马庞大的地域性帝国。但从奥古斯都开始，罗马有了明显的边界意识以及在此基础上对边界的经营。"我把罗马人民一切行省的边界都向外延伸了，在这些边界内居住着臣服于帝国的各族人民。"[①] 公元前 13 年，奥古斯都成功地处理了西班牙和高卢行省的事务，赢得了行省民众的广泛欢迎。[②] 此后，他把西北部的边界一度推进到了易北河；同时，他又征服了伊利里亚北部的潘诺尼亚诸部并把帝国东北部的边界推进到了多瑙河沿岸。而在奥古斯都成为元首以前，罗马军队从来没有进入过这一地区。

为稳固对刚刚征服不久地区的治理，奥古斯都保持 28 个军团的部队，并把主要军团安置在北部边界的行省上。公元 9 年，总督瓦鲁斯试图推行租税与罗马的诉讼程序，引发了位于莱茵河与易北河之间的日耳曼人的起义。瓦鲁斯是一位性格温和、更适合营地休闲生活的人。维莱伊乌斯认为：瓦鲁斯爱财如命，在他任叙利亚总督期间："他是一位进入富庶行省的穷人，但离任时，他成为了富人，而叙利亚却变成了穷省。"当他被任命为日耳曼总督时，他认为，日耳曼是一个只有男人有发言权的民族，他们不能用剑屈服，而只能用法律抚平。于是，他把大量的时间浪费在法庭上。瓦鲁斯率领 17、18、19 三个军团前往镇压，却被日耳曼人围困在莱茵河东的条托堡的密林中，最终因道路中断，后援不济，被日耳曼人全歼。瓦鲁斯的失败对奥古斯都影响极大。苏埃托尼乌斯这样写道：

> 这一消息传来时，他（指奥古斯都——作者）下令全城宵禁，以防止发生动乱，并延长各行省总督的任期，以便依靠这些经验丰富的人使同盟者保持忠诚（因为他们是同盟者所熟悉的）。他还向至高至善的朱

---

① 屋大维：《奥古斯都自传》，26。
② 屋大维：《奥古斯都自传》，12。

庇特发誓，一旦国家的形势有所改善，就举行大规模的娱乐活动，像在对森布里人的战争和对马尔西人的战争中做过的那样。事实上，传说，他实在伤心之至，以至于连续数月既不理发也不修面，有时用头撞门，嚷道："克文提里乌斯·瓦鲁斯，还我军团。"他把这灾难的一天视作每年伤心悲悼的日子。[①]

此后，奥古斯都取消了三个军团的番号，将西北部的边界线从易北河移至莱茵河。奥古斯都调整了帝国的军事部署，将常备军团驻扎在各行省要地，形成帝国边境的稳固防化，而意大利地区不再驻守重兵。罗马常备军的设立以及边境防御体系的创建，改变了意大利自由农民随时参与军事事务的惯例，减轻了意大利人的兵役义务。"但凡事皆有两面，当政府免除意大利人兵役义务的时候，实际上也就废除了意大利人尚武的习惯，从而为未来北部军团以及蛮族大举入侵意大利埋下了祸根。"[②]

公元前22—前20年，奥古斯都在亚细亚等地巡视。在此期间，他与帕提亚国王普拉特斯四世达成协议，收回以前从三个罗马军团那里夺去的战利品和军徽，并迫使他们与罗马人民建立友好关系。[③]帕提亚、米底等国家的国王还送自己的子孙前往罗马，学习罗马文化，体验罗马人民的良好信誉。[④]奥古斯都还将意大利奴隶之女穆萨送给帕提亚国王弗拉埃特斯四世(前37—前2年在位)做妾。穆萨受宠后，被命名为女神穆萨。她说服弗拉埃特斯四世立其子弗拉埃塔奇斯为继承人，并将其他儿子送至罗马作人质。弗拉埃特斯四世死后，穆萨与其子弗拉埃塔奇斯共治（前2—4年），后又成婚，成为帕提亚的王与王后，他们的头像分别被铸在银币的正面和背后。班固《汉书·西域传》所记："文独为王面，幕为夫人面"。这里的"夫人"就是指"穆萨"。[⑤]

印度国王也多次遣使臣出使罗马，"此前他们从未觐见过任何罗马

---

① 苏埃托尼乌斯：《圣奥古斯都传》，23。

② 赫罗狄安：《马尔库斯·奥里略去世后的罗马帝国史》，2，11。

③ 屋大维：《奥古斯都自传》，29。

④ 屋大维：《奥古斯都自传》，32—33。

⑤ 参见 Josephus, *Antiquities of the Jews*, 18, 2-4；*Res Gestae Divi Augusti*, 32。参见李雅书选译：《罗马帝国时期》(上)，商务印书馆1985年版，第13页。

将军"。① 巴斯塔尼人和斯基泰人以及住在顿河两岸的萨尔马提人，还有阿尔巴尼人、伊比利亚人和米底人国王也派使者前去罗马，寻求与罗马人民的友谊。②

奥古斯都治国既重视行政实效，又强调制度建设。他打破了旧的寡头集团对权力的垄断；通过新立法，恢复了已遭废弃的众多祖先旧制，建立了许多新的规则；改革行政体系，将行省从元老院掌控转变为元首制下的元首与元老院共治；他自己也坚持勤俭办事，在生活等方面努力为后代树立可以效仿的榜样。奥古斯都完成了帝国的转型，跨越了世人所说的"奥古斯都门槛"，③ 从而开创了一个时代，开创了一个关注并建设帝国边疆的时代。

三、奥古斯都时代是一个幸福时代吗

奥古斯都晚年，一次乘船经过意大利中部的普特俄利湾。当时正好遇到一艘从亚历山大利亚港驶来的船只。身着白衣、头戴花环、焚香的旅客和水手见到奥古斯都，纷纷向他问候致敬，并给以最高的赞美，说"正是由于您，我们才得以生存；正是由于您，我们才能在海上安全航行；正是由于您，我们才享受到了自由与幸福"。④

那么，奥古斯都时期是否真的是一个幸福的时代呢？

亚历山大利亚学者斐罗（前30—40年）曾把凯撒的统治与奥古斯都的统治作过比较，反映了同时代的外省人对奥古斯都的普遍评价。这个评价是：

> 是奥古斯都铲除了因土匪袭击所引起的或明或暗的战争。是他清除了大海中的海盗船，并且使商船遍布其中。是他教化了各个国家，给他们自由。他变混乱为秩序，把礼仪和和谐带给了封闭野蛮的国家。他借着许多新的希腊化区域来扩张希腊世界，并且将此外的世界里最重要的

---

① 屋大维：《奥古斯都自传》，31。
② 屋大维：《奥古斯都自传》，31。
③ "奥古斯都门槛"由三个要素组成：1）打破了旧的城邦统治集团的权力垄断；2）建立新的宪政秩序和国家管理体系；3）将元老院控制下的行省成为元首掌控下的元首与元老院共治。
④ 苏埃托尼乌斯：《圣奥古斯都传》，98。

区域希腊化。他还
是和平的守护者。
他曾经免除他们所
有人的税务。他没
有掩藏自己的收
益，而是把它们充
当公共财产。他一
生都不曾保留或隐
藏任何美好优异的
事物……因为他代
替了诸多规则。作

以弗所罗马式样古建筑。以弗所位于今土耳其境内，建成于公元1—5世纪，是古罗马城市遗迹中保存最大最完整的一座古城。

为唯一的舵手、统治科学的绝妙高手，他全心为共同财富之船掌舵，所以，他也是第一个和最大的公共资助者……人类居住的整个世界一致给予他神圣的荣耀。神庙、大门、前厅、廊柱都充分证实了这一点……人们知道他谨慎周到，他做的事情就是明证；他坚定维护每个国家的本地风俗，就如同维护罗马的风俗一样。他之所以赢得荣耀，不是因为自鸣得意地摧毁过某些国家的习俗，而是因为与一个帝国强大的地位保持一致。这个帝国的声望也会因为这些颂扬而提升。他从不希望任何人把他称为一位神，这清楚地说明他从未因为自己获得的巨大荣耀而骄傲自满。①

罗马人对奥古斯都也是褒奖有嘉。维莱伊乌斯·帕特尔库鲁斯认为：

奥古斯都给（罗马）共和国、罗马人民和全世界带来人们所能想象的所有好运。他结束了持续二十年的内战，使和平再次降临，各地的人们都放下疯狂的武器；法律重新恢复效力，法庭重新树立权威，元老院在经历温和的改革后重新获得尊严；官员的权力得到了控制。共和国的古老形式得以重建。田园恢复了生产，宗教重新获得人们的虔敬。人们

<hr>

① Philo, *Embassy to Gaius*, 145–154.

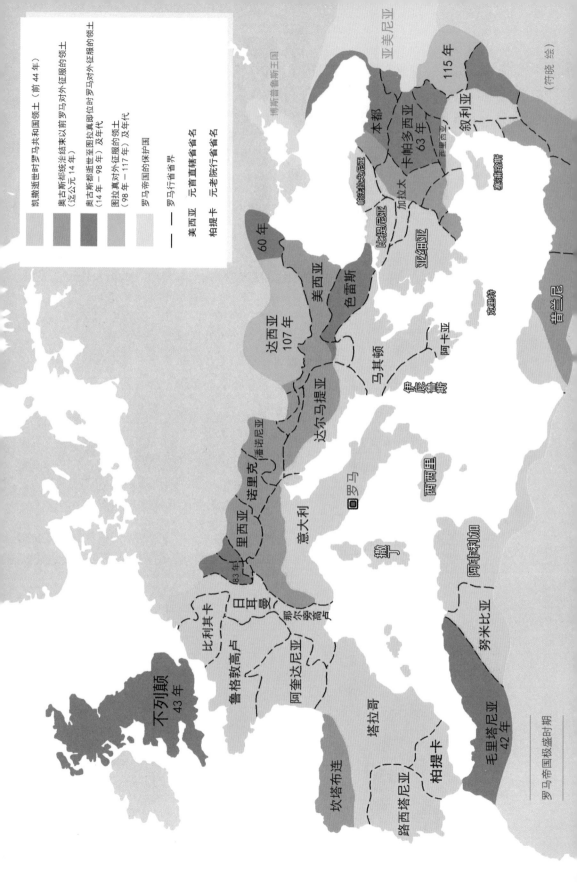

罗马帝国极盛时期

摆脱了焦虑而恢复了自由，每个公民的财产都重获保障；为了公众的福祉，古老的法律得到了合理的修订，新的法律得以通过。奥古斯都结束内战，使四分五裂的国家得以恢复生机，那些因一系列战争而被分离的诸省也被再次联合在一起。达尔马提亚，这个反抗罗马长达一百二十年的行省，也被平定并承认罗马的统治。①

近代以来，人们对奥古斯都时期的研究十分重视。青年马克思曾著文，发表自己的看法。马克思通过比较的方法，阐析奥古斯都时期的内政外交，得出奥古斯都时期是较为幸福的时代。

英国哲学家罗素认为：朱里乌斯·凯撒的继承人与养子奥古斯都以公元前30年至公元后14年在位，他终于结束了内争和（除了少数的例外）对外的征战。自从古希腊文明开始以来，古代世界第一次享受了和平与安全。奥古斯都结束了罗马内部贫富间残酷的流血斗争。在内战时期：

> 某一个将军可以宣布自己是元老院的战士，而另一位将军又宣布自己是人民的战士。胜利归于能以最高的代价收买兵士的人。兵士们不只是要金钱和掠夺，而且还要恩赐的土地；因此每一次内战的结束都是正式地以法令来废除许多原来在名义上是国家佃户的土地所有者，以便为胜利者的军人让位。进行战争的费用，是由处决富人并没收其财产来支付的。这种灾难性的制度是不大容易结束的；但最后出乎每个人的意料之外，奥古斯都的胜利竟是如此之彻底，以至于再也没有竞争者能向他所要求的权力挑战了。②

罗素的结论是：

> 奥古斯都在位的时期，是罗马帝国的一个幸福时期。各省区的行政组织多少都照顾到了居民的福利，而不单是纯粹掠夺性的体制了。奥古斯都不仅在死后被官方所神化，而且在许多省份的城市里还自发地被人

---

① Velleius Paterculus, *Compendium of Roman History*, 2, 89—90.
② [英]罗素：《西方哲学史》上卷，何兆武、李约瑟译，商务印书馆1988年版，第344页。

认为是一个神。诗人们歌颂他，商人阶级觉得普遍的和平是便利的，甚至连奥古斯都是以一切表面的尊敬形式在应付着的元老院也乘此机会把各种荣誉和职位都堆在他的头上。①

奥古斯都时代是否是一个幸福的时代？恐怕很难找到一个标准答案。但有三点显然是可以肯定的，这就是：奥古斯都结束了罗马的内战；奥古斯都中止了罗马公民大会上的内斗；创立了确保"罗马帝国"安全的各项制度，给罗马治下的帝国带来了较长时间的安宁与繁荣。

第二节　罗马治下的和平

奥古斯都开创了罗马的和平，把地中海地区带上了发展之路。此后帝国元首们身上的任务主要有二：一是协调帝国统治与本质上起源于城邦社会的政治结构之间的关系；二是明确地设定帝国边界，巩固和组织所征服的领土，建立稳固的防御体系，抵御野蛮人越过边界骚扰国民。

一、早期罗马帝国

一般而言，早期罗马帝国包括三个王朝，即朱里亚·克劳狄王朝（14—68年）、弗拉维王朝（69—96年）和安东尼王朝（96—192年）。

奥古斯都统治帝国罗马44年，于公元14年去世。在奥古斯都时代，与奥古斯都新秩序相抗衡的力量已经消失。原先的反对势力已荡然无存：

> 公然反抗的人或在战场上或在罗马公敌宣告名单的法律制裁下被消灭了；剩下来的贵族则觉得心甘情愿的奴颜婢膝才是升官发财的最便捷的道路；他们既然从革命中得到好处，也就宁愿在当前的新秩序之下苟且偷安，不去留恋那会带来危险的旧制度了。新秩序在各行省也颇受欢迎。元老院和人民在那里的统治却由于权贵之间的倾轧和官吏们的贪得

---

① ［英］罗素：《西方哲学史》上卷，何兆武、李约瑟译，商务印书馆1988年版，第345页。

无厌而得不到信任；法制对于这些弊端也拿不出什么有效的办法，因为暴力，徇私和作为最后手段的金钱早已把法制搅得一塌糊涂了。[1]

提比略·克劳狄像

塔西佗说奥古斯都时期的话同样适合于奥古斯都死后一段时间的情况。年轻一代的人都是在亚克兴战役后出生的。甚至老一辈的人大多也诞生于内战时期，几乎没有人真正见过罗马的共和国。回到共和国几乎是不可能的事。元首制是罗马人的唯一选择。但元首如何产生，这一直是困扰罗马政坛的大问题。

屋大维一生没有儿子，只有一个女儿朱里娅。他提拔他姐姐的儿子克劳狄乌斯·马尔凯路斯，将朱里娅嫁给马尔凯路斯。马尔凯路斯死后，他又将女儿嫁给大将阿格里巴。后又将阿格里巴的两个儿子盖乌斯和路奇乌斯过继为养子。可惜路奇乌斯不幸死在去西班牙的途中，盖乌斯则因伤致死于从亚美尼亚返回罗马途中。公元前12年，阿格里巴去世，奥古斯都再将朱里娅嫁给其第三任妻子利维亚·德鲁苏拉与其前夫生的儿子提比略。奥古斯都去世以后，提比略作为继子被指定为继承人。奥古斯都是在家族中寻找接班人。

从提比略起，罗马历经了提比略、卡里古拉、克劳狄、尼禄4位元首，历时54年。这一阶段的历史被称为朱里亚·克劳狄王朝时期。朱里亚指凯撒和奥古斯都的家系，克劳狄指提比略的家系。

朱里亚·克劳狄王朝面临的主要问题有：

1.军队问题。提比略继位不久，便遇到驻莱茵河和多瑙河各军团的叛乱。从此，罗马的常备军队开始成为罗马元首必须认真对待的一支政治力

---

① 塔西佗：《编年史》，1，2。参见［古罗马］塔西佗：《编年史》上册，商务印书馆1981年版，第2—3页。

卡里古拉像

量。早期军团提出的要求主要是经济和生活方面的。罗马政府一般采用软、硬兼施的方法就能将其镇压下去。公元68年内战时期，罗马军队正式参与元首权的争夺，并取得成功。

2. 近卫军问题。到帝国早期，元老贵族虽然对元首并不满意，但已失去了挑战元首制的实力。平民公民也因满足于"面包加竞技场"的生活，而失去了共和时期的公民精神。为保障元首的安全，奥古斯都建立了近卫军，分别安置在意大利的9个地区。提比略则把分驻在意大利各城市的9个近卫军大队全部集中到罗马。近卫军长官成为元首之下最重要人物。公元31年，近卫军长官谢亚纳斯企图暗杀提比略，事泄遭到镇压。此后，近卫军及其长官屡屡参与谋杀、迎立元首的活动，对罗马政坛产生重大影响。

3. 政体问题。奥古斯都创立了元首制，手握治理帝国大权。但从理论上讲，奥古斯都的大权是元老院和人民授予的，这一权力随着他的去世而消失。提比略是罗马历史上第一位以继承方式上位的元首，这源自奥古斯都的威望，但提比略继承权力缺乏法律依据。卡里古拉在其统治时期（37—41年），努力模仿古代埃及的专制统治形式。他第一个在宫廷里实行俯拜、吻足等君主王政礼仪，要求人们像敬奉朱庇特神那样崇拜他。卡里古拉被刺后，他的叔叔克劳狄继任（41—54年）。克劳狄是历史学家李维的学生。他上任后，迅速完善元首的官僚管理体制。原先为元首的办公机关变成了中央政权的管理机构。秘书处掌握内务、外交和军政；会计处成了财政部；申诉处变成了司法部。最初，从最高官员到办事员多由被释奴隶出任，后来逐步变为由骑士担任这些职务。① 与此同时，克劳狄为不断扩大统治阶级的基础，

① 这里有很重要的政治和文化原因，因为元首从原则上讲，属于罗马公民。而作为罗马公民，是不应该让公民作为自己的私人仆从的。从维特里乌斯开始，骑士逐渐替代被释奴隶担任帝国官职。哈德良时期才最后完成了这一任务。在罗马人看来，国王统治的国家，统治权固定在统治家族，其他的人都是奴隶。参见塔西佗：《历史》，1，16。

还向行省部分居民开放公民权，吸纳高卢上层加入元老院。

克劳狄去世后，年仅 16 岁的尼禄（54—68 年在位）继位。他的母亲阿格里庇娜以儿子年幼为由，干预政事，后被尼禄杀死。公元 64 年，罗马城发生大火，持续 6 昼夜，城中 14 个区中 3 个区全部、7 个区大部被烧毁。尼禄以基督教徒纵火为由，对基督徒加以迫害。在尼禄统治时期，众多贵族被杀，尼禄的老师辛尼加也被迫自杀，各地总督、军事统帅随时都处在被杀害的恐惧之中。公元 68 年，鲁格图努姆高卢的总督文德克斯首先起事。接着近西班牙总督加尔巴被军

尼禄与母亲阿格里比娜像

团士兵拥立为元首，得到元老院的承认。罗马城内的近卫军见机逼尼禄下台，尼禄被迫自杀。自杀前，尼禄留下最后极具讽刺意义的一句话："这么一位艺术家要离开人间了。"尼禄对于艺术与戏剧有极大的兴趣，但在国家治理上显然是德和才都不配位。尼禄之死结束了朱里亚·克劳狄王朝，也结束了罗马贵族垄断帝国最高统治权的历史。

尼禄死后，各行省军团竞相拥立自己的指挥官为元首。总督和军团成为元首拥立的重要力量。这样，帝国的秘密被逐步揭露出来，那就是在罗马之外同样可以拥立元首。经过一年多的内战，结果犹太总督韦斯帕芗在得到东方军团和多瑙河部队的支持后，夺得元首位，从而建立了弗拉维王朝（69—96 年）。军团在元首选立中的作用初步显现。

弗拉维王朝是一个过渡性王朝，仅有 27 年，但对于罗马帝国未来的发

展影响重大。韦斯帕芗属于骑士阶层，是罗马第一个从非贵族出身的元首。罗马旧贵族对政权的垄断被打破。韦斯帕芗就任元首后，首先通过了大权法，使元首的权力得到了法律的保障。元首控制了行政官员的选举权，并利用监察官这一职权选拔新元老和新贵族。公元 73—74 年，韦斯帕芗对元老院进行改革，广泛吸收行省上层贵族加入元老院。同时，他将行省富户千余家从西班牙和高卢等地迁入罗马，补充入罗马元老、骑士阶层，又授予西班牙所有城市和西方许多城市以拉丁公民权，以扩大帝国和元首政治的社会基础。鉴于近卫军和军团在政权巩固方面的重要性，他任命自己的儿子提图斯为近卫军长官，并加大对近卫军和军团的改革力度，缩小近卫军规模，规定近卫军可以在意大利人中间招募，军团被重新改编。参加暴动的日耳曼军团基本上遭到解散，各地驻军可以在行省招募，分别轮流在本省以外的地区驻守。

韦斯帕芗像

韦斯帕芗上任之初，国库和元首金库空虚。他不断增开税源，增加税收。

他不满足于恢复伽尔巴时期已废除的赋税，还规定了新的沉重税赋。行省居民缴纳贡赋的数量也增加了，有些省贡赋甚至成倍翻番。他还经营连普通人都感到羞耻的买卖，他囤积商品只是为了以后提价出售。他毫不犹豫地向竞选者卖官鬻爵。对在押候审犯，不管无罪还是有罪，只要他们肯出钱，他便一律开释。人们认为，他总是故意地不断提拔那些贪婪的官员升任更高的职位，先让他们发财致富，然后再处罚他们。有一种普遍说法：韦斯帕芗利用他们犹如海绵，干的让它潮湿，湿的挤出水来。①

据说，韦斯帕芗的儿子提图斯对其父连厕所都要征税的方法颇有微词，

① 苏埃托尼乌斯：《圣韦斯帕芗传》，16；见［古罗马］苏维托尼乌斯：《罗马十二帝王传》，商务印书馆 1995 年版，第 312 页。

韦斯帕芗拿起一把钱币，让提图斯闻这些钱币是否有味道。韦斯帕芗告诉他：这些钱币就是征收厕所税得来的。经过韦斯帕芗多年的经营，罗马的财政逐渐好转。韦斯帕芗收税严苛，但对学者却很大方。他从元首金库出资，给拉丁文和希腊文修辞学教师每人每年10万塞斯退斯的薪水，给杰出的诗人和艺术家如科斯的维纳斯像的复制者以巨额的奖励。

公元79年，韦斯帕芗去世，提图斯（79—81年在位）继位。提图斯是一位非常勤勉的元首，但在位时间仅有两年。提图斯死后，他的弟弟图密善被近卫军拥立为元首。图密善是比较复杂的人物。平民和行省居民对图密善有好感，但元老院对图密善的行为，尤其是图密善经常以"主人和神"自居，极其不满。从图密善开始，元首权力进一步加强，元老院常常被顾问会议排挤，由被释奴隶控制元首办公室的情况也有明显改变，骑士在元首制政府中的地位凸显。为弥补国家税收的大量支出，图密善经常向达官贵人征税。但他严禁以诬陷的手段，为元首私人金库谋利。他有一句话非常值得重视，即："一个不严惩诬告者的元首必然为虎作伥"。

公元96年，图密善死于近卫军长官的政变。图密善之死，宣告了弗拉维父子家族政治的结束。元老院重新夺回元首的核准权。他们不但没有给图密善死后封神，而且还通过决议涂掉他的所有题词，清除为他建立的所有建筑物，同时推举元老出身的涅尔瓦（96—98年在位）为新的元首。罗马历史进入了安东尼王朝的统治时代。

提图斯像
韦斯帕芗长子。罗马弗拉维王朝第二任元首

安东尼王朝（96—192年），历时96年，是行省贵族不断在罗马政坛发挥作用的时期。罗马的显贵家族人数日益减少，离政治舞台越来越远。例如，凯撒时代元老院的45名贵族之中，到哈德良时代只有一家贵族有子孙承袭。罗马早先著名的埃米利乌斯、法比乌斯、克劳狄、曼利阿斯、瓦勒利乌斯和所有其他家族，都已在政坛销声匿迹。由奥古斯都和克劳狄提拔的25个贵族家族，到涅尔瓦统治时期除了6个家族之外，其他的都已消失。公元65年，尼禄统治时期约有400个元老家族，仅过一代，大约有一半家族不复存在。罗马传统贵族的消亡并逐渐退出政坛，为行省新贵的崛起创造了条件。罗马帝国迎来了一个新的时代。

安东尼王朝共有六位元首。他们分别是涅尔瓦（96—98 年在位）、图拉真（98—117 年在位）、哈德良（117—138 年在位）、安东尼·庇乌斯（138—161 年在位）、马尔库斯·奥里略（161—180 年在位）和康茂德（180—192 年在位）。除涅尔瓦外，其他人都出生于行省。这表明，行省的地位在不断上升，行省的文化有了迅速的提高。就传承体系而言，除最后两位是父子相继外，其他的都无血缘关系，大都是选贤举能传贤而不传亲。就在位时间而言，涅尔瓦为 2 年；图拉真为 19 年；哈德良为 21 年；安东尼·庇乌斯为 23 年；马尔库斯·奥里略为 19 年；康茂德为

涅尔瓦像

12 年。哈德良和安东尼·庇乌斯都超过了 20 年。除康茂德被杀外，其余皆为正常去世。罗马帝国进入最为繁荣的时代。

图拉真是第一位行省出身的元首。他遵守涅尔瓦的誓言，重视元老院的政治地位，不随意杀害元老。元首与元老院相处良好。帝国早期，因为行省发展迅速，开发成本较低，所以，意大利的大量资金流向行省，从而导致意大利经济明显下滑。图拉真上任后，开始用政府政策调整意大利经济。他发布命令减轻农民的税收，以低息向小土地私有者贷款；强迫要求元老成员把自己财产的 1/3 放在意大利，以购买土地，经营农业。

图拉真武将出身，是典型的传统罗马尚武精神的传承者，重启了奥古斯都的武力扩张政策。公元 101—106 年，他兴兵征服多瑙河流域以北的达西亚人，使其成为罗马帝国的一个行省。公元 102 年，元老院授予图拉真"达西库斯"称号。公元 106 年，图拉真又远征西亚

图拉真半身像

建立阿拉伯行省。公元114年，他废除与帕提亚签订的和平条约，率军侵占亚美尼亚，建亚美尼亚行省。同年夏天，图拉真获得元老院授予的"最佳元首（Opitimus Princeps）"称号。此后，他又征服亚述、美索不达米亚，直抵波斯湾。公元115年，元老院决议授予图拉真"帕提库斯"称号。公元117年，亚述、美索不达米亚成为罗马帝国的行省。图拉真是第一位到达波斯湾的罗马元首。据说，当他到达波斯湾时，他看到一艘船正在航向印度，说道："如果我还年轻，我一定也能渡海到达印度"。[1] 在图拉真时代，罗马帝国的边界达到了最大的限度：罗马帝国的疆域从日落处和西面海洋到高加索山和幼发拉底河，通过埃及上达埃塞俄比亚和通过阿拉伯远达东面海洋，所以它的疆界东至太阳神上升的海洋，西

图拉真纪功柱
柱上浮雕再现了图拉真对达西亚人的战役

至太阳神降落的海洋；同时他们统治了整个地中海和所有海中的岛屿以及海洋中的不列颠。[2] 从罗马的角度来说，图拉真的主动扩张，确实保证了帝国边疆数十年的稳定。公元117年夏，图拉真在返回罗马的途中去世，他的骨灰被带回罗马，安葬在图拉真广场的图拉真纪功柱下。人们还在该圆柱上立了一尊他的雕像。

图拉真的继承人是哈德良。哈德良同样出生于西班牙，是一位现实主义者。继位后，他发现罗马帝国无法承担继续扩张的任务，也无法稳定统治新征服的区域，便改变图拉真的主动进攻政策，而实施主动防御措施。他在北部和不列颠修筑边墙；同时与帕提亚人言和，退出美索不达米亚和亚美尼亚，把罗马的东部边界退至幼发拉底河。

---

① 狄奥·卡西乌斯：《罗马史》，68，29。
② 阿庇安：《罗马史》，上卷，序言，9。阿庇安认为：罗马帝国的疆域已经超过了亚述人、米底人和波斯人的疆域范围。

不列颠岛上的哈德良长城遗迹

　　哈德良的主要精力都放在帝国内部事务的调整和管理上。他加强元首制下的中央管理机构建设，把各中央机构的权力从原先的元首家臣被释奴隶手中转入国家官员手中。官员由骑士组成，从国家那里获取薪金，皆由元首直接任免；元老院的行政权力早已不复存在。元首顾问议事会变成了官僚机构，由于法律学家的加入，从而使这一机构的审判职能有了明显的加强。元首顾问议事会的成员也和其他官员一样，从元首那里领取薪酬，唯元首之命是从。民选官员同样失去实际的意义。

　　在哈德良治下，休养生息成为罗马的主导思想。哈德良经常巡视帝国各地，加强对行省的监管，督促行省居民安心乐业。哈德良在位期间，他前往过高卢及日耳曼尼亚（120—121 年）、不列颠（121—122 年）、西班牙（122 年）、小亚细亚（123 年）、巴尔干（125 年），并经西西里岛返回罗马。此后，他又访问了阿非利加（128 年）、雅典（同年冬）、卡里亚、西里西亚、卡帕多西亚、叙利亚（129 年）和埃及（130 年）等。在罗马的所有元首中，哈德良是唯一一位多次访问行省的人。

　　哈德良时期虽然停止了对外征服，但在镇压内部起义方面却是不遗余力的。公元 132 年，哈德良出巡巴勒斯坦，他为了加强对犹太人的控制，决定

油画《安东尼式的浴池》，泰德玛绘

安东尼浴池建成于公元 2 世纪罗马元首安东尼时期。从残存的遗迹中，我们可以看出：它的面积达 3.5 万平方米。两边对称排列着更衣室、热水游泳池、按摩室、蒸汽浴室、逐渐降温的热水室、温水室、冷水室、健身操室等。安东尼浴池的用水主要来自罗马引水渠。

在耶路撒冷的原址上另建一座新城，使之成为罗马人的居留地。并在原先耶路撒冷的耶和华神庙的场址上建立罗马主神朱庇特神庙。结果引起了巴勒斯坦全部犹太居民的大规模起义。领导这次起义的是牧师叶列萨尔和绰号为巴尔科克巴（意为"星辰之子"）的西门。起义军采用游击战的方法，不时地打击罗马的殖民者和罗马军队。公元 134 年，哈德良被迫派大军镇压。在长达三年的战争中，罗马人共毁灭犹太城镇 50 座，夷平犹太村庄 985 座，屠杀当地居民达 58 万人之多。[1] 经过这次浩劫，巴勒斯坦的犹太人开始过上背井离乡的悲惨生活，流落于世界各地。

到安东尼·庇乌斯统治时期，行省贵族大臣加入了帝国元老院，罗马在整个地中海区域保持了相当的稳定。阿庇安对罗马帝国有过很高的评价，他说：

> 自从元首出现到现在将近二百多年了；在这二百多年中，罗马城已经大大地美化起来了，它的收入增加得很多，在长久和平与安定的时期中，一切都已经向持久的繁荣进展。有些国家被这些元首并入帝国之内，其他一些国家的暴动被镇压下去了。因为他们占有陆地上和海洋上最好的部分，他们的目的，就整体来说，是以谨慎的办法来保全他们的帝国，而不是想无限地扩充势力来统治贫穷而又无利可图的野蛮部落；我在罗马已经看见，这些部落中有些由他们的使节们自己申请愿做罗马的臣民，但是元首不愿接受他们，因为他们对他没有益处。对于其他许多不愿由本国政府来统治的国家，他们派去了国王。对于有些属国，他们所花费的多于他们从这些国家所取得的，因为他们认为纵或统治这些国家要花费许多金钱，但是放弃它们是不名誉的。他们用许多军队驻守在帝国四周，把整个陆地和海上一带，好像一个完整的要塞一样地驻防起来。[2]

另一位学者维克多也认为：安东尼·庇乌斯统治了罗马二十三年。所有

---

① Dio Cassius, *Roman History*, 69，12，1.

② 阿庇安：《罗马史》上卷，序言，7。见 [古罗马] 阿庇安：《罗马史》，商务印书馆1979 年版，第 13 页。译文略有改译。

的军团、国家和人民都爱戴并敬畏他，将他视为父母或者保护人，而非君主或元首。所有人都希望在谈话的时候用足够神圣的词语来提到他。① 至此，罗马帝国已经到了它的全盛时期。

从朱里亚·克劳狄王朝（14—68 年）、弗拉维王朝（69—96 年）和安东尼王朝（96—192 年）的交替过程中，人们可以清楚地看到，帝国的最高领导层在发生巨大的变化。早期的罗马贵族逐渐为古意大利贵族所接替，古意大利贵族最后又被行省贵族所替代。罗马已经不纯粹是罗马人民的罗马，而是成了帝国民众的罗马。

二、全盛时期的帝国经济

罗马是好战的民族、尚武的国家。武力征服是罗马地域性帝国形成的关键。罗马人利用武力打出了一个横跨欧、亚、非三洲的大帝国。帝国形成之初，意大利与其他被征服地区，东部和西部发展很不平衡。经过百余年的经营，帝国内部的差别日益缩小，尤其是元首制帝国早期罗马治下的和平出现以后，帝国对地中海世界的影响越来越大。全盛时期的元首制帝国不仅为罗马文明的扩张创造了条件，而且也为地中海地区的经济、社会和文化的进一步发展提供了可能。

罗马是奴隶制帝国。帝国早期，罗马贫富分化严重，虽然劳动的性质要求劳动者分散在一个广阔的地面上劳动，监工的人数以及这种监督所需的劳动的费用就会相应地增加，但大地产还是有了迅速的发展。② 大地产内使用的劳动者主要是奴隶。例如，公元前 8 年，麦铁路斯的被释奴隶盖乌斯·凯西利乌斯·伊西多鲁斯去世时就占有 4116 名奴隶、3600 对耕牛、257000 头其他牲口和 6000 万塞斯退斯的钱财。③ 特里马尔奇奥的地产更大。据彼特罗尼乌斯报道，在他的地产上奴隶很多，以致仅七月二十六日一天，在库迈的特里马尔奇奥的土地上，就有三十个男孩和四十六个女孩出生。④

罗马奴隶主对奴隶的剥削和压迫都很残酷。奴隶们稍不合主人的意，就

① 参见杨共乐等：《古代罗马文明》，北京师范大学出版社 2014 年版，第 533 页。
② 参见马克思：《资本论》第 3 卷，人民出版社 2004 年版，第 431 页。
③ 普林尼：《对自然的探究》，33，47，2。
④ 波特罗尼乌斯：《撒提里康》，53。

罗马乡村别墅马赛克描绘农夫田间劳作的场景

会遭到主人的严厉惩罚。例如，据老普林尼记载：奥古斯都的朋友，属于罗马骑士阶层的凡狄乌斯·波利奥（Vedius Pollio），他发明了一种极其残酷的方法惩罚犯错的奴隶，就是把奴隶投入盛满海鳗的池子之中，让海鳗将其撕成碎片，以满足他观赏的需要。[①] 到帝国中期以后，奴隶的主要来源由外族奴隶变为家内奴隶。随着战俘奴隶的减少，国家对于奴隶主的管理有所加强。奴隶的生产和生活条件都有了一定的改善。奴隶们可以本着天性大胆增长，而不必害怕家庭人口过多。因为他们子女的吃穿与教育，完全由主人负

---

① 普林尼：《对自然的探究》，9，39。

责。他们的子女与他们一样属于主人的财富。

农业属于罗马各经济部门中最重要的部门，是罗马经济的基础，帝国繁荣的保障。罗马地中海地域帝国的形成，打破了地中海周围各地区间分割经营的局限，结束了地中海四分五裂的局面，使其变成为一个相连互补的整体，促进了行省的发展和地中海地区财富重新分配，从而为地中海地区农业资源的整合和利用创造了条件。一种新的以地中海为中心的农业经济模式在帝国范围内迅速形成。由于罗马是征服者，所以有大量的行省税收和产品汇集罗马，从而促使罗马调整农业的经营、组织形式。从外表上看，这似乎是一种经济现象，但实际上这恰恰是罗马政治特权在经济上的一种反映，与经济上的自然发展没有必然的关系。

地中海的农作物一直以大麦、小麦、葡萄和蔬菜为主，在作物品种上变化甚微。罗马早期，和意大利、西班牙、阿非利加一样，根本没有橄榄树。[①] 到公元前 3 世纪以后，随着不断向外拓展，罗马的橄榄业迅速发展起来。公元前 249 年，罗马的橄榄油价格是 12 磅 1 阿司。到公元前 74 年，贵族营造官马尔库斯·塞伊乌斯规定罗马橄榄油的价格为 10 磅 1 阿司，这也是他在任时整个一年的价格。公元前 52 年，庞培第三次担任执政官，意大利的橄榄油就已经向其他行省输出了。[②] 到帝国早期，由于意大利居民的外移，橄榄等作物在行省尤其是西部行省得到了更大的发展。[③] 当时的学者都用较多的篇幅来研究葡萄、橄榄的种植。例如，罗马农学家科鲁美拉的《论农业》共 13 卷，其中有 6 卷左右涉及葡萄、橄榄的栽种等。普林尼的《对自然的探究》中，有 14—15 卷论述葡萄、橄榄的内容。据苏埃托尼乌斯记载，元首图密善曾下过一道命令，禁止在意大利种植更多葡萄，行省最多也只能保留葡萄园的一半。[④] 由此可见，葡萄、橄榄在帝国的发展程度。

帝国早期，制作农具的技术有了不断的改进。犁、锄、锹、鹤嘴斧等铁器工具被普遍应用于生产领域，茂密的森林得到迅速开垦，荒地和沙地得到

---

① 橄榄树这种作物既不能在寒冷的气候中生长，也不能在非常炎热的气候条件下生长。
② 普林尼：《对自然的探究》，15，1。
③ "但是在今天，这种树已越过阿尔卑斯山，而且传入了两个高卢行省和西班牙中部地区。"参见普林尼：《对自然的探究》，15。
④ 苏埃托尼乌斯：《图密善传》，7。

罗马哈德良市场遗址

开发，沼泽地被排干成为良田，耕地面积扩大快速，农田灌溉和土地改良技术也有了较大的发展。[1] 例如，北非地区原先有较多的荒原，到这时也被大量垦殖，成了富饶的果园与农地。与此同时，在北部意大利等地出现了带轮的犁。据估计，单一——个牛轭一年能够耕犁的土地是 40 犹格[2]；在高卢出现了割谷机。据普林尼记载：在高卢的大庄园里，人们在麦田里推着收割机。收割机的边上有齿，安装在两个轮子上，麦穗被割下来后，落到收割机的木箱里。[3] 这样，无论在深耕、收割等方面都大大提高了效率，促进了生产的发展。

随着罗马地中海帝国的形成，埃及和阿非利加逐渐成了罗马的粮仓。每

① Tertulian，*Anima*，30，3.

② 普林尼：《对自然的探究》，18，38。

③ 普林尼：《对自然的探究》，18，42。

年都有大量生产于这些地区的小麦运往罗马。据记载，在奥古斯都时代，埃及每年向罗马输送的小麦是2000万摩底。[①] 北非是埃及粮食出口数的两倍。[②] 与此同时，南部高卢、西班牙及多瑙河地区各行省也成了罗马帝国的"新粮仓"。

在各行省农业普遍发展的同时，意大利的农村发生了结构性的变化，大地产迅速发展，对小自耕农形成巨大冲击，以致产生了如老普林尼所说的"大地产毁坏意大利"这样的严重现象。农学家科鲁美拉也记录了当时的人们对意大利土地状况的指责：

> 我曾一再听到我们国家的领导人抱怨说现在土地变得贫瘠了，说近年来气候也变得恶劣了，对农业有害了。我还听到有人对这种说法表示赞同，认为很有道理：他们说由于早先的过度生产，地力已经消耗殆尽，再也不能像往昔那样给人类提供丰富的果实了。

当然，科鲁美拉并不认可上述观点，他认为：

> 罗马所遭到的各种不幸不应是上天愤怒所致，而应是我们自己的过错。因为我们的祖先向来是把农业交给最优秀的人手给以最精心的照料和经营，而我们却把农业像交给执刑者去惩罚一样，交给我们的奴隶中最糟的那部分人去掌握。（我们的祖先）重视伦理道德，崇敬艰苦奋斗的生活方式，而我们却放下了镰刀和犁头，跑到了城里……我们是在马戏场和剧场里挥舞双手，而不是在谷子地和葡萄园里。我们着迷地用崇拜的眼光死盯着矫揉造作的美男子的表演，因为他们用自然没有赋予他们的那种女性的动作来伪装自己，欺骗观众的眼睛……我们经常享用过量的饮宴，我们甚至需要用蒸气浴来使自己大量发汗以便消除每天饮食过度所带来的消化不良，在擦干我们汗津津的身体后，我们又会感到口渴难挨又思饮食。我们的夜晚是在放荡和酗酒中度过的，而白天又消磨在游猎和酣睡中……我们既看不见日出，也看不见日落，好像这是多么

---

① 《凯撒概述》，1，6。
② 约瑟夫斯·弗拉维：《犹太战争》，2，383，386。

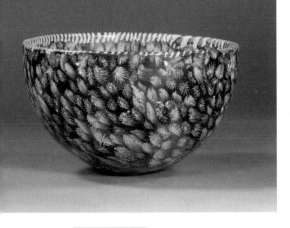

罗马玻璃工艺品

有福气。这种懒散生活所带来的结果是民族健康遭到了破坏。因为我们的年轻人都变得肌肉松弛、娇柔无力、虽生犹死了。①

科鲁美拉虽然对"土地不生果实"的原因有自己独到的看法，但对"土地不生果实"的事实是完全承认的。

帝国早期，罗马境内的手工业发展惊人。除了陶器、铜器、各种羊毛织物、玻璃业和金属制造业等以外，矿业的发展更值得关注。高卢发现了铁矿，西班牙除原有的银矿以外，发现了铅矿。而城市铅管的大量使用，又促进了帝国对铅的需要量的增加。与此同时，西班牙的锡矿及其产量也远远超过了不列颠。新的矿产资源的开发与利用既符合帝国城市化发展的需要，更对罗马武器的改进与军事技术的发展产生重大的影响。

从公元前1世纪起，罗马城的建筑业有了飞速的发展。罗马意大利几乎成了当时世界上最繁忙的工地。在罗马的建筑中，实用性的公共工程占据重要地位。道路、桥梁、水道、庙宇和剧场，都是国家工程。罗马的建筑以宏大、雄伟著称。公元前29年以后，屋大维对罗马城作了整体性的改造，以致他晚年曾自豪地说：他接手的是砖瓦的罗马城，而留下的则是大理石的罗马城。此后，罗马城市建筑不断由中心向外部扩张。著名的建筑有：弗拉维大竞技场、奥古斯都广场、图拉真广场、众多的神庙和凯旋门等。

罗马的大规模建设依赖于地中海经济圈的形成以及罗马行省税收对意大利的流入。据测算：在第一次布匿战争期间，罗马国库年收入大约为2千万塞斯退斯；② 公元前62年左右，罗马国库年收入增加到3.4亿塞斯退斯；③ 到奥古斯都时期，罗马国库的年收入大约为4.5亿塞斯退斯。奥古斯都的继承

---

① 科鲁美拉：《论农业》，序言。译文见李雅书：《罗马帝国时期》上册，商务印书馆1985年版，第50页。

② 参见杨共乐：《罗马社会经济研究》，北京师范大学出版社2010年版，附录一。

③ 普鲁塔克：《庞培传》，45。

罗马广场遗迹

者提比略元首为国库节余 27 亿塞斯退斯。[1]

奥古斯都时期罗马国家税收表

税收项目	税收数额	材料出处
公元前 62 年罗马年收入	3 亿 4 千万塞斯退斯	Plutarch, Pompey, 45
凯撒征服的高卢	4 千万塞斯退斯	Suet., Jul., 25
屋大维征服的埃及	4 千万塞斯退斯	Velleius, 2, 39, 2
西班牙、阿非利加等新加部分	约 2 千万塞斯退斯	T.Frank, ESAR, Vol.5, pp.6–7
总计	约 4 亿 4 千万塞斯退斯	

弗拉维王朝时期，国库年收入则达到 12 亿—15 亿塞斯退斯。

弗拉维王朝时期主要行省税收表

收税地区	税收缴纳数额
埃及	5 亿塞斯退斯
高卢	3 亿塞斯退斯
叙利亚	2 亿塞斯退斯
阿非利加	1 亿塞斯退斯
西班牙	5 千万塞斯退斯
巴尔干地区	6 千万塞斯退斯
亚细亚	7 千万塞斯退斯
间接税	1 亿塞斯退斯
税收总额	13 亿 8 千万塞斯退斯

从罗马国库税收的增长中，我们既能看到行省在罗马发展中的作用，也能看到行省经济地位的变化。以埃及为例，在波斯时期，埃及给波斯帝国提供的税收是 700 塔兰特；到斯特拉波时，埃及上交罗马的年税达到 12500 塔兰特；[2] 到弗拉维王朝时期，埃及上交罗马的年税则达到 5 亿塞斯退斯，大约为 20833 塔兰特。可见行省的发展速度之快以及对罗马财政的贡献之大。

---

[1] 苏埃托尼乌斯：《卡里古拉传》，37，3。

[2] 斯特拉波：《地理学》，17，1，12。1 塔兰特等于 24000 塞斯退斯，12500 塔兰特等于 3 亿塞斯退斯。

罗马的大规模建设同样依赖于混凝土的发明与大规模的应用，以及拱券技术的进步。混凝土是罗马人的发明，由火山灰、石灰与水等混合而成，是古代天然的水泥。混凝土具有结实、牢固、承重力强，易与其他物品组合等特点。混凝土的出现使罗马的高层建筑成为时尚，使建筑的空间概念有了崭新的内涵，从而使罗马的建筑有了强大的震撼力和艺术感染力。混凝土修建的拱券与拱顶，构成了罗马特有的建筑文化。

罗马帝国引水渠

引水渠是将附近清洁水源输入罗马城市之水利工程，是罗马最伟大的惠民工程。普林尼认为，"如果你注意那些巧妙地导入城市供大众及私人使用的丰足水源；如果你观察那些保持适当高度和阶层的高水道，那些必须穿透的山崖，必须要填平的洼谷，你就会得到一个结论，全地球赠予人世者无他，神奇二字。"[1]由大小不同的拱券架构起来的引水渠拉平了凹凸不平的地势，拉近了水源地与供水城市间的距离，使众多不适合建房立市之地都得到了很好的开发、利用。据记载，罗马每天都通过14条引水渠，将3.5亿加仑的水，输往城内，形成"条条水道通罗马"的壮丽美景，给生活在罗马的千家万户带来清水，给喷泉、公园以及公共浴场带来生机。直到今天，一些留存至今的帝国水道仍然还在为罗马服务，为城中的喷泉提供水源。罗马的引水渠是古代地中海世界不朽的工程。享有人类工程师美称的罗马人确实有资格发出以下的反问，"谁敢把这些非凡的水道与沉滞的金字塔或者著名但却无用的希腊人的作品相比拟呢？"[2]

---

① 普林尼：《对自然的探究》，36，24。

② Frontinus：*Aqueducts*，1，16.

奥斯提亚港遗迹

元首制帝国和罗马治下的和平不但带来了地中海地区农业、手工业方面的发展，而且也进一步促进了帝国境内各地区间以及各文明间的经济交流。

帝国前期，地中海已经变成了"罗马人的海""我们的海"。"条条大路通罗马"因为地中海性质的变化而成为客观的现实。地中海各地之间的交通畅通无阻，海上航路、内陆河道、陆上通道和古老商道业已形成系统严密、分工明显的道路网。据记载：雅典至提洛斯岛需6天。① 位于西西里岛上的墨西拿城至埃及亚历山大利亚需要7或6天；意大利中部普特奥利到亚历山大利亚港需9天；奥斯提亚至西班牙的加迪斯需6天的航程；奥斯提亚至那尔旁高卢需3天；奥斯提亚到阿非利加行省则用不到2天。② 亚速海至罗德斯岛需10天；罗德斯至亚历山大利亚要4天。③ 据琉善记载：有一艘经常航行于亚历山大利亚至罗马的大船，以埃及女神"伊西斯（Isis）"命名，有一百二十腕尺长；宽度为长度的四分之一；从甲板到底部，在舱底最深的地方，有二十九腕尺。估计水手的数量需要一支军队。据说，这艘船承载的粮食足够阿提卡居民消费一年。④ 由此可见，地中海航运之发达。此外，帝国的商人还经过海、陆、河道进入高卢、北欧、不列颠以及黑海等地，把地中海的贸易扩大至帝国的边境地区。有的不惜冒着生命危险来到印度、斯里兰卡，甚至远达中国经商，建立商业关系。托勒密王朝后期，埃及已经有商船沿近海航行前往印度，但往来的人不多。奥古斯

① Cicero, *Ad Atticus*, 5, 12–13.
② 老普林尼：《对自然的探究》，19，1。
③ 狄奥多鲁斯：《历史集成》，3，34。
④ 琉善：《船》，4—5。

都时期，情况有所改变。据罗马地理学家斯特拉波记载，加鲁斯就任埃及总督时，有多达120艘船只从埃及的密奥斯·霍尔摩斯（Myos Hormos）出发，驶往印度。[①] 规模之大，着实让人惊讶。大约在公元48年，有一位名叫希帕鲁斯的航海家，发现了印度洋季风（Monsoon）的规律。[②] 季风的发现使罗马的船只可以直接跨越印度洋，从红海边的贝勒尼斯等地驶向印度。这是人类跨洋航海史上的奇迹。这种跨洋航行大大地促进了罗马与远东地区的贸易。

据记载：在克劳狄时代，有一位名叫安尼乌斯·普罗卡姆斯[③]的包税商。他从政府那里得到了红海地区的收税权。他的被释奴曾被风吹至斯里兰卡的希布里。

在这里，他受到当地国王的盛情款待，逗留六个月。他学会了当地语言，回答国王的提问，向国王讲述了凯撒和罗马人的情况。国王听后感触很深。同时，国王还发现由被俘获者带到该岛的罗马钱币，虽然上面的头像显示出它们为不同的君主所铸，但却为同一重量，由此他知道我们做交易时的诚实。这一切皆促使国王与罗马人建立友好关系，国王派出四名使节前往罗马，为首者名叫拉齐阿斯（Rachias）。[④]

公元1世纪，老普林尼（23—79年）在前人材料的基础上，总结出出使印度的三条航线。第一条由埃及出发，经红海到亚丁，再从亚丁过阿曼湾直航巴塔拉；第二条从亚丁直航孟买一带；第三条则直接从南阿拉伯港口驶入南印度的穆吉里斯（Muziris）。印度与罗马帝国的交往日益密切。

大约与此同时，一位亚历山大利亚商人写了一本手册，名叫《埃立特里亚航行记》。书中记载从埃及到东方的四条航路：第一条是顺着红海的非洲

---

① 斯特拉波：《地理学》，2，5，12。

② 参见 *Periplus Maris Erythraei*，57。

③ 安尼乌斯·普罗卡姆斯家族是红海一带的包税人，对罗马与印度间的贸易非常重视。参见《法国汉学》丛书编辑委员会编：《考古发掘与历史复原》，中华书局2006年版，第238页。

④ 普林尼：《对自然的探究》，6，24。见杨共乐：《早期丝绸之路探微》，北京师范大学出版社2011年版，第14页。

安东尼元首像

海岸，航行至卡尔达富角的南端；第二条是从红海的阿拉伯海岸出发，绕阿拉伯半岛直至波斯湾一带；第三条是沿着印度海岸航行；第四条是直通东部秦尼（指南部中国）地区的航道。在这部作品中，首次提到了南部中国。至公元2世纪，罗马帝国与印度、中国的贸易更加密切。据托勒密记载：有一位名叫亚历山大的人已经经海道来过秦尼海，知道向东航行驶往中国的线路。他曾驶过孟加拉湾，经扎巴（Zaba），来到卡提加拉（Cattigara）。托勒密《地理学》中记录的南部中国许多城市的名字应该来自这位远航的亚历山大。①

公元166年，也即"桓帝延熹九年，大秦王安敦遣使自日南徼外献象牙、犀角、瑇瑁，始乃一通焉"。这里的"大秦"，就是指罗马帝国，大秦王安敦则是指元首安东尼·庇乌斯的继子及继承者马尔库斯·奥里略·安东尼（161—180年在位）。② 这是第一批已知的由海路来到中国的罗马人。到三国和晋时也有罗马遣使到达中国的记载。③ 可见此时罗马与中国已经有了海上交往。

为了贸易，罗马商人也不辞辛劳进入亚欧内陆地区。据记载，在公元100—101年间，罗马就有商队经陆路到过中国。他们是西域蒙奇兜勒（马其顿之音译）即罗马境内的马其顿使者。西方古代学者托勒密还留下了反映中国北部地区的相关地图。在当时，罗马人经销的商品主要有北欧的琥珀、黄金和奴隶；非洲的象牙、黄金和奴隶；东方的香料（特别是胡椒）、宝石、

---

① 托勒密：《地理学》，1，14。

② 原名马尔库斯·安尼乌斯·维路斯。过继给安东尼以后，采用马尔库斯·埃里乌斯·奥列里乌斯（奥里略）·维路斯·凯撒之名。作为元首，他的正式的名字又变为元首凯撒·马尔库斯·奥列里乌斯（奥里略）·安东尼·奥古斯都。安东尼·庇乌斯甚至把自己的女儿也嫁给了他。

③ 《梁书·诸夷传》"中天竺传"曰：大秦国"国人行贾，往往至扶南、日南、交趾，其南徼诸国人，少有到大秦者。"孙权黄武五年，有大秦商人自交趾至东吴。《晋书》也载："武帝太康中，其王遣使贡献。"

丝织品等。据普林尼测算，罗马每年从阿拉伯、印度和中国等地购买香料和
丝织品，就得花费1亿塞斯退斯。① 可知罗马的购买力之强大。

　　在罗马农业、手工业、商业和对外贸易发展的同时，罗马的城市也呈繁
荣之势。新城不断出现，老城更趋发达。帝国城市之众，实为古代世界之罕
见。

　　罗马城是罗马国家的首都，帝国的政治中心，也是地中海世界最壮丽的
城市。但罗马不是一天建成的。它没有一次性的顶层设计，也没有一次性的
城市规划。罗马城的建设与罗马国家的发展关系密切。罗马早期的城市只能
是城邦之城。但随着罗马地域帝国的形成，罗马也逐渐变成了地中海世界的
超大都城。这里有规模宏大、功能设施较为完备的公共建筑。

_____

① 　普林尼：《对自然的探究》，12，41，84。

阿尔及利亚的提姆加德城图拉真元首凯旋门

　　奥古斯都时期，把建设罗马作为重大的政治任务，雄伟、壮观是这一阶段建筑的特点。许多高大建筑在奥古斯都的支持下纷纷建立，由大理石装饰起来的罗马城是地中海地区的最为亮丽的名片。此后的历代元首，也不断将罗马加以装点。罗马是世界向往的中心，也是帝国的荣耀。

　　全盛时期的罗马大约有 150 万人口。他们或来自意大利，或来自意大利以外的地中海地区，或来自遥远的帕提亚、印度、巴克特里亚等地。帝国周围各大洲的商品都源源不断地运往罗马。各大洲总是竭力为你们提供一切物产。各个季节的产品，各个国家、河流、湖泊以及希腊和非希腊的艺术品都经陆路海道，源源不绝地运至罗马。因此，如果有人打算一饱眼福，他要么去周游整个文明世界，要么亲临这座城市。因为所有民族中生长和制作的产品全都汇聚于此，应有尽有。一年四季，不分春秋，不同地域的物产通过商船运抵此处。罗马城几乎成了世界贸易的中心。

　　帝国不但打造了罗马城，而且还建设了大批新的城市。如意大利的奥斯提亚、卡普亚、那不勒斯、普特提亚、拉文纳，多瑙河上的文都波纳（今维也纳），德国的科隆、波恩和斯特拉斯堡，不列颠的伦丁尼业（今伦敦），高卢的鲁格敦（今里昂），埃及的亚历山大利亚，叙利亚的安条克等。这些城市或为罗马的殖民地，或源自罗马的军营，或是前朝的旧城。这些城市许多都在内陆地区，这显然与罗马的军事布局与经济强盛有关。这些城市的旧貌虽已不在，但我们从著名学者利巴尼乌斯（314—393 年）对安条克城的记述中还能看到罗马东部城市的一些概貌：

> 安条克城有柱廊的街道总长达 16 英里，其间杂有各种私人和公共建筑，沿这类街道行走，你会看到绵延不断的私人住房，其间时时夹杂有各种公共建筑，这儿一所庙宇，那儿一处澡堂子，分布很均匀，使每个居住区都距其不远，每座公共建筑的入口处都在柱廊里。这意味着什么呢，这段冗长描述的含义又在哪里呢？在我看来，城市生活最令人愉快、最有益的一面在于交际和人类交流；说实在话，有交际有交流的地方，那才真正是一座城市哩！能与人谈话，这是好事；能听人谈话，这更好；但最好的事，是能够提供建议，能够体恤自己朋友的遭遇，与他们共忧喜，并且从朋友那里获得同样的友情——这些以及无数其他幸福，都来自与同伴的交往之中。其他一些城市中的居民，由于自家门前没有柱廊，天气不好时彼此便很难沟通；表面上，他们住在同一个城里，但实际上，他们像彼此居住在不同的城里一样疏远……由此可见，城里人愈是互不交往便愈会丧失亲近的习惯；另一方面，友谊的习惯又会随交流频繁而成熟起来，而且彼消此长，总会发展起来。①……利巴尼乌斯盛赞安条克城的街灯使城市摆脱了黑夜的限制，"在这里，太阳这盏灯过后还有别的灯照明，埃及人也没有如此明亮的街灯；对于我们来说，黑夜和白昼的区别仅在于照明方法的不同。街市贸易继续如前，

---

① ［美］刘易斯·芒福德：《城市发展史》，中国建筑工业出版社 2005 年，第 227 页。Lewis Mumford, *The City in History*, *Its Origins*, *Its Transformations*, *and Its Prospects*, A Harvest/HBJ Book, Harcourt Brace Jovanovich, Publishers, Orlando, 1961, p.212.cf.Libanius, *Oration*, 11 ; *On Atioch*, *Greek and Roman Towns*.

有人在干手工活，还有人纵情欢乐歌唱。"①

　　罗马依靠行省来治理地方，同时也依靠城市来开发意大利和行省。在公元2世纪，意大利约有285座城市，西班牙的城市有120座左右，②高卢有120座左右，马其顿地区115座左右，阿卡亚地区170左右。③据不完全测算，大约从公元前300年至公元2世纪中叶，罗马帝国的城市数量大约从2258座增加至3118座，其中38%的增长主要发生在帝国的西部地区。④罗马不像希腊人那样在海滨地区建立城市，而是大多建在内陆深处。罗马的大道是连接各个城市的动脉。而帝国的和平恰恰是这些动脉安全的保证。

　　帝国城市是地方权力的中心，也是帝国稳定的基石。城市是帝国政府与乡村之间的纽带。数千城市间的道路把罗马帝国联结成一个整体。地中海地区确实进入了有史以来最为繁荣的时期。

①　[美] 刘易斯·芒福德：《城市发展史》，中国建筑工业出版社2005年版，第228页。Lewis Mumford, *The City in History,Its Origins,Its Transformations,and Its Prospects*, A Harvest/HBJ Book, Harcourt Brace Jovanovich,Publishers,Orlando, 1961, p.212. cf.Libanius, *Oration*,11, *On Atioch, Greek and Roman Towns*.

②　据斯特拉波载：在西班牙中部的梅塞塔，有人认为有1000多个城市。这显然包括大批的乡村。斯特拉波：《地理学》，3，2，5；4，13。

③　Claudius Ptolemy, *The Geography*, 1，1；2，3–5；3，12，14.另又见吉本统计：罗马时期，在高卢有1200座，意大利有1197座，巴尔干地区有950座，东部亚洲行省则有人口众多的城市5000多座。E.吉本：《罗马帝国衰亡史》上册，商务印书馆1997年版，第48—51页。汤普森认为：在西班牙有好几百座城市。重要的城市有400座，次要的城市有293座。见汤普森：《中世纪经济社会史》上册，商务印书馆1984年版，第13页。刘易斯·芒福德认为：罗马后期的城市数大致为5627座。cf.Lewis Mumford, *The City in History*, *Its Origins*, *Its Transformations*, *and Its Prospects*, 1961, p.205.

④　参见 [美] 沃尔特·沙伊德尔编：《古代中国与罗马的国家权力》，生活·读书·新知三联书店2020年版，第313页。

第五章 西罗马帝国的覆亡

据说阿提拉的军队有五十万之众，而他又天生就是一个要来震撼全世界的人。用一种无法解释的方法，他让所有的国家都陷入了对他可怕传说的恐惧之中。他走路的姿势十分傲慢，眼神总是游移不定地向两旁扫动，以此使他勇猛的精神力量也体现在他的身体运动中来。他是一个特别喜爱战争的人，但为人却比较内向；明智而周全的思考能力是他的优点。对别人的请求，他从不生硬地加以拒绝；对于那些第一次被征服的民族，他表现得十分仁慈。他个头比较矮，肩膀比较宽，脑袋很大，眼睛很小。他长着稀疏的、夹杂着灰色的胡须，扁平的鼻子，肤色很深，这是他出身的标记。[①]

第一节　由元首制向君主制的过渡

盛极必衰是自然的发展规律，罗马也没有逃过这一铁律。三世纪的危机将罗马的秩序彻底击溃。元首制已经走入绝境。新的君主制虽然不成熟，带有明显的不确定性，但它还是来了。晚期帝国的君主们面对复杂的变革，只有应对之力，没有转危为机、转危为安的本领与智慧。分治是晚期帝国的特征；分裂是晚期帝国的必然。帝国的大船开始下沉，而且速度越来越快。

一、元首制的消亡

从马尔库斯·奥里略（161—180 年在位）和路西乌斯·维鲁斯（161—169 年在位）共治时代开始，罗马逐渐由"黄金时代"进入"白银时代"。

公元 162 年，东方出现危机，爆发亚美尼亚与帕提亚间的战争。马尔库

---

① ［拜占庭］约达尼斯：《哥特史》，商务印书馆 2019 年版，第 114 页。

斯·奥里略派遣维鲁斯率领罗马军前去解决问题。公元163—166年，罗马军队重新占领亚美尼亚，攻下塞琉古和帕提亚首都特西丰，吞并美索不达米亚地区。战争结束后，军队班师罗马。罗马军人给罗马带来了胜利，同时也给帝国带来了致命的瘟疫。瘟疫患者咳嗽不停，传染速度惊人。小亚细亚、埃及、巴尔干、意大利和高卢等地都成了瘟疫的重灾区。罗马城内更是惨不忍睹，瘟疫丧生者众多。严重的时候，一日死亡可达2000人。①

东部战事刚结束不久，多瑙河上又来了一批新的敌人。公元167年，夸底和马科曼尼等日耳曼人渡过多瑙河，进入帝国境内，并一直向南挺进，来到意大利的北部。哲学家元首马尔库斯·奥里略亲上战场，虽然取得了局部的胜利，但还是没有从根本上解决日耳曼人不断南下入侵帝国的难题。

公元178年，多瑙河地区战端再开，马尔库斯·奥里略第三次亲临前线，并于公元180年病死维也纳军营之中。死前，嘱咐他的儿子康茂德完成奥古斯都的意愿，把帝国的北疆拓展至易北河一线。

①　参见狄奥·卡西乌斯：《罗马史》，73，14，4。《六家撰奥古斯都传·安东尼传》，13，3；《六家撰奥古斯都传·维鲁斯传》，8，1。

马尔库斯·奥里略元首骑马像

康茂德是马尔库斯·奥里略一手培养起来的接班人，具有哲学家元首理想化的成分。康茂德继位后，置父亲的嘱托于不顾，迅速与日耳曼人缔结了和约。自己也从艰苦的前线回到了舒适的罗马。大批日耳曼人被允许以"同盟"的身份移居帝国境内。他们一边耕种土地，一边为帝国守边服兵役。帝国军队的蛮族化逐渐成为一种普遍的现象。帝国的北疆已经失去了奥古斯都以来的稳固与安宁。

公元 192 年的最后一天，安东尼王朝的元首康茂德被杀。数小时后，一位并非出身名门的元老佩蒂纳克斯（Pertinax）被举为元首。这位元首做了一位好元首该做的事，但因为过于严厉，仅 87 天就为近卫军所杀。近卫军的将军们视罗马的规则为儿戏，公开拍卖元首的职位，并宣布出价最高的蒂蒂乌斯·朱里阿努斯（Didius Julianus）为新的元首。元首职位遭到拍卖，这在罗马历史上是前所未有的！[1] 这说明奥古斯都设立的元首体制，已经遇

---

① 　狄奥·卡西乌斯：《罗马史》，74，11；佐西莫斯认为，用金钱来购买权力，这是闻所未闻的事。Zosimus, *The New History*, 1, 7.

到了新的挑战力量——近卫军。近卫军原先是用来保卫元首,保卫意大利的,而现在恰恰成了元首生命的主要威胁者。

近卫军对帝国政治的直接干预以及在罗马的胡作非为,引起了戍边将士的强烈不满。不列颠尼亚、叙利亚和潘诺尼亚的军团都拥立自己的将军为元首。最后潘诺尼亚军团拥立的塞维鲁成功攻占罗马。元老院立即批准他为罗马元首。塞维鲁王朝(193—235 年)由此建立。塞维鲁的胜利再次上演了行省军队对帝国政治的干预。戍边军队作为一支政治力量在罗马政坛的影响越来越大!

塞维鲁王朝的特点:一是外省人的政权。塞维鲁本人就是阿非利加人。他要在罗马立住脚,必须得到罗马民众的支持。塞维鲁收买民心的方法是,处死大批元老和给民众一定的钱财。在打败阿尔比努斯以后,他不经审判,就处死了 29 位元老。同时,为拉拢平民,他于公元 202 年,也就是在他就任元首 10 周年纪念日,一次性给全体民众和近卫军士兵达 2 亿塞斯退斯的钱财。[①] 二是与军队关系密切。塞维鲁从小在军营里长大。他是被军人推选出来的元首。对军队过分依赖和纵容的结果必然导致军纪的涣散。三是政权依靠的基础还是军队。塞维鲁把罗马军团的数量扩大到 33 个。甚至塞维鲁临死时,叮嘱儿子们的还是照顾军队的利益,"让士兵发财,其余的人可以不管。"[②] 士兵成了政权是否稳定的决定因素。所谓"得军队者得天下"是塞维鲁王朝的最好写照。四是为确保军队的支持,努力扩大税源。据狄奥·卡西乌斯记载,塞维鲁的儿子卡拉卡拉给士兵增加的军饷是 2.8 亿塞斯退斯。[③]这么大的数量就必须依靠增加税收来支撑。公元 212 年,卡拉卡拉曾颁布敕令(Constitutio Antoniniana),把罗马公民权授予"全世界所有异邦人",也就是罗马治下的一切行省居民(投降者除外);不让任何一个人留在公民团体以外。按照狄奥·卡西乌斯的说法:卡拉卡拉颁布敕令的主要目的就是扩大税源。因为在当时,公民的权力已经很小。罗马的公民选举权早已失去效力;外省罗马人的免税特权名存实亡;许多罗马公民重要的私人特权也被严格限制。而公民的义务却添加了很多,尤其是公民人数的增加对于罗马税

---

① 狄奥·卡西乌斯:《罗马史》,77,1。

② 狄奥·卡西乌斯:《罗马史》,77,15,2。

③ 狄奥·卡西乌斯:《罗马史》,79,36。

卡拉卡拉元首半身像

收的增多还是极其重要的。卡拉卡拉敕令的颁布实际上也就废除了至今为止仍局限于意大利人和外省贵族的公民特权，宣告了帝国境内自由民间的平等。这种平等说的是分享胜利成果，但实际上更多的是共担苦难。五是除塞维鲁善终以外，卡拉卡拉及以后的元首均为士兵或近卫军所杀。卡拉卡拉对罗马的帝国的伤害极大，以致孟德斯鸠认为："人们应该称卡拉卡拉为人类的毁灭者，而不应该称他为暴君。卡里古拉、尼禄和图密善只限于在罗马为非作歹；但卡拉卡拉却使整个世界陷到水深火热之中了。"[1] 卡拉卡拉的名言是："除我之外，全世界都不应该有钱""唯独我能给士兵赏赐""只要有剑，我们就不会缺钱"。[2]

卡拉卡拉被杀后，塞维鲁王朝又延续了近18年。公元235年，塞维鲁所创立的王朝被推翻。帝国进入军阀混战的时代，所谓"正统"与"僭越"并存。"正统"不正，"僭越"不绝。元首大多为士兵所拥立，也大多被士兵所杀害。帝国失去了定力，也没有了方向。篡权、夺位、内战，几乎成了公元235年至284年间的常态。

政局混乱的必然结果是国库的空虚、货币的贬值以及对普通民众经济剥削的加重，罗马的国力日益衰退。而随着国力的衰退，帝国的防务力量也日趋削弱，多瑙河和莱茵河外的日耳曼人不断入侵挑战帝国的北部边境。公元251年，哥特人还击毙罗马元首

塞维鲁元首全家像

---

① ［法］孟德斯鸠：《罗马盛衰原因论》，商务印书馆1984年版，第89页。

② 狄奥·卡西乌斯：《罗马史》，77，10。

尼西比斯之战

公元 217 年，罗马元首卡拉卡拉向帕提亚君主提出联盟，并要迎娶后者的女儿。帕提亚君主允许罗马军队进入美索不达米亚。但罗马军队背信弃义，杀死了前来迎接的贵族，并大肆掠夺帕提亚宫殿和当地居民。罗马人与帕提亚人在尼西比斯展开决战。双方都在战场上付出了沉重的代价。同年 4 月，卡拉卡拉在罗马被杀身亡。刚即位罗马元首的马尔库斯·欧佩利乌斯为稳定政局，与帕提亚人缔结了和约。罗马为此赔款 2 亿塞斯退斯，从而失去了与帕提亚人交往的主导权。

狄西乌斯（249—251 年在位）。帝国东方，又出现了新兴的波斯萨珊王朝。[1] 罗马元首瓦勒良（253—259 年在位）在与萨珊波斯的交战中被波斯军队俘虏，成为波斯国王的阶下囚。波斯国王不论坐马车或骑马，都要求瓦勒良屈身侍奉国王上车或上马。国王在把脚放在瓦勒良的背上时，说道："这是

---

[1]　萨珊王朝或称萨桑王朝（Sassanid Empire），也称波斯第二帝国，自公元 224 年至 651 年。公元 224 年，萨珊王朝取代安息帝国，与罗马帝国共存 400 余年，至公元 651 年结束。罗马元首瓦勒良被俘、朱里阿努斯君主负伤身亡都与萨珊王朝有关。

年幼的戈尔狄安三世接元首位

马克西米努斯死后，元老院先后推举戈尔狄安一世、戈尔狄安二世等为罗马元首，但他们皆为兵士所杀。公元 238 年，年仅 13 岁的戈尔狄安三世继位，以充当近卫军的傀儡。公元 244 年，戈尔狄安三世被近卫军杀害。

真的，并非罗马人在布告或灰泥板上描述杜撰的。"① 罗马三世纪中叶的乱局表明：奥古斯都开创的元首制业已成为帝国稳定的障碍。元首制已经走到了尽头。

　　奥古斯都的元首制从结束军事混乱中诞生，经过两个多世纪的运行，最

---

① Lanctantius, *of the Manner in which the Persecutors Died*, 5.

后又回到了更大规模的军事混乱。元首制没有解决帝国的发展问题，最后被抛弃了。

二、君主制的建立

公元 284 年，宫廷近卫军首领戴克里先由军队拥立，成为罗马帝国的最高统治者。戴克里先是达尔马提亚人，原为元老阿努利努斯（Anulinus）的被释奴隶。戴克里先上台后自称"dominus（主人）"，以地上之神自居，彻底抛弃公民间的平等理念；他身穿珍珠宝石礼袍，要求臣下觐见时行波斯式的跪拜之礼，彻底废除罗马的自由传统，废除了元老院对君主的限制。他的登基标志着元首制的结束和君主制的到来。罗马的历史也就进入了晚期罗马帝国时期。

晚期罗马帝国在政治上的主要特点是：一是实施君主制，二是实行分权管理。其实，这两大特点的相关因素早已存在，但帝国 3 世纪中叶的内乱确实加速了君主制与帝国分权管理的步伐。罗马的元老院虽然还存在，但在政治和所起的作用已经微乎其微。

戴克里先上任后，在政治体制上，实行"双奥古斯都与双凯撒分权管理制"。双奥古斯都指的是戴克里先和马克西米安；每位奥古斯都之下又设立一位凯撒。他们分别是加列里乌斯和君士坦丁乌斯。奥古斯都卸任后，分别由凯撒继任。帝国还是整体，但分治已是必然。双奥古斯都与双凯撒都有具体的管辖区域和首府，有唯命是从的军队。戴克里先管辖亚细亚、埃及、昔勒尼、色雷斯和下美西亚，首府设在尼科米底亚；马克西米安管辖意大利、阿非利加、里西亚和诺里克，首府设在梅狄奥拉农（米兰）。加列里乌斯管辖巴尔干其他行省和多瑙河地区，首府设在西尔

戴克里先像

戴克里先等四帝像

米乌姆；君士坦丁乌斯掌管西欧各省和毛里塔尼亚。首府设在特里尔。奥古斯都和凯撒都不是罗马和意大利人。罗马虽然还是帝国的首都，但奥古斯都和凯撒都不在罗马居住。罗马的政治地位明显下降。

为了加强对地方的管理，削弱地方行省官员挑战奥古斯都的力量，戴克里先实行大规模的行省改革。他取消元首省与元老院省的划分，取消意大利的特殊地位，把原先设定的 47 个行省重新划分成 100 个行省。行省之上设立 12 个大行政区，由行政长官统辖。各省军政分治，总督只管行政，不理军事。

在军事上，戴克里先根据实际需要，允许大批蛮族士兵加入罗马军队，同时把军队人数扩大至 60 万，将军队分为巡防军和边防军两种。巡防军用以从事帝国内部事务，没有固定的驻军地点，随事而动，机动灵活；边防军则用以对付外族入侵，驻守在边境诸多要塞。巡防军的设立表明，罗马国内的和平已经不复存在。

戴克里先政治上和军事上的改革对于帝国的稳定起到了十分重要的作用，但它也大大地增加了帝国的行政和军事成本。"双奥古斯都与双凯撒分权管理制"使罗马的军队人数倍增，使罗马官员人数倍增，使罗马建筑成本倍增。帝国为保证这些费用的支出，只能扩大税源。税收空前地提高了，收税人的人数远远超过了纳税人的人数。税收之重迫使破产的隶农抛弃耕地，荒废农田。帝国庞大的上层建筑已经压垮了帝国经济的承受能力。

随着帝国经济实力的削弱，罗马的传统意识形态也出现了危机。新的宗教基督教开始在罗马迅速传播。基督教是一种信仰上帝的宗教。罗素认为：

> 基督教的起源完全是非政治化的，它在罗马帝国统治时期作为那些失去民族的和个人的自由的人们的一种慰藉而产生和发展起来，并且它

继承了犹太教对世间的统治者的道德谴责态度。①

恩格斯指出：

> 基督教最初的一个革命的（从斐洛学派抄袭来的）根本观念就是，在信徒们看来，一切时代的、一切人的罪恶，都可以通过一个中间人的一次伟大自愿牺牲而永远被赦免。于是，以后就没有必要再作任何牺牲，许许多多的宗教礼仪也就随之而失去依据；而摆脱这些妨碍或禁止与异教徒交往的礼仪，则是世界宗教的首要条件。②

而基督教的首要条件恰恰是与罗马的传统宗教相矛盾的。公元 2 世纪以后，有相当多的罗马富人加入基督教，进入教会的上层，从而使基督教的性质发生明显的变化。到了公元 3 世纪，帝国境内信奉基督教的人数就达 600 万。与此同时，基督教的组织形式越来越完善，教会的数目也越来越多。据统计，帝国境内的教会在公元 98 年为 42 个，以后的两个世纪内，教会又以平均每年大约递增两个的速度发展。教会的迅速发展显然是与戴克里先的治国理念相违背的。教会敌视罗马帝国，他们或拒绝参军，或不遵守纪律，不承认君主为神。基督教作家甚至用各种理由来证明罗马帝国末日的不可避免性，称戴克里先的"黄金时代"为渎神时代。这一切都对戴克里先的君主制政权形成巨大的挑战。公元 303 年 2 月 23 日，戴克里先下令拆除尼科米底亚的基督教教堂，命令基督教徒交出他们的经文焚毁。同年夏天，他下令逮捕所有基督教教会主教。稍后，他又发布敕令，规定只要被捕基督徒向罗马神灵献祭，就可获释。次年，他又命令所有基督徒向罗马神灵献祭，否则处死。戴克里先对基督徒的迫害政策来势凶猛，涉及面广，但持续时间不长，历时两年，没有造成持久的影响。它随着公元 305 年戴克里先的自动退位而告结束。从罗马历史上看，戴克里先对基督徒的迫害也是最后一次大规模的迫害基督教活动。在这次迫害中，约有 3000 名基督徒殉难，也有许多人被迫退出教会，有的甚至叛教。据犹西比乌斯记载：在巴勒斯坦的 20 名主教

---

① ［英］罗素：《罗素论中西文化》，北京出版社 2010 年版，第 16—17 页。
② 《马克思恩格斯选集》第 4 卷，人民出版社 1995 年版，第 467—468 页。

油画《基督徒殉道者的最后祷告》，让·莱昂·杰罗姆绘，现藏巴尔的摩沃尔特斯艺术博物馆

中，19 名叛教，只有 1 人坚持信仰基督教，被判处死刑，所有神甫中也只有 1 人被罚下矿劳动。①

　　公元 305 年，戴克里先和马克西米安两位奥古斯都一起退位。加列里乌斯和君士坦丁乌斯荣升奥古斯都，同时塞维鲁和马克西米（达亚）就任凯撒。第二年君士坦丁乌斯去世，他的士兵不顾戴克里先早已设定的规则，越过凯撒一职，直接将君士坦丁乌斯的儿子君士坦丁选为西部的奥古斯都。戴克里先的"双奥古斯都与双凯撒分权管理制"彻底失效。

　　从公元 306 年开始，戴克里先建立起来的帝国秩序再次遭到破坏。此后的 17 年，帝国始终处在混战状态。公元 323 年，君士坦丁打败所有竞争者，重新统一帝国，成为罗马帝国的最高统治者。君士坦丁首先废除了戴克里先设定的"双奥古斯都与双凯撒分权管理制"，实施家族"分封制"，把整个帝国政权在他三个儿子当中进行分配，仿佛是将一笔遗产分配给自己最喜爱的人一样。君士坦丁自己坐镇帝国的巴尔干、色雷斯和小亚细亚等地区。

---

① 　Eusebius, *Ecclesiastical History*, 8.

由此可见，帝国的政治中心在东移，罗马的地位在不断的下降。然后，他任命三个儿子为凯撒，将帝国的其他地区分封给三个儿子和两个侄子。其中，君士坦丁二世被分封至帝国西部地区，掌管西班牙、高卢和不列颠；君士坦提乌斯二世分封至东部地区，管辖叙利亚、埃及等省；君士坦斯分封至中部地区，治理意大利、伊利里亚和北非。此外，他还分封两个侄子至帝国的北部边区和黑海一带。整个帝国俨然成了君士坦丁家族的"家天下"。为了保证"家天下"长治久安，他为自己的儿子们聘用了一大批教师和忠诚的卫士。据尤西比乌斯记载：君士坦丁"为了向他们提供一种足以拯救他们灵魂的优异遗产，在他们的心灵中播下了虔诚的种子，引导他们从事神圣的学习，为他们指定被证明是虔诚的人担任他们的教师。同时，他也为他们聘任了一流的学者来向他们传授世俗知识。有人专门教他们军事科学，有人专门教他们政治学，还有人专门训练他们的法律技术。他还给每个儿子各配备一队皇家扈从，包括士兵、禁卫军、卫士，以及各种级别的军事官员，如将军、百人队队长、司令官、保民官等，这些人的军事技能是久经考验的，对君主的忠诚也是屡试不爽的。"①

与此同时，君士坦丁完善了等级严格的官阶制度。君士坦丁是罗马帝国最高的统治者，被彻底神化。他的意旨就是法律。凡是与君士坦丁有关的都被冠以"神圣的"字样。君士坦丁是地上独一无二的"上帝"。君士坦丁以下则按级给予不同的头衔。享有职位和头衔的官员皆拥有一定的特权：免除租税，免除在市政机构中服役，免遭拷打；有进入宫廷的特权等。君士坦丁时期，公职人员和宫廷人员的数目更为增加。蛮族在军队中的人数明显增多。

公元 324 年，君士坦丁决定在拜占庭兴建新都。经过五年的建设，一座新都城正式落成。公元 330 年，君士坦丁迁都拜占庭，并改名君士坦丁堡。如果说"罗马不是一天建成的"，那么号称"新罗马"的君士坦丁堡则肯定与罗马不同，它虽耗时 5 年，但肯定是一次性建成。君士坦丁堡位于亚、欧两大洲交汇点，拥有一个天然的港湾，是从黑海前往爱琴海的唯一通道，战略地位异常重要。公元 4 世纪的哲学家兼演说家德密斯修（Themistius）曾

---

① ［古罗马］尤西比乌斯：《君士坦丁传》，商务印书馆 2015 年版，第 339—340 页。略有改译。

英国约克的君士坦丁大帝雕像

经将君士坦丁堡和罗马进行过比较，认为："君士坦丁堡位于欧亚两大洲的连接点，是海事需求的泊地、陆地和海洋贸易的市场、罗马统治的点缀。它不像某个圣地那样远离干道主线。"① 它是人们往来各地的必经之地。因此，如果君主在这里立都，便是整个帝国的中心。君主遇事，都能轻易应对、处理。

君士坦丁"之所以要把首都迁到拜占庭，一部分是由于要推崇基督教，因为罗马当时还完全信奉多神教，部分原因是必须在边境上防御哥特人和波斯人，迁都是确立宫廷专制的主要手段。"② 君士坦丁迁都"新罗马"表明：罗马的政治、经济和军事中心已经不在西部，而是转到了帝国的东部。此后，埃及成了君士坦丁堡的粮仓。以前运往罗马的埃及粮食直接转运至君士坦丁堡。罗马及其西部行省的地位明显下降。自奥古斯都以来建立的帝国格

---

① Themistius, *Or*.6.83 c-d. 苏联史学家科瓦略夫认为：君士坦丁堡极其优良的战略地位使其熬过了西方帝国的陷落，熬过了哥特人、阿拉伯人和斯拉夫人的进攻而直到 1453 年才陷落。见 [苏] 科瓦略夫：《古代罗马史》，生活·读书·新知三联书店 1957 年版，第 937 页。

② [意] 卡尔洛·博塔：《意大利史》第一卷。见马克思：《马克思历史学笔记》，红旗出版社 1992 年版，第 7 页。

君士坦丁堡想象图

局开始有了新的变化。

　　为了保证国家能够征收到稳固的税源，君士坦丁于公元 332 年又颁布敕令，把所有的人都束缚在土地和行业内。君士坦丁规定：任何人，如果在他的地产内找到别人的隶农，不但应在黎明前送回原地，而且应负担隶农在这期间（即在他的地产上生活期间）的人头税。君士坦丁同时规定：对有意逃亡的隶农，应剥夺其自由身份，将其降至不自由地位，让其以奴隶的身份，完成与自由人相当的义务。君士坦丁把隶农固定在土地上，限制他们的自由，既有征税的考量，也是帝国城市经济衰退、地中海经济贸易带失去作用的重要反映。帝国经济逐渐从地中海地区的互补经济退回至自给自足的庄园经济。

　　与以前的元首或君主不同，君士坦丁对基督教没有采取迫害的手段，而是根据需要主动承认基督教的合法地位。公元 311 年，君士坦丁和加列里乌斯与东部帝国的李锡尼颁布塞尔狄卡敕令，允许基督徒拥有信仰的自由。公元 313 年，君士坦丁与东部帝国的奥古斯都李锡尼在米兰联合发表著名的《米兰敕令》（Edictum Mediolanense，又称《宽容敕令》）。敕令规定："每人都应有权根据自己的信念和愿望奉信自己选择的宗教，……允许基督教徒（及其他人等）保留自己的信仰和教派。……我们认为首先应作出规定保证尊重

基督教风格的君士坦丁一世像

对神的信仰，就是给基督教徒及其他一切人以无限制的权力去按自己的意愿和方式信仰宗教，俾使天上的一切神祇都受到应有的崇拜，从而对我们和我们治下众人普施恩泽。""我们认为无论何人都不应该被拒绝其虔信基督教或其他认为对自己最合宜的宗教的权利。""凡愿按基督教徒方式信仰者应自由无条件地保留其信仰，不受任何干扰和干预。"对于教会的财产，应"毫不含糊而且无争议地归还给基督教徒，即还给他们的组织或集体。"①《米兰敕令》彻底结束了基督徒的地下活动。政府与基督教教会间的关系日趋密切。公元 323 年，君士坦丁战胜李锡尼。基督教在君士坦丁的支持下，得到了快速的发展。

公元 325 年，君士坦丁为统一基督教教义，纯洁基督教队伍，在比提尼亚省的尼西亚城召集各地基督教会的主教会议。参加会议的主教超过了 250 名。在这些主教中，"有一些以说智慧的话语而著称，一些以生活的严谨和忍耐力而出名，还有一些则以节制而出名。他们中的一些人因年高寿长而受到尊敬，另一些人则充满着青春的活力，还有的人则刚刚走上教士的生涯。"②君士坦丁下令，每天都要为所有这些人准备好丰盛的餐饮。出席尼西亚会议的基督教宗教领袖在君士坦丁的要求下，首次通过了"尼西亚信经"。

我们信仰唯一的上帝、天父、万能的神、一切有形和无形事物的创造者。我们信仰唯一的主耶稣基督，上帝之子，来自圣父，唯一的独子，也就是说，来自圣父本质，上帝来自上帝，光来自光，真神来自真神，来自而非造自圣父同质，一切事物经由他而存在，包括天上和世

---

① 李雅书、杨共乐：《古代罗马史》，北京师范大学出版社 2010 年版，第 258—259 页。
② 尤西比乌斯：《君士坦丁传》，3，9。见 [古罗马] 尤西比乌斯：《君士坦丁传》，商务印书馆 2018 年版，第 265 页。

间，为了我们人类，为了拯救我们，他下凡化为肉身。[①]

    阿里乌斯教反对"尼西亚信经"，认为神子是神父创造的，因此他比神父要低。尼西亚会议对反对"尼西亚信经"的教会做出严肃处理，宣布阿里乌斯教为"异端"，并将其开除出教。尼西亚会议以后，阿里乌斯教要在帝国中心地区传教已经不大可能，但他们在埃及、叙利亚和一些日耳曼部落中仍有较大的影响。

    尼西亚会议是第一次由罗马帝国政府来组织的主教大会。君主就是宗教首脑。政府凌驾于教会之上，干预教会的纷争，统一教会的教义。统一后的教会又竭力为国家与政府服务。君士坦丁把国家与统一教会的对立关系变成了国家与统一教会的合作关系。教会组织的严密性和有效性得到了君士坦丁政府的高度关注。罗马文明的性质已经逐渐被基督教文明所替代。

    公元 337 年，君士坦丁去世。教会作家尤西比乌斯把君士坦丁与亚历山大曾经做过比较。他认为：亚历山大"征服了几乎整个世界，可是我们这位君主却从这个马其顿人结束的地方开始，寿命是他的两倍，所获得的帝国范围则是他的三倍。他先是宽厚地和严肃地命令他的军队谨守敬神之道，接着便征服布立吞人的国度以及处于太阳降落的大洋地区的居民。他合并了整个斯基泰的人口，这些人口在遥远的北部以无数的蛮族部落为邻；他一度把自己的帝国拓展到极南，远达波列米亚人和埃塞俄比亚人所居之地，他并不把在东方所获得的土地看作是处于自己的领土范围之外，相反，他用真正宗教的光芒照亮所有有人居住的大地的顶端，远达最遥远的印度居民，以及生活在整个大地标度盘的边缘地带的人民，他臣服了所有各式各样的蛮族的将军、总督和国王们。这些人自动地向他致敬和问候，并派出使节前来进贡方物，他们如此重视与他的交往和友谊，以至于在自己家里放置他的画像和雕像以示崇敬，在众君主中，只有君士坦丁受到他们所有人的承认和拥戴。

---

①   Socrates Scholasticus, *Ecclesiastical Histories*, 1, 8. 参见李雅书、杨共乐：《古代罗马史》，北京师范大学出版社 2020 年版，第 260—261 页。徐怀启把这段话翻译为："我们信：独一天主全能的父，创造有形和无形万物的主；独一主耶稣基督，天主之子，为父所生的独生子，这就是从父的本体而来，从神而来的神；从光而来的光，从真神而来的真神，受生而不是被造，与父同体，万物都藉着主而被造。"徐怀启：《古代基督教史》，华东师范大学出版社 1988 年版，第 180 页。

罗马的君士坦丁凯旋门，是为庆祝君主君士坦丁战胜他的对手马克森提所建

而他则利用君主自身的致词，来公开和大胆地向那些国度的人民宣示他自己的上帝。"①

君士坦丁统治帝国三十一年。他死后，帝国的宝座也像他从其父亲那里继承过来一样，根据自然法，交给了他的儿子们以及他们的后代，"这样代代相传，永不中辍，就像一份父系的遗产。"②这话虽然出自尤西比乌斯之口，但帝国家族化显然是君士坦丁的意愿。不过，意愿毕竟不是现实。后来的历史表明，这样的意愿显然是不现实的。君士坦丁死后不久，他的三个儿子和两个侄子间的内战随即爆发。公元353年，君士坦丁的次子君士坦提乌斯经过16年的苦战，再次把分裂的帝国统一起来。次年，君士坦提乌斯指定朱里阿努斯为凯撒，负责西部与日耳曼人的战争。朱里阿努斯是在帝国内争中唯一幸存的君士坦丁家族成员。他虽然从来没有掌握过军权，但他在西部所取得的胜利却是辉煌的。公元361年，君士坦提乌斯去世。朱里阿努斯成为帝国唯一的统治者。公元363年，朱里阿努斯在与波斯的战争中负伤，因失血过多去世。至此，君士坦丁家族男性成员全部亡绝。君士坦丁创建的"家天下"分封制不及三代就告结束，不但没有给帝国带来长治久安，相反给整个家庭带来了灭顶之灾。家族内几乎所有的男性都死于权力之争与兄弟间的相互残杀。

---

① 尤西比乌斯：《君士坦丁传》，1，8。见尤西比乌斯：《君士坦丁传》，商务印书馆2018年版，第164页。略有改译。

② 尤西比乌斯：《君士坦丁传》，1，9。

三、加强对各自治市各阶层的控制

随着帝国的衰落，罗马对于帝国民众的压迫越来越重。帝国政府日益成为罗马帝国广大领土上的广大民众最凶恶的敌人。为维护统治，帝国政府采取多种措施，颁布多项法律，对各行省自治市库里亚元老实行强制性控制。

法律规定：

> 各省总督应注意各自治市的强制性公务应依惯例合理分派，并依年龄和地位而轮换，务使重担不经常压在同一批人身上而造成自治市人力和资源的枯竭。行文的合理本身反映了不合理现象的存在。实际上，把市库里亚元老固定在本地、锁定在职务上，让其完成相关的任务，这是晚期帝国政府的主要目的。……省总督应负责将离开自己所属自治市迁到其他地方的市库里亚元老召回到自己本地，并责令其完成应担负的职务。
>
> 禁止将年五十五岁以上之人，违反其本人意志，指定为库里亚元老。然而如果他们同意担任，他们就应完成任务。

这些任务包括：担任自治市代表，必须作为公共辩护人，受命担任人口调查或财产登记工作，负责驼队运输、粮食供应、照管公共土地、公粮征购、供水、提供马戏场赛马所需一切、修筑公路、照看仓库、公共浴池供热、发放食品以及其他类似服务，依各自治市法令和惯例，还可以从上述各项职务衍生出其他职务。

> 凡库里亚元老或其后代，或任何拥有足够财产适于承担强制性公共义务的自治市公民，一律不得以宗教职务为托词逃避自治市义务……至于在该法令颁布之后仍借宗教职务逃避义务者，则应与前者彻底区分，彼等应返回其自治市，恢复原社会地位，承担自治市义务。[①]

自治市库里亚元老是罗马帝国行使其统治的中坚力量，是罗马帝国维护

[①] 《狄奥多西法典》，14，2，3。法典译文见北京师范大学历史系世界古代史教研室编：《世界古代中古史资料选集》，北京师范大学出版社1987年版，第288—290页。

其地方稳定的基础。帝国政府采取强迫摊派手段，把缴足税收的责任强加在各地城市库里亚元老的头上。这在帝国早期显然是不存在的。

与此同时，帝国为保证各行业持续有序，还对多种行业，特别是与城市人民生活有关的提供衣、食、住的行业，以及军事和其他与保卫生命财产有关的行业，加强管制，规定：

> 应服军役之军人之子，有人怠惰成性，不愿履行其应负之强制性军役。还有懦夫甚至不惜自残肢体以图逃避其应服之军役。此种人如经判明因手指折断已不堪服军役，则应明确责令之承担市元老所应担负之强制性摊派义务，不得违抗。[1]
>
> 凡生为船家者，如已获得驳运船船长身份，他应继续留在其父母所在之同一船队，不得他迁。[2]
>
> 凡船主又被列名于城市面包业者行会，然与面包行业无任何继承关系者，则该船主应被免除此种义务。如该船主因继承关系而与面包行业发生联系，则如自愿，可允许他将此种后获得之面包业继承权转给该行会，或转让给死者之另一次近亲属，从而使自己摆脱面包行业之义务。然而如他愿接受此种继承权，则他应承担与此行业相关之制作面包的公共义务，同时还以自己资财支持船主之负担。[3]

强制性职业世袭暂时保证了帝国社会系统的正常运行。但从长远看，这种封闭式的社会管理严重地阻碍了生产力的发展和社会创新能力的提升，是罗马社会退回地方性或行业性经营的前兆。

公元 3 至 4 世纪，帝国税收繁重，农民不堪重负，纷纷逃亡，从而导致农村人口大量减少，田园荒芜。为挽救颓势，保证劳动力，政府陆续通过法令把隶农固定在土地上。隶农最初为自由租佃者。他们在法律上是自由的，除了缴纳一定的地租外，经济上也较独立，对劳动有一定的兴趣。罗马的隶农主要来自破产的自由农民、奴隶或被释奴隶以及被允许进入帝国境内定居

---

① 《狄奥多西法典》，7，22。

② 《狄奥多西法典》，13，5，2。

③ 《狄奥多西法典》，13，5，2。

的蛮族居民。到了 3 世纪后期，他们已逐步世代承佃土地，成为世袭的隶农。君士坦丁更下令将隶农束缚在土地上，规定：

> 无论何人如被发现占有属于另一人的科洛尼（隶农），则此人不仅应将该科洛尼归还其原籍，并应负责交纳他在此期间（即在该人占有期间）应缴纳的人头税。至于科洛尼本人，凡有逃亡意图者，则对之加以枷锁使之处于奴役状态亦不为过分，只有以此种贬之为奴隶的处分方足警戒，迫使彼等完成自由人应完成的义务。①

通过法律，罗马把隶农变成了为土地而生的人，隶农将永远服务土地。他虽然不是奴隶，但是一位归属于土地的人，如同奴隶被其主人紧紧地束缚着一样。在政府的干扰下，以隶农为中心的租佃制逐渐成为帝国晚期组织农业生产的重要形式。国家把农民交给了地主。

帝国后期，罗马政府对各行省自治市元老的控制和对各阶层居民的强制性压迫，目的是保证帝国入不敷出的税收，但实施的结果是大大地加重了罗马民众的负担，迫使大量居民不断逃亡，有的甚至宁愿放弃罗马，而来到罗马人的敌人——蛮族那里生活。正如恩格斯所言："罗马国家及其世界霸权引起了这样的结果：它把自己的生存权建立在对内维持秩序对外防御野蛮人的基础上；然而它的秩序却比最坏的无秩序还要坏，它说是保护公民防御野蛮人的，而公民却把野蛮人奉为救星来祈望。"②罗马已经变成了捐税、国家徭役的代名字。

第二节　西罗马帝国的终结

帝国在衰落，这是帝国境内的人们都已经体会到的事。但似乎没有力量能够挡住这一趋势。君主已经躲入宫殿，深居简出，与民众越离越远；大臣忠者少，贤者更缺；许多贤能之士都视蛮族为救星。而北部和东部的蛮族又

---

① 《狄奥多西法典》，5，17，1。
② 《马克思恩格斯选集》第 4 卷，人民出版社 1995 年版，第 148 页。

将罗马视作攻击的对象。亡罗马者岂非"蛮族"或"罗马人自己也"那样简单？

一、帝国的分裂

朱里阿努斯死后，军队推选约维阿努斯为奥古斯都。364年，军队统帅们在尼西亚选出瓦伦蒂尼阿努斯为奥古斯都。瓦伦蒂尼阿努斯本人居于米兰。同时，他又指定他的弟弟瓦伦斯负责帝国东部事务，居于君士坦丁堡。罗马再次出现两个奥古斯都。帝国的边境防御线不时被外族突破。被动防御已经成为帝国晚期历史的关键词。而对罗马帝国挑战最大、冲击最强的便是位于北部的日耳曼人。

古代日耳曼人原先生活于莱茵河以东，多瑙河以北，北海、波罗的海以南的较为寒冷的地区。最早提到日耳曼条顿人的是希腊人皮提阿斯，时间大致在公元前325年。与罗马人最早接触的日耳曼人是森布里人和条顿人。

公元前2世纪末，森布里人和条顿人入侵意大利。罗马派执政官马略迎战。日耳曼人最后为马略的军队击败。公元前90年，波赛多尼奥斯称日耳曼民族为"日耳曼人"的称呼。凯撒不仅与日耳曼人有接触，而且继续沿用"日耳曼人"，将他们写入他的《高卢战记》，为后人了解日耳曼社会提供了珍贵的一手资料。公元9年，罗马瓦鲁斯领导的三个军团在条托堡森林被日耳曼人全歼，引起奥古斯都的极大愤慨与惊恐。奥古斯都甚至解除了保卫他的日耳曼人近卫军武装，把所有日耳曼人从罗马城中驱逐出去。公元2世纪，罗马人对日耳曼地区有了更多的了解。罗马著名历史学家塔西佗还专门写了《日耳曼尼亚志》。塔西佗认为：

> 我个人同意把日耳曼尼亚的居民视为世界上一种未曾和异族通婚因而保持自己纯净的血统的种族，视为一种特殊的、纯粹的、除了自己而外和其他种人毫无相似之处的人。因此，虽然他们人数极多，而体格则完全一样；他们都有着凶暴的蓝眼睛、金黄色的头发、高大的身躯；他们只有突然冲动的勇猛而不耐心于操劳和艰苦的工作，也决不习惯于忍受燥渴和炎热；由于气候和土壤的缘故，他们对于寒冷和饥饿倒能安之若素。①

---

① ［古罗马］塔西佗：《阿古利可拉传　日耳曼尼亚志》，商务印书馆1959年版，第57页。

日耳曼人当时的政治体制与同时代的罗马不同。它的决策程序是这样的：

> 日耳曼人中，小事由酋帅们商议；大事则由全部落议决。人民虽有最后决议之权，而事务仍然先由酋帅们彼此商讨。会议的日期是固定的，或在新月初上的时候，或在月盈的时候；因为他们相信在这个时候处理事务最吉利了；但若有紧急事务则不在此例。他们对时间的计算，不以日而以夜；他们的政令也是按夜颁布的。他们认为夜在昼前。当召集会议时，他们不能立刻集合，而需要费两三天的时间才能召集，这倒是他们自由自在的一个缺点了。在聚合了相当多的人以后，会议便开始，大家都带着武器就座。祭司们宣布肃静，在这时候，他们有维持秩序的权力。于是在国王或酋帅们之中，或以年龄、或以出身、或以战争中的声望、或以口才为标准，推选一个人出来讲话；人们倾听着他，倒并非因为他有命令的权力，而是因为他有说服的作用。如果人们不满意他的意见，就报之以啧啧的叹息声；如果大家很满意他的意见，就挥舞着他们的矛：这种用武器来表示同意的方式，乃是最尊敬的赞同方式。①

塔西佗描述的部落组织是不稳定的，是很容易变化的。然而，他把日耳曼人看成是一个文化群体，其主要特征是有农耕，有固定的定居地。不过，迁徙也是经常进行的。应该说，在塔西佗时代，日耳曼人还很落后，还属于原始社会后期，还没有自己撰写历史的能力。正因为如此，所以在公元3世纪以前，日耳曼人的数次大迁移，皆被强大的罗马帝国阻止，被罗马人挡在莱茵河及多瑙河以北。公元3世纪以后，日耳曼人口增加迅速，而罗马又处于政局的严重混乱状态，帝国领土再次成为日耳曼人迁徙的目的地。日耳曼人的大迁移可谓是"名副其实的民族大迁徙。整个整个部落，至少是这些部落中的大部分，带着妻子儿女和全部家当，登上征途。用兽皮搭盖起来的车辆用做住所，并用来装载妇女、儿童和少量家用器具。家畜也赶着一起走。男子都武装起来，编制起来，准备摧毁一切抵抗和防备袭击。白天进行战斗

---

① [古罗马] 塔西佗：《阿古利可拉传　日耳曼尼亚志》，商务印书馆1959年版，第60—61页。

行军，夜晚宿营在用车子做成的堡垒中。……这是生死攸关的孤注一掷，如果行军成功，活着的这部分人就可以在异乡土地上住下来。如果行军失败，移出的部落就从地球上消失了。不是在战斗的屠杀中死去，便是因受奴役而沦亡。"[1] 而真正引起 4 世纪日耳曼人大迁徙的则是匈人的西迁。

匈人是生活于欧亚大草原上的游牧民族。罗马史学家阿米阿努斯认为：匈人起源于黑海对岸的"冰封的海洋附近"。公元 4 世纪下半叶，以匈人为首的草原部落从里海出发向西推进，进攻东哥特人，东哥特人又迫使西哥特人向西迁徙。

哥特人，通常被认为发源于斯堪的纳维亚地区，以后逐渐迁移到多瑙河中部，再往东走，占领了普鲁斯河与顿河之间的地区，分成西哥特人和东哥特人两部分。

公元 238 年，哥特这个半游牧民族在下莫西亚与罗马人首次接触。公元 251 年，他们在帝国尼科波利斯附近击败罗马军队，打死罗马元首德西乌斯。后来，因为战争失败以及饥饿等原因，哥特人被迫向罗马元首克劳狄二世投降，开始充当罗马帝国的"同盟军"。公元 270 年后，他们与罗马人之间建立了和平关系。

公元 375 年左右，西迁的西哥特难民来到多瑙河河畔，向罗马帝国寻求保护。据阿米阿努斯记载，聚集于多瑙河河畔的难民不计其数。有学者认为：人数大约有 20 万人。[2] 西哥特难民在多瑙河地区的出现，开启了欧洲权力的重新组合。如果说"士兵至上"是 3 世纪罗马的典型特色的话，那么从公元 375 年开始至公元 476 年这 100 年间，"蛮族入侵"已经变成了罗马必须应对的主题，直接关系到帝国的国祚与命运。

罗马君主瓦伦斯在得到西哥特难民求援的消息时，他的思想是矛盾的。因为当时承平已久，罗马想当兵的人越来越少。若能把这支野蛮的兵力召来为己所用，那么他就可以有一支天下无敌的强大陆军了。当然，这样大量的野蛮部队涌入罗马境内，稍一不慎，也会引火烧身。瓦伦斯经过再三考量，还是决定允许西哥特人进入帝国境内，条件是：西哥特人必须把所有尚未达到兵役年龄的男孩子，都交给罗马作人质，并且在尚未渡河之前，必须把所

---

① 《马克思恩格斯全集》第 25 卷，人民出版社 2001 年版，第 200 页。

② Eunapius, *Excerpta De Legationibus Gentiumad Romanos*, 6.

战场上被包围的罗马君主瓦伦斯

有兵器上交给两位罗马军官——鲁皮西努斯和马克西努斯。西哥特人同意了罗马的条件，被允许进入帝国境内居住。

西哥特人进入帝国后，罗马政府没有兑现诺言，相反还向他们勒索沉重的捐税，拐卖哥特人充当奴隶。西哥特人在走投无路的情况下被迫反抗。

公元378年8月9日，以弗里提盖伦为首的西哥特人与瓦伦斯的军队会战于哈德良堡附近。他们利用车辆构成一个"要塞"，用车辆构成防壁，好像城墙一样。以这个缓慢移动的"要塞"为基地，在预定的信号之下，许多小队的人员出去抢杀，之后又像一支飞动的标枪，迅速地飞回他们的"车城"。更重要的是所有派出抢杀的人员都是骑马的。由此可以证明哥特人实际上拥有相当强大的骑兵部队。他们的最大战术弱点，即为无力攻下有城墙的城镇。

在这次作战中，罗马的骑兵被哥特骑兵击退，步兵处于孤立无援的状态。当哥特骑兵冲向他们的时候，罗马军乱成一团，有些人员连刀剑都无法拔出来。地面上掀起了尘雾，使人无法看见天色，到处只听到可怕的喊杀声。四面八方都有箭射过来，罗马军应声而倒，因为根本看不见，也无法抵抗。

接着，菲列德根让他的步兵从"车城"中杀出，使罗马军陷入西哥特人的内外夹击之中。罗马军团在混乱中失去了秩序，根本无法突围。于是这场会战变成了一次可怕的屠杀。最后杀得血流成河，尸骨堆山。罗马军全军损失了三分之二，大约有四万多人死于疆场。君主瓦伦斯也没有幸免。鲁菲努斯认为，这是罗马帝国灾难的开始；[1] 阿米阿努斯认为：对罗马人而言，这是与坎尼之战一样的失败。[2] 事实证明：罗马帝国不是不可战胜的。君主瓦伦斯将自己的掘墓人放入了罗马。

哈德良堡一战使罗马帝国军团的弱点暴露无遗。原先罗马步兵军团的先进性在西哥特骑兵面前已经完全消失。横行于地中海世界 700 余年的罗马军团终于遇到了它的克星——骑兵。而随着罗马军团先进性的失去，帝国走向衰落也是必然的事。

哈德良堡一战表明，要在军事上彻底解决西哥特难民问题是不可能了。于是，罗马君主又把工作重心转移到政治谈判上来。公元 382 年，狄奥多西一世与西哥特人达成协议并最后签订和约。通过和约，罗马允许西哥特人居住在帝国境内已经残破了的戴内斯地区，并将其纳入帝国的多瑙河防御体系之中。以前罗马都是与帝国境外的蛮族订立和约，以此来保证帝国边界线的安全。但狄奥多西与西哥特人签订的和约置外族于帝国境内，使其成为帝国防御体系的一部分。对于罗马人来说，这一和约或许能够得到眼前的局部利益，但从长远的角度来看却是后患无穷。

公元 392 年，狄奥多西一世颁布敕令，禁止异教的祭祀活动，承认基督教会，承认教会领导下的这支新的力量。基督教的国教地位正式确立。公元 394 年，狄奥多西一世宣布废止奥林匹克运动会，理由是奥林匹克运动会有违基督教教旨，是异教徒活动。基督教在罗马取得了决定性的胜利。

早期基督教是一神教，主要崇信上帝耶和华，宣称：上帝耶和华是宇宙唯一真神，上帝永远惠顾其选民。但基督教的选民与犹太教的不同，犹太教

---

① Rufinus, *Kircengeschichte*, 11, 13.
② 阿米阿努斯：《罗马史》, 29, 13, 19。

的选民仅限于亚伯拉罕的子孙，而早期基督教却把选民的范围扩大到所有民族。强调：只要信仰基督就能得到拯救和上帝的赐福，废除了罗马宗教的各种献祭与繁琐的仪式；同时也免除了犹太教的众多义务。基督教创造了成功的有组织的公社形式。它拥有一个组织，拥有一个强大管理机构，拥有一个遍布于几乎整个帝国的"国中之国"，既占有巨额的资本，信徒中更是拥有大批的高级官员、军人、大奴隶主和各城市中人数众多的工商业居民。而地方库里亚的衰落和退出基层又为基督教会进入帝国扎根帝国基层打下了基础。早期基督教带来了新的个性的解放，而这些新的东西是城邦的宗教及其伦理所不容的。由异质宗教替代罗马的传统宗教并成为罗马帝国的国教，这在世界历史上都是十分罕见的。

公元 395 年，狄奥多西一世在米兰去世。他治理帝国达 17 年。此后，帝国分为东西两部分，分别由他的两个儿子掌管。大儿子阿卡狄乌斯（395年至 408 年在位），由高卢人鲁菲努斯协助，掌管帝国东部，以君士坦丁堡为首都；10 岁的小儿子霍诺里乌斯（395 年至 423 年在位），由日耳曼出身的将军斯提里科（Stilicho）协助，掌管帝国西部。名义上以罗马为首都，实际上君主都住在意大利北部的米兰。公元 402 年，又迁至拉文那。罗马帝国名义上属于分治，仍维持着政治上的统一，但实际上已经处于分裂状态。

罗马帝国的分裂看上去是狄奥多西一世所为，但实际上是历史的必然。帝国太大了，靠部分力量来支撑已经不可能了。

二、西罗马帝国的衰亡

帝国的分裂，使罗马原先的整体性防御出现了新的困难，尤其是在东西帝国的边界地区，由于西哥特人的存在而使问题更加复杂。公元 4 世纪末叶，在帝国境内的西哥特人中出现了一位杰出的军事首领——阿拉里克。阿拉里克先蹂躏巴尔干地区，后于公元 402 年挺进意大利。为保意大利安全，斯提里科将驻守在高卢和不列颠的军队撤回，导致西部防线空虚。公元 406年，汪达尔人、阿兰人、苏维汇人和勃艮第人入侵高卢。此后，汪达尔人又向南占领了西班牙。公元 408 年，东西罗马发生两件大事：一是东部君主阿卡狄乌斯去世；一是霍诺里乌斯听信谗言将斯提里科处决，从而导致兵变。斯提里科麾下约 3 万名蛮族士兵几乎全部投靠了阿拉里克。公元 409 年年初，阿拉里克在罗马城墙外安营扎寨，企图以围城迫使罗马投降。罗马元老院被

油画《410年洗劫罗马》，约瑟夫·诺埃尔·希尔维斯特绘

迫派遣使者与阿拉里克会谈。阿拉里克声称自己撤兵的条件是获得罗马城内所有的金银财富和外国奴隶。一位罗马使者听后，马上说道："这样一来，罗马还能留下什么？"阿拉里克回答得很干脆："这就是你们的命"。双方经过讨价还价，最后达成协议：罗马城付给西哥特人五千磅黄金，三万磅白银，四千件丝质的衣料、三千件羊毛织物和三千磅胡椒粉。[①] 拿到赎金后，阿拉里克随即撤兵罗马。大约有4万名罗马奴隶投奔了阿拉里克。在这次围城战中，没有流血，没有交战。阿拉里克仅用讹诈的手段，即获得了胜利。

罗马答应了阿拉里克的条件，但阿拉里克对帝国提出的要求并没有得到实现。于是，阿拉里克再次向拉文那施压，但他并没有攻打防守严密的拉文那，而是继续选择围攻罗马。公元410年8月24日，"永恒之都"罗马陷落，遭受西哥特人6天的洗劫。[②] 基督教学者奥罗修斯（Orosius）用简单的一句话写出了罗马城陷落的过程，这就是：阿拉里克包围了罗马城，造成一片恐慌，并攻入了这座颤抖的城市。[③] 进城后，阿拉里克约法二章：凡是躲进各个圣所的人，尤其是进入使徒圣彼得和圣保罗教堂的人，一律不得侵犯；要尽可能地避免

① 佐西莫斯：《新历史》，5，166。
② 一说3天。见奥罗修斯：《反异教徒七书》，7，39。
③ 奥罗修斯：《反异教徒七书》，7，39。

流血。阿拉里克用抢来的财物犒赏部下。

就政治上讲，罗马已经不是西部帝国的政治中心，君主长期居住在拉文那，洗劫罗马城对帝国的政治没有多少影响。但就心灵上来说，罗马的陷落对整个帝国的民众冲击极大。当时的学者杰罗姆留下的作品中所反映的恐慌与不知所措，实际上代表了帝国大部分民众的真实心态。杰罗姆这样写道："我被西方的浩劫，尤其是对罗马的洗劫弄得不知所措，正如俗话所说，我甚至连自己的名字都忘了。我沉默了很久，因为我知道是该哭的时候了。"[①]

杰罗姆在另一封信中又说道："一个可怕的消息从西部传来。我们听说罗马正被围困。公民们用黄金换取性命。黄金被掠走后，再次遭到围攻，以致既失去了财物，又丢了命。这座曾经征服了整个世界的城市，就这样被征服了。""一夜之间，摩押（Moab）变为荒废，归于无有。（Isa. xv.1）""神呀，外邦人进入你的产业，玷污你的圣殿，使耶路撒冷变为荒原。（Ps. lxxix.1）把你仆人的尸首，交与天空的飞鸟为食，把你圣民的肉，交与地上的野兽。在耶路撒冷周围流他们的血如水，无人埋葬。（Ps. lxxix.1–3）"[②]

当全世界的光明被熄灭，或者说，当罗马帝国被斩首，更准确地说，整个世界随一个城市的毁灭而灭亡。"征服全世界而建立起来的罗马已经崩溃了，万国之母已经成了他们的坟墓"[③]原先的世界中心现在却变成了被踩躏的对象；原先的征服者却成了蛮族脚下的俘虏。

对于罗马人而言，罗马的陷落确实如"世界末日"。800年前，高卢人入侵罗马，使弱小的罗马走向强盛；800年后，西哥特人攻陷罗马，其结果恰恰是使强大的罗马走向衰亡。而对于西哥特人而言，能攻下城墙高屹、防守严密的罗马城确实是天大的事，完全出乎人们的意料之外。

城破6天后，阿拉里克离开罗马向南部意大利进发，掳走了霍诺里乌斯的异母妹妹普拉西狄娅，准备过西西里，到阿非利加。但这一计划没能实现，阿拉里克不久就去世了。

阿陶尔夫继承西哥特人王位（410—415年在位）。此后，阿陶尔夫率领西哥特人撤离意大利，向高卢西南部进发。公元413年，阿陶尔夫已经成为

---

① 杰罗姆：《书信》，126。

② 杰罗姆：《书信》，127。

③ Jerome, *In Ezekiel*, pr.

高卢南部大部分地区的实际统治者。次年 1 月，阿陶尔夫依据罗马的礼仪与普拉西狄娅结婚。很显然，阿陶尔夫希望通过这段婚姻来加强西哥特人与罗马人之间的关系。其实，无论是阿拉里克还是阿陶尔夫都明白，西哥特人无法推翻罗马帝国。他们所希冀的不是罗马帝国，而是在帝国境内得到一定的地位、官职和地盘，因为他们都明白西哥特人在文化上不及罗马。我们可以从奥罗修斯[①]记载的阿陶尔夫所说的下面一段话中看得很清楚。阿陶尔夫认为：

> 最初，他（指阿陶尔夫）强烈要求消除罗马这一名字，使罗马的全部土地成为哥特帝国的领土；他希望用哥特的替代罗马的；他阿陶尔夫应成为凯撒奥古斯都。不过，众多的经验告诉他：桀骜不驯的哥特人从不遵守法律，而没有法律的国家将国不成国。因此，他选择了较为安全的道路，希望通过哥特的力量来恢复、增强罗马之荣光。在无法改变帝国形式的情况下，他希望能作为复兴罗马的发起者传诸后世。[②]

不过，阿陶尔夫希望并确定的融入罗马帝国的政策，除了与普拉西狄娅结婚以外，并没有得到很好的贯彻和落实。公元 415 年，阿陶尔夫在自己的寝宫被杀。

公元 419 年，西哥特人在西班牙独立建国。帝国境内出现第一个蛮族国家——西哥特王国。高卢的部分土地和西班牙的大量土地在霍诺里乌斯统治时期正式被分割出去。

公元 429 年，被西哥特人击败的汪达尔人在其国王盖塞里克的领导下从西班牙侵入北非，攻占希波城。公元 439 年以后，汪达尔人占领迦太基城，基本上征服了阿非利加。公元 442 年，瓦伦蒂尼阿努斯三世承认盖塞里克在北非的独立地位。至此，北非名义上还属于罗马领土，但实际上已经与罗马

---

① 奥罗修斯是奥古斯丁的学生。

② 奥罗修斯：《反异教徒七书》，7，42。其实，蛮族罗马化开始时间较早。据狄奥·卡西乌斯记载：早在奥古斯都时期，"蛮族们（指日耳曼人——作者）逐渐选择了罗马世界的生活方式，还习惯于举办集市与和平的会议。尽管他们没有忘记他们祖先的传统和他们自己部落的习俗、旧时独立的生活方式以及他们通过武器所获得的自由。"狄奥·卡西乌斯：《罗马史》，56，18，2—3。

分道扬镳，处在完全独立的位置。

到公元 5 世纪中叶，西部帝国的大部分地区都已被蛮族占领，成了蛮族的势力范围。蛮族正在肢解罗马帝国。

与此同时，在潘诺尼亚出现了一个以匈人领袖阿提拉为首的新联盟。历史学家约达尼斯认为，公元 445 年以后，阿提拉把整个民族统一在了他自己的王杖之下。在进一步征服了大量的其他民族以后，他开始渴望征服世界第一流的民族——罗马人和西哥特人。①

起初，匈人蹂躏的中心是巴尔干半岛。后来匈人又向西推进。公元 451 年，阿提拉突入高卢。同年 6 月，在东高卢的卡塔洛尼亚平原（Catalaunian Plains），与罗马将领埃提乌斯统率之下的多族联军发生激战。两支军队都由世界上最勇敢的将士组成；双方也都在光明正大的战役中展开较量。战斗极度残酷，"那是一场恐怖、凶暴、复杂的恶斗，两军将士表现之顽强，是在远古时代所从未被报道过的。""从死者伤口中流出的鲜血如此之多，以至于使得一条在低矮的河岸中流过卡塔洛尼亚平原的小溪开始上涨——不是像平

---

① ［拜占庭］约达尼斯：《哥特史》，商务印书馆 2019 年版，第 114 页。

常那样，因为雨水的浇灌，而是因为从血管里流出的那种非同寻常的液体，已经汇成了它的一道支流。那些因为受伤而极度口渴的人们，就只得饮那和血混合在一起的溪水。是凄惨的命运，逼迫他们这样喝从自己血管里流出来的鲜血。"①双方共有16.5万将士战死，其中包括西哥特国王狄奥多里克。②阿提拉因为撤进事先用马车围起来的防御圈，才逃过一劫。

公元452年，阿提拉突入北部意大利，破坏并蹂躏了这一地区。但是他没有再向南进。据说，罗马教皇利奥为首的和平使团成功劝服阿提拉不要进攻意大利。次年，被罗马教会作家称为"上帝之鞭（Flagellum Dei）"的阿提拉在新婚之夜去世。匈人联盟随即崩溃。

匈人联盟的解体并没有减缓罗马帝国衰落的步伐。公元455年，罗马发生了两件大事。一件是，狄奥多西王朝的最后一位奥古斯都瓦伦蒂尼阿努斯三世被杀。罗马政治进入严重无序状态。另一件是，汪达尔人在西哥特人之后45年，再次攻下罗马，劫掠罗马达15天之久。其对罗马的破坏程度远远超过阿拉里克。汪达尔人攻陷罗马表明：罗马的地中海防御安全线已经彻底消失。经过这次洗劫，罗马城的居民人数大大减少。到公元500年左右，罗马城市的人口可能只有10万人左右。③罗马这一帝国辉煌的起点，正在没落，正在走向灭亡。

公元460年，盖塞里克打败罗马的西班牙舰队。汪达尔人在北非的地位更加巩固。罗马帝国失去北非，实际上也就使罗马失去了丰富的粮食来源，而且从战略意义上说，失去北非，也就意味着曾经维系整个罗马帝国的经济体系已经失去了作用，从而导致各个地区逐渐脱离罗马帝国中央政府的控制，开始退回到分裂与自给自足的状态。随着北非的独立，罗马的地中海世

---

① ［拜占庭］约达尼斯：《哥特史》，商务印书馆2019年版，第126页。

② ［拜占庭］约达尼斯：《哥特史》，商务印书馆2019年版，第131页。也有一说是死伤人数达到了30万人。

③ Richard Krautheimer 认为，公元400年，罗马人口还有80万左右；公元452年，降到50万人；公元500年，可能达到10万人。Richard Krautheimer, *Rome*, *Profile of a City*, 312-1308.New Jersey，Princeton University Press，1980，p.65.也有许多学者认为：大约在公元400年的时候，罗马还聚集着50万人。到公元500年，大致已下降到25万人。到公元6世纪，尤其是在哥特与拜占庭战争以后，罗马城市人口下降到5万人。Neil Christie，*The Fall of the Western Roman Empire*，*An Archaeological and Historical Perspective*，London，Bloomsbury Academic，p.149.

界现在再也不是一个统一的帝国了。统一的地中海世界已经不复存在。

公元 476 年 9 月，西罗马帝国的末代君主罗慕路斯被日耳曼籍的雇佣军首领奥多亚克废黜，他被流放到意大利坎佩尼亚的一个堡垒——卢库拉努姆。此后，西部罗马帝国已无君主。西罗马帝国正式灭亡。

第一个把罗慕路斯被废与西罗马帝国灭亡两大事件联系起来加以论述的是拜占庭的史学家马尔契利努斯（Marcellinus Comes）。他在公元 518 年撰写的《编年史》中认为，由第一位奥古斯都屋大维在这座城市（罗马）建立后的第 709 年（公元前 44 年）创建的罗马帝国，经过 520 年的连续发展（至公元 476 年），随着罗慕路斯被废，也就灭亡了。[①] 文明的罗马为"蛮族"所劫而渐入野蛮。

东罗马帝国在西罗马帝国灭亡后还存在了近 1000 年。公元 1453 年，东罗马帝国正式灭亡。

若就文明而论，罗马文明大约亡于公元 392 年。继任者是基督教文明；若就国家而论，西罗马帝国大约亡于公元 476 年。亡罗马者看上去是日耳曼人，但实则为罗马内外众多综合作用之故。

三、西罗马帝国衰亡的原因

自从公元 4 世纪以后，罗马帝国好像一位年迈的老人，衰弱不堪，摇摇欲坠。为了挽救危局，罗马君主君士坦丁于公元 313 年宣布基督教合法化，使教徒众多的基督教成为帝国政府的重要支持力量。公元 337 年，君士坦丁在弥留之际，正式皈依基督教，成为基督教徒中的一员。这一举动对于君士坦丁自己，虽然作用不大，但对于基督教而言，却意义非凡。在罗马帝国历史上，君士坦丁是第一位加入基督教的最高统治者。此后，基督教势力在罗马发展更为迅速。而原先处于主导地位的罗马传统宗教遭到了无情的压制与

---

① Marcellinus, *Chronicles of Marcellinus*, Odoacar rex Gothorum Romam optinuit. Orestem Odoacer ilico trucidavit. Augustulum filium Orestis Odoacer in Lucullano Campaniae castello exilii poena damnavit. Hesperium Romanae gentis imperium, quod septingentesimo nono urbis conditae anno primus Augustorum Octavianus Augustus tenere coepit, cum hoc Augustulo periit, anno decessorum regni imperatorum quingentesimo vigesimo secundo, Gothorum dehinc regibus Romam tenentibus. 罗素认为：野蛮人的入侵中断了西欧文明达六个世纪之久。见 [英] 罗素：《西方哲学史》上卷，商务印书馆 1988 年版，第 15 页。

打击。公元382年，罗马君主格拉提阿努斯废除罗马大祭司长头衔，并下令将胜利女神像搬出元老院议事厅。

胜利女神像搬家事件引发了以昆图斯·奥里略·西马库斯（Quintus Aurelius Symmachus）为首的元老院元老的强烈抗议。

西马库斯请求，把罗马人世世代代发誓敬奉的神像留下吧，不要改变曾带给元老院繁荣的体制。在西马库斯等人看来，罗马的强大正是来源于传统的宗教崇拜，而且认为每个人都应该追随自己的宗教仪式。信奉基督教的君主格拉提阿努斯之死与饥荒蔓延，在西马库斯看来，正是因为反对传统宗教才导致的。①

但罗马君主的反异教行为得到了基督教教徒的积极支持。米兰主教安布罗西乌斯（Ambrosius）在得悉情况后，主动写信给罗马君主瓦伦蒂尼阿努斯二世与狄奥多西，认为：每个人只要不真心礼拜神，还礼拜统驭万物的基督教徒的神，就不能获得救赎。只有基督教徒的神才是应该从内心崇拜的唯一真神。因为如《圣经》所载的那样，异教徒的神都是恶魔。安布罗西乌斯强调，罗马人赢得帝国并不是多神教的那些神帮助的结果；饥荒更是常见现象，而且持续时间不会很长。安布罗西乌斯还提到没有人可以因为君主的年龄小而对其施加压力。要求元老院中信教的基督徒面对祭坛进行崇拜仪式既无意义也很不妥。

而到了公元392年，官方颁布了一道比先前的法令更为严厉而坚定的敕令，即：禁止各种形式的异教祭祀活动；在各种守护神的祭坛上不得摆放鲜花和香炉。"即使在罗马，异教也被孤立了。那些曾经的万族之神"，杰罗姆写道，"如今无人问津，孤零零地只有猫头鹰和夜鸟为伴。"②基督教终于成了罗马帝国的国教。

基督教国教地位的确立，在罗马史上具有划时代的意义，但这并不意味着基督教可以一统天下，也不意味着罗马民众都接受了基督教文化，对基督教教义有了高度一致的认同。

公元410年，"永恒之都"罗马城被野蛮的西哥特人攻陷，从而引起帝国民众的惊慌与强烈不满。大家以罗马城被攻破为话题，再次把讨论的重点

---

① 西马库斯：《告君主》，3，10。

② Jerome, *Letter CVII. To Laeta*, 2.

放在罗马城为什么会被攻陷这一原因的分析上。一部分人认为这是放弃传统宗教、立基督教为国教之故；另一部分人，如奥古斯丁和奥罗修斯等，则认为这与基督教没有什么关系。

上面的情况表明，早在帝国晚期，当时人就已经在讨论帝国的衰亡及其原因了。不过，他们所争论的焦点都集中在是否应该坚持罗马传统宗教还是信奉基督教上面。

确实，罗马帝国的衰亡是西方历史上前所未有的重大事件。之所以重大是因为在罗马帝国以前，还没有一个帝国像罗马人那样统治了这么大的地域，创造了如此辉煌的成就；之所以重大是因为在罗马帝国以后，再也没有出现过在地域上与罗马帝国一样的国家。罗马有缔造帝国的经验，也有灭亡后不能再造帝国的现实。帝国是罗马展示自我的重要舞台，也是罗马公民从事社会活动的最好实验场。帝国的衰亡为学者和政治家提供了极其宝贵的研究素材与探究标本，是近代以来学者们竞相探研的学术课题。

罗马为何抛弃了罗马？英国史学家吉本从国家发展的自然成长规则出发，论证罗马的衰退"是国家过于庞大而自然造成的不可避免的结果。繁荣使腐败的条件趋于成熟；毁灭的原因随着领土的扩张而不断增加；一旦时机成熟，或由于偶然事件抽取了人为的支撑，那无比庞大的机构便会由于无能承受自身的重量而倒塌。"[1] 简单地说，这就是帝国扩张过度，导致管理理念、组织机构和军事力量无法跟上。帝国分裂也就成为必然的事。

法国思想家孟德斯鸠认为罗马衰亡是帝国幸运业已消失的结果。因为"罗马的兴起是由于它只能不停地作战，原来，仗着一种难以相信的幸运，它总是在征服了一民族之后，另一个民族才对它开始战争。罗马之遭到毁灭是因为所有的民族一齐向它进攻，并且从四面八方侵入了它的土地。"[2] 论述罗马文明灭亡的观点还很多。[3]

所有关于罗马帝国灭亡原因的论述都有其自身的合理性，但也有很多值得更进一步探讨的空间。本书作者认为，罗马帝国的灭亡恐怕不是用一种或

---

[1]　[英] 吉本：《罗马帝国衰亡史》下册，商务印书馆 1997 年版，第 138 页。

[2]　[法] 孟德斯鸠：《罗马盛衰原因论》，商务印书馆 1984 年版，第 110 页。

[3]　参见 [美] M. 罗斯托夫采夫：《罗马社会经济研究史》下册，商务印书馆 1985 年版，第 726—733 页。

两种因素能够说明的，它是多种因素综合作用的结果。但不管怎么说，罗马的内部因素还是最重要的。具体而言，下面这些因素非常值得我们思考与关注。

第一，帝国内部的经济循环逐渐消失，罗马经济越来越分裂为小的地方经济单位，退回到原先狭小的地域。自给自足的庄园经济取代了以奴隶劳动和自由市场为基础的相对自由的交换经济。

帝国中期以后，罗马逐渐停止了大规模的对外扩张，战俘奴隶的来源明显减少，奴隶价格日益提高。家生奴虽然能够弥补劳动力的部分不足，但从市场上购买的奴隶价格十分昂贵，无法满足大庄园对奴隶劳动力的需要。使用奴隶劳动已经越来越无利可图。奴隶制已经失去了活力，但它又给罗马留下了极其难改的毒素：这就是自由人长期脱离生产劳动后所产生的不愿劳动而又鄙视劳动的畸形心理。

公元3世纪以后，君主的宫廷、官僚体系、军队都已增加至前所未有的程度。为了维持这套膨胀中的国家机构，帝国政府需要支付巨额的经费，为此国库入不敷出，为弥补国库不足和财政亏空，国家又通过发行各种劣质货币，从而出现劣币驱除良币的现象。整个帝国，物价上涨到极其不合理的程度，导致货币流通逐渐让位给物物交换。城市经济走上普遍衰微之路。

随着城市居民消费能力的不断下降，依附于城市的农业经济也开始走向萧条。缺少奴隶劳动的大农庄越来越变成了自给自足的整体，与城市市场失去了联系。帝国的经济面临新的调整。

第二，政局不稳，权力中心过分分散；掌权者有分工，而少有合作，无法形成合力。

罗马自从安东尼王朝灭亡后，政局始终不稳。争夺元首职位的斗争异常激烈，甚至出现了用金钱购买元首的现象。一位上了年纪的元老狄迪乌斯·朱里阿努斯站在罗马近卫军的军营外面，通过报价，买得罗马元首的头衔。近卫军最终与他成交的价格是每位近卫军士兵6250德拉克马。但一次交付的金钱岂能买断近卫军的欲望？不久，他就被近卫军所杀。

公元284年，戴克里先上任，为加强帝国的统治，实行"双奥古斯都与双凯撒分权管理制"，也就是常称的"四帝共治"。"双奥古斯都与双凯撒分权管理制"名为共治，实际上就是分治。君主分别常驻于尼科米底亚、米兰、特里尔和西尔米乌姆。公元395年，东西罗马分裂。

直到西罗马帝国灭亡，罗马城虽然名义上还是首都，但君主们很少居住在罗马。他们主要住在君士坦丁堡和拉文那。罗马已经失去了政治中心的地位，成为凯旋的剧场、帝国建筑的展览所和政治古董的博物馆。

公元 211 年至 284 年的罗马元首

在位时间	元首名称	在位时间长度	死因
公元 211—217 年	卡拉卡拉	6 年	被杀
公元 217—218 年	马克里努斯	1 年	被杀
公元 218—222 年	埃拉伽巴鲁斯	4 年	被杀
公元 222—235 年	亚历山大·塞维鲁	13 年	被杀
公元 235—238 年	马克西米努斯·色雷克斯	3 年	被杀
公元 238 年	戈尔狄安一世 戈尔狄安二世 帕庇艾努斯 巴庇努斯	半个月 半个月 3 个月 3 个月	自杀 阵亡 被杀 被杀
公元 238—244 年	戈尔狄安三世	6 年	被杀
公元 244—249 年	菲力普·阿拉布斯	5 年	自杀
公元 249—251 年	德西乌斯	2 年	阵亡
公元 251—253 年	特莱波尼阿努斯·迦尔斯	2 年	被杀
公元 253—260 年	瓦勒良	7 年	被俘
公元 253—268 年	朱里阿努斯	15 年	被杀
公元 268—270 年	克劳狄斯·哥德克斯	2 年	病亡
公元 270—275 年	奥勒良	5 年	被杀
公元 275—276 年	塔西佗	8 个月	病亡
公元 276—282 年	普罗布斯	6 年	被杀
公元 282—283 年	卡尔斯	1 年	意外死亡
公元 282—283 年	努迈利亚	1 年	被杀
公元 282—284 年	卡利努斯	2 年	被杀

"双奥古斯都与双凯撒分权管理制"的设立以及多个行政中心的建设，不但加重了罗马民众的负担，而且因为当权者权力分散，严重地破坏了行政的统一性。随着帝国的衰落，统治者的治国理念也发生了巨大的变化，原先强盛时推崇的"公平无私（aequanimitas）"现在变成了主张"士兵至上"。而"士兵至上"的结果是谁出钱多，谁就可能成为君主。帝国的混乱与分裂也就成为必然的事。

第三，人才匮乏，内讧不断。罗马共和早期，有执政官制度。执政官一年一任，这样就有更多的公民在执政官的岗位上得到锻炼。共和制度为罗马培养了一大批军政管理者。就罗马而言，在共和时期可谓是人才济济。进入帝国以后，罗马大的疆域已经形成，与外界的战争日益减少，而元首本身也不需要更多优秀的将领和治国人才来帮助他管理国家。这导致罗马的人才队伍明显萎缩。

到君主制时期，尤其是395年以后，罗马政局更加不稳，蛮族入侵接连不断。君主不再关心国家事务，而是专注自身如何生存。据说，公元410年8月24日，西哥特人攻下罗马，"永恒之城"沦陷。对于如此重大的国事，当时居住在拉文那的君主霍诺里乌斯竟然不闻不问，没有为拯救这座城池出过一点力。据说，当宦官来报告罗马沦陷的消息时，霍诺里乌斯竟误以为是他那只名为"罗马"的宠物鸡死了。他大声喊道："它刚才还在我的手里吃东西呢！"宦官再次告诉他，是罗马城落入了阿拉里克的手中，而不是小公鸡"罗马"死了。罗马君主霍诺里乌斯这才宽过心来，长长地叹了一口气说道："天啊，我还以为是我的小公鸡'罗马'死了。"由这样的君主执政，罗马哪有不败之理！所以，西罗马帝国的灭亡也是必然的事、合理的事。[1]

从现有的材料看，西罗马帝国最后80年，君主的结局都很悲惨，要么被杀、要么被驱逐。我们可以从下面的表格中看得很清楚。

公元395年至476年罗马君主情况表

君主姓名	上任时年龄	在位期间	最后结局
霍诺里乌斯（Honorius）	11岁	公元395—423年	
瓦伦蒂尼阿努斯三世	6岁	公元425—455年	被杀
阿维图斯（Avitus）		公元455—456年	被杀
马雅利阿努斯（Majorianus）		公元457—461年	被杀
利比乌斯·塞维鲁（Libius Severus）		公元461—465年	
空位时期		公元465—467年	
安提米乌斯（Anthemius）		公元467—472年	被杀
朱里亚·纳波斯（Julius Nepos）		公元473—475年	被囚禁
罗慕路斯·奥古斯都	孩童	公元475—476年	被放逐

[1]　普洛科皮乌斯：《汪达尔战争史》，1，2，25—26。

帝国晚期，除了君主无能、腐败以外，有点才干的大臣也寥寥无几。比较有名的有：斯提利科和埃提乌斯。他们虽然贡献很大，但结局都很不幸。前者于公元408年被杀；后者于公元454年被杀。而大量的罗马人才都跑到蛮族那里去了。因为"蛮族铸剑为犁，视罗马人为盟友和朋友。有些罗马人宁愿在贫穷中自由生活，也不愿在罗马治下忍受折磨和捐税。"[1]

萨尔维安说得更直接："有许多出身名门受过良好教养的人逃到敌人那里，以免死于因社会迫害所加的折磨。他们到蛮族那里去寻求罗马的人道。因为在罗马人那里，他们业已不堪忍受野蛮的、不人道的待遇了。"[2]

罗马人才的匮乏显然与帝国晚期的政治体制有关，当然也与罗马残酷的剥削、压迫有密切的关系，是西罗马帝国灭亡的重要原因。

第四，军事的先进性遭到严峻挑战，罗马没有找到破解骑兵的方法。

罗马人早先主要是依靠步兵的先进性成就帝国的。与马其顿方阵相比，罗马的军团更显灵活、更具杀伤力。但无论是方阵还是军团都是步兵组织，依托的力量都是士兵间群体的协作。方阵和军团除了正面优势以外，其他的三面都有弱点，缺少合理的保护。

公元375年，西哥特人因匈人所迫，请求进入罗马帝国境内，得到罗马君主瓦伦斯的恩准。而罗马官员的贪婪，导致了西哥特人的暴动。公元378年8月9日，瓦伦斯率领罗马军队与西哥特人在哈德良堡附近展开激战，结果罗军大败，大约有4万罗马将士惨死疆场，瓦伦斯本人也未幸免。哈德良堡之战正式拉开了罗马帝国灭亡的序幕。这场战争表明：罗马的步兵军团敌不过西哥特人的骑兵，军团为骑兵所败。哥特人也因此由原先的难民或臣民变成了帝国境内他们所占地区的主人。其实，早在公元前53年，罗马人就与安息骑兵交过手，被骑兵打败过。但显然罗马人没有接受教训。军团的先进性最后被骑兵所摧毁。

第五，罗马没有孔夫子那样的思想家，道德层面建树薄弱，缺乏自律的思想意识和理论创造。

基督教国教地位确立以后，罗马帝国原有的传统思想体系遭到重大冲击，并被逐步替代。爱德华·吉本认为，基督教的胜利与罗马帝国的瓦解关

---

[1] 奥罗修斯：《反异教徒七书》，7，41。
[2] 萨尔维安：《论上帝的统治》，5，8。

系紧密。他在《罗马帝国衰亡史》中这样写道：

> "既然宗教的伟大目标是求得将来生活的幸福：如果有人说基督教
> 的介入，或至少对它的滥用，对罗马帝国的衰亡具有某种影响，我们也
> 完全可以不必惊愕或气恼。教士们卓有成效地不停宣讲忍耐和自强（怯
> 懦）的学说；社会的积极向上的美德遭到了压制，尚武精神的最后一点
> 残余，也被埋葬在修道院中；公私所有的财富中的绝大部分都被奉献给
> 了慈善事业和拜神活动的无止境的需求；士兵的粮饷多被胡乱花在成群
> 以禁欲、洁身为唯一品德的毫无实用的男女身上。信仰、热忱、好奇以
> 及更为世俗所有的怨毒情绪和野心燃起了神学论争的火焰；教会，甚至
> 整个国家，都陷入常会形成血腥斗争而且永远无法调和的宗教派别纷争
> 之中去；罗马世界遭受到一种新形式的暴政的压迫；受尽迫害的教派全
> 变成了他们的国家的暗藏的敌人。"①

英国哲学家罗素也认为："在君士坦丁之前的岁月里，基督教发展为一
种组织，使教徒对其的虔诚远甚于对国家的忠心。"②

当基督教势力迅速崛起，世俗国家离大众越来越远。人们关注的重点不
是如何解决现实问题，而是去如何逃避现实。他们厌恶现实，不拜君主、不
拜偶像，向往上帝的"天国"。地上的罗马帝国在基督教面前越来越失去了
吸引力，失去了忠诚的保卫者。罗马的灭亡也是必然的事。

第六，罗马是一个多民族国家，主体民族为拉丁民族。传说，罗马最初
大约有3300个男子，后经过不断吸纳外族，公民人数有所扩大。到塞维乌
斯时期，公民人数就达8万多人。此后，以拉丁民族为核心的公民人数一直
维持在30万左右。公元前69年，罗马公民达到90万。公元14年，公民人
数已达493万7千。这显然已经包括意大利战争以后获得公民权的意大利人。
应该说，罗马帝国是靠罗马的主体民族打出来的，所以大历史学家李维用了
40年的时间，来撰写罗马民族自建城以来的事迹，旗帜鲜明地为罗马民族
立传。

---

① ［英］爱德华·吉本：《罗马帝国衰亡史》下册，商务印书馆1997年版，第140页。
② ［英］罗素：《罗素论中西文化》，北京出版社2010年版，第17页。

罗马的主体民族创造了一个帝国，但罗马的主体民族并没有因为帝国的崛起而迅速壮大。相反，主体民族的主要家族，还处于不断的衰退之中。例如，罗马建城之初，有 300 个氏族，到公元前 5 世纪就只剩下了 53 个。它们组成了一个包括 1000 个家族的封闭集团。再如，凯撒时代，元老院的 45 名显贵之中，到哈德良时代只有一个贵族有子孙承袭。① 由奥古斯都和克劳狄提拔的 25 个显贵家族，到涅尔瓦统治时期除了 6 个家族之外，其他的皆已消失。公元 65 年，尼禄统治时期约 400 个元老家族中，大约有一半在一代以后就不存在了。罗马早先的西庇阿、埃米利乌斯、法比乌斯、克劳狄、曼利阿斯、瓦勒利乌斯等著名家族，到帝国晚期，都已销声匿迹了。从整个罗马历史看，罗马主体民族中显贵家族人数日益减少，离政治舞台越来越远，这是一个非常值得关注的特点。主体民族规模不大及其作用的不断缩小，不但对帝国的稳定关系重大，就是对罗马文明的传承与延续也有极大的影响。

罗马历史的发展表明：帝国内部良好的经济循环是帝国繁荣的动力，政局稳定是国家发展的前提，人才是强国的根本，军事的先进性是和平与安定的基础，道德建设是国家持续发展的基本保证，主体民族的强大则是文明赓续的重要条件。一旦帝国的多元经济遭到破坏，政局稳定的基础出现松动，军事的先进性无法得到保障，主体民族不能从文化认同的层面取得更好的突破，帝国的衰亡也就是必然的事。

罗马的地域性帝国建立于许多君主国的残骸之上，而在罗马帝国的残垣断壁上，又产生了许多新的王国。这些王国由原先不知其名也不知其住地的日耳曼等民族所建。他们享受着罗马文明的遗产，但离罗马文明渐行渐远。只是到文艺复兴以后，人们才发现了一个消亡的古典世界，古典的人文精神再次焕发出新的光芒。

---

① 西庇阿家族在公元前 3 至前 2 世纪大约 100 年间，就出了执政官 23 人次。

水彩画《有彩虹的罗马广场》，威廉·透纳绘，现藏伦敦泰特美术馆

第六章　古代罗马的文化成就

英文"文化（Culture）"一词源于拉丁文"Cultura"，意为"耕种、培养出来的产品"，其词根为"Colo"，"耕种、种植"之意，与农业有很大的关系。"文化"不属于"自然物"，而属于"人造物"范畴。早在公元前 1 世纪，罗马大文豪西塞罗提出了"哲学是心灵的文化"这一命题，罗马的精神生活与成果就进入了文化的范畴。[①] 罗马的这一规则也逐渐为后人所接受。

罗马是一个以罗马城命名的国家，是一个由拉丁民族主导的多民族国家。文化多元是罗马的特色。罗马的文化包括帝国境内的拉丁文化、埃特鲁里亚文化、希腊人创造的文化以及古埃及文化等。其中拉丁文化是主导性文化。拉丁文化最初很落后、原始。它的发展并成为地中海地区的主流文化，

埃特鲁里亚文化的武士骨灰罐

与罗马成功的对外战争有关，当然也与它主动吸纳埃特鲁里亚人和希腊人所创造的文化成就有关。在共和早期，罗马文化受埃特鲁里亚文化的影响较大。公元前 3 世纪上半叶以后，随着罗马成功的对外战争，尤其是对意大利南部地区、迦太基和巴尔干地区的征服，希腊人和迦太基人的先进文化开始传入罗马，对罗马拉丁文化的发展产生重要作用。[②] 罗马人在地理上是排他的，但在文化上则是开放的。当然，罗马人对于自身文化的主体性培育更是用心极勤。

从人类文化的发展历程看，落后的国家常常会被被征服者先进的文化所征服。

马克思说："野蛮的征服者，按照一条永恒的

---

① Cultura animi philosophia est.Cicero, *Tusculan Disputations*，2，5，13.

② 德国诗人海涅有言：如果罗马人一开始就学习拉丁文，他们就没有时间去征服世界了。Heine, H., *Memoirs*，Ⅰ，12. 这话虽然很直白，但讲得很有道理。

历史规律，本身被他们所征服的臣民的较高文明所征服。"① 恩格斯也曾指出："在长时期的征服中，比较野蛮的征服者，在绝大多数情况下，都不得不适应由于征服而面临的比较高的'经济状况'；他们为被征服者所同化，而且多半甚至不得不采用被征服者的语言。"② 野蛮的征服者被被征服者所征服并采用被征服者的语言，这在世界上属于惯例。但这条惯例恰恰没有在罗马人的身上发挥重要作用。

罗马确实是在文明边缘地区崛起的国家，一度是有武功而无文化。但没有文化的罗马并没有一味跟着先进的文明民族走，而是选择了一条与"永恒规律""世界惯例"完全不同的道路。罗马人没有把成熟的希腊语选作母语，而是另创了一种语言——拉丁语（Lingua Latina）。拉丁语，最早出现于公元前7世纪，成熟于公元前3至前1世纪，西塞罗和凯撒对于罗马拉丁语的发展贡献卓著。到帝国时期，随着帝国政府对被征服地区居民统治的加强，拉丁语这一罗马帝国的官方语言得到迅速推广。"凡在希腊语没有进行抵抗的地方，一切民族语言都不得不让位于被败坏的拉丁语；一切民族差别都消失了，高卢人、伊比利亚人、利古里亚人、诺里克人都不复存在，他们都变成罗马人了。"③ 拉丁语成了地中海世界最主要的语言之一。连那些原先不接受拉丁语的不列颠部落，在公元1世纪，也学习拉丁语来了。④ 当然，罗马人对于其他成熟的语言，也没有采取统一的"语同音""书同文"措施，将其取消，而是任其与拉丁语相互补充，并行发展。

拉丁文是拉丁语的语言表述形式，具有简单、匀称、时间意识强、行文边界清晰、概念精准，便于阅读和连写等特点。拉丁文名词有阳性、阴性和中性三种类型，时间概念随动词变尾状况而定。它既是一种融信息、时间性和准确性于一体的字母文字形式，更是反映事物的符号，记录历史的载体，展示拉丁民族存在的标志，对后世影响深远。古罗马早期涌现了不少拉丁文作家。

尼维乌斯（约前270—前200年）是第一位拉丁诗人，被称为"拉丁文

---

① 《马克思恩格斯选集》第 1 卷，人民出版社 1995 年版，第 768 页。

② 《马克思恩格斯选集》第 3 卷，人民出版社 1995 年版，第 526—527 页。

③ 《马克思恩格斯选集》第 4 卷，人民出版社 1995 年版，第 148 页。

④ 参见塔西佗：《阿古利可拉传》，21。

油画《维吉尔对奥古斯都和屋大维娅朗诵埃涅阿斯纪》，让·巴蒂斯特·维萨绘，现藏伦敦国家美术馆

学之父"，曾写过罗马史上第一部拉丁史诗《布匿战争》。

普劳图斯（约前254—前184年）是一位多产的拉丁剧作家。他出身低微，当过演员，创作接地气，能引起民众的共鸣。相传，他一生写过130部剧本，流传至今的有20部，比较著名的有《爱吹牛的战士》《布匿人》《钱罐》和《俘虏》。

诗歌是罗马人最先超越希腊人的重要领域之一。公元前26年，有一位名叫普罗佩提乌斯的诗人非常自豪地向世界宣布：一部比《伊利亚特》更伟大的巨著正在诞生。这部更伟大的巨著就是维吉尔的《埃涅阿斯纪》。

维吉尔（前70—前19年）是西方诗坛上最伟大的诗人之一。他属于罗马，是罗马的骄傲，更属于全世界。他的早期作品有《牧歌》《农事诗》等。公元前29年开始，维吉尔集中精力撰写长篇史诗《埃涅阿斯纪》。这部史诗共12卷，把罗马人的祖先与特洛伊城的王子埃涅阿斯相连接，然后很自然地将罗马历史与东部地中海的文明衔接起来，把罗马的历史往上推进了数百年。《埃涅阿斯纪》再次宣告了"黄金时代"的到来，而创造这一"黄金时代"的就是罗马的尤路斯家族。屋大维则是伟大的尤路斯家族的后代，他的权力将远届"寰宇之崖"，他的令名将高达九霄云天。罗马对地中海世界的征服是历史的必然。历史学家苏埃托尼乌斯认为：无论是内容的丰富性还是复杂性方面，《埃涅阿斯纪》都超过了荷马史诗。如果说荷马史诗是希腊人为人类树立的丰碑，那么《埃涅阿斯纪》则是罗马人奉献给世人的另一座丰碑，而下一座诗坛丰碑则要在 13 世纪的意大利才出现。这就是但丁的《神曲》。中世纪的伟大诗人但丁曾对维吉尔感谢万分，他写道：你是我的导师和我的作者，给我赢得荣誉的美丽文风也来自你，你是唯一的源泉。不过，从整部史诗中，我们也可以看到，这部作品反映的不是罗马和罗马人民的史诗，而是歌颂执掌罗马权力的奥古斯都的史诗。

贺拉斯（前 65—前 8 年）是与维吉尔同时代的另一位最有影响力的讽刺诗人、抒情诗人和文艺评论家。他是一位被释奴隶的儿子，曾经参加过内战。他的主要作品有《颂歌》和《诗简》。贺拉斯是歌颂新时代的诗坛巨人，他的诗作大力赞颂奥古斯都的统治，赞美奥古斯都治下罗马道德的复兴。他的诗论对欧洲古典文艺学影响深远。

奥古斯都曾邀他当秘书，被他婉拒。他在《上奥古斯都书》中这样写道：

> 凯撒啊，您肩负繁重的国事，
> 用军队将意大利保卫，
> 以风习将意大利教化，
> 以法律将意大利整治。
> 我若用絮叨的闲谈，
> 耽误您的时间，
> 必将使公共福祉遭受损害。①

不过，贺拉斯对自己的诗作很自信。他曾在《颂诗》中写道：

---

① 贺拉斯：《书札》，2，1，1—4。

我已经建立了一座纪念碑。

它比青铜耐久，

比国王的金字塔巍峨。

无论是倾盆的暴雨、肆虐的北风，

还是岁月的更替、光阴的流逝都无法将其摧毁。

我不会完全死去，我的大部分将躲过死神：

我（的声誉）将随后世的赞誉与日俱增。

只要祭司和沉默寡言的贞女仍上卡庇托里献祭，

出身卑微的我，

无论在汹涌的奥菲都斯河喧闹之地，

还是在道努斯统治过的缺水的村民之中，

都会被赞颂不已。

因为是我首先把伊奥尼亚的格律融入了意大利的节拍。

迈尔珀迈纳啊（诗歌的女神啊），

请接受由你帮助而赢得的崇高荣誉，

愉快地给我戴上德尔斐的桂冠。[①]

    罗马是一个崇尚武力的民族，对哲学创见甚少，但对城市建筑却情有独钟，成就卓著。

    众所周知，城市是人类文明发展到一定阶段的产物。中国古代的首都城市建设常常强调规划性与等级规则。宫殿处于最核心的地位，是全国的政治中心。中国古代并没有成熟的宗教，主要推崇祖先崇拜，因此太庙在中国文化中就显得十分重要。中国城市建筑多为砖木结构，以单层建筑为主。

    罗马城则有较大不同。罗马城是逐步建成的，没有很强的规划性。俗话所说的"罗马不是一天建成的"就是这个道理。罗马没有"皇帝"。罗马城的政治中心既不在皇宫，也不在贵族、官宦的宅邸，而是在广场。在共和国时代，公民大会是国家最高权力机构，有决断"国是"之大权。广场恰恰是公民们行使最高权力的主要场所。在古代西方文化中，宗教处于崇高的地

---

① 贺拉斯：《颂诗》，3，30。

位。罗马城的宗教中心设在卡庇托里。这是城内最高的地方，也是主神朱庇特的居所。

奥古斯都曾经说过，是他把砖瓦的罗马城变成了大理石的罗马城。在相当长的一段时间里，罗马是地中海世界最辉煌的城市，是"众城之城"。罗马城市建筑很多，但万神殿、大圆形竞技场和图拉真纪功柱显然属于罗马的标志性建筑。

万神殿是古代所有建筑中保存最完美的作品之一。它建成于公元前27年，由奥古斯都手下的大将阿格里巴负责建造，后因火灾遭到破坏。公元126年，元首哈德良下令按原型重修。是罗马的经典建筑。万神殿的主体部分是高与直径相等的43米的大穹窿顶。顶部有一圆孔，利于采光。此外，再无一扇窗户。穹顶覆盖有镀金青铜。至今它仍然是世界上最具罗马特色的穹顶建筑。在没有钢筋的时代，建成大穹窿顶，这确实是罗马建筑史上的奇迹。这一建筑作为罗马文明的重要见证，至今仍然屹立于罗马城内。

韦斯帕芗至提图斯时代建设的圆形大竞技场，当时人称为"哥罗赛姆(意为庞然大物)"，是罗马混凝土和拱券技术高度发达的结晶。整座建筑所用资金主要来自战利品。[1] 罗马大竞技场长188米，宽156米，高近50米，为椭圆形建筑，圆形舞台除表演角斗、斗兽外，有时还表演海战。场内可容纳约8万观众。大竞技场既是罗马建筑的骄傲，罗马技术的骄傲，更是罗马国力强盛的表现。当时诗人马尔提阿利斯曾自豪地向世界宣布：罗马的这一建筑将使世界古代的其他建筑黯然失色。他这样写道：

> 野蛮的孟菲斯人请不要吹嘘金字塔的奇迹，
> 亚述人也不要再费神夸耀巴比伦（的塞米拉米斯花园），
> 温良的爱奥尼亚人更不必为特里维娅神庙而心高气傲。
> 多角的祭坛请隐匿于提洛斯岛，
> 卡利亚人请不要狂热地赞美悬隆的陵墓。
> 所有这些努力皆要降服于凯撒的大竞技场。
> 声誉美神将宣告这一奇迹会替代（你们所吹嘘的）所有建筑。[2]

---

[1] 有铭文写得很清楚：奥古斯都韦斯帕芗命令这座新型剧场的建设费用从战利品中支出。

[2] 马尔提阿利斯：《演出辞》，1—3。

弗拉维圆形剧场

　　大竞技场是建筑、是艺术、更是政治。作为罗马帝国的象征，大竞技场确立了罗马建筑在西部世界建筑史上的重要地位。大竞技场把罗马公民的政治舞台从广场引到了竞技场。从此以后，罗马的广场也就失去了政治意义，逐渐成为民众休闲的场所。

　　"图拉真纪功柱"大约建成于公元114年。圆柱高27米，由连环式浮雕盘旋而上，像一部缓缓展开的书，诉说着罗马人与达西亚人之间的战争，展示着罗马人辉煌的成就与胜利的喜悦。浮雕总长度约200米左右。雕刻在浮雕上的人物约为2500个。每个人物形态各异，罗马人勇敢顽强，达西亚人败态凸显。图拉真建造这个纪功柱的目的就是以新的形式来纪念他与达西亚人作战的胜利。图拉真死后，他们把他的骨灰就放在"图拉真纪功柱"的地下。罗马的这些浮雕艺术对后世艺术的发展影响深远。

　　罗马城市建设的成功既得益于混凝土的发明，也得益于拱券技术的采用，更得益于供水系统的科学设置。公元前4世纪初，由于罗马城人口增

长，河水、雨水已经不能满足居民的日常生活之需。于是罗马人就开始修建输水道，将清泉从附近的山上通过输水道输入罗马城内。

极盛时期的罗马，集中着当时欧洲地区最多的人口，大约有 150 万居民。输水道有 14 条之多，最长的一条输水道长达 60 公里，有 20 公里架在人工修建的拱券型水渠上。一位专门负责水道工程的朱里乌斯·弗隆蒂努斯曾在其著《罗马水道》一书中写道："我们有这么多不可或缺的引水道，供给我们如此充沛的清水，相比之下，您会如何想象那些硕大的金字塔和享有盛名而毫无用处的希腊人的建筑。"① 罗马人将工程师的建筑智慧融入输水道的建设当中，使周边山上的清水源源不断地流入罗马城，从而使罗马成为当时西方世界最大的城市，地中海地区民众向往的中心。

---

①　Sextus Julius Frontinus, *Aqueducts of Rome*, 1, 16.

从公元 313—316 年的官方调查中，我们能够看到：罗马城有方尖碑 6 座，桥梁 8 座，公共浴场 11 处，供水渠道 19 条，竞技场 2 个，圆形大剧场 2 个，剧场 3 个，图书馆 28 处，角斗士学校 4 个，观赏海战的水上表演场 5 处，大理石凯旋门 36 座，凯旋圆柱 2 个，城门 37 座，仓库货栈 290 处，公共面包房 254 处，殿堂 1790 间，公寓住宅楼 46602 座。[①]

罗马是出建筑师的民族，也是产生优秀工程师的国家。罗马人从共和时期开始，就投入大量人力、财力修筑道路。意大利境内的"阿庇安大道""弗拉米尼大道"以及"瓦莱利亚大道"等，都是罗马连接意大利全境的主干道，为罗马道路建设史上的杰作。罗马的道路以首都为中心，通过意大利的相关主道，跨越地中海，辐射至帝国全境，形成"条条道路通罗马"的壮丽美景。

宏伟的罗马建筑把原先古朴的罗马带入了建筑的天堂。罗马建筑气势雄伟，规模宏大，技艺精巧，不但在古代世界绝无仅有，就是到今天仍有强大的震撼力和艺术感染力。罗马建筑是罗马人伟大智慧的结晶，是罗马人留给人类的瑰宝。

罗马是一个以农立国的国家，农学作品众多且实用。加图是罗马农学的鼻祖。早在公元前 2 世纪中叶，他就以政治家之眼光，撰写了罗马首部农学专著《农业志》，为当时的农人提供了庄园管理的有益经验。《农业志》是一部极具实践价值的农业指导书，为后人研究公元前 2 世纪中叶意大利中部奴隶制中等庄园的发展提供了宝贵的资料。

公元前 1 世纪中叶，瓦罗也写了一部 3 卷本的《论农业》。此书以大农业的理念思考问题，不但写如何经营农业的方法，而且还写如何饲养牲畜、如何饲养鸟类和养鱼。瓦罗笔下的农业带有明显的奴隶制商品经济性质。

到公元 1 世纪中叶，罗马又出现了科鲁美拉的《论农业》。这部作品的内容比上两部要丰富，反映的农业生产活动也较细。从这里我们可以看到，奴隶制对意大利农业经济所起的作用越来越明显。意大利庄园经济越来越受到行省经济的竞争，并且在不断的竞争中走向衰落。

加图、瓦罗和科鲁美拉的著作分别反映了公元前 2 世纪、公元前 1 世纪

---

① 相关的公共清单主要保存在 Curiosum 和 Notitia 两份文件里。参见 A.Nordh, *Libellus de Regionibus Urbis Romae*, Lund, 1949。[美] 刘易斯·芒福德：《城市发展史》，中国建筑工业出版社 2005 年版，第 252 页。

和公元1—2世纪罗马意大利的农庄情况，较为系统地展示了意大利奴隶制农庄的产生、繁荣和衰落的过程，全面阐述了罗马奴隶制经济的独特经营模式，为学者深入了解意大利奴隶制庄园提供了难得的材料。

公元1世纪中叶，广袤的罗马帝国出现前所未有的和平，同时也产生了老普林尼撰写的大型百科全书式的著作——《对自然的探究》。老普林尼（23—79年）出身于意大利北部一个属于骑士阶层的贵族家庭，少年时在罗马求学。普林尼一生具有旺盛的求知欲，对于一切科学知识都充满好奇，是当时罗马知识最渊博的学者。为写《对自然的探究》，老普林尼花大量的时间读书。

> 我们阅读了大约2000多卷内容，其中很少的一部分由于内容晦涩难懂由学者们研读。我们从涉猎的100位作家的作品中摘录了20000多条实例，编纂为36卷的巨著。此外，我们还收录了大量的前辈学者忽视或是后来我亲身经历的新发现。[1]

《对自然的探究》共37卷，涉及天文、地理、动物学、农业、矿业、冶金等各个方面，是研究古代罗马科学史的重要文献。罗马帝国塑造了普林尼，而普林尼又为罗马帝国增添了新的辉煌。

法律是没有感情的智慧。它不为个人的愤怒、野心、仇恨和偏爱所动摇。罗马人开创了众多没有感情但很有意义的法律，是古代以法治国的典型。应该说，罗马人在法律建设方面，也就是在"他律"建设方面是极有建树的。是罗马人建立了世界上第一个体大精深的法律体系，创造了一套高度抽象且极具生命力的法律用语。罗马早期，并没有成文法典。罗马人常常是以习惯行事，以权威断案。公元前451—前449年，罗马经过认真准备，编纂并颁布罗马史上首部成文法典——《十二表法》。《十二表法》原文已散失，现能见到的是拉丁作家保存下来的不完整的法律条文。《十二表法》是罗马社会财产分化和奴隶制发展的必然结果。内涵丰富、规范可操作，是后来罗马法以及欧洲法学的渊源。

---

[1]　普林尼：《对自然的探究》，序，17。

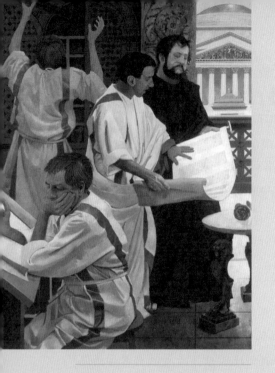

哈德良在盖乌斯的办公处查看法律编
撰文稿

盖乌斯（约130—约180年）是罗马帝
国前期著名法学家，他一生著述丰硕，
著有《十二表法注释》《行省敕令评论》
《市政裁判官告示评论》《法律论》等
13部法律著作，代表作为4卷本《法
学阶梯》。盖乌斯的《法学阶梯》是当
时法律学校的教材，后成为查士丁尼
编纂同名法典《法学阶梯》（罗马《国
法大全》其中一部）的范本，是唯一完
整传世的古代罗马法学家撰述的著作。

罗马法主要包括：公民法、万民法
和自然法。从法律的内容上看，公元
前3世纪以前的罗马法，全都属于公
民法，亦即罗马国家"为了本国公民
颁布的法律"。公元前3世纪中叶，罗
马人与非罗马人之间的经济交往日益
增多。罗马逐渐形成了万民法。万民
法是各民族共有的法律。公元212年，
元首卡拉卡拉颁布敕令，史称"卡拉
卡拉敕令"。卡拉卡拉敕令的颁布表
明：自由民在身份上完全趋于平等。自
由民内部、公民与非公民之间的界限
业已消失。罗马法也由此开始从创新
阶段进入汇编阶段。在罗马，最早从
事法律汇编的是凯撒。他从浩繁的法
规中选取最好的和最重要的条款编成
一部体系一且较为完备的民法典。
随后有帝国时期的元首哈德良，随后
有君主狄奥多西二世，而最有影响的
是君主查士丁尼。

查士丁尼（约483年—565年），
是东罗马帝国（拜占庭）皇帝，他的
统治以武力和法律为两大治国理念。
他认为："君主的威严光荣不但须以兵
器获得，而且须用法律来巩固。这样，
无论在战时，还是在平时，总是可以将国家治理得很好；君主不但能在战场
上取得胜利，而且能采取法律的手段排除违法分子的非法活动。君主既是虔
诚的法纪伸张者，又是征服敌人的胜利者。"①

---

① 查士丁尼：《法学总论》，序言。参见［古罗马］查士丁尼：《法学总论》，商务印书馆
1997年版，第1页。译文略有改动。

　　查士丁尼执政期间，曾编出三部法典。它们分别是：《查士丁尼法典》《查士丁尼法学总论》和《查士丁尼学说汇编》①。查士丁尼君主去世后，法学家又把他在法典编定后颁布的 168 条法令汇编成集，称为《查士丁尼新律》。公元 12 世纪时，人们把上述四部法典统称为《查士丁尼民法大全》。②

　　法律是社会的基石，社会生活的基础。罗马法是罗马公民基本权力和合法权利的保障，是罗马治国的灵魂。罗马法的立法理念基本原则和内容以及法律"术语"，对后世尤其是近代文明产生了极大的影响。德国法学家耶林曾经说过，罗马曾三次征服世界：第一次以武力；第二次以宗教；第三次则以法律。而这第三次征服也许是其中最为平和、最为持久的一次。罗马法为世界文明提供了丰富而又不竭的力量。

　　罗马是一个多民族国家，是一个开放的多民族国家。罗马民族的多样性也就决定了文化的多元与开放。罗马文化因多元而多彩；罗马文化因开放而芬芳。以讲求实效和法治为目标的罗马文化不但构成了西欧古典文化的重要内容，而且在世界文化发展史上也占有崇高的地位。

---

①　又译《学说汇编》。
②　又译《国法大全》《罗马法大全》。

主要参考书目

一、马克思主义经典著作

1.《马克思恩格斯选集》（1—4 卷）

2. 恩格斯：《家庭、私有制和国家的起源》

3. 恩格斯：《论早期基督教的历史》

4. 恩格斯：《布鲁诺·鲍威尔和早期基督教》

5. 列宁：《国家与革命》

二、古典学者的著作及其史料汇编

1.Ammianus Marcellinus, *Roman History*.

2.Aristides, *Panathenaicus*.

3.Aulus Gellius, *The Attic Nights*.

4.Aurelius Victor, *Epitome de Caesaribus*.

5. Cato, *De Agricultura*.

6.Cicero, *De Republica and De Legibus*.

7.Dio Cassius, *Roman History*.

8.Dionysius of Halicarnassus, *The Roman Antiquities*.

9.Diodorus of Sicily, *Library of History*.

10.Dio Chrysostom, *In Athens, about his Banishment*.

11.Eusebius, *The Ecclesiastical History*.

12.Eutropius, *Historiae Romanae Brevarium*.

13.Herodian, *History of The Empire*.

14.Justinian, *Codex of Justinian.Digest*.

15.Lactantius, *The Manner in Which the Persecutors Died*.

16.Lewis N.& Reinhold M., *Roman Civilizations, Selected Readings*.

17.Livy, *From the Founding of the City*.

18.Lucanus, *De Bello Civili*,

19.Marcus Aurelius, *Meditations*.

20.Nixon C.E.V. and Barbara Saylor Rodgers, edited, *In Praise of Later Roman Emperors: The Panegyrici Latini,with introduction translation, and historica commentary*.

21.Pliny the Younger, *Letters and Panegyricus*.

22.Pliny the Elder, *Natural History*.

23.Plutarch, *Plutarch's Lives*.

24.Polybius, *The Histories*.

25.Quintilian, *The Instituto Oratoria of Quintilian*.

26.Sallust, *Bellum Juguthinum*.

27.Strabo, *Geography*.

28.Suetonius, *The Twelve Caesars*.

29.*The Scriptores Histores Augustae*.

30.*Select Papyri*.

31.*The Theodosian Code*.

32.Tacitus, *Annals.Histories. Agricola*.

33.Varro, *De Re Rustica*.

34.Zosimus, *New History*（*Historia Nova*）.

35.[古希腊]亚里士多德：《诗学》,陈中梅译注,商务印书馆 1999 年版。

36.[古希腊] 阿里安：《亚历山大远征记》,李活译,商务印书馆 1985 年版。

37.[古希腊] 亚里士多德：《雅典政制》,日知力野译,商务印书馆 1999 年版。

38.[古希腊] 色诺芬：《经济论　雅典的收入》,张伯健、陆大年译,商务印书馆 1981 年版。

39.[古希腊]亚里士多德：《政治学》,吴寿彭译,商务印书馆 1981 年版。

40.[古罗马] 奥古斯丁：《忏悔录》,周士良译,商务印书馆 1981 年版。

41.[古罗马] 卢克莱修：《物性论》,方书春译,商务印书馆 1982 年版。

42.[古罗马] 西塞罗:《论老年、论友谊、论责任》,徐奕春译,商务印书馆 2001 年版。

43.[古罗马] 西塞罗:《国家篇 法律篇》,沈叔平苏力译,商务印书馆 2001 年版。

44.[古罗马] M.T. 瓦罗著,《论农业》,王家绥译,商务印书馆 1983 年。

45.[古罗马] M.P. 加图:《农业志》,马香雪、王阁森译,商务印书馆 1986 年版。

46.[古罗马] 凯撒:《高卢战记》,任炳湘译,商务印书馆 1982 年版。

47.[古罗马] 阿庇安:《罗马史》,谢德风译,商务印书馆 1985 年版。

48.[古罗马] 塔西佗:《编年史》,王以铸、崔妙因译,商务印书馆 1981 年版。

49.[古罗马] 塔西佗:《历史》,王以铸、崔妙因译,商务印书馆 1981 年版。

50.[古罗马] 塔西佗:《阿古利可拉传 日耳曼尼亚志》,马雍、傅正元译,商务印书馆 1985 年版。

51.[古罗马] 凯撒:《内战记》,任炳湘、王士俊译,商务印书馆 1986 年版。

52.[古罗马] 撒路斯提乌斯:《喀提林阴谋 朱古达战争》,王以铸崔妙因译,商务印书馆 1995 年版。

53.[古罗马] 苏维托尼乌斯:《罗马十二帝王传》,张竹明、王乃新、蒋平等译,商务印书馆 1995 年版。

54.[罗马] 查士丁尼:《法学总论》,张企泰译,商务印书馆 1989 年版。

55.李雅书选译:《罗马帝国时期》上,商务印书馆 1985 年版。

56.杨共乐选译:《罗马共和国时期》上,商务印书馆 1997 年版。

57.杨共乐选译:《罗马共和国时期》下,商务印书馆 1998 年版。

58.杨共乐主编:《世界上古史资料汇编》,北京师范大学出版社 2010 年版。

三、近现代学者的著作

1.Alföldy G., *The Social History of Rome,* translated by David Braund and Frank Pollock, London & Sydney: Croom Helm, 1985.

2. Barnes Timothy D., *The New Empire of Diocletian and Constantine*, Cambridge and London: Harvard University Press, 1982.

3. Boak A.E.R., *A History of Rome to 565 A.D.*, New York : Macmillan Co., 1932.

4. Crook J.A., *Consilium Principis, Imperial Councils and Counsellors from Augustus to Diocletian*, Cambridge: Cambridge University Press, 1955.

5. Frank T. edited, *An Economic Survey of Ancient Rome*, Vol.1-5, Baltimore: The Johns Hopkins Press, 1933—1940.

6. Hornblower S. and Spawforth A., *The Oxford Classical Dictionary*, third edition, Oxford New York, Oxford University Press, 1996.

7.Homo Léon, *Roman Political Institutions from City to State*, translated by M.R.Dobie, London: Routledge, 1996.

8. Jones A.H.M., *The Later Roman Empire*, 284-602, A Social, Economic, and Administrative Survey, Vol.1, Oxford:Basil Blackwell, 1964.

9. MacMullen R., *Corruption and the Decline of Rome*, Yale University Press, 1988.

10. MacMullen R., *Roman Government's Response to Crisis AD 235-337*, New Haven and London: Yale University Press, 1976.

11. Millar F., *The Emperor in the Roman World 31 BC-AD 337*, Ithaca, N.Y.: Cornell University Press, 1992.

12. Michael T.W.Arnheim., *The Senatorial Aristocracy in the Later Roman Empire*, Oxford:Clarendon Press, 1972.

13. Talbert R. J. A., *The Senate of Imperial Rome*, New Jersey: Princeton University Press, 1984.

四、中文著（译）作

1.[法兰克] 艾因哈德：《查理大帝传》，戚国淦译，商务印书馆 1985 年版。

2.[法兰克] 格雷戈里：《法兰克人史》，寿纪瑜、戚国淦译，商务印书馆 1981 年版。

3.[法] 柏格森：《时间与自由意志》，吴士栋译，商务印书馆 1989 年版。

4.[法] 伏尔泰：《风俗论》，梁守锵译，商务印书馆 1999 年版。

5.[法] 库朗热：《古代城邦》，谭立铸等译，华东师范大学出版社 2006 年版。

6.[法] 基佐：《法国文明史》，沅芷伊信译，商务印书馆 1999 年版。

7.[法] 基佐：《欧洲文明史》，程洪逵译，商务印书馆 2001 年版。

8.[法] 卢梭：《社会契约论》，何兆武译，商务印书馆 1982 年版。

9.[法] 卢梭：《论人类不平等的起源和基础》，李常山译，商务印书馆 1982 年版。

10.[法] 卢梭：《忏悔录》，黎星译，商务印书馆 1986 年版。

11.[法]孟德斯鸠：《罗马盛衰原因论》，婉玲译，商务印书馆 1985 年版。

12.[法] 孟德斯鸠：《论法的精神》，张雁深译，商务印书馆 1982 年版。

13.[法] 米涅：《法国革命史》，北京编译社译，郑福熙校，商务印书馆 1981 年版。

14.[英] 爱德华·吉本：《罗马帝国衰亡史》，黄宜思、黄雨石译，商务印书馆 1995 年版。

15.[英] 丹皮尔：《科学史》，李珩译，张今校，商务印书馆 1989 年版。

16.[英] G.P.古奇：《十九世纪历史学与历史学家》，耿淡如译，卢继祖等校，谭英华校注，商务印书馆 1989 年版。

17.[英] 柯林武德：《历史的观念》，何兆武、张文杰译，商务印书馆 1996 年版。

18.[英] 罗素：《西方哲学史》，何兆武、李约瑟、马元德译，商务印书馆 1981 年版。

19.[英] 罗素：《人类的知识》，张金言译，商务印书馆 1989 年版。

20.[英] 马尔萨斯：《人口原理》，朱泱、胡企林、朱和中译，商务印书馆 1996 年版。

21.[英] 梅因：《古代法》，沈景一译，商务印书馆 1985 年版。

22.[英] 休谟：《人性论》，关文运译，郑之骧校，商务印书馆 1982 年版。

23.[英] 休谟：《休谟经济论文选》，陈玮译，商务印书馆 1984 年版。

24.[英] 休谟：《自然宗教对话录》，陈修斋、曹棉之译，商务印书馆 1989 年版。

25.[英] 托马斯·林塞：《宗教改革史》（上，下卷），孔祥民等译，商务印书馆 2001 年版。

26.[德] 黑格尔:《哲学史讲演录》,贺麟、王太庆译,商务印书馆 1981年版。

27.[德] 黑格尔:《美学》,朱光潜译,商务印书馆 1981 年版。

28.[德] 文德尔班:《哲学史教程》,罗达仁译,商务印书馆 1989 年版。

29.[日] 福泽谕吉:《文明论概略》,北京编译社译,商务印书馆 1982年版。

30.[瑞士] 雅各布·布克哈特:《意大利文艺复兴时期的文化》,何新译,马香雪校,商务印书馆 1981 年版。

31.[苏] 波德纳尔斯基编:《古代的地理学》,梁昭锡译,商务印书馆 1986 年版。

32.[苏] 科瓦略夫:《古代罗马史》,王以铸译,生活·读书·新知三联书店 1957 年版。

33.[意] 贝奈戴托·克罗齐:《历史学的理论和实际》,傅仁敢译,商务印书馆 1986 年版。

34.[意] 但丁·阿利盖里:《论世界帝国》,朱虹译,商务印书馆 1986年版。

35.[意] 尼科洛·马基雅维里:《佛罗伦萨史》,李活译,商务印书馆 1982 年版。

36.[意] 尼利洛·马基雅维里:《君主论》,潘汉典译,商务印书馆 1986年版。

37.[意] 维柯:《新科学》,朱光潜译,商务印书馆 1989 年版。

38.[美] 汉密尔顿·杰伊·麦迪逊:《联邦党人文集》,程逢如、汉舒逊译,商务印书馆 1982 年版。

39.[美] J.W.汤普森:《历史著作史》,谢德风译,李活校,商务印书馆 1996 年版。

40.[美] 路易斯·亨利·摩尔根:《古代社会》,杨东莼马雍、马巨译,商务印书馆 1981 年版。

41.[美] M.罗斯托夫采夫:《罗马帝国社会经济史》,马雍、厉以宁译,商务印书馆 1986 年版。

42.[美] 汤普逊:《中世纪经济社会史》,耿淡如译,商务印书馆 1985

年版。

43.[美] 威廉·H.麦克尼尔:《西方的兴起:人类共同体史》,商务印书馆 1999 年版。

44.[美] 约瑟夫·熊彼特:《经济分析史》,朱泱、孙鸿敞、李宏、陈锡龄译,商务印书馆 1996 年版。

45.[美] 詹姆斯·鲁滨孙:《新史学》,齐思和等译,商务印书馆 1989 年版。

46.[美]詹姆斯·W.汤普逊:《中世纪晚期欧洲经济社会史》,徐家玲译,商务印书馆 1996 年版。

47.李雅书、杨共乐:《古代罗马史》,北京师范大学出版社 2020 年版。

48.杨共乐:《罗马史纲要》,商务印书馆 2014 年版。

在撰写此书的过程中,作者参考了国内外众多文献资料译本,参阅了学术前辈们的诸多著作,收获极大。作者对学术前辈们做出的贡献表示衷心的感谢。

后　记

　　一年半前，人民出版社的刘松弢同志要我写一部《古罗马史》，我当时感觉《罗马史》我已经写过，还不如写一部别的著作。但松弢坚持认为写一部《古罗马史》比写别的书更重要。我被他阐述的理由所说服遂接受了他的建议。

　　一年半后，《古罗马史》一书已经撰写完毕，准备交人民出版社出版，心里感到很欣慰。

　　撰写这部《古罗马史》，我考量的主要是四大原则：

　　第一是贯通性原则，把发展的脉络写清楚，把阶段性特点讲明白，目的是从贯通中寻规则，从阶段性特点中看贯通；把罗马放在世界历史的进程中去思考，更好地看清罗马在人类历史发展中的地位。

　　第二是问题导向原则，把罗马走出城邦、走向地域性帝国的过程厘清楚，把罗马政制的演变讲明白，把国家与文明间的异同作适当的辨析，目的是进一步搞清导致罗马变革的关键性因素。

　　第三是与中国历史的比较原则，把中国史的相关内容作为罗马史研究的参照系，从比较中重新定位罗马，辩证看待罗马的经验与教训。

　　第四是史论结合原则，从具体的史实中，提炼出相应的思想，以提升史的借鉴作用。

　　白寿彝先生和何兹全先生经常讲，从事史学研究需要不断积累，需要有强健的体魄，这些都是至理名言，是从经验中提炼出来的智慧，有重要的指导意义。我非常感谢先生们对我的帮助与指导。这些年来，有一批青年学生与我一起研读罗马史。他们有的已经毕业，开始在国内外学术界崭露头角，有的还正在读研究生。他们是罗马史研究的未来。他们的成长充实了我的知识，丰富了我的学术内涵。我也非常感激他们。我非常希望李雅书先生开创的事业能够经过我们的努力得到发扬光大。衷心地希望本书出版后，能得到读者善意的批评。

国际上对西方古典文献已有系统的整理，业已形成统一的注释模式。本书采纳了这一统一的国际注释模式。同时，考虑到读者的阅读习惯，我又对相关注释做了一定的调整和补充。部分译文来自杨共乐主编的《西方古典译丛》；杨共乐选译：《罗马共和国时期》（上、下）；杨共乐主编的《世界上古史资料汇编》以及我的老师李雅书选译的《罗马帝国时期》（上）。在此特作说明。

本书所引用的古典材料基本上来自《洛布古典丛书》（Loeb Classical Library, Cambridge, Massachusetts:Harvard Universiry Press）。我将出版地和出版社名字统一列在这里，请大家查阅。

在撰写《古罗马史》的过程中，教育部人文社会科学重点研究基地北京师范大学史学理论与史学史研究中心，以及中央统战部、中央宣传部、教育部、国家民委四部委联合建设的北京师范大学铸牢中华民族共同体意识研究培养基地给予了大力的支持，北京邮电大学陈凤姑副教授在校对书稿时提出了许多有价值的意见，人民出版社刘松弢同志对整部书的编辑和出版付出了艰辛的劳动，在此特致谢忱！

杨共乐

北京师范大学史学理论与史学史研究中心

2021 年 5 月 1 日

责任编辑：刘松弢

封面设计：汪　阳

责任校对：白　玥

图书在版编目（CIP）数据

古罗马史 / 杨共乐　著 . — 北京：人民出版社，2023.3

ISBN 978 - 7 - 01 - 021344 - 6

I. ①古⋯　II. ①杨⋯　III. ①古罗马史 – 历史 – 普及读物　IV. ① K126-49

中国版本图书馆 CIP 数据核字（2019）第 217010 号

古罗马史
GULUOMA SHI

杨共乐　著

人民出版社 出版发行

（100706　北京市东城区隆福寺街 99 号）

中煤（北京）印务有限公司印刷　新华书店经销

2023 年 3 月第 1 版　2023 年 3 月北京第 1 次印刷

开本：710 毫米 ×1000 毫米 1/16　印张：23.5

字数：379 千字

ISBN 978 - 7 - 01 - 021344 - 6　定价：70.00 元

邮购地址 100706　北京市东城区隆福寺街 99 号

人民东方图书销售中心　电话（010）65250042　65289539